UNTER DEN VERSCHOLLENEN
Erinnerungen von Dmitrij Čirov an das Kriegsgefangenenlager
Krems-Gneixendorf 1941 bis 1945

Gedruckt mit Unterstützung
des Bundesministeriums für Bildung, Wissenschaft und Kultur, Wien
der Abteilung Kultur und Wissenschaft des Amtes der NÖ Landesregierung, St. Pölten
des Amtes der OÖ Landesregierung, Linz

SCHRIFTENREIHE DES
WALDVIERTLER HEIMATBUNDES
HERAUSGEGEBEN VON HARALD HITZ
BAND 43

Unter den Verschollenen

Erinnerungen von Dmitrij Čirov
an das Kriegsgefangenenlager
Krems-Gneixendorf 1941 bis 1945

Herausgegeben von

Barbara Stelzl-Marx

Waldviertler Heimatbund, Horn – Waidhofen/Thaya 2003

Übersetzungen aus dem Russischen:
Barbara Stelzl-Marx, Arno Wonisch, Peter Ruggenthaler

Bibliografische Information der Deutschen Bibliothek
Die deutsche Bibliothek verzeichnet diese Publikation in der Deutschen Nationalbibiographie; detaillierte bibliographische Daten sind im Internet über http://dnb.ddb.de abrufbar.

Umschlagfoto: Dmitrij Čirov als Soldat der Roten Armee mit der charakteristischen Budennyi-Mütze, die vom Marschall der Roten Armee Semen Michailovič Budennyi (1883-1973) eingeführt wurde.
Umschlagentwurf: Harald Hitz

© Waldviertler Heimatbund 2003
Alle Rechte vorbehalten!

Satz und Druck: Druckerei Oskar Buschek, A-3830 Waidhofen an der Thaya
Verleger: Waldviertler Heimatbund, A-3580 Horn, Postfach 1
Homepage: http://www.daswaldviertel.at
ISBN: 3-900708-17-7

INHALT

Vorwort der Herausgeberin 7

Herwig Rabl
Geschichte erlebt und erlitten 10

Barbara Stelzl-Marx
Kriegsgefangenschaft in der Retrospektive:
Kontext, Entstehung und Merkmale von Dmitrij Čirovs
„Unter den Verschollenen" 13

Dmitrij Čirov
Unter den Verschollenen 49

Anhang
Abkürzungsverzeichnis 257
Quellenverzeichnis 258
Literaturverzeichnis 260
Abbildungsverzeichnis 266
Tabellenverzeichnis 267
Ortsregister 268
Die Autoren 269

Vorwort der Herausgeberin

Die Extremsituation der Kriegsgefangenschaft stellt einen Erlebnisbereich dar, dessen Folgen weit über das durch Repatriierung und Heimkehr formal gekennzeichnete Ende hinausreichen. Psychische und physische Folgen zählen hierbei ebenso dazu wie etwa Konsequenzen im privaten und beruflichen Werdegang der Betroffenen. Insbesondere die sowjetischen Kriegsgefangenen im „Dritten Reich" erlitten als „Opfer zweier Diktaturen" ein doppelt tragisches Schicksal: Einerseits erfuhren sie während der Gefangenschaft selbst eine rassisch-ideologisch motivierte unvergleichbar schlechte Behandlung durch die deutsche Gewahrsamsmacht. Andererseits waren sie in ihrer Heimat – von Stalin als „Vaterlandsverräter" gebrandmarkt – jahrzehntelangen Repressalien ausgesetzt. Erst im Zuge von „Perestrojka" und „Glasnost" fand eine weitgehende Rehabilitierung statt.

Vor diesem historischen Kontext erlangt die im Rahmen dieses Bandes erstmals veröffentlichte Autobiographie eines ehemaligen Kriegsgefangenen aus dem Stalag XVII B Krems-Gneixendorf, Dmitrij T. Čirov, eine Gewichtung, die sich maßgeblich von der Rolle der so genannten „Lagerliteratur" sämtlicher anderer Nationalitäten unterscheidet. Signifikant ist zunächst der Umstand, dass das in der UdSSR äußerst brisante Themenfeld bis vor kurzem aus der sowjetischen Literatur weitgehend ausgespart blieb, sodass kaum Zeitzeugenberichte in russischer Sprache vorliegen. Weiters gibt es beinahe keine Dokumentationen aus der Gefangenschaft selbst, weil den sowjetischen Kriegsgefangenen schriftliche Aufzeichnungen strengstens untersagt waren. Wie intensive Recherchen in russischen Bibliotheken, Archiven und Sammlungen gezeigt haben, gehört somit Čirovs sechster Band seiner Memoiren („Alles in allem ein Leben") mit dem Titel „Unter den Verschollenen" nicht nur zu den wenigen schriftlichen Schilderungen ehemaliger sowjetischer Kriegsgefangener in deutscher Hand. Er bildet zudem das bisher einzige bekannte schriftliche Selbstzeugnis über die Gefangenschaft in der damaligen „Ostmark" aus sowjetischer Perspektive.

Dmitrij Čirovs Erinnerungsbericht ist aber nicht nur als Quelle für die Untersuchung der verschiedenen Stationen der Kriegsgefangenschaft – von der Gefangennahme über den Transport in erste Auffanglager, das Sterben von Mitgefangenen, die Unterbringung unter freiem Himmel und das Leben hinter Stacheldraht bis hin zur Arbeit und Befreiung bei Kriegsende – von Bedeutung. Das hier ins Deutsche übersetzte Werk spiegelt auch die Erinnerungen eines inzwischen um Jahrzehnte gealterten Autors an seine in der Gefangenschaft verbrachte Jugend, an die Schwelle zum Erwachsenwerden und seine Empfindungen während der Extremsituation Kriegsgefangenschaft wider.

Neben einem sehr persönlichen, subjektiven Einblick in die rassisch-ideologisch motivierte Behandlung der sowjetischen Kriegsgefangenen in deutscher Hand ist Dmitrij Čirovs „Unter den Verschollenen" zugleich als Zeitdokument für Michail Gorbačevs Ära der „Perestrojka" zu sehen. Der Makel in der Biographie der ehemaligen Gefangenen, die Tatsache, für den Feind gearbeitet und überlebt zu haben, ließ die überwiegende Mehrheit der Betroffenen bis Ende der 80er-Jahre über ihre Zeit in deutschem Gewahrsam schweigen. Erst im Zeichen von „Glasnost" wurde dieses Tabuthema gebrochen, wagten sich die rund ein halbes Jahrhundert diskriminierten Opfer zweier totalitärer System erstmals zaghaft an die Öffentlichkeit. Auch Čirovs 1991 entstandenes Manuskript ist als Produkt dieses spezifischen historischen Kontextes zu sehen, der maßgeblich sowohl die Produktions- als auch die Rezeptionsbedingungen der sowjetischen Erinnerungsliteratur prägte.

Zum besseren Verständnis dieser aus einer „Perspektive von unten" verfassten Autobiographie widmet sich ein einleitendes Kapitel dem Schicksal sowjetischer Kriegsgefangener im Deutschen Reich, unter besonderer Berücksichtigung jener beiden Lager in Lamsdorf und Krems-Gneixendorf, die der Autor selbst durchlaufen hat und ausführlich beschreibt, nebst der Situation der Heimkehrer in die UdSSR. In diesem Zusammenhang werden auch mehrere Themen erläutert und in einen größeren Zusammenhang gestellt, die Čirov in seinen Erinnerungen aufgreift. Weiters erfolgt ein kurzer Überblick über die Erinnerungsliteratur sowjetischer Kriegsgefangener im historischen Kontext sowie über die Entstehung, Struktur und Merkmale der hier erstmals publizierten Erinnerungen „Unter den Verschollenen". Eine Reihe von Abbildungen, die im Rahmen meiner jahrelangen Recherchen zum Thema Kriegsgefangenschaft während des Zweiten Weltkriegs im Allgemeinen und zum Stalag XVII B Krems-Gneixendorf im Besonderen gesammelt werden konnten, sollen zur Illustration – insbesondere des Erlebnisberichts selbst – dienen. Zu Čirovs Autobiographie wäre anzumerken, dass sich das Werk, größtenteils einer chronologischen Struktur folgend, in die Bereiche Gefangennahme, Abtransport in Kriegsgefangenenlager, Leben und Überleben im Stalag XVII B, Arbeitseinsatz und schließlich die Zeit bei Kriegsende mit Befreiung und Repatriierung gliedert. Diesen chronologischen Aufbau durchbricht der Autor immer wieder durch themenzentrierte Beschreibungen, die dem zeitlichen Ablauf zum Teil vorgreifen oder nachhinken. Mitunter nimmt er auch Bezug auf Begebenheiten, die in einem der weiteren Bände des Monumentalwerkes „Alles in allem ein Leben" ausführlicher dargestellt sind. Einige dieser Passagen und mitunter schwer verständliche oder eher unbekannte Termini werden zur besseren Verständlichkeit des Textes kurz in den Fußnoten erläutert.

Für die Unterstützung und Hilfe beim Zustandekommen dieses Buches schulde ich mehrfachen Dank: Zunächst Herrn Univ.-Doz. Dr. Dmitrij Čirov, Karaganda, der die langwierige Phase der Verlagssuche, Übersetzung und Bearbeitung seines Werkes mit großer Geduld und zahlreichen brieflichen Auskünften aus Kasachstan unterstützte. Weiters Herrn Dipl.-Ing. Herwig Rabl, Krems, der sich seit vielen Jahren um die Publikation dieser Erinnerungen bemüht und maßgeblich zum Zustandekommen dieses Projektes beigetragen hat. Frau Christine Aigner (die Tochter der Familie Gerstenmayer aus Gedersdorf) danke ich für die fachgerechte Durchsicht der Passagen, die sich auf Čirovs Zeit in Gedersdorf, insbesondere auf seinen

Arbeitseinsatz in den Weingärten, beziehen; meiner Mutter, Frau Elisabeth Marx, Graz, für genaues Korrekturlesen. Meinen Kollegen am Ludwig Boltzmann-Institut für Kriegsfolgen-Forschung in Graz sei besonders gedankt, insbesondere Herrn Mag. Arno Wonisch und Herrn Mag. Peter Ruggenthaler für die Übersetzung von Teilen des russischsprachigen Manuskripts ins Deutsche, Frau Mag. Edith Petschnigg und Herrn Mag. Peter Pirnath für Lektorat und Korrekturen, Frau Sigrid Lazar für Korrekturarbeiten am Computer, Herrn Mag. Harald Knoll für die Gestaltung der abgebildeten Karten und Herrn Reinhard Möstl für Scannarbeiten. Herrn Mag. Wonisch danke ich zudem herzlich für die Vereinheitlichung der Übersetzung. Gedankt sei allen, die mir – zum Teil aus ihren privaten Sammlungen – Fotografien zur Verfügung gestellt haben: Herrn Franz Gerstenmayer und Frau Christine Aigner, Frau Edith Kaufmann, Gedersdorf, Herrn Dipl. Ing. Herwig Schöber, Frau Klara Dobner, Herrn MMag. Christian Gmeiner, der Familie Elisabeth und Karl Jell, alle Krems, Herrn Dipl. Ing. Bernhard Göritzer, Wien, Friedrich Hammerschmidt, Innermanzing, den ehemaligen Kriegsgefangenen René Brosset, Antibes, und Victor Lhuissier, Paris, Martin Parisot, Molin, IL, Ed Allen, N. Olmsted, OH, dem Museum des Großen Vaterländischen Krieges in Minsk, dem Staatsarchiv der Russischen Föderation und dem Russischen Staatlichen Militärarchiv, beide Moskau, sowie dem Zentralen Kriegsgefangenenmuseum in Lamsdorf. Viele dieser Abbildungen werden zum ersten Mal im Rahmen dieses Buches publiziert und so der Öffentlichkeit zugänglich gemacht.

Besonderer Dank gebührt dem Österreichischen Bundesministerium für Bildung, Wissenschaft und Kultur, Wien, der Abteilung Kultur und Wissenschaft des Amtes der Niederösterreichischen Landesregierung sowie dem Amt der Oberösterreichischen Landesregierung für ihre finanzielle Unterstützung, die die Übersetzung und Herausgabe des vorliegenden Bandes ermöglichten.
Schließlich danke ich dem Waldviertler Heimatbund, besonders Herrn Dr. Erich Rabl und Herrn Dr. Harald Hitz, für die Übernahme dieser Arbeit in das Verlagsprogramm und die hervorragende Lektorats-Betreuung.

Graz, im Februar 2003   Barbara Stelzl-Marx

Herwig A. Rabl

Geschichte erlebt und erlitten

Als „Geschichte erlebt und erlitten" betitelte sich ein Vortrag in der Volkshochschule Krems am 30.9.1994 von Dmitrij Čirov, einem pensionierten Dozenten einer pädagogischen Hochschule in Karaganda in der GUS-Republik Kasachstan. Der Vortragende war von Herbst 1941 bis Mai 1945 Kriegsgefangener im Stammlager (Stalag) XVII B in Krems-Gneixendorf gewesen.
Herr Čirov bot eingangs einen Rückblick auf die tragischen Ereignisse, die sich am Anfang dieses Jahrhunderts im Zarenreich und dann in der jungen Sowjetunion abspielten. Der Russisch-Japanische Krieg 1904/05, der Erste Weltkrieg, die Kämpfe zwischen Weiß und Rot nach 1918, die Errichtung der Sowjetmacht durch die Bolschewiken nach jahrelangen blutigen Kämpfen, die Zwangskollektivierung der Landwirtschaft in der zweiten Hälfte der Zwanzigerjahre, die nicht nur Millionen von „Kulaken" Tod, Verschleppung und Gefangenschaft brachte, sondern auch schreckliche Hungersnöte, die durch einen völlig gescheiterten Dreijahresplan zum Aufbau der Kollektivwirtschaft verursacht worden waren. Diese Millionen von Menschenopfern blieben dem Ausland mehr oder weniger verborgen. Aufsehen erregte aber weltweit die „Čistka", die Große Säuberung 1936–38, in der auf Befehl Stalins viele Tausende politischer und militärischer Führer sowie Intellektueller beseitigt wurden. Von den Teilnehmern des XVI. Parteitages 1934 überlebte lediglich einer von zwanzig; ähnlich wurden die Führungskader der Roten Armee dezimiert.
Mit diesem in seinen Grundfesten erschütterten Sowjetsystem wurde die Sowjetunion 1941 in den Zweiten Weltkrieg gestürzt. Die Ausrufung des „Großen Vaterländischen Krieges" ließ die Sowjetvölker die jahrzehntelang erlittene Unterdrückung zu einem großen Teil vergessen. Die Sowjetmacht appellierte an das tief verwurzelte Heimatgefühl, vor allem der slawischen Bevölkerung, und erinnerte an die großen Traditionen des russischen Volkes. Als Ausdruck dessen wurden in den Streitkräften die in der Zarenarmee verwendeten Dienstgradabzeichen und Dienstränge wieder eingeführt.
Herr Čirov kommt aus Karaganda, inmitten der kasachischen Steppe gelegen, etwa 400 km nordwestlich des Balschachsees. Dort entstand der drittgrößte Steinkohlenbergbau der ehemaligen Sowjetunion. 1931 wurden 56.000 Familien dorthin zwangsverschickt, praktisch auf ein nacktes Gelände – ohne vorbereitete Unterkünfte und ohne vorbereitete Infrastruktur. Auch Čirovs Vater war mit 30 Jahren als Großbauer, als Kulake, nach Kasachstan deportiert worden ... Die ersten Jahre verbrachte die Bevölkerung in Erdhöhlen. Der Steinkohlenabbau wurde unverzüglich ohne Einsatz technischer Hilfe, nur mit Krampen und Schaufel in Angriff genommen ... Die katastrophalen Lebensumstände – den ersten Winter überlebte kein Kind unter fünf Jahren – und Arbeitsbedingungen forderten unzählige Opfer,

machten aber auch den Bau der Karaganda-Bahn nach Balschach am gleichnamigen See nötig. Man kann sagen, dass der Bahnkörper auf den Überresten menschlicher Körper ruht. Heute zählt Karanganda etwa eine halbe Million Einwohner und besitzt eine vielseitige Industrie.

Für mich war der Abend – teils aus eigener Betroffenheit, teils wegen seiner zutiefst menschlichen Aussagen – ein einmaliges Erlebnis. Vermittelte er doch ein lebendiges Bild von der – durch Jahrhunderte – fast unbegrenzten Leidensfähigkeit und der ungebrochenen Gläubigkeit des russischen Volkes.

Beim Zusammensein nach dem Vortrag tauschten wir persönliche Erfahrungen aus und schlossen Freundschaft. Sie ist getragen vom Geiste kameradschaftlicher Verbundenheit, begründet durch ähnliche Schicksale – auch ich war zweieinhalb Jahre in sowjetischer Kriegsgefangenschaft – und gleichen Alters.

Bestürzt erfuhr ich von der elenden materiellen Lage der Familie Čirov, die über ein Monatseinkommen von nur 100 Ř verfügt. In allen Ländern des ehemaligen Ostblocks gehören eben die alten Menschen zu den Allerärmsten. So versucht diese Schicht auf irgendeine Weise ihre Lage aufzubessern. Dmitrij Čirov tat dies auf seine Art: er schrieb ein umfangreiches Memoirenwerk. Bereits 1990 unternahm er Schritte, in Österreich Verleger zu finden und so zu Geld zu kommen. Leider vergeblich.

Hilfe erhielt die Familie Čirov von ihren ehemaligen Arbeitgebern in Gedersdorf, den Familien Gerstenmeyer und Kaufmann, aus Krems von Familie Aigner. Der schlechte Gesundheitszustand der Čirovs erforderte teure, ausländische Medikamente. So suchte ich nach weiteren Hilfsquellen. Die Stadt Krems befürchtete Beispielsfolgen, deren Auswirkungen nicht einschätzbar waren. Allein der KIWANIS-Club Krems unter der Leitung von Dr. Mühleder war bereit, in seine Charity-Kasse zu greifen und spendete einen ansehnlichen Betrag.

Einerseits wurden die Mittel für das tägliche Leben immer knapper – das Fernheizwerk war ausgefallen; um nicht zu erfrieren, musste elektrisch zu enormen Kosten geheizt werden –, andererseits strich man den Kriegsveteranen die Begünstigungen. Die Begründung für diesen Schritt soll gewesen sein, dass Kasachstan nie Krieg gegen Deutschland geführt habe ...

Aus schriftlichen Äußerungen geht klar hervor, dass die Čirovs es der Unterstützung aus Österreich verdanken, dass sie noch am Leben sind ... Immer noch hofft Dmitrij Čirov durch Verwertung seines Memoiren-Manuskripts seinen materiellen Sorgen aus eigenen Kräften ein Ende bereiten zu können.

Ich nahm an, dass meine mehrfachen Bemühungen, Interessenten für das Manuskript zu finden, auch daran scheiterten, weil es in russischer Sprache abgefasst ist und ich daher keine Leseproben zur Verfügung stellen konnte. So entschloss ich mich, jenen Teil des umfangreichen Werkes heraus zu geben, der für die Lokalgeschichte der Stadt Krems von Bedeutung ist. Frau Dr. Barbara Stelzl-Marx übernahm die Übersetzung, Bearbeitung und Einleitung. So entstand im Februar 1999 eine Broschüre mit dem Titel „Unter den Verschollenen" im Umfang von 50 Seiten.

Erwartungsfroh wandte ich mich mit diesem Bändchen wieder an Verlage und öffentliche Stellen sowie an den ORF. Auch dem zweiten Anlauf, das Werk zu vermarkten, blieb der Erfolg versagt. Die Herausgabe eines solchen Buches behindern hohe Übersetzungskosten und auch das gesunkene Interesse eines breiteren Publikums für Geschehnisse, die mehr als fünf Jahrzehnte zurückliegen.

Umso mehr freut es mich, dass es Frau Dr. Barbara Stelzl-Marx gelungen ist, als Verleger den Waldviertler Heimatbund zu gewinnen, der den Band 6 des Memoirenwerkes von Dmitrij Čirov unter dem Titel „Unter den Verschollenen" in seine Schriftenreihe aufnehmen wird. Die sachkundige Bearbeitung und kompetente Übersetzung durch Frau Dr. Stelzl-Marx schaffen günstigste Voraussetzungen dafür, dass das Buch am Markt ankommt und damit einem größeren Leserkreis erschlossen wird. Dies ist mein inniger Wunsch.

Allen, die am Zustandekommen der Herausgabe dieses einmaligen und zeitgeschichtlich bedeutsamen Werkes Anteil haben, gebührt aufrichtiger Dank!

Barbara Stelzl-Marx

Kriegsgefangenschaft in der Retrospektive: Kontext, Entstehung und Merkmale von Dmitrij Čirovs „Unter den Verschollenen"

> *Ja, wenn ich mich an die Zeit meines Aufenthaltes im Stalag XVII B erinnere, kämpfen in meiner Seele düstere und helle Eindrücke gegeneinander an. Nach einem hartnäckigen Kampf siegen jedoch nichtsdestotrotz die guten Erinnerungen, da alles, was ich damals erlebte, mit meiner unvergesslichen Jugend verbunden ist...*
> D. Čirov

Wie Armin Nassehi in seiner Studie „Die Form der Biographie"[1] betont, hat sich die Biographieforschung nicht so sehr an der Frage zu orientieren, „wie es wirklich war", sondern „welche Formen der Thematisierung ein biographischer Text in der Erzählgegenwart dafür findet, was er thematisiert. Soziologisch interessant an solchen Texten ist, in welcher Weise Lebensverläufe von Personen kommunikativ thematisiert werden, in welcher Weise also Lebensläufe biographisch erzeugt werden."[2] Memoiren formen als literarische Gattung die subjektivste Erzählform, erheben aber zugleich den größten Authentizitätsanspruch.[3]

Die im Rahmen dieses Bandes erstmals veröffentlichen Erinnerungen „Unter den Verschollenen" von Dmitrij Čirov liefern sehr persönliche und spannende Einblicke in den Lageralltag der sowjetischen Kriegsgefangenen im „Dritten Reich", ihre von rassisch-ideologischen Motiven geprägte Behandlung, die latente Angst vor einer möglichen Bestrafung nach der Rückkehr, die Gewissenskonflikte, wie sie etwa durch die wiederholten Besuche der Vlasov-Propagandisten ausgelöst wurden, erste Bekanntschaften mit sowjetischen Zivilarbeiterinnen, die Auseinandersetzungen mit einer fremden Kultur und Lebensart im Österreich der Kriegsjahre oder Reflektionen über Ideologien und politische Systeme. Die zum Teil minutiösen Rekonstruktionen von Dialogen und Situationen, ausführliche Schilderungen von inzwischen Jahrzehnte zurückliegenden Emotionen und Überlegungen sind ein Zeichen

---

[1] Armin Nassehi, Die Form der Biographie. Theoretische Überlegungen zur Biographieforschung in methodologischer Absicht, in: BIOS. Zeitschrift für Biographieforschung und Oral History. I/1994 (= Nassehi, Biographie), S. 46–63.

[2] Nassehi, Biographie, S. 59.

[3] Franz Karl Stanzel, War and Literature, in: Franz Karl Stanzel/Martin Löschnigg (Hg.), Intimate Enemies. English and German Literary Reactions to the Great War 1914–1918. Heidelberg 1993, S. 13–24, hier: S. 15.

dafür, dass der Autor Zeugnis ablegen wollte und dass autobiographische Narrative nicht glatt sind – wie auch das Leben niemals glatt ist.

Die folgenden Ausführungen, die sich einerseits auf die Stationen der Gefangenschaft mit ihren unterschiedlichen Aspekten und das spezifische Schicksal ehemaliger sowjetischer Kriegsgefangener in ihrer Heimat, andererseits auf das Werk selbst, also die Genese und Charakteristika der Autobiographie, den Kontext sowjetischer Lagerliteratur sowie einige biographische Daten des Autors beziehen, soll die Lektüre dieser bisher einzigen retrospektiven Schilderungen der Kriegsgefangenschaft im Stalag XVII B Krems-Gneixendorf aus der Sicht eines sowjetischen Gefangenen erleichtern.

1. Stationen der Gefangenschaft: Das Stalag VIIII F/318 Lamsdorf und Stalag XVII B Krems-Gneixendorf

Mit dem Überfall auf die Sowjetunion am 22. Juni 1941 entfachte das nationalsozialistische Deutschland den „ungeheuerlichste[n] Eroberungs-, Versklavungs- und Vernichtungskrieg, den die moderne Geschichte kennt."[4] Gerade das Schicksal der rund 5,7 Millionen sowjetischen Kriegsgefangenen in deutschem Gewahrsam stand in einem engen Zusammenhang mit einer beispiellosen „rassenideologischen" Vernichtungs- und Ausbeutungspolitik: 3,3 Millionen Soldaten der Roten Armee, beinahe 60 Prozent, verloren in deutscher Kriegsgefangenschaft ihr Leben.[5] Chronische Unterernährung, Seuchen, die Vernichtung durch Arbeit, völlig unzureichende Unterbringung, die Art der Transporte und Mord sind für dieses mit den gewöhn-

---

[4] Ernst Nolte, Der Faschismus in seiner Epoche. Die Action Française. Der italienische Faschismus. Der Nationalsozialismus. München 1963, S. 436. Die folgenden Ausführungen beruhen insbesondere auf Barbara Stelzl-Marx, Zwischen Fiktion und Zeitzeugenschaft. Amerikanische und sowjetische Kriegsgefangene im Stalag XVII B Krems-Gneixendorf. Tübingen 2000 (= Stelzl-Marx, Zwischen Fiktion und Zeitzeugenschaft) sowie Dmitrij Čirov, „Unter den Verschollenen". Aus den Erinnerungen eines ehemaligen sowjetischen Kriegsgefangenen im Stalag XVII B Krems-Gneixendorf 1941–1945. Bearbeitet, eingeleitet und übersetzt von Barbara Stelzl. Unveröffentlichtes Manuskript. Graz 1999. Dieses Manuskript, das einige der zentralen Passagen aus Čirovs Erinnerungen enthält, entstand auf Anregung und im Auftrag von Herrn Dipl.-Ing. Herwig Rabl, Krems.

[5] Christian Streit, Keine Kameraden. Die Wehrmacht und die sowjetischen Kriegsgefangenen 1941–1945, erw. Neuausgabe. Bonn 1991, S. 10 u. 14. Zum Schicksal der sowjetischen Kriegsgefangenen in deutscher Hand vgl. unter anderem: Reinhard Otto, Wehrmacht, Gestapo und sowjetische Kriegsgefangene im deutschen Reichsgebiet 1941/42. Schriftenreihe der Vierteljahrshefte für Zeitgeschichte. Bd. 77. München 1998; Alfred Streim, Die Behandlung sowjetischer Kriegsgefangener im Fall „Barbarossa". Eine Dokumentation. Heidelberg 1981. Ein Überblick über die Forschungen zu diesem Thema bis 1996 findet sich in: Jörg Osterloh, Sowjetische Kriegsgefangene 1941–1945 im Spiegel nationaler und internationaler Untersuchungen. Forschungsüberblick und Bibliographie. Berichte und Studien des Hannah-Arendt-Instituts für Totalitarismusforschung. Bd. 3. Dresden 1996. 2. Aufl.

lichen Notständen im Krieg nicht erklärbare Massensterben verantwortlich zu machen.[6]

Zur Unterbringung der Gefangenen errichtete die Wehrmacht ab 1939 ein engmaschiges Netz an Kriegsgefangenenlagern in den besetzten Gebieten und im Reichsgebiet. 127 solcher Lager existierten im September 1941 in Deutschland – beinahe jedes einzelne wurde zum Ort des Leidens der zahllosen zu „Untermenschen" gestempelten sowjetischen Gefangenen. Dazu zählten auch das Kriegsgefangenen-Mannschaftsstammlager (Stalag) XVII B Krems-Gneixendorf und insbesondere das Stalag VIII F/318 Lamsdorf, die Dmitrij Čirov während seiner Gefangenschaft durchlief.

1.1. Das Stalag VIII F/318 Lamsdorf

Lamsdorf (bei Opole im heutigen Polen gelegen[7]) gehörte zu einem Komplex von Kriegsgefangenenlagern der Wehrmacht im heutigen Polen, wo insgesamt 300.000 Soldaten aus 16 Ländern – darunter 200.000 Soldaten der Roten Armee – festgehalten wurden. Als Stalag VIII F/318 stellte es eines der insgesamt 20 so genannten „Russenlager" im Reichsgebiet dar, die zur maximalen Ausbeutung der Arbeitskraft sowjetischer Kriegsgefangener bald nach dem Überfall auf die Sowjetunion errichtet wurden und für ihre unmenschlichen Lebensbedingungen bekannt waren. Die ersten sowjetischen Kriegsgefangenen, die bereits im Juli 1941 nach Lamsdorf kamen, mussten auf der nackten Erde schlafen, da es zunächst keine Baracken gab. Wie auch Dmitrij Čirov plakativ beschreibt, schaufelten sich viele eine Grube oder ein Erdloch, um zumindest ein wenig Schutz vor der Witterung zu finden.[8] Zu Tausenden wurden sowjetische Kriegsgefangene zudem aus Lamsdorf in das Konzentrationslager Auschwitz transportiert, wo die wenigsten länger als einen Monat überlebten.[9]

Auf Grund dieser Form der Unterbringung, wegen Hunger, Krankheit und gezielter Ausrottung verloren rund 40.000 sowjetische Gefangene im Laufe von nur zwei Jahren ihr Leben im Stalag VIII F/318. Zu massenhaftem Sterben in Lamsdorf führte aber auch die schwere Untertagearbeit in den oberschlesischen Kohlengruben, zu der die arbeitsfähigen Gefangenen herangezogen wurden.[10] Die Toten wurden

---

[6] Christian Streit, Zum Schicksal der sowjetischen Kriegsgefangenen in deutscher Hand, in: Hans-Adolf Jacobsen u. a. (Hg.), Deutsch-russische Zeitenwende. Krieg und Frieden 1941–1945. Baden-Baden 1995, S. 437–454, hier: S. 438; Barbara Stelzl, Kriegsgefangene als Opfer der NS-Rassenideologie, in: Gertraud Diendorfer/Gerhard Jagschitz/Oliver Rathkolb (Hg.), Zeitgeschichte im Wandel. 3. Österreichischer Zeitgeschichtetag 1997. Innsbruck-Wien 1998 (= Stelzl, Kriegsgefangene als Opfer der NS-Rassenideologie), S. 376–384.

[7] Siehe S. 70 in diesem Band.

[8] S. 73 in diesem Band.

[9] Stefan Popiołek, Museum des Martyriums der Kriegsgefangenen in Łambinowice. Katowice o. J. (= Popiołek, Museum des Martyriums), o. S.

[10] Edmund Nowak, Ocalone dla pamięci w 50 rocznicę wyzwolenia obozów jenieckich w Lamsdorf (Łambinowicach). Opole 1995, S. 67; Popiołek, Museum des Martyriums.

Abb. 1: Durch sowjetische Kriegsgefangene ausgehobene Erdlöcher im Stalag VIII F/318 Lamsdorf.

Abb. 2: Sowjetischer Kriegsgefangener im Stalag VIII F/318 Lamsdorf.

in Massengräbern auf einem Hügel in der Nähe des Dorfes Klucznik beerdigt. Heute befindet sich ein von weitem sichtbares Mahnmal am ehemaligen Lagerfriedhof, das an den Tod der Gefangenen unterschiedlicher Nationalität in Lamsdorf erinnert. [11]

1.2. Das Stalag XVII B Krems-Gneixendorf

Noch im November 1941 wurde Čirov von Lamsdorf in das Stalag XVII B Krems-Gneixendorf verlegt, das zeitweise eines der größten Kriegsgefangenenlager im gesamten Reichsgebiet und das größte in der „Ostmark" war. Seine Gründung erfolgte am 26. Oktober 1939 in der Nähe des Dorfes Gneixendorf, sechs Kilometer nordöstlich von Krems. Bereits ein Monat zuvor hatte sich auf dem Areal ein Durchgangslager (Dulag) für Kriegsgefangene befunden, welches in das Stalag XVII B umgewandelt wurde.[12] Die Bezeichnung der Kriegsgefangenen-Stammlager ergab sich aus der römischen Ziffer des zuständigen Wehrkreises, einem in der Reihenfolge der Aufstellung fortlaufenden Großbuchstaben und dem Namen der nächsten Ortschaft. [13]

---

[11] Violetta Rezler-Wasielewska, Gedenkstätte in Łambinowice. Denkmäler. Opole 2000, S. 26.

[12] Bundesarchiv-Militärarchiv Freiburg im Breisgau (= BA-MA), RH 53-17/37, Befehl Wehrkreiskommando XVII, v. 22.9.1939; Stelzl-Marx, Zwischen Fiktion und Zeitzeugenschaft, S. 25.

[13] Othmar Tuider, Die Wehrkreise XVII und XVIII 1938–1945. Wien 1971; Erwin Schmidl, März 38. Der deutsche Einmarsch in Österreich. Wien 1987. 3. Aufl, S. 87; Gerhard Botz, Wien vom „Anschluß" zum Krieg. Nationalsozialistische Machtübernahme und politisch-soziale Umgestaltung am Beispiel der Stadt Wien 1938/39. Wien-München 1978.

Abb. 3: Das Stalag XVII B nach der Evakuierung der gehfähigen Kriegsgefangenen im April 1945.

Der äußeren Organisation nach gliederte sich das Lager in mehrere Bereiche: Das im äußersten Westen gelegene „Vorlager" bestand aus Büros für die Lagerführung, einem Gefängnis, Unterkünften für Ärzte und Quarantänebaracken für Neuankömmlinge. Ein etwa einen Kilometer entferntes „Truppenlager"[14] diente als Unterkunft für die Wachmannschaft. In seiner Nähe entstand im Frühjahr 1941 ein Kriegsgefangenen-Lagerlazarett mit 300 Betten. Im Südosten des Lagergeländes, am Rande des heutigen Flugfeldes Gneixendorf, lag der als „Waldfriedhof Krems-Gneixendorf" bezeichnete Lagerfriedhof, wo zwischen 1941 und Kriegsende mehr als 1.600 sowjetische Kriegsgefangene beerdigt wurden.

Das gesamte Lager war durch einen doppelten Stacheldrahtzaun von vier Metern Höhe umgrenzt, an dessen Innenseite ein einfacher Draht 20 Zentimeter über dem Boden angebracht war. Er markierte eine zwei Meter breite Zone, die von den Gefangenen nicht betreten werden durfte. Zur besseren Überwachung dienten die in regelmäßigen Abständen errichteten Wachtürme, auf denen bewegliche Scheinwerfer angebracht waren. Rund um die Uhr hatten die Wachposten, mit Maschinengewehren bewaffnet, auf den Türmen Dienst. Auch das Haupttor des Lagers wurde ständig streng bewacht.[15]

---

[14] Vom ehemaligen Vertrauensmann der französischen Kriegsgefangenen im Stalag XVII B wird das „Truppenlager" auch als „camp allemand" („deutsches Lager") bezeichnet. Jean-Louis Moret-Bailly, Le Stalag XVII B. Le camp de base. Les kommandos. Paris o. J. (= Moret-Bailly, Stalag XVII B), S. 9.

[15] Stelzl-Marx, Zwischen Fiktion und Zeitzeugenschaft, S. 29ff.

Abb. 4: *Blick aus einem Wachturm auf die Lagerstraße im Stalag XVII B Krems-Gneixendorf.*

Eine breite Lagerstraße, an deren linken und rechten Seite die Gefangenenunterkünfte gelegen waren, durchschnitt das viereckige Gelände des Stalags in Längsrichtung.[16] Gemäß der Darstellung des französischen Vertrauensmannes bestand das Lager aus 40 Baracken, die im Jahre 1942 durch eine weitere Stacheldrahtabgrenzung in „Bataillone" zu jeweils drei Baracken untergliedert wurden.[17] In amerikanischen Berichten ist von zwölf Sektoren – "compounds" – die Rede, wovon ab Herbst 1943 fünf am östlichen Ende den US-Kriegsgefangenen zugeteilt waren. Die vier Doppelbaracken jedes Sektors waren für 400 Mann vorgesehen und jeweils in der Mitte durch einen Waschraum mit sechs Waschbecken zweigeteilt. Im Freien befanden sich eine Latrine und ein Spielfeld.[18] Zur Trennung der rund 4.000 US-Amerikaner im Stalag XVII B waren ihre Sektoren, die – wie auch Čirov beschreibt – zum Teil vor ihrer Ankunft sowjetische Gefangene belegt hatten, durch Wachtürme und Stacheldraht von den Bereichen der übrigen Nationalitäten isoliert.[19]

Abb. 5: *Französische Kriegsgefangene beim Suppefassen im Stalag XVII B Krems-Gneixendorf. Mai 1941*

---

[16] Greg Hatton, Stories My Father Never Told Me. The Journal of the San Antone Rose. New York 1993 (= Hatton, Stories) S. 64ff.; Werner Borgsen/Klaus Volland, Stalag X B Sandbostel. Zur Geschichte eines Kriegsgefangenen- und KZ-Auffanglagers in Norddeutschland 1939–1945. Bremen 1991 (= Borgsen/Volland, Sandbostel), S. 28.

[17] Moret-Bailly, Stalag XVII B, S. 9.

[18] American Ex-Prisoners of War (Hg.), Military Intelligence Service War Department, American Prisoners of War in Germany: Stalag 17B (15.7.1944). Arlington o. J., S. 1.

[19] Kenneth J. Kurtenbach, Brief an Andrew Hasselbring. Waterloo 28.8.1987, S. 9.

1.3. Der Bestand an Kriegsgefangenen im Stalag XVII B

Wie die folgenden Tabellen zeigen, gehörten zeitweise bis zu 66.000 Kriegsgefangene unterschiedlichster Nationalität zum Stalag XVII B, darunter vor allem französische, belgische, serbische, polnische, britische und sowjetische Kriegsgefangene sowie italienische Militärinternierte. Im Oktober 1943 wurde für die Aufnahme von insgesamt 4.300 amerikanischen Fliegerunteroffizieren ein eigenes „Teillager der Luftwaffe" errichtet, eine Besonderheit unter den Kriegsgefangenen-Mannschaftsstammlagern im Deutschen Reich. Hier entstanden unter anderem das Theaterstück „Stalag 17",[20] die literarische Vorlage für Billy Wilders gleichnamigen oscargekrönten Spielfilm,[21] sowie zahlreiche Gedichte, Zeichnungen oder Lagerzeitungen.[22]

Datum	Rang	F	YU	B	PL	Gesamt	Davon in Kommandos
10.9.1940	Offz.	210	–	24	7	241	22.851 F
	Manns.	30.370	–	23.428	541	54.339	21.850 B
	Ziv.	329	–	–	–	329	181 PL
25.10.1940	Offz.	153	–	13	7	173	33.751 F
	Manns.	42.912	–	22.576	412	65.900	19.176 B
	Ziv.	354	–	4	–	358	16 PL
10.1.1941	Offz.	86	–	–	–	86	31.808 F
	Manns.	40.754	–	17.150	61	57.965	12.473 B
	Ziv.	336	–	–	–	336[23]	
31.1.1941	Offz.	60	–	–	–	60	34.379 F
	Manns.	50.268	–	19.902	25	63.195	8.320 B
	Ziv.	345	–	–	1	346	
28.2.1941	Offz.	92	–	–	–	92	40.084 F
	Manns.	49.613	–	6.654	222	56.489	4.510 B
	Ziv.	370	–	–	–	370	
31.3.1941	Offz.	29	–	–	–	29	42.950 F
	Manns.	48.459	–	5.678	211	54.348	3.811 B
	Ziv.	424	–	5	–	429	193 PL
1.5.1941	Offz.	23	4	–	–	27	44.891 F
	Manns.	45.183	3.453	4.873	1.892	55.401	4.536 B
	Ziv.	370 R.Sp[24]	–	–	–	370	1.665 PL
1.6.1941	Offz.	23	–	–	–	23	43.005 F
	Manns.	44.277	13.646[25]	4.834	1.892	64.649	4.618 B
	Ziv.	374	–	–	–	374 (370 R.Sp.)	1.405 PL 5.905 YU

---

[20] Donald Bevan/Edmund Trzcinski, Stalag 17. Acting Edition. Comedy Melodrama in Three Acts. New York 1948, Nachdruck 1979.
[21] Billy Wilder (Reg.), Stalag 17. Paramount Pictures 1952. 121 Min. schwarz/weiß.
[22] Stelzl-Marx, Zwischen Fiktion und Zeitzeugenschaft, S. 107ff.; Barbara Marx, Stimmen aus dem Stalag XVII B. Das ‚Wartime Log' als Bewältigungsversuch einer Extremsituation, in: Krieg und Literatur/War and Literature. Vol. 1/1995. Osnabrück 1995 (= Marx, Stimmen aus dem Stalag XVII B), S. 41–60.
[23] Bemerkung in der Zeile: „dar. 318 Rotspanier".
[24] R.Sp = Rotspanier.

Datum	F	B	PL	SOG[26]	SU	Gesamt	Davon im Arbeitseinsatz
1.7.1941	44.075	4.763	1.891	15.469	–	66.198	fehlt
1.8.1941	42.510	4.716	1.904	15.371	–	64.501	58.106
1.9.1941	42.134	4.713	1.825	15.267	–	63.939	60.162
1.10.1941	41.574	4.647	1.784	15.030	3.450	66.485	58.969
1.12.1941	33.495	2.910	1.584	9.106	8.565	55.660	48.299
1.1.1942	32.706	2.912	1.574	8.520	7.887	53.592	47.059
1.2.1942	32.498	2.921	1.588	7.364	7.647	52.018	45.501
1.4.1942	31.567	2.868	1.542	7.162	11.195	54.334	45.582
1.5.1942	31.500	2.786	1.530	7.182	10.289	53.287	46.346
1.6.1942	31.306	2.836	1.510	7.242	11.605	54.499	48.935
1.8.1942	30.893	2.824	1.498	8.959	10.713	52.889	48.736
1.9.1942	30.759	2.812	1.493	6.788	10.372	52.223	48.265
1.10.1942	30.509	2.802	1.487	6.589	10.580	51.967	48.006
1.11.1942	30.535	2.805	1.480	6.565	10.409	51.794	47.398
1.12.1942	29.408	2.797	1.453	6.431	10.022	50.111	46.232
1.1.1943	29.619	2.795	1.449	6.445	9.898	50.206	45.772
1.2.1943	28.819	2.766	1.439	6.432	9.643	49.099	45.842
1.3.1943	29.212	2.782	1.432	6.421	9.274	49.121	45.973
1.4.1943	28.694	2.775	1.424	6.409	8.834	48.136	45.402
1.5.1943	28.752	2.769	1.422	6.443	9.014	48.400	45.945
1.6.1943	28.703	2.769	1.419	6.382	8.763	48.036	46.003
1.8.1943	19.344	2.905	101	5.653	6.790	34.793	31.152
1.9.1943	19.292	2.896	100	5.676	5.677	33.641	29.827

Datum	F	GB	B	PL	SOG	SU	I	USA	Vers. Nat.	Gesamt	Davon im Arb. Eins.
1.10.43	19.041	–	2.906	100	5.767	5.810	3.113	–	–	36.737	29.794
1.12.43	18.836	5	2.849	100	5.730[27]	6.992	6.559	?[28]	–	43.238	35.503
1.1.1944	18.493	349	2.846	100	5.694	7.659	6.244	2.497	–	43.882	35.373
1.2.1944	18.426	1.000	2.844	101	5.634	8.554	6.470	3.033	–	46.062	36.273
1.4.1944	18.417	1.096	2.838	101	5.627	7.692	6.425	3.065	–	45.261	36.472
1.5.1944	18.285	1.012	2.835	101	5.498	7.896	6.446	3.799	–	45.872	35.916
1.6.1944	18.235	1.117	2.806	101	5.537	8.671	6.660	4.232	–	47.359	36.334
1.7.1944	18.290	1.116	2.804	77	5.526	8.796	6.775	4.231	–	47.615	36.432
1.9.1944	18.089	1.148	2.769	77	5.325	8.197	6.930	4.159	–	46.694	36.402
1.10.44	16.042	1.172	2.771	76	5.408	8.790	6.456	4.157	2 S[29]	46.942	36.738
1.11.44	17.846	1.195	2.762	76	5.414	8.874	786	4.175	20 R	41.148	31.162
1.12.44	17.846	1.191	2.783	79	5.403	9.481	699	4.179	69 R 208 S	41.938	30.989

Datum	F	GB	B	PL	Serb.	SU	I	USA	Vers. Nat.	Gesamt	Offz.
1.1.1945	17.925	1.249	2.800	100	5.415	9.488	843	4.235	132 R 66 S	42.253	421

Tab. 1: Bestand an Kriegsgefangenen im Stalag XVII B Krems-Gneixendorf 1940–1945[30]

Das Lager Krems-Gneixendorf war ursprünglich für 12.000 Mann vorgesehen, wurde aber ab Frühling 1941 mit 20.000 belegt. Wegen der Überbelegung mussten die Gefangenen zum Teil mit Hilfe von Notschlafstellen in den Waschräumen oder auf dem Barackenboden untergebracht werden.[31] Wie die vorher angeführten Statistiken zeigen, befand sich die überwiegende Mehrheit der Gefangenen in Arbeitskommandos außerhalb des eigentlichen Lagerareals, was auch die hohen Gesamtzahlen der zum Stalag gehörenden Kriegsgefangenen erklärt. Lediglich die rund 4.000 Amerikaner wurden als Unteroffiziere nicht zum Arbeitseinsatz herangezogen und befanden sich daher ständig in Gneixendorf.

1.4. Medizinische Versorgung und Tod

Das Überleben der Gefangenen hing von einer durch „rassisch-ideologische" Motive gekennzeichneten unterschiedlichen Behandlung der einzelnen Nationalitäten ab, die sämtliche Bereiche des Lageralltags maßgeblich beeinflusste. Dieses Spezifikum der Kriegsgefangenschaft im „Dritten Reich" wird anhand der ungleich höheren Mortalität unter den sowjetischen Gefangenen, ihrem allgemein schlechteren Gesundheitszustand oder ihrem Ausschluss von der Betreuung durch internationale Hilfsorganisationen sichtbar. Auch das Stalag XVII B bildete hierbei keine Ausnahme: Als im September 1941 die ersten „Russentransporte" in dem durch einen doppelten Stacheldrahtzaun vom restlichen Stalag XVII B abgetrennten „Ostlager" eintrafen, begann ein regelrechtes Massensterben. In einem Zelt wurde ein eigenes Krankenrevier eingerichtet, von dem es jedoch hieß, dass man dort die Schwerkranken ihrem eigenen Schicksal überließ. Im Dezember 1941 brach eine Fleckfieber- und Typhusepidemie aus, so dass das gesamte Lager unter Quarantäne („Kontumazierung") gestellt wurde. Vier jüdische französische Kriegsgefangene wurden mit der Betreuung der Erkrankten beauftragt, wobei der französische Hilfsarzt Rosenberg durch eine Infektion in der Neujahrsnacht 1941/42 sein Leben verlor.[32]

---

[25] Eintragung vom 1.6.1941: 13.646 Serben.

[26] SOG = Südostgefangene außer Briten.

[27] Von 1.12.1943 bis 1.12.1944: ausschließlich Serben.

[28] Die Zahl der Amerikaner vom 1.12.1943 ist unleserlich.

[29] Ab 1.10.1944 sind in der Spalte Vers. Nat. (= Verschiedene Nationalitäten) S (= Slowaken) und R (= Rumänen) in Verwendung.

[30] Hubert Speckner, Kriegsgefangenenlager in der „Ostmark" 1939–1945. Zur Geschichte der Mannschaftsstammlager und Offizierslager in den Wehrkreisen XVII und XVIII. Phil. Diss. Unveröffentlichtes Manuskript. Wien 1999 (= Speckner, Kriegsgefangenenlager in der „Ostmark"), S. 319ff; Hubert Speckner, In der Gewalt des Feindes. Kriegsgefangenenlager in der „Ostmark" 1939 bis 1945. Kriegsfolgen-Forschung Bd. 3. Wien/München 2003.

[31] Kurt Preiß, Von der Befreiung zur Freiheit. Krems 1945–1955 mit einem Beitrag von HR Wilhelm Ziskovsky über Bürgermeister Karl Suppanz. Krems 1997 (= Preiß, Von der Befreiung zur Freiheit), S. 503.

[32] Moret-Bailly, Stalag XVII B, S. 29f.

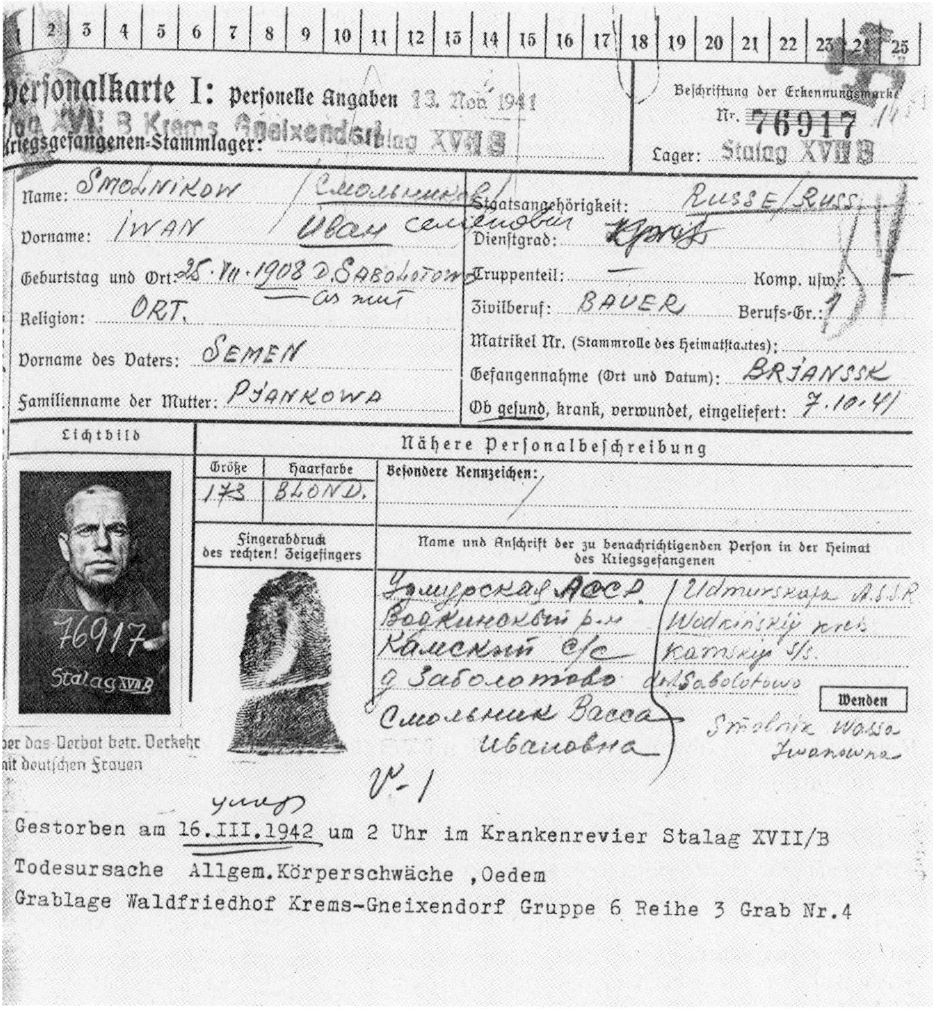

1 2 3 4 5 6 7 8 9 10 11 12 13 14 15 16 17 18 19 20 21 22 23 24 25

Personalkarte I: Personelle Angaben 13. Nov. 1941

Kriegsgefangenen-Stammlager: Stalag XVII B

Beschriftung der Erkennungsmarke

Nr. 76917

Lager: Stalag XVII B

Name: SMOLNIKOW / Смольников

Staatsangehörigkeit: RUSSE / RUSS.

Vorname: IWAN / Иван Семенович

Dienstgrad:

Geburtstag und Ort: 25.VII.1908 D. SABOLOTOW

Truppenteil: — Komp. usw.:

Religion: ORT.

Zivilberuf: BAUER Berufs-Gr.:

Vorname des Vaters: SEMEN

Matrikel Nr. (Stammrolle des Heimatstaates):

Gefangennahme (Ort und Datum): BRJANSSK

Familienname der Mutter: PJANKOWA

Ob gesund, krank, verwundet, eingeliefert: 7.10.41

Lichtbild

76917

Stalag XVII B

Nähere Personalbeschreibung

Größe: 173

Haarfarbe: BLOND.

Besondere Kennzeichen:

Fingerabdruck des rechten! Zeigefingers

Name und Anschrift der zu benachrichtigenden Person in der Heimat des Kriegsgefangenen

Удмурская АССР / Udmurskaja A.S.S.R.

Воткинский р-н / Wodkinskij kreis

Камский с/с / Kamsky s/s.

д. Заболотово / d. Sabolotowo

Смольникова Васса Ивановна / Smolnika Wassa Iwanowna

Wenden

der das Verbot betr. Verkehr mit deutschen Frauen

V-1

умер

Gestorben am 16.III.1942 um 2 Uhr im Krankenrevier Stalag XVII/B

Todesursache Allgem.Körperschwäche ,Oedem

Grablage Waldfriedhof Krems-Gneixendorf Gruppe 6 Reihe 3 Grab Nr.4

Abb. 6: Personalkarte I des im Stalag XVII B verstorbenen sowjetischen Kriegsgefangenen Iwan Smelnikow.

Innerhalb eines Monats verstarben rund 700 sowjetische Kriegsgefangene in Krems-Gneixendorf.[33]

Wie auf der Basis der Personalkarten verstorbener sowjetischer Kriegsgefangener im Zentralen Archiv des Verteidigungsministeriums der Russischen Föderation gezeigt werden kann, sind viele Todesfälle eindeutig auf Unterernährung zurück-

[33] Yves Durand, La Captivité. Histoire des prisonniers de guerre francais 1939–1945. Paris 1982 (= Durand, Captivité), S. 430.

zuführen.³⁴ Häufig wird als Todesursache „Allgemeine Körperschwäche", „Oedem-Herzschwäche", „Herzschwäche", „Erschöpfung", „Erschöpfungszustand" und „Schwächezustand" genannt.³⁵ Außer den schlechten Lebensbedingungen im Lager trug nicht zuletzt der schlechte physische Zustand bei ihrer Ankunft zu ihrer hohen Sterblichkeit bei. So glichen die sowjetischen Gefangenen, die im August des Jahres 1942 ins Stalag XVII B verbracht wurden, „wahren Skeletten".³⁶ Zu diesem Zeitpunkt starben nach den Angaben von französischen Kriegsgefangenen 40 bis 50 Mann pro Tag.³⁷ Auch als die Todesrate ab dem Jahre 1943 stark zurückging, traten im „Russensektor" wiederholt Epidemien auf, die in einigen Fällen zum Tod führten. Folglich befürchteten die Amerikaner ein Übergreifen auf ihre angrenzenden Baracken: „There are in the Russian part of the camp a certain number of spotted fever cases. A few death cases occurred as well among the Russian prisoners as among the German guards, all measures having been taken in order to prevent any contact between the Russian and the American compounds."³⁸ Nichtsdestotrotz entstand ein reger Handel zwischen den amerikanischen und sowjetischen Kriegsgefangenen über den trennenden Stacheldraht hinweg.

Todesfälle wurden einerseits auf der Personalkarte des jeweiligen Kriegsgefangenen, andererseits in einem eigenen so genannten „Totenbuch" verzeichnet, das für den Zeitraum vom 2. August 1943 bis zum 26. April 1945 im Österreichischen Staatsarchiv erhalten ist. Während im „Totenbuch" der Sterbetag und die Grablage verzeichnet sind, weisen die Personalkarten zusätzlich die Todesursache auf. Zwischen August 1943 und April 1945 weist das „Totenbuch" 360 verstorbene „Russen" auf, die, obwohl die Todesrate im Vergleich zu 1941/42 stark zurückgegangen war, immer noch 83 Prozent aller in der selben Zeit verstorbenen Gefan-

---

[34] Kriegsgefangene wurden auf drei verschiedenen Karten registriert, wovon die erste für die Wehrmachtsauskunftsstelle für Kriegsverluste und Kriegsgefangene (WASt) in Berlin und ab 1943 im thüringischen Meiningen bestimmt war. Als bei der Befreiung von Thüringen US-Truppen die WASt-Kartei entdeckten, wurde die Kriegsgefangenenkartei unter den Alliierten aufgeteilt. Die WASt-Beutekarteien verstorbener sowjetischer Kriegsgefangener kam nach Kriegsende nach Podol'sk bei Moskau, wo sie in die Bestände des Zentralen Archivs des Verteidigungsministeriums der UdSSR aufgenommen wurden. S. A. Iljenkow/W. W. Muchin/P. M. Poljan, Deutsche Beutekarteien über sowjetische Kriegsgefangene. Unveröffentlichtes Manuskript. Moskau 1998; Rolf Keller/Reinhard Otto, Das Massensterben der sowjetischen Kriegsgefangenen und die Wehrmachtbürokratie. Unterlagen zur Registrierung der sowjetischen Kriegsgefangenen 1941–1945 in deutschen und russischen Institutionen, in: Militärgeschichtliches Forschungsamt (Hg.), Militärgeschichtliche Mitteilungen, Nr. 57, 1/1998, S. 149–180.

[35] Zentralarchiv des Verteidigungsministeriums der Russischen Föderation, Podol'sk (= CAMO), Personalkarte I von Semen Avilov, Oleksej Bata, Orlan Batirov, Fedor Deminov, Iosif Lopatin und Stepan Michailov.

[36] Durand, Captivité, S. 429. Übersetzung aus dem Französischen.

[37] Ebd.

[38] Luther Victory (Hg.), A Chronicle of Stalag XVII B Krems/Gneisendorf [sic!], Austria. Compiled and Published by Luther Victory from Records Obtained from the National Archives by Les Jackson, Archivist, Harris County 1991, Enclosure No. 1, S. 11.

genen ausmachten: Außer ihnen wurden 19 Jugoslawen, 20 Franzosen, ein Belgier, zwei Polen, vier Amerikaner, 22 Italiener, vier Rumänen und ein Slowake, somit insgesamt 73 Kriegsgefangene, am Lagerfriedhof beigesetzt.[39]

Vor der Errichtung des eigenen Lagerfriedhofes im Winter 1941 wurden die verstorbenen Kriegsgefangenen auf dem Kremser Stadtfriedhof beigesetzt. Die konstante Zunahme an Todesfällen unter den sowjetischen Kriegsgefangenen dürfte die unmittelbare Ursache für die Errichtung des Lagerfriedhofes südöstlich des Lagergeländes, am Rande des heutigen Flugfeldes Gneixendorf, gewesen sein. Die Einweihung des in den Akten auf Grund seiner Lage als „Waldfriedhof Krems-Gneixendorf"[40] bezeichneten Friedhofes nahmen der österreichische Priester Rudolf Schierer, ein französischer Geistlicher und ein Vertreter der russisch-orthodoxen Kirche vor.[41] Während die sowjetischen Verstorbenen in Massengräbern beigesetzt wurden, stellte man für alle anderen Nationalitäten Einzelgräber bereit.[42] Unterschiede gab es auch bei der Beerdigung selbst. Amerikanische, britische und französische Kriegsgefangene waren mit allen militärischen Ehren zu bestatten, wobei ihre Särge sogar mit der Landesflagge versehen wurden. Weiters musste eine dem Rang des Toten entsprechende Ehrenabordnung bereitgestellt werden.[43] Bei sowjetischen Beerdigungen war jegliches Zeremoniell dieser Art untersagt. Nicht nur auf Särge konnte verzichtet werden, die Leichen sollten auch ohne Gewand, lediglich in Papier gewickelt, zu Grabe getragen werden. Bei „gleichzeitigem Anfall mehrerer Leichen [...] war] die Bestattung in einem Gemeinschaftsgrab vorzunehmen."[44] Dass „gleichzeitiger Anfall" ein dehnbarer Begriff war, geht aus den Personalkarten verstorbener sowjetischer Kriegsgefangener hervor: So wurden der am 30. März 1942 verstorbene Ukrainer Oleksa Bata, der am selben Tag an Rippenfellentzündung und Herzschwäche verstorbene Usbeke Orlan Batirov, aber auch der am 11. April 1942 an Ödemen, Lungentuberkulose und Herzschwäche gestorbene Ukrainer Aksienitij Vojtenko im „Waldfriedhof Krems-Gneixendorf, Gruppe VI. Reihe 3 Grab 6" beigesetzt.[45]

1.5. Zum Arbeitseinsatz

Der überwiegende Teil der Gefangenen arbeitete in der Land- und Forstwirtschaft, im Bergbau, in Industrie und Gewerbe oder im Bauwesen. Für die sowjetischen

---

[39] Österreichisches Staatsarchiv/Kriegsarchiv, Wien (= ÖStA/KA), 314 Zs-120, Totenbuch Stalag XVII B. 2.8.1943–26.4.1945 (= ÖSTA/KA, Totenbuch).
[40] CAMO, Personalkarten I.
[41] Robert Streibel, Die Stadt Krems im Dritten Reich. Alltagschronik 1938–1945. Wien 1993, S. 713.
[42] ÖStA/KA, Totenbuch.
[43] BA-MA, RW 6/v. 270. Sammelmitteilungen und Befehlssammlung OKW Nr. 10.
[44] Borgsen/Volland, Sandbostel, S. 166.
[45] CAMO, Personalkarten I.

Kriegsgefangenen – so auch Dmitrij Čirov – stellte der Arbeitseinsatz eine meist willkommene Möglichkeit dar, der schlechten Behandlung im Lager zu entkommen. Üblicherweise wurden die Gefangenen für den Arbeitseinsatz außerhalb des Lagers in Arbeitskommandos zusammengefasst und direkt am Arbeitsplatz oder in dessen Nähe untergebracht, wobei ihre Unterbringung und Versorgung im Verantwortungsbereich des jeweiligen Arbeitgebers stand.[46]

Die unterschiedliche Behandlung der einzelnen Nationalitäten setzte sich auch hier fort: Französische Kriegsgefangene, die – wie Čirov – bei Bauern in Gedersdorf und Brunn nahe dem Lager arbeiteten, hatten beispielsweise bedeutend mehr Freiheit als die sowjetischen Gefangenen. Österreichische Zeitzeugen erinnern sich, dass „die Franzosen" am Sonntag auf der Dorfstraße spazieren gehen konnten oder Faustball spielten. Die sowjetischen Kriegsgefangenen hingegen, deren Arbeitskommando in einem stillgelegten Gasthaus beim Bahnhof Gedersdorf untergebracht war, mussten sich auch sonntags innerhalb der Umzäunung aufhalten. Ihnen war es zudem im Unterschied zu den übrigen Nationalitäten untersagt, an einem Tisch mit ihren Arbeitgebern zu essen, wobei man sich jedoch auf den wenigsten Bauernhöfen an diese Vorschrift hielt.

1.6. (Verbotener) Kontakt zur Zivilbevölkerung und zu zivilen Zwangsarbeitern

Wie das 1940 herausgegebene „Merkblatt über das Verhalten der Bevölkerung gegenüber Kriegsgefangenen" zeigt, wurde die einheimische Bevölkerung zur „Zurückhaltung" gegenüber den ausländischen Arbeitskräften ermahnt: „Bedenke, daß der Feind auch in der Gefangenschaft dein Feind bleibt und handle danach."[47] Bereits relativ harmlose Kontakte zu Kriegsgefangenen, die in der NS-Zeit jedoch „gegen das gesunde Volksempfinden" verstießen, wurden als Übertretung nach § 4 der „Wehrkraftschutzverordnung" geahndet und zogen zum Teil mehrmonatige Haftstrafen nach sich.[48] Besonders unerwünscht waren intime Beziehungen zwischen deutschen Frauen und Kriegsgefangenen beziehungsweise zivilen Zwangsarbeitern, wobei das Ausmaß der Strafe wiederum von der jeweiligen Nationalität abhing und im Falle slawischer „Untermenschen" bis zur Einweisung in ein Konzentrationslager oder bis zur Todesstrafe reichen konnte. Aber auch Beziehungen zu zivilen Zwangsarbeiterinnen aus Polen oder der Sowjetunion waren nicht nur

---

[46] Zum Arbeitseinsatz der Kriegsgefangenen in der „Ostmark" vgl. insbesondere Helga Roswitha Gatterbauer, Arbeitseinsatz und Behandlung der Kriegsgefangenen in der Ostmark während des Zweiten Weltkrieges. Phil. Diss. Unveröffentlichtes Manuskript. Salzburg 1975; Speckner, Kriegsgefangenenlager in der „Ostmark", S. 201ff.

[47] Steiermärkisches Landesarchiv (= StLA), Politisch amtliche Plakate, 1940/2.

[48] Barbara Stelzl, Lager in Graz. Zur Unterbringung ausländischer Zivilarbeiter, Kriegsgefangener und KL-Häftlinge 1938–1945, in: Stefan Karner (Hg.), Graz in der NS-Zeit 1938–1945. Graz 1998, S. 353–369, hier: S. 354.

wegen des vorübergehenden Ausfalls der Arbeitskraft im Falle einer Schwangerschaft, sondern auch aus „volkstums- und rassepolitischen" Gründen unerwünscht. Trotz aller Verbote hatten vor allem die außerhalb des Stammlagers untergebrachten Kriegsgefangenen sowohl mit einheimischen Frauen als auch mit ausländischen Zwangsarbeiterinnen mehr oder weniger intensive Verhältnisse, was auch Dmitrij Čirov ausführlich beschreibt. Im Falle einer Schwangerschaft kam es gerade bei den als „Ostarbeiterinnen" bezeichneten sowjetischen Zivilarbeiterinnen immer wieder zu Zwangsabtreibungen oder Kinderwegnahmen.[49]

1.7. Vlasov-Armee

Eine nicht zu verachtende Rolle im Leben der sowjetischen Kriegsgefangenen spielte auch die Vlasov-Armee oder die Russische Befreiungsarmee (ROA), wie sie seit 1943 offiziell hieß. Obwohl nach verbreiteter Meinung unter dem Begriff „Vlasov-Armee" alle Freiwilligen aus dem Gebiet der Sowjetunion verstanden werden, die in den deutschen Streitkräften militärisch organisiert waren, gehörten jedoch von der Gesamtzahl von rund einer Million Freiwilligen nur die Soldaten mit russischer Nationalität der Vlasov-Armee an, meist auch nur formal. Viele sowjetische Freiwilligeneinheiten beziehungsweise Freiwillige in deutschen Einheiten unterstanden nämlich weiterhin deutschem Kommando, ein Ausdruck des zwiespältigen Verhaltens der Deutschen gegenüber den von ihnen zwar „befreiten", zum gemeinsamen Kampf gegen die Sowjetunion aber nur misstrauisch eingesetzten Sowjetbürgern.[50] Die eigentliche Vlasov-Armee, die erst nach der Gründung des Komitees zur Befreiung der Völker Russlands Ende 1944 unter General Andrej Vlasov als Oberkommandierendem aufgestellt wurde, erlangte als einzige einen Verbündetenstatus und war de facto rechtlich und faktisch von der Wehrmacht vollständig getrennt.

Allein schon das Bestehen der Russischen Befreiungsarmee, ROA, erschütterte das hohe Selbstwertgefühl der Roten Armee schwer, nicht zuletzt, da in der UdSSR

---

[49] Gabriela Hauch, Zwangsabtreibungen an Ostarbeiterinnen. Frauenspezifische Diskriminierung im System der NS-Zwangsarbeit, in: Gedenkdienst 4/2000, S. 3; Gisela Schwarze, Kinder, die nicht zählten. Ostarbeiterinnen und ihre Kinder im Zweiten Weltkrieg. Essen 1997, S. 141ff.; Stelzl-Marx, Zwischen Fiktion und Zeitzeugenschaft, S. 61ff.; Harald Knoll, Peter Pirnath, Peter Ruggenthaler, NS-rechtliche Grundlagen des Arbeitseinsatzes von Zwangsarbeitern, in: Zwangsarbeit in der Land- und Forstwirtschaft auf dem Gebiet Österreichs 1939–1945. Endbericht des Ludwig Boltzmann-Instituts für Kriegsfolgen-Forschung. Unveröffentlichtes Manuskript. Graz 2002, S. 38–82, hier: S. 50ff.

[50] Im September 1943 befahl Hitler die Verlegung von 72 Ostbataillonen nach Westen, wodurch die Freiwilligen in eine schwierige psychologische Lage gerieten, da sie sich nun angloamerikanischen Truppen gegenübersahen. Joachim Hoffmann, Die Geschichte der Wlassow-Armee. Einzelschriften zur militärischen Geschichte des Zweiten Weltkrieges. Bd. 27. Freiburg 1984. 2. Aufl. 1986 (= Hoffmann, Wlassow-Armee), S. 343f.; Hans Werner Neulen, An deutscher Seite. Internationale Freiwillige von Wehrmacht und Waffen-SS. München 1985. 2. Aufl. 1992 (= Neulen, An deutscher Seite), S. 338ff.

das Dogma von der moralisch-politischen Einmütigkeit der Gesellschaft der Sowjetunion, von der unverbrüchlichen Freundschaft der Völker der Sowjetunion und vom opferbereiten Patriotismus des „Sowjetvolkes" galt. Vlasov und seine Anhänger wurden als Verräter eingestuft, die es mit allen Mitteln zu bekämpfen galt. Die sowjetische Propaganda zielte darauf ab, Vlasov seiner russischen Nationalität zu entkleiden und ihn zu einem willenlosen Werkzeug der deutschen Unterdrücker zu degradieren. Persönliche Verunglimpfungen, die den „Verräter-General Vlasov" als Agenten der „deutschen Faschisten", Vogelscheuche in Generaluniform oder Hundesohn und Ähnliches bezeichnete, waren Ausdruck der ohnmächtigen Wut auf einen gefährlichen politischen Gegner, der nach Kriegsende durch Erschießen oder Haft in Gulag-Lagern bestraft wurde.[51] Dieser Diktion ist auch Čirovs Erlebnisbericht verhaftet, der wiederholt das Phänomen Vlasov thematisiert und auf das Schärfste verurteilt.

Die Werbetätigkeit der Vlasov-Armee im Stalag XVII B ist nicht nur durch Čirovs Schilderungen, sondern auch durch die des ehemaligen französischen Kriegsgefangenen Moret-Bailly belegt. So beschreibt er, wie tagelang Werber der Vlasov-Armee in deutschen Wehrmachtsuniformen an der Umzäunung des sowjetischen Sektors im Lager ihre Tische aufstellten und „Freiwilligen"-Meldungen entgegennahmen.[52]

1.8. Kriegsende und Evakuierung

Mit dem Herannahen der Roten Armee begann Anfang April 1945 die beinahe dreiwöchige Evakuierung aller gehfähigen Kriegsgefangenen aus Krems-Gneixendorf in das rund 300 Kilometer entfernte Auffanglager Weilhartsforst bei Braunau. Ihre Befreiung erfolgte am 3. Mai 1945 durch die 13. US-Panzerdivision. Auch die in Arbeitskommandos untergebrachten Kriegsgefangenen marschierten zumindest teilweise ab Mitte April 1945 gleichfalls Richtung Nordwesten. Čirovs Kolonne entwaffnete am 6. Mai die noch verbliebenen Wachsoldaten und nahm am 8. Mai Kontakt mit der sowjetischen Kommandantur in Gmünd auf. Als Datum der Befreiung durch Soldaten der Roten Armee führt Čirov den 7. Mai 1945 an.[53] Das Stalag XVII B selbst wurde am 9. Mai 1945 durch Einheiten der Roten Armee befreit und diente nach der Repatriierung der letzten Lagerinsassen vorübergehend als Quartier für sowjetische Besatzungssoldaten. Bald darauf wurden die Baracken abgerissen, und das ehemalige Lagerareal wurde dem Erdboden gleichgemacht.[54]

---

[51] Hoffmann, Wlassow-Armee; Neulen, An deutscher Seite, S. 342f.
[52] Preiß, Von der Befreiung zur Freiheit, S. 522.
[53] Dmitrij Čirov, Brief an Barbara Stelzl-Marx. Karaganda 17.10.2002.
[54] Stelzl-Marx, Zwischen Fiktion und Zeitzeugenschaft, S. 96ff.

Noch im Jahre 1945 erfolgte auf Anordnung der Besatzungsmacht die Exhumierung der 1.640 auf dem „Waldfriedhof" bestatteten sowjetischen Kriegsgefangenen.[55] Im September 1960 fand eine neuerliche Exhumierung statt, weil der so genannte Russenfriedhof mit der Zunahme des Verkehrs zunehmend zu einem Hindernis geworden war. Die Gräber wurden somit auf den städtischen Friedhof Krems verlegt.[56]

Heute ist das einst größte Kriegsgefangenenlager der „Ostmark" auf den ersten Blick unsichtbar geworden. Erst eine genaue Suche lässt erkennen, dass das Stalag XVII B zahlreiche Spuren in seiner Umgebung hinterlassen hat: Erinnerungen und Erzählungen zählen hier ebenso dazu wie Fundament- und Stacheldrahtreste, Kunstobjekte oder literarische Aufzeichnungen.[57] Aber auch mehrere Gedenksteine auf der Gneixendorfer Flughafenstraße verweisen auf das ehemalige Lagerareal und seine Insassen.[58] Seit Mai 2000 markieren zudem insgesamt fünf Stahltafeln die einstigen Eckpunkte des Lagers und den Lagerfriedhof. Eine sechste mahnt „Erinnern" in den Muttersprachen der hier festgehaltenen Nationalitäten.[59]

---

[55] 1.600 Russen werden in Krems exhumiert. Opfer des Gefangenenlagers Gneisendorf [sic!] werden auf den Friedhof überführt, in: Die Presse, 15.9.1960.

[56] Ebd.; Stelzl-Marx, Zwischen Fiktion und Zeitzeugenschaft, S. 103f.

[57] Im Jahr 2002 führte die Verfasserin gemeinsam mit dem Kremser Künstler Christian Gmeiner im Rahmen des Waldviertel Festivals 2001 [mitanaund] das Projekt „Stalag XVII B – Spurensuche" durch, das eine Spurensuche am ehemaligen Lagerareal und eine Ausstellung im Rathaus Krems beinhaltete.

[58] Eine in den Achtzigerjahren errichtete österreichische Gedenktafel mit Holzkreuz trägt die Aufschrift: „Während des 2. Weltkrieges befand sich hier in der Nähe das Kriegsgefangenenlager 17 B. Die im Lager verstorbenen Kriegsgefangenen sind im Stadtfriedhof Krems beerdigt oder in ihre Heimat über[stellt] worden." Im Juni 1984 errichteten die Amicale des Stalags XVII einen Gedenkstein aus schwarzem Stein mit dem Text: „Ici était le Stalag XVII B 1940–1945. A la Mémoire de tous ceux qui sont morts. -- An dieser Stelle befand sich 1940–1945 das Kriegsgefangenenlager Stalag XVII B. Érigé par l'amicale des Stalags XVII B 15.6.1984". Rund elf Jahre später, am 4. Juni 1995, errichtete eine Gruppe ehemaliger amerikanischer Kriegsgefangener aus Krems-Gneixendorf während ihres Besuches am ehemaligen Lagerareal einen Gedenkstein mit der Aufschrift „WE DID RETURN 1995". Zur Thematik von Gedenkstätten vgl. etwa Reinhard Matz, Die unsichtbaren Lager. Das Verschwinden der Vergangenheit im Gedenken. Reinbek 1993; Ulrike Haß, Mahnmaltexte 1945 bis 1988. Annäherung an eine schwierige Textsorte, in: Erinnern oder Verweigern. Dachauer Hefte. Studien und Dokumente zur Geschichte der nationalsozialistischen Konzentrationslager. Zwangsarbeit. 6/1990, S. 135–161; Heidemarie Uhl, Erinnerung als Versöhnung. Zur Denkmalkultur und Geschichtspolitik der Zweiten Republik, in: Zeitgeschichte 5/6/1996, S. 146–160.

[59] Das Kunstprojekt wurde von MMag. Christian Gmeiner, Krems, durchgeführt. Vgl. dazu: Barbara Stelzl-Marx (Hg.), Stalag XVII B 1945–2000. Eine Zeichensetzung. Unveröffentlichtes Manuskript. Krems 2000.

Abb. 7. Dmitrij Čirov mit seiner Frau Valentina vor dem Gedenkstein der ehemaligen französischen Kriegsgefangenen im Stalag XVII B. Gneixendorf, September 1994.

Abb. 8: Vom Kremser Künstler Christian Gmeiner gestaltete Stahltafel an einem der Eckpunkte des ehemaligen Lagerareals in Krems-Gneixendorf.

2. „Die Heimat ruft!"
Zur Repatriierung sowjetischer Kriegsgefangener

„Angehörigen der Rotarmisten, die sich in Gefangenschaft begeben, [werden] keinerlei staatliche Unterstützung oder Hilfe bekommen."[60] Der im Folgenden zitierte Befehl Nr. 270 des Oberkommandos der Roten Armee vom 16. August 1941 weist unmissverständlich auf das Schicksal hin, welches sowjetische Kriegsgefangene nach der Befreiung zu erwarten hatten. Wie ein Damoklesschwert hing dieser Befehl über den Köpfen der sowjetischen Kriegsgefangenen, die sich nicht nur an unterster Stelle der NS-Rassenhierarchie befanden, sondern in dieser schweren Situation auch von ihrer eigenen Heimat vollkommen im Stich gelassen waren. Mehr noch, ab dem Moment der Gefangennahme war ihnen bewusst, dass sie selbst und sogar ihre Familienangehörigen nach der Rückkehr in die Heimat mit Repressalien zu rechnen haben würden. Welch große seelische Belastung dies darstellte, zeigt Čirovs Autobiographie an vielen Stellen nur allzu deutlich.

Befehl Nr. 270 des Oberkommandos der Roten Armee vom 16.8.1941

[...] Feiglinge und Deserteure müssen vernichtet werden. Wenn man diesen Elementen freien Lauf ließe, würden sie in kurzer Frist unsere Armee in eine Kanzlei verwandeln. Diese Elemente sind sofort ihrer Posten zu entheben, zu degradieren, zu Schützen zu machen und erforderlichenfalls auf der Stelle zu erschießen, an ihre Stelle sind tapfere und kühne Männer aus den Reihen der Unterführer und der einfachen Rotarmisten zu setzen.

Es wird befohlen:
1. Kommandeure und politische Arbeiter, die während des Kampfes ihre Dienstgradabzeichen abreißen und in die Etappe fliehen oder sich dem Feinde ergeben, sind als üble Deserteure zu betrachten, deren Familien zu verhaften sind, als Angehörige von Deserteuren, die ihren Eid brachen und ihr Vaterland verrieten. Alle Vorgesetzten, Kommandeure und Kommissare sind verpflichtet, derartige Deserteure, die dem Offizierskorps angehören, auf der Stelle zu erschießen.

2. Einheiten, die in eine feindliche Einkreisung geraten, haben mit Selbstaufopferung bis zur letzten Möglichkeit zu kämpfen, ihre Ausrüstung wie den eigenen Augapfel zu schonen und durch die feindliche Etappe zu den eigenen Kräften durchzustoßen, dabei den faschistischen Hunden Verluste beizubringen.

---

[60] Zit. nach: Bernd Bonwetsch, Ein Sieg mit Schattenseiten. Die Sowjetunion im Zweiten Weltkrieg, in: Haus der Geschichte der Bundesrepublik Deutschland (Hg.), Kriegsgefangene – Voennoplennye. Sowjetische Kriegsgefangene in Deutschland. Deutsche Kriegsgefangene in der Sowjetunion. Düsseldorf 1995 (= Bonwetsch, Ein Sieg mit Schattenseiten), S. 135–140, hier: S. 138. Die folgenden Ausführungen stützen sich primär auf Stelzl-Marx, Zwischen Fiktion und Zeitzeugenschaft, S. 233ff.

> Jeder Angehörige der Roten Armee, unabhängig von seinem Dienstgrad, hat von seinem Vorgesetzten, im Falle, daß die Einheit in eine Einkreisung gerät, zu fordern, daß der Kampf weitergeführt wird bis zur letzten Möglichkeit, um zu den eigenen Kräften durchzustoßen. Wenn ein solcher Vorgesetzter oder die Einheit es vorziehen sollte, statt dem Feind zu widerstehen, sich ihm zu ergeben, ist jeder Angehörige der Roten Armee verpflichtet, dieselbe mit allen Mitteln, zu Lande und aus der Luft, zu vernichten, während die Angehörigen der Rotarmisten, die sich in Gefangenschaft begeben, keinerlei staatliche Unterstützung oder Hilfe bekommen werden. [...]
>
> Der Befehl ist allen Komp., Schwadr., Battr., Staffeln. Kommandos und Stäben zu verlesen. [61]

Als „Vaterlandsverräter" und „Deserteure" gebrandmarkt, bedeutete somit die „Heimkehr" für die aus deutscher Hand befreiten Kriegsgefangenen den Beginn einer jahrzehntelangen Diskriminierung, die vielfach ernste Repressalien beinhaltete. Auf Stalins Befehl richtete das Volkskommissariat für Innere Angelegenheiten (NKVD) bei den Frontarmeen hundert „Prüf- und Filtrierungslager" ein, in denen die Spionageabwehr „SMERŠ" jeweils 10.000 ehemalige Gefangene verhörte und über ihr weiteres Schicksal entschied.

Den Befreiten wurde jedoch zunächst vorgespielt, dass sie trotz des allseits bekannten Befehls Nr. 270 des Oberkommandos der Roten Armee vom 16. August 1941 straffrei bleiben würden. „Die Heimat hat verziehen! Die Heimat ruft euch!" lockte die Zeitung „Rodina zovet!" („Die Heimat ruft!"), die für sowjetische Repatrianten in Deutschland erschien.[62] Von den überprüften Sowjetbürgern konnte nur etwa die Hälfte unbehelligt nach Hause zurückkehren; die übrigen wurden in die Armee einberufen, zu Lagerhaft im GULAG oder zum Tod verurteilt, nach Sibirien oder zur Zwangsarbeit in verwüstete Gegenden entsandt.[63] Insbesondere ehe-

---

[61] Zit. nach Bonwetsch, Ein Sieg mit Schattenseiten, S. 138.

[62] Barbara Stelzl-Marx, Die Sprache des Verrats. Sowjetische Propaganda für Heimkehrer nach dem 2. Weltkrieg, in: Ulrich Theißen (Hg.), Junge Slawistik in Österreich. Beiträge zum 2. Arbeitstreffen des Interdisziplinären Forums Österreichischer SlawistInnen. Frankfurt am Main 2001, S. 63–74; Barbara Stelzl-Marx, Der Krieg der Bilder: Plakate der sowjetischen Regierungsverwaltung 1944–45, in: Harald Knoll, Peter Ruggenthaler, Barbara Stelzl-Marx (Hg.), Konflikte und Kriege im 20. Jahrhundert. Aspekte ihrer Folgen. Veröffentlichungen des Ludwig Boltzmann-Instituts für Kriegsfolgen-Forschung. Sonderband 3. Graz – Wien – Klagenfurt 2002, S. 317–334.

[63] Ulrike Goeken-Haidl, Repatriierung in den Terror? Die Rückkehr der sowjetischen Zwangsarbeiter und Kriegsgefangenen in ihre Heimat 1944–1956, in: Dachauer Hefte. Studien und Dokumente zur Geschichte der nationalsozialistischen Konzentrationslager. Zwangsarbeit. 16/2000, S. 190–209; Pavel Polian, Deportiert nach Hause. Sowjetische Kriegsgefangene im „Dritten Reich" und ihre Repatriierung. Kriegsfolgenforschung. Bd. 2. München-Wien 2001; Pavel Poljan, Žertvy dvuch diktatur. Ostarbajtery i voennoplennye v tret'em reiche i ich repatriacija. Moskau 1996; V. N. Zemskov, K voprosu o repatriacii sovetskich graždan 1944–1951 gody, in: Istorija SSSR, 1990/4, S. 26–43.

Abb. 9: „Für die Qualen, für die Wunden werde ich mich an den Deutschen rächen!"
Das von Viktor Koreckij im Auftrag der sowjetischen Repatriierungsverwaltung gestaltete Propagandaplakat aus dem Jahr 1944 sollte den befreiten sowjetischen Kriegsgefangenen eine Rückkehr in die Heimat schmackhaft machen.

malige Kriegsgefangene hatten – zum Teil jahrzehntelang – unter diesen Strafen zu leiden. Auch Čirov musste nach seiner Befreiung im Mai 1945 bis Jahresende Dienst in der Roten Armee versehen, konnte aber anschließend ein vergleichsweise unbehelligtes Leben führen und selbst auf einer Universität lehren, was bei ehemaligen sowjetischen Kriegsgefangenen eher die Ausnahme darstellte.

Selbst nach der Regierungsverordnung „Über die Beseitigung der Folgen der groben Verstöße gegen die Gesetzlichkeit in Bezug auf ehemalige Kriegsgefangene und ihre Familienmitglieder"[64] vom 29. Juli 1956 und der Amnestie und Entlassung der Verurteilten im Frühjahr 1957 nach dem XX. Parteitag der KPdSU blieben die alten Stereotypen bestehen, sodass ehemalige sowjetische Kriegsgefangene bis in die Ära der Perestrojka einen Makel in ihrer Biographie trugen, den sie möglichst zu verheimlichen suchten. Erst mit dem Gesetz der Russischen Föderation Nr. 4292-1 vom 14. Jänner 1993 wurde erstmals die öffentliche Erinnerung an während der Kriegsgefangenschaft Verstorbene möglich. Diesem Gesetz folgte am 24. Jänner 1995 der Präsidentenerlass der Russischen Föderation Nr. 63 „Über die Herstellung der legitimen Rechte russischer Bürger – ehemaliger sowjetischer Kriegsgefangener und Zivilisten, die während des Großen Vaterländischen Krieges und in der Nachkriegszeit repatriiert wurden". Hiermit erfolgte im Zuge der „Herstellung der historischen Gerechtigkeit

---

[64] Zit. nach: „Ich habe den Eid nicht gebrochen". Protokoll eines ehemaligen sowjetischen Kriegsgefangenen, in: Haus der Geschichte der Bundesrepublik Deutschland (Hg.), Kriegsgefangene – Voennoplennye. Sowjetische Kriegsgefangene in Deutschland. Deutsche Kriegsgefangene in der Sowjetunion. Düsseldorf 1995 (= Ich habe den Eid nicht gebrochen), S. 192–193, hier: S. 193.

und der gesetzlichen Rechte" ehemaliger russischer Kriegsgefangener letztendlich eine allumfassende Rehabilitierung dieser Opfer zweier Diktaturen, wenngleich das Stigma, das ihnen seit mehr als 50 Jahren anhaftete, zum Teil immer noch vorhanden ist. Wie im Folgenden ausführlicher gezeigt wird, beeinflusste diese jahrzehntelange Diskriminierung der Heimkehrer sowohl die Entstehung von Erinnerungsliteratur als auch deren Thematik maßgeblich.

3. Entstehung und Merkmale von Dmitrij Čirovs „Unter den Verschollenen"

„Was vom Holocaust erinnert wird, hängt davon ab, wie es erinnert wird, und wie die Ereignisse erinnert werden, hängt wiederum von den Texten ab, die diesen Ereignissen heute Gestalt geben."[65] Die von James E. Young geprägte Auffassung einer „literarischen Historiographie" bezieht sich auf die – auch für Werke über die Kriegsgefangenschaft gültige – Tatsache, dass literarische und historische Wahrheit nicht voneinander zu trennen sind. Fakten haben in ihrer erzählenden und kulturellen Rekonstruktion Bestand, wobei in diesen Rekonstruktionen naturgemäß eine „Fiktionalität des Faktischen" vorliegt: „Wenn wir von dem fiktionalen Element im Zeugnis sprechen, dann diskutieren wir nicht über die Fakten, sondern über die unvermeidliche Diskrepanz zwischen der Wahrnehmung und der Darstellung dieser Fakten bei jedem einzelnen Zeugen, in jeder Sprache und jeder Kultur."[66] Wie Young anhand von Holocaust-Texten[67] veranschaulicht, wird die wechselseitige Abhängigkeit von Ereignissen und ihren Darstellungen wesentlich vom Entstehungszeitpunkt beeinflusst. So besteht ein zentraler Unterschied zwischen Diarien und Memoiren darin, dass die Memoirenschreiber bereits um den vollen Ausgang der Ereignisse wissen.[68]

Erlebnisse in den unterschiedlichsten Lagersystemen des Zweiten Weltkriegs bildeten vielfach den Ausgangspunkt retrospektiver autobiographischer Schilderungen. Allein von ehemaligen deutschen Kriegsgefangenen sind mehr als 3.000 ausführliche Berichte vorwiegend über das Leben in sowjetischen und jugoslawischen,

---

[65] James E. Young, Beschreiben des Holocaust. Darstellung und Folgen der Interpretation. Frankfurt 1992, S. 13f.

[66] Ebd., S. 61f.

[67] Unter Holocaust-Texten fasst Young Tagebücher, Memoiren, fiktionale Literatur, Dramatik, Lyrik, filmische Zeugnisse, Gedenkstätten und Museen zusammen. Vgl. dazu auch Regina Wegner, Analyse und Erzählung. Soziologische, historische und literarische Versuche zum Verstehen des Holocaust, in: Berliner Gesellschaft für Faschismus- und Weltkriegsforschung e.V. Bulletin Nr. 5. Thema: Erzählen oder Analysieren. Die NS-Vernichtungspolitik als Gegenstand unterschiedlicher Disziplinen. 1995, S. 18–32 (= Wegner, Analyse), hier: S. 27.

[68] Ebd., S. 28.

aber auch in britischen, amerikanischen oder französischen Lagern bekannt.[69] Neben der umfangreichen Holocaust-Literatur schrieben so genannte Zeitzeuginnen und Zeitzeugen ihre Erinnerungen an französische Internierungs- oder deutsche Kriegsgefangenenlager nieder.[70]

In diesem Kontext einer zwar in vielen Ländern auffallend regen, allerdings vielfach unbeachteten und wirkungslosen retrospektiven Lagerliteratur sind die Erinnerungen des ehemaligen sowjetischen Kriegsgefangenen Dmitrij Čirov „Unter den Verschollenen" zu sehen, die im Rahmen dieses Buches erstmals – in deutscher Übersetzung – veröffentlicht werden. Sie stellen die bisher einzigen bekannten Aufzeichnungen eines einstigen sowjetischen Gefangenen in der damaligen „Ostmark" im Allgemeinen und im Stalag XVII B Krems-Gneixendorf im Speziellen dar.[71] Dass erst eine Verkettung mehrerer Zufälle zur „Entdeckung" Čirovs Autobiographie führte, ist ebenso symptomatisch für die Produktions- und Rezeptionsbedingungen sowjetischer Lagerliteratur wie die in die Ära der Perestrojka fallende Entstehungszeit dieser Aufzeichnungen.

Im Gegensatz dazu liegen von den amerikanischen Kriegsgefangenen, deren Zahl im selben Lager um zumindest zwei Drittel geringer war als die der sowjetischen Gefangenen, mehr als ein Dutzend so genannter „personal narratives" neben einer Vielzahl noch hinter Stacheldraht entstandener Werke vor.[72] Zur retrospektiven Erinnerungsliteratur amerikanischer Kriegsgefangener aus dem Krems-Gneixendorf zählen William Chapin's „The Milk Run"[73], Howard Hobbs' „Reflections"[74], Richard H. Hoffman's „Stalag 17"[75], Richard H. Lewis' „Hell Above and Hell Below"[76], Donald K. McClure's „World War II Memoirs"[77], Gerald E. McDowells'

---

[69] Peter Steinbach, Zur Sozialgeschichte der deutschen Kriegsgefangenschaft in der Sowjetunion im Zweiten Weltkrieg und in der Frühgeschichte der Bundesrepublik Deutschland: Ein Beitrag zum Problem historischer Kontinuität, in: Zeitgeschichte 1/1989, S. 1–18 (= Steinbach, Sozialgeschichte), hier: S. 9. Steinbach betont die „disproportionale Überlieferung" der Berichte: 48,2 Prozent der Arbeiten beziehen sich auf die Gefangenschaft in der Sowjetunion, 20 Prozent auf USA-Lager, gut 14 Prozent auf britische Lager, 9,5 Prozent auf französische Lager und auf die jugoslawische Kriegsgefangenschaft rund sieben Prozent. Dem gegenüber steht die Verteilung der insgesamt über elf Millionen Kriegsgefangenen auf die unterschiedlichen Gewahrsamsmächte: Rund zwei Millionen (knapp 20 Prozent) überlebten die sowjetische, 3,1 Millionen (28 Prozent) die amerikanische, etwa 3,6 Millionen (mehr als 32 Prozent) die britische und 120.000 (ein Prozent) die jugoslawische Kriegsgefangenschaft. Die überproportional dichte Verarbeitung der sowjetischen und jugoslawischen Gefangenschaft spiegelt unter anderem die von außen erfolgten Anstöße. Ebd., S. 9f.

[70] Gabriele Mittag, „Es gibt Verdammte nur in Gurs". Literatur, Kultur und Alltag in einem südfranzösischen Internierungslager. 1940–1942. Tübingen 1996, S. 157ff.

[71] Stelzl-Marx, Zwischen Fiktion und Zeitzeugenschaft, S. 23ff.

[72] Ebd., S. 107ff u. 223ff.

[73] William Chapin, Milk Run. Prisoner of war, 1944: An American Flier in Stalag 17-B. Sausalito 1992.

[74] Howard Hobbs, Reflections. o. O., o. J.

[75] Richard H. Hoffman, Stalag 17. Prisoner of War. o.O. 1988.

[76] Richard H. Lewis, Hell Above and Hell Below. The Real Life Story of an American Airman by Richard H. Lewis as Told to William R. Larson. Wilmington 1985.

„A Tail Gunner's Tale"[78], E. D. McKenzie's „Boys at War, Men at Peace"[79], Herman E. Molens „Memoirs of World War II. Prisoner of War"[80], Orlo Natvig's „Memories of World War II"[81], die beiden von Ben Phelper bald nach Kriegsende publizierten, mit zahlreichen Abbildungen versehenen „Kriegie Memories" und „Shot Down"[82], Rusty Swarmers' „The Nine Lives of 27436"[83], Walter F. Williams' „For You the War Is Over"[84] sowie Greg Hatton's Bericht über seinen gefangenen Vater „Stories My Father Never Told Me".[85] Auch die ehemaligen belgischen[86] beziehungsweise französischen[87] Gefangenen veröffentlichten über ihre Zeit in Krems-Gneixendorf Erlebnisberichte, veranstalteten regelmäßige Treffen und gaben sogar Zeitungen heraus.[88]

3.1. Erinnerungsliteratur sowjetischer Kriegsgefangener im historischen Kontext

Signifikant für die Erinnerungsliteratur ehemaliger sowjetischer Kriegsgefangener ist zunächst der Umstand, dass das äußerst brisante Themenfeld bis zum Jahre 1956 weitgehend in der offiziellen sowjetischen Literatur ausgespart bleibt. Erst im Zuge der beiden Entstalinisierungswellen, ausgelöst vom XX. (1956) beziehungsweise XXII. (1961) Parteitag der KPdSU,[89] drangen erste Erlebnisberichte und fiktionalisierte Prosa an die Öffentlichkeit.[90] Zu den populärsten Werken zählt zweifelsohne Michail Šolochovs 1956/57 in der Zeitschrift „Pravda" publizierte Novelle

---

[77] Donald K. McClure, World War II Memoirs 1943–1945. Traverse City 1995.

[78] Gerald E. McDowell, A Tail Gunner's Tale. New York 1991.

[79] E. D. McKenzie, Boys at War, Men at Peace. Former Enemy Air Combatants Meet to Remember and Reconcile. New York 1998.

[80] Herman E. Molen, Memoirs of World War II. Prisoner of War. Mabank o. J.

[81] Orlo G. Natvig, Memories of World War II. Charles City o.J.

[82] Ben H. Phelper, Kriegie Memories. Illinois 1946; Ben H. Phelper, Shot Down. A Thrilling Wartime Log. Illustrations by the Author, Hollywood 1947.

[83] Rusty Swarmer, The Nine Lives of 27436. A World War II Prisoner of War Story as Remembered by Sgt. Rusty Swarmer. Stalags VIII-B, VII-A, XVII-B. Melbourne 1989.

[84] Walter F. Williams, For You the War Is Over. New York 1991; Walter F. Williams, For You, the War Is Over. Stalag 17B. The True Story of a POW. Fuquay-Varina 1995.

[85] Hatton, Stories.

[86] Tony le Renne, Stalag XVII B. Bruxelles o.J.

[87] Moret-Bailly, Stalag XVII B.

[88] Vgl. dazu das Kapitel III.3 Lagerzeitungen in Stelzl-Marx, Zwischen Fiktion und Zeitzeugenschaft, S. 161–175.

[89] Günther Stökl, Russische Geschichte. Von den Anfängen bis zur Gegenwart. Stuttgart 1990. 5. erweiterte Aufl. (= Stökl, Russische Geschichte), S. 772.

[90] Vladimir Bondarec, Voennoplennye. Zapiski kapitana. Moskva 1960; N. Dauli, Meždu žizn'ju i smert'ju. Kazan' 1960; Fedor Egorov, Ne skloniv golovy. Dokumental'naja povest'. Alma-Ata 1958; Garegin Sevunc, Plenniki. Roman. Erevan 1960; Aleksandr Vasil'ev, My ne sdalis'! Penza 1960.

„Sud'ba čeloveka"⁹¹ („Ein Menschenschicksal"), in der durch den Mund des Chauffeurs Andrej Sokolov erschreckende Details über das Schicksal sowjetischer Kriegsgefangener im „Dritten Reich" laut werden. Auf Grund des Erscheinungsdatums und der Tatsache, dass der sonst so sehr auf Authentizität bedachte Autor hier nicht auf eigene Erfahrungen zurückgreifen kann, muss man annehmen, dass primär eine moralische Rehabilitierung sowjetischer Kriegsgefangener beabsichtigt war.⁹² Als der Roman 1959 von Mosfil'm verfilmt wurde, nahm er mit beinahe 40 Millionen Zusehern in der UdSSR den fünften Platz unter den Siegern des Filmverleihs ein.⁹³ Die so genannte „Tauwetterperiode" nützte auch der bekannte russische Schriftsteller Stepan Pavlovič Zlobin für die Publikation des zum Teil auf persönlichen Erlebnissen beruhenden Romans „Propavšie bez vesti"⁹⁴ („Die Verschollenen"), der gleichfalls zur Wiederherstellung der Ehre ehemaliger sowjetischer Kriegsgefangener beitrug. Der Gefangenschaftsroman zeigt einerseits die Tapferkeit der russischen Soldaten im Lager und klagt andererseits die Ungerechtigkeit an, mit der Heimkehrer von den sowjetischen Behörden verfolgt und erneut inhaftiert wurden.

Die literarische Verarbeitung des Lagerthemas und der politische Einfluss auf die Publikationsmöglichkeiten von Memoiren oder künstlerischen Werken legt die Frage nach etwaigen Parallelen zur GULAG-Literatur nahe.⁹⁵ Ohne auf inhaltliche Details oder Differenzen hinsichtlich der Lagersysteme einzugehen, sei darauf hingewiesen, dass das Thema des Massenterrors und der sowjetischen Lager gleichfalls kurz und flüchtig während der „Tauwetterperiode" in der offiziellen Literatur auftaucht, allerdings „furchtsam, zaghaft und unaufrichtig behandelt."⁹⁶ Eine Ausnahme bildet hier lediglich Aleksandr Solženicyns Novelle „Odin den' Ivana Denisoviča"⁹⁷ („Ein Tag des Iwan Denisowitsch"), mit persönlicher Erlaubnis von Nikita

---

⁹¹ Michail Šolochov, Sud'ba čeloveka, in: Pravda 31.12.1956, 1.1.1957.

⁹² Johannes Holthusen, Russische Literatur im 20. Jahrhundert. 2. Aufl. Tübingen 1992 (= Holthusen, Russische Literatur), S. 246.

⁹³ Stelzl-Marx, Zwischen Fiktion und Zeitzeugenschaft, S. 282.

⁹⁴ Stepan Pavlovič Zlobin, Propavšie bez vesti. 2 Bde. Moskva 1962. Der bereits 1946 von Zlobin fertiggestellte Roman durfte zu Lebzeiten Stalins nicht publiziert werden, obgleich Zlobin sogar Stalinpreisträger war. Erst als der Schriftstellerverband der UdSSR 1954 zu einer Neubewertung des „Großen Vaterländischen Krieges" aufrief, konnten literarische Verarbeitungen der Kriegsgefangenschaft im „Dritten Reich" erscheinen. 1962 wurde somit auch Zlobins Werk „Propavšie bez vesti" publiziert. Viktorija Zlobina, Freundliche Auskunft. Moskau 2.4.1997. Jörg Osterloh, Ein ganz normales Lager. Das Kriegsgefangenen-Mannschaftsstammlager 304 (IV H) Zeithain bei Riesa/Sa. 1941–1945. Schriftenreihe der Stiftung Sächsische Gedenkstätten zur Erinnerung an die Opfer politischer Gewaltherrschaft Bd. 2. Leipzig 1997. 2. Aufl., S. 10.

⁹⁵ Zur sowjetischen Lagerliteratur vgl. Michail Geller, Koncentracionnyj mir i sovetskaja literatura. Paris 1996.

⁹⁶ Jurij Malzew, Freie Russische Literatur 1955–1980. Frankfurt/Berlin/Wien 1980 (= Malzew, Russische Literatur), S. 130.

⁹⁷ Aleksandr Solženicyn, Odin den' Ivana Denisoviča. Moskva 1962. Auf Deutsch erschien „Ein Tag des Iwan Denisowitsch" im November 1979.

Chruščev zur Veröffentlichung freigegeben, der zu diesem Zeitpunkt einen Kampf in der Führungsspitze unter der Losung des Antistalinismus führte.[98]

Zweimal hatte Chruščev die Bewältigung der Stalinschen Vergangenheit in Gang gesetzt, zweimal war auf das „Tauwetter" sehr bald neuer Frost gefolgt.[99] So überrascht es kaum, dass aus der Ära Brežnev keine literarischen Verarbeitungen ehemaliger sowjetischer Kriegsgefangener ausfindig gemacht werden konnten. Die Witwe des Schriftstellers und ehemaligen Kriegsgefangenen Zlobin zieht folgendes Resümee: „Dieses Thema wollte man nicht. Als Chruščev die Rehabilitierung durchführte, erschienen einige Bücher, verschwanden dann aber auch wieder. Wiederum hatte sich die Einstellung gegenüber den Kriegsgefangenen geändert."[100]

Kritik oder nonkonformistische Äußerungen, allen voran die Darstellung des GULAG, wurden in der UdSRR allerdings generell in einer von Hand zu Hand weiter gegebenen Untergrundliteratur („Samizdat") oder durch im Ausland publizierte Manuskripte („Tamizdat") verbreitet.[101] So erschienen Anfang der 60er-Jahre im „Samizdat" etwa die so genannten „Kolymaer Erzählungen"[102] des Dichters und Schriftstellers Varlam Šalamov, der selbst 20 Jahre in sowjetischen Lagern verbracht hatte. Dieser „Enzyklopädie des Lagerlebens"[103] folgte eine Fülle offiziell nicht veröffentlichbarer Arbeiten über den GULAG, die zum Teil schwere Strafen für die Verfasser mit sich brachten: Beispielsweise konnte Vasilij Grossmans Roman über das Lagerthema „Vse tečet"[104] („Alles fließt") nach der Beschlagnahme der ursprünglichen Fassung durch den KGB nur mehr rudimentär rekonstruiert werden.[105] Er gelangte in der 1963 abgeschlossenen Fassung in den „Samizdat", erschien 1970 in Frankfurt am Main und erst 1989 in Moskau.[106] Zudem wurde Solženicyn für den Ende Dezember 1973 im Ausland erschienenen Teil I bis II in einem Band „Archipelag GULAG. 1918–1956. Opyt chudožestvennogo issledovanija"[107] („Archipel GULAG") mit seiner Verbannung aus der UdSSR bestraft.[108]

---

[98] Malzew, Russische Literatur, S. 130.

[99] Stökl, Russische Geschichte, S. 804.

[100] Viktorija Zlobina, Interview mit Barbara Stelzl. Moskau 8.4.1997. Übersetzung aus dem Russischen.

[101] Stökl, Russische Geschichte, S.804.

[102] Varlam Šalamov, Kolymskie rasskazy. 2 Bde. Moskau 1992.

[103] Malzew, Russische Literatur, S. 131.

[104] Vassilij Grossman, Vse tečet. Frankfurt 1970.

[105] Malzew, Russische Literatur, S.138ff.

[106] Wolfgang Kasack, Lexikon der russischen Literatur des 20. Jahrhunderts. Vom Beginn des Jahrhunderts bis zum Ende der Sowjetära. 2. neu bearbeitete und wesentlich erweiterte Auflage München 1992, S. 423f.

[107] Aleksandr Solženicyn, Archipelag GULAG. 1918–1956. Opyt chudožestvennogo issledovanija. Bde. I-II. Paris 1973. Auf Deutsch unter dem Titel „Der Archipel GULAG. Versuch einer künstlerischen Bewältigung 1918 – 1956" im Jahr 1974 erschienen.

[108] Holthusen, Russische Literatur, S. 259.

In diesem Zusammenhang sei auf mehrere Erlebnisberichte ehemaliger sowjetischer Kriegsgefangener verwiesen, die Mitte der 80er-Jahre in einer von Aleksandr Solženicyn gegründeten Reihe der Pariser „YMCA-Press" erschienen.[109] Diese Reihe stellte lange beinahe die einzige Möglichkeit dar, sowjetische Kriegsgefangenenliteratur zu veröffentlichen. Erst die Wahl Michail Gorbačevs zu Černenkos Nachfolger im März 1985 brachte im Zuge einer beginnenden Liberalisierung der Kultur- und Literaturpolitik auch in der UdSSR eine neuerliche Welle an offiziell publizierter Lagerliteratur mit sich.[110] Begleitet wurde diese Entwicklung etwa durch den Tabubruch der russischen Tageszeitung „Izvestija", die Gründung der Menschenrechtsorganisation „Memorial" im Jänner 1989, einer Gesellschaft, die ihre Tätigkeit dem Gedächtnis aller Stalinopfer und in der UdSSR politisch Verfolgten widmet, oder die Entscheidung des Präsidiums des Sowjetischen Kriegsveteranen-Komitees vom März 1991, die „Verordnung über eine Kommission ehemaliger Kriegsgefangener" zu bestätigen.[111] Der Zerfall der Sowjetunion bewirkte somit eine seit 70 Jahren nicht mögliche Öffnung in allen Medien, die dazu führte, dass einer Veröffentlichung von Darstellungen der Kriegsgefangenschaft im Dritten Reich weder Zensur noch ideologische Ressentiments im Wege standen. Wie jedoch am Beispiel der Memoiren von Dmitrij Čirov deutlich wird, bilden heute mangelndes Interesse und fehlende finanzielle Mittel neuerlich schwer überwindbare Hürden.

3.2. „Alles in allem ein Leben":
Zur Genese von Čirovs Erinnerungen

Im Gegensatz zu den als typisch zu bezeichnenden Erlebnisberichten ehemaliger amerikanischer Kriegsgefangener, deren Inhalt sich in einem Bogen von militärischer Ausbildung, Einberufung, Kampfeinsatz, über Gefangennahme und Kriegsgefangenschaft bis hin zur Befreiung beziehungsweise Flucht und anschließenden Repatriierung spannt, stellen die von Čirov in jeweils eigenen Bänden zusammengefassten Berichte über seine „Soldatentage", Kriegsgefangenschaft und Zeit nach der Repatriierung Ausschnitte eines monumentalen Lebenswerkes unter dem Titel „Vsego odna žizn'. Zapiski dolgožitelja XX veka" („Alles in allem ein Leben. Aufzeichnungen eines Langlebigen")[112] dar. Die beinahe viertausend Seiten und mehr als siebenhundert Personen umfassende Autobiographie des heute in Karaganda,

---

[109] F. Ja. Čeron, Nemeckij plen i sovetskoe osvoboždenie. Serija naše nedavnee Bd. 6. Paris 1987, S. 9–158; I. A. Lugin, Polglotka svobody. Serija naše nedavnee Bd. 6. Paris 1987, S. 159–294; P. N. Palij, V nemeckom plenu. Serija naše nedavnee Bd. 7. Paris 1987; N. V. Vaščenko, Iz žizni voennoplennogo. Serija naše nedavnee Bd. 7. Paris 1987.

[110] Naum Daševskij, Vospominanija bez vesti propavšego. Moskau 1990; Aleksandr Vasil'ev, Memorial. Moskva 1986. Vgl. auch die nach dem Zerfall der UdSSR publizierten Erinnerungen: Aleksandr Arutjunjan, Čužoj (Vospominanija o vojne). St. Petersburg 1995.

[111] Ich habe den Eid nicht gebrochen, S. 193.

[112] Die deutsche Übersetzung des Titels wurde von Čirov vorgenommen.

Kasachstan, lebenden pensionierten Universitätsdozenten für russische Sprache und Literatur besteht aus insgesamt zwölf Teilen, drei Ergänzungen sowie einem Epilog, wobei sich der hier in deutscher Sprache veröffentlichte sechste Teil „Unter den Verschollenen" mit Čirovs Erlebnissen in deutscher Gefangenschaft befasst.[113]

Die Arbeit an dem Monumentalwerk begann bezeichnenderweise in den ersten Tagen der Perestrojka. Vor der Ära Gorbačev wäre die Entstehung dieses Werkes absolut unmöglich gewesen, betont der Autor: „Dafür wäre man nicht nur hinter Stacheldraht gekommen, sondern vielleicht sogar erschossen worden."[114] Nach rund acht Jahren konnte

Abb. 10: Umschlag von Dmitrij Čirovs originalem Manuskript „Unter den Verschollenen" in russischer Sprache.

Čirov den im Folgenden tabellarisch dargestellten Textkorpus fertigstellen und daraufhin noch um einen Epilog erweitern.[115] Abgesehen von dem der Gefangenschaft gewidmeten sechsten Teil „Unter den Verschollenen" verfasste Čirov ein selbstständiges, 65 Seiten umfassendes Manuskript unter dem Titel „A ljudi – vsegda i vsjudu ljudi" („Aber Menschen sind immer und überall Menschen"), worin er aus der Retrospektive von mehr als 45 Jahren seinen Arbeitseinsatz als Kriegsgefangener im niederösterreichischen Gedersdorf präsentiert.[116]

---

[113] Dmitrij Čirov, Brief an Barbara Marx, Karaganda 26.3.1996 (= Čirov, Brief, 26.3.1996).

[114] Čirov, Brief, 26.3.1996.

[115] Dmitrij Čirov, Pod oblomkami kommunističeskoj tiranii. Epilog des unveröffentlichten Manuskripts Vsego odna žizn'. Zapiski dolgožitelja XX veka. Karaganda 1997 (= Čirov, Pod oblomkami kommunističeskoj tiranii).

[116] Dmitrij Čirov, A ljudi – vsegda i vsjudu ljudi. Unveröffentlichtes Manuskript. Karaganda 1990.

Teil/ Ergänzung	Originaltitel	Deutscher Titel	Dargestellter Zeitraum	Seiten
Teil 1	Moe Ščapovo	Mein Ščapovo	1927–1930	215
Teil 2	Golodnye skitanija	Hungrige Verirrungen	1931–1933	213
Teil 3	Meždu otcom i mačechoj	Zwischen dem Vater und der Stiefmutter	1934–1937	211
Ergänzung zu Teil 3	Iskuplenie nevinovnosti (Specpereselenčeskie byli)	Die Sühne der Unschuld (Wir waren Sonderausgesiedelte)	1931–1946	275
Ergänzung zu Teil 3	Zatmenie. Tragedija v 2 častjach	Finsternis. Eine Tragödie in 2 Teilen	1931–1934	75
Teil 4	Na vol'noj voljuške	In der vollen Freiheit	1937–1939	290
Teil 5	Dni soldatskie	Soldatentage	1940–8.9.1941	249
Teil 6	Sred' bez vesti propavšich[117]	Unter den Verschollenen	9.9.1941–15.6.1945	321
Ergänzung zu Teil 6	Spustja polveka (7 dnej v gostjach u avstrijskich druzej)	Ein halbes Jahrhundert später (7 Tage zu Gast bei österreichischen Freunden)	1994	199
Teil 7	Živu i pomnju[118]	Ich lebe und erinnere	6.1945–1948	401
Teil 8	V spasitel'noj uprjatke	Im rettenden Versteck	1949–1955	247
Teil 9	Padenie pri vzlete	Sturz beim Start	1956–1961	227
Teil 10	Rasplata	Abrechnung	1962–1965	215
Teil 11	Meždu poludnem i zakatom	Zwischen Mittag und Sonnenuntergang	1966–1976	375
Teil 12	Vozroždenie pered zakatom	Wiedergeburt vor dem Untergang	1977–1995	385
Epilog	Pod oblomkami kommunističeskoj tiranii	Unter den Trümmern der kommunistischen Tyrannei	27.10.1987–26.10.1997	199

Tab. 2: Struktur der mehrbändigen Autobiographie des ehemaligen sowjetischen Kriegsgefangenen Dmitrij Čirov „Vsego odna žizn'. Zapiski dolgožitelja XX veka", „Alles in allem ein Leben. Aufzeichnungen eines Langlebigen".[119]

---

[117] Hier fällt die literarische Anspielung auf Zlobins Roman „Propavšie bez vesti" („Die Verschollenen") auf.

[118] Als literarische Vorlage für den Titel dieses Bandes dürfte Valentin G. Rasputins Roman „Živi i pomni" gedient haben, der in deutscher Übersetzung unter anderem unter dem Titel „Leb und vergiß nicht" erschien. Vgl. Valentin G. Rasputin, Živi i pomni, in: Naš sovremennik (10/11). Moskau 1975; Valentin G. Rasputin, Leb und vergiß nicht. Berlin 1977.

[119] Čirov, Brief, 26.3.1996; Čirov, Pod oblomkami kommunističeskoj tiranii.

3.3. Zwischen Krems und Karaganda: Auf der Suche nach einem Verleger

Erst eine Verkettung mehrerer Zufälle, die ihren Ausgangspunkt in einem an den Chefredakteur der „Volksstimme" adressierten Brief vom 9. März 1990 in deutscher und russischer Sprache nahm,[120] führte zur Entdeckung der Memoiren. In diesem im Folgenden zitierten Schreiben betont Čirov nicht nur die Authentizität der beigelegten Handschrift „Unter den Verschollenen", sondern bietet das gesamte Werk zur Veröffentlichung an. Die Redaktion der kommunistischen Zeitung leitete beides an die Österreichisch-Sowjetische-Gesellschaft in Krems weiter, die sich wiederum an die Familie Gerstenmayer wandte, deren Name in Čirovs Brief und primär im Manuskript Erwähnung findet.[121]

> **An den Chefredakteur der Zeitung der Österreichischen Kommunisten „Volksstimme"**
> **Hochgeachteter Genosse!**
>
> Im 45-sten Jahr seit dem Ende des zweiten Weltkrieges schicke ich Ihnen Fragmente aus meiner Handschrift „Unter den Verschollenen". Ich will erklären, daß ich in diesem Buch keine ausgedachte Geschichte ist: alles war nämlich so, wie ich erzähle [sic!], sogar die Namen der Menschen sind authentisch: Johann und Anna Zinner, Franz Gerstenmeier, Herr Frank...
>
> Da mein Gewissen mich zwingt, über das Überlebte mitzuteilen, habe ich beschlossen, in diesem Buch meine Erinnerungen zu bewahren, die sich tief in mein Gedächtnis eingegraben haben. Die Umgestaltung in unserem Lande gab die Möglichkeit, unsere Wünsche in die Wirklichkeit zu verwandeln.
>
> Die Ihnen zugeschickten Fragmente bilden ungefähr 1/8 des Inhaltes der genannten Handschrift.
>
> Offen gesagt: sollte sich in Österreich ein Verleger finden, der einverstanden sein wird, meine Handschrift im vollen Umfang zu veröffentlichen, so bin ich bereit, dem Verleger mein Manuskript (Handschrift) in Verfügung zu stellen.
>
> Die Sache besteht darin, daß die Herausgabe meiner Handschrift in unserer Union zu meiner Lebzeit kaum möglich ist, denn ich bin kein Mitglied des Schriftstellerverbandes der UdSSR und dazu schon im Alter von 70 Jahren.
>
> Ich wünsche Ihnen die beste Gesundheit und alles Gute!
> Ich hoffe auf Ihre Wohlwollen zu meiner Handschrift.
> Mit innigster Hochachtung D. Tschirow
> 9.03.1990 Tschirow Dmitrij Trofimowitsch,
> Veteran des Zweiten Weltkrieges,
> ehemaliger sowjetischer Kriegsgefangene in Österreich, zur Zeit Rentner,
> Mitglied der Kommunistischen Partei der Sowjetunion seit 1965,
> Dozent der Universität der Staat [sic!] Karaganda. [...] [122]

---

[120] Dmitrij Čirov, Brief an den Chefredakteur der Zeitung der Kommunistischen Partei Österreichs „Volksstimme". Karaganda 9.3.1990 (= Čirov, Brief an den Chefredakteur), S. 1ff.

[121] Franz Gerstenmayer, Interview mit Barbara Marx. Gedersdorf 15.3.1996 (= Gerstenmayer, Interview).

[122] Čirov, Brief an den Chefredakteur, S. 2f.

Abb. 11: Ehepaar Dmitrij und Valentina Čirov auf Besuch bei Christine und Franz Gerstenmayer in Gedersdorf. September 1994.

Franz Gerstenmayer, der vage Kindheitserinnerungen an den am Hof seiner Eltern zum Arbeitseinsatz herangezogenen sowjetischen Kriegsgefangenen hegt, ließ sich Teile des Manuskripts übersetzen und schrieb erstmals im Dezember 1991 einen Brief an Čirov.[123] Daraus entwickelte sich regelmäßige Korrespondenz, die schließlich in eine mit vielen Schwierigkeiten verbundene Einladung und Reise von Dmitrij Čirov und seiner Frau Valentina Semenovna nach Gedersdorf und Krems mündete.[124] Während des Aufenthalts im September 1994 besuchte der ehemalige Kriegsgefangene neben dem einstigen Lagerstandplatz einige Orte seines Arbeitseinsatzes und hielt an der Volkshochschule Krems einen als „Geschichte erlebt und erlitten" betitelten Vortrag.[125] Schließlich war Österreich beziehungsweise Gedersdorf – wie er immer wieder betont – während des Krieges zu seiner zweiten Heimat geworden.

Wie Čirov im März 1996 brieflich mitteilte, hatte er gehofft, mit Hilfe einer Publikation ein Honorar zur Aufbesserung seiner minimalen Pension zu erhalten, änderte jedoch seine Pläne spätestens zu diesem Zeitpunkt:[126] Nicht mehr eine Veröffentlichung, sondern ein Verkauf des Werkes inklusive aller Rechte standen von da

---

[123] Franz Gerstenmayer, Brief an Dmitrij Čirov. Gedersdorf 17.12.1991.

[124] Dmitrij Čirov, Brief an Franz Gerstenmayer. Karaganda 12.1.1992 (= Čirov, Brief an Gerstenmayer); Gerstenmayer, Interview.

[125] Herwig Rabl, Geschichte erlebt und erlitten. Unveröffentlichtes Manuskript. Krems 1994. Vgl. Stalag 17 und Gedersdorf lassen Dimitrij nicht los, in: Neue NÖN. Kremser Zeitung, 3.10.1994, S. 60; Russischer Zwangsarbeiter kam als Gast. Kremser Hauer fand ehemaligen Kriegsgefangenen nach 50 Jahren in Kasachstan, in: Kurier, 29.9.1994, S. 9; Herwig Rabl, Freundliche Auskunft. Graz 15.12.1995.

[126] Čirov, Brief. 26.3.1996.

an wegen seiner wirtschaftlichen Probleme im Mittelpunkt.[127] Als jedoch kein Käufer der gesamten Memoiren gefunden werden konnte, setzte sich Čirov wiederum sehr für die Publikation des sechsten Bandes „Unter den Verschollenen" in Österreich ein, um seine Erinnerungen vor dem Vergessen zu bewahren und der Öffentlichkeit zugänglich zu machen.

3.4. Zur Person von Dmitrij Čirov

Wie anhand der Tabelle (Seite 40) zum Vorschein kommt, orientiert sich die Struktur der außergewöhnlich umfangreichen und detaillierten Autobiographie an den wichtigsten Stationen im Leben des Verfassers, die unter besonderer Berücksichtigung der Phase als Kriegsgefangener in deutscher Hand kurz zusammengefasst seien: Der heute in Karaganda, Kasachstan, wohnhafte emeritierte Universitätsprofessor für russische Sprache und Literatur wurde 1921 in dem dreißig Kilometer südlich von Uralsk gelegenen Dorf Ščapovo geboren. Vor der Einberufung zum Militär Ende November 1939 arbeitete der Autor als Mittelschullehrer für russische Sprache und Literatur. Bei Kriegsbeginn kam Čirov zum 123. Regiment der 62.

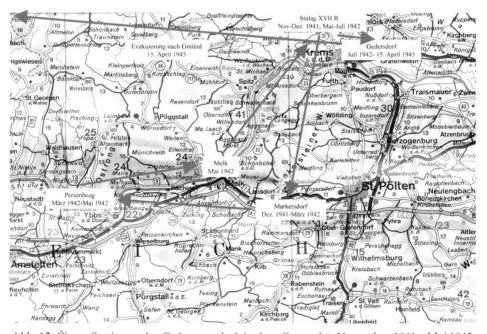

Abb. 12: Čirovs Stationen der Gefangenschaft in der „Ostmark". November 1941 – Mai 1945.

---

[127] Ebd.; Dmitrij Čirov, Brief an einen potentiellen Käufer des Manuskripts. Karaganda 26.3.1996; Dmitrij Čirov, Brief an Barbara Marx. Karaganda 8.6.1996; Dmitrij Čirov, Brief an Barbara Stelzl-Marx. Karaganda 7.8.1996; Dmitrij Čirov, Brief an Barbara Stelzl-Marx. Karaganda 15.11.1996.

Division der 5. Armee und geriet am 9. September 1941 am ukrainischen Fluß Desna in Guščino bei Černigov in Gefangenschaft.

Über mehrere Gefangenenlager in Gomel', Bobrujsk und Baranoviči wurde der damals Zwanzigjährige am 14. Oktober 1941 in das Stalag VIII F/318 Lamsdorf und bereits am 23. November 1941 gemeinsam mit 2.000 weiteren sowjetischen Kriegsgefangenen ins Stalag XVII B Krems-Gneixendorf transportiert. Zunächst kam Čirov in ein Arbeitskommando in Markersdorf bei St. Pölten, wo er als Sergeant und Vizedolmetsch auf einem Flugplatz arbeitete, und zwei Monate später nach Persenbeug. Nachdem die sowjetischen Kriegsgefangenen wegen der schlechten Verpflegung einen Hungerstreik organisiert hatten, kehrte Čirov Anfang Juli 1942 ins Stammlager zurück.

Vom 29. Juli 1942 bis 15. April 1945 arbeitete er beim niederösterreichischen Weinbauern Zinner und anfangs auch bei der benachbarten Familie Gerstenmayer in Gedersdorf unweit von Krems. Am 16. April 1945 wurde Čirov gemeinsam mit rund tausend weiteren Kriegsgefangenen über Zwettl Richtung Gmünd evakuiert, wo die Befreiung am 8. Mai 1945 durch sowjetische Truppen erfolgte. Über Zwettl marschierten die sowjetischen ehemaligen Gefangenen nach Wien und Budapest, fuhren mit Pferdefuhrwerken nach Rumänien und Ende August 1945 per Auto nach Odessa, wo Čirov als Soldat im 235. Regiment der 390. Artilleriebrigade bis zur Demobilisierung am 30. Dezember 1945 seinen Dienst versah.[128]

Abb. 13: Dmitrij Čirov im Alter von 43 Jahren. Jänner 1965.

Nach Kriegsende wurde Čirov vom sowjetischen Geheimdienst verhört, hatte allerdings nach eigenen Angaben unter keinen Repressalien zu leiden. Er heiratete im Jänner 1946 Halja Marusenko, die er als „Ostarbeiterin" in Gedersdorf kennen gelernt hatte. 1948 schloss Dmitrij Čirov sein Universitätsstudium ab, fand einen Posten als Lehrer für russische Sprache und Literatur, beendete 1960 seine Dissertation und lehrte letztendlich als Dozent an der Universität Karaganda.[129] Heute lebt Čirov mit seiner Frau Valentina, die er 1979, 18 Jahre nach der Trennung von Halja Marusenko, geheiratet hatte, als Pensionist in Karaganda, Kasachstan.

---

[128] Wilhelm Romeder, Das Jahr 1945 in Weitra und Umgebung. Ereignisse, Erlebnisse, Schicksale. Schriftenreihe des Waldviertler Heimatbundes. Bd. 39. Horn – Waidhofen/Thaya 1996, S. 24f.

[129] Ebd.; Čirov, Brief an Gerstenmayer.

Abb. 14: Dmitrij Čirov mit seiner zweiten Frau, Valentina, kurz nach ihrer Hochzeit im März 1979.

3.5. Fakten und Fiktionen:
Zum Charakteristikum des Wahrheitsanspruches

Analog zur Erinnerungsliteratur ehemaliger amerikanischer Kriegsgefangener[130] ist auch in Čirovs Werk das Motiv erkennbar, autobiographisches Schreiben zur „wahrheitsgetreuen" Rekonstruktion des Erlebten zu nutzen. Explizit betont der Autor den Wahrheitsgehalt seiner Memoiren etwa in dem vorher zitierten Brief an den Chefredakteur der „Volksstimme" vom 9. März 1990 in deutscher und russischer Sprache, welcher gleichsam den Ausgangspunkt für die Entdeckung der Manuskripte bildete. Noch deutlicher kommt der vom Autor gestellte Wahrheitsanspruch in einer kurzen Selbstcharakterisierung zum Ausdruck, worin es auszugsweise heißt: „Ich hinterlasse den Menschen das lebendige Wort über mein Leben und das Wort stellt eine lebendige Legierung von Berichten über das Erlebte, Überlegungen über die am meisten denkwürdigen Ereignisse unseres außergewöhnlich grausamen Jahrhunderts und dem aufrichtigsten Geständnis dar: Ich

---

[130] Barbara Marx, Amerikanische „Kriegies" im Stalag XVII B Krems-Gneixendorf. Literarische Verarbeitungsformen der Kriegsgefangenschaft. Phil. Diplomarbeit Graz. 1995; Marx, Stimmen aus dem Stalag XVII B; Barbara Marx, „American POWs in World War II: Stalag 17 B on Stage and Screen", in: W. Görtschacher/Holger H. Klein (Hg.), Modern War on Stage and Screen / Der moderne Krieg auf der Bühne. Lewiston/Queenston/Lam-peter 1997, S. 333–35; Barbara Stelzl, Sinnstiftung. Erlebnisberichte ehemaliger amerikanischer Kriegsgefangener aus dem Stalag XVII B, in: Thomas Schneider (Hg.), Kriegserlebnis und Legendenbildung. Das Bild des „modernen" Krieges in Literatur, Theater, Photographie und Film. Osnabrück 1999, S. 579–602.

erzählte die Wahrheit nicht nur über die Zeit, während der ich lebte, und über die Menschen, mit denen ich mich gut oder schlecht vertrug, sondern auch über mich selbst – wobei ich von mir weder etwas verschwieg noch beschönigte oder korrigierte. Falls dem nicht so wäre, würden meine Memoiren nichts Vernünftiges erreichen."[131]

Wenngleich autobiographische Erinnerungen im Sinne der „this-is-what-happened-to-me-stories"[132] Ereignisse wiedergeben, die der Autor subjektiv als authentisch erlebt und somit als wahr empfindet, darf eine kritische Analyse der retrospektiven Erlebnisliteratur die zwischen dem reflektierten Erlebnis und der Gegenwart des Erzählens gelegene lebensgeschichtliche Zeitspanne keineswegs außer Acht lassen. Zu berücksichtigen sind zudem weitgehend unbewusste Adaptionen im individuellen Bewusstsein, die vielfach dazu dienen, die Selbstachtung des Autors aufrechtzuerhalten.[133]

Einer der seltenen Fälle, wo eine vergleichbare Form des Selbstschutzes und der „apologetischen Selbstdarstellung" für den Rezipienten nachvollziehbar wird, liegt in Čirovs Schilderungen seiner Beinverletzung vor. Während er im fünften Teil der Autobiographie beschreibt, wie er an der Front verwundet worden war, und im hier veröffentlichten sechsten Teil wiederholt auf diese Verwundung hinweist, korrigiert sich der Autor im Rahmen des Epilogs dahingehend, dass die zurückgebliebenen Narben von einem in der Gefangenschaft aufgetretenen Furunkel stammen.[134] Durch die Richtigstellung im Epilog kommt somit zum Ausdruck, dass der Autor sein Verhalten im fünften und sechsten Teil heroisierend beschönigt hatte. Schließlich wirken Narben einer Frontverletzung – gerade vor dem spezifischen historischen Hintergrund – heldenhafter als Narben von einem Furunkel, wenngleich letzteres mindestens ebenso lebensbedrohlich war. Um dem sich selbst gestellten Wahrheitsanspruch gerecht zu werden, „beichtet" Čirov gleichsam kurz vor der Fertigstellung seines Monumentalwerkes und bittet den Leser um Verzeihung, dass er ihn hinters Licht führte. Zwar hätte er die heroische Geschichte über seine Wunde als künstlerische Erfindung zur eigenen Rechtfertigung weiterführen können, doch – so der Autor – wollte er keinen Roman verfassen, sondern sein eigenes Leben wahrheitsgetreu beschreiben.[135] Wie im Folgenden gezeigt wird, ist jedoch gerade der Verweis auf schwere Frontverletzungen ein typisches Charakteristikum der sowjetischen Kriegsgefangenenliteratur.

---

[131] Dmitrij Čirov, Ot avtora. Unveröffentlichtes Manuskript. Karaganda 1996, S. 3f.

[132] Robert C. Doyle, The Captivity Narrative and the Vietnam War, in: Mandragora 1/1, 1990, S. 30–40, hier: S. 30.

[133] Albrecht Lehmann, Erzählstruktur und Lebenslauf. Autobiographische Untersuchungen. Frankfurt am Main/New York 1983, S. 27ff.

[134] Čirov, Pod oblomkami kommunističeskoj tiranii, S. 95.

[135] Ebd., S. 96f.

3.6. Topos der „unschuldigen Gefangennahme"

Symptomatisch für die Erinnerungen ehemaliger sowjetischer Kriegsgefangener im „Dritten Reich" ist der auf den spezifischen historischen Kontext zurückzuführende Topos der „unschuldigen Gefangennahme". Basierend auf dem Befehl Nr. 270 des Oberkommandos der Roten Armee vom 16. August 1941 „gerieten" sowjetische Soldaten generell nicht in Gefangenschaft, sondern sie „begaben" sich in sie. Auf Grund dieser implizierten Freiwilligkeit galt in der stalinschen Diktion Kriegsgefangenschaft als Synonym für Desertion und Vaterlandsverrat. Hatte doch ein Soldat bis zum Tod zu kämpfen oder in einer ausweglosen Situation Selbstmord zu begehen. Wie die noch 1987 und 1988 in der Zeitung „Izvestija" ausgetragene Diskussion über die Rolle der einstigen sowjetischen Kriegsgefangenen in deutscher Hand äußerst plakativ veranschaulicht, hatten die Heimkehrer selbst in der Ära Gorbačev und vereinzelt wahrscheinlich auch heute noch mit dem Stigma des Verräters zu kämpfen. So überrascht es kaum, dass vielfach in mündlichen und schriftlichen Berichten dem Aspekt der freiwilligen Gefangennahme und dem damit einhergehenden „Verrat" entweder durch detaillierte Schilderungen der Ausweglosigkeit der damaligen Lage oder durch Verweise auf die eigene Handlungsunfähigkeit entgegengewirkt wird. Letzteres, wodurch sich der ehemalige Gefangene scheinbar jeglicher Verantwortung zu entziehen versucht, geschieht etwa mittels mehr oder weniger deutlicher Hinweise auf schwere Verletzungen oder besser noch auf die Bewusstlosigkeit, wie das folgende Zitat aus einem Protokoll eines ehemaligen sowjetischen Kriegsgefangenen illustriert: „Während der Einkreisung erlitt ich schwere Verwundungen und fand mich in Kriegsgefangenschaft wieder."[136]

Vor diesem Hintergrund ist nicht nur Čirovs vorab erwähnte Schilderung seiner Beinverletzung, sondern natürlich auch über seine Gefangennahme am 9. September 1941 zu sehen. Hierbei betont er zunächst sein damaliges Bemühen, sich zu den eigenen Truppen durchzuschlagen, danach, ein Versteck vor den „deutschen Maschinenpistolen" zu suchen. Charakteristischerweise schließt er mit einer Beschreibung seines physischen und psychischen Erschöpfungszustandes. Ohne reale Möglichkeit der Verteidigung – so der Bericht – werden er und sein Kamerad im Schlaf von deutschen Soldaten überrascht und somit „unschuldig" gefangen genommen.[137]

---

[136] Ich habe den Eid nicht gebrochen, S. 192.
[137] Dmitrij Čirov, Sred' bez vesti propavšich. Teil 6 des unveröffentlichten Manuskripts Vsego odna žizn'. Zapiski dolgožitelja XX veka. Karaganda 1991, S. 6f.

Zusammenfassend sei jedoch darauf verwiesen, dass eine einzige Lebensgeschichte trotz allen mehr oder weniger bewusst vorgenommenen Beschönigungen in der Selbstdarstellung, trotz Erinnerungslücken und dem häufig nicht gerecht gewordenen Wahrheitsanspruch „oft mehr zu vermitteln und über die Vergangenheit Nuancierteres, also Genaueres und Vielfältigeres auszusagen vermag als zum Beispiel ausführliche statistische Reihen."[138] Wie einleitend erwähnt sind autobiographische Narrative nicht glatt – wie auch das Leben niemals glatt ist.

---

[138] Michael Pollak, Lebensgeschichten von KZ-Überlebenden als Augenzeugenberichte und als Identitätsarbeit. Aus dem Französischen von Hella Beister. Ludwig-Boltzmann-Institut für Historische Sozialwissenschaft Bd. 12. Frankfurt am Main/New York 1988, S. 8.

Dmitrij Čirov

UNTER DEN VERSCHOLLENEN

1

Am Abend des 8. September 1941, als die Sonne bereits den Horizont streifte, machte ich meine ersten Schritte in Richtung schwarzer Ungewissheit. Bei mir war mein Richtschütze Ivan Zavgorodnij aus dem Gebiet Tambov. Wir wollten eine etwa drei Kilometer lange Wiese durchqueren und einen Wald erreichen, wo wir uns für eine geraume Zeit versteckt halten wollten. Danach hatten wir vor, sobald wir uns so gut wie möglich orientiert hatten, die örtlichen Partisanen zu suchen oder uns gegen Osten in Richtung Front durchzuschlagen. Unser Wunsch war allerdings vollkommen spekulativ, und Antrieb unserer Handlungen war in erster Linie Angst, die sich vor allem im Verlust von Willenskraft und gesunden Gedankengängen äußerte. Nicht nur einmal war mein Selbsterhaltungstrieb vollkommen paralysiert, vielleicht aber nicht aus Angst, sondern durch eine mich gänzlich zermürbende Müdigkeit und Apathie.

Was den gesunden Menschenverstand betraf, war mir dieser überhaupt abhanden gekommen: Am Weg in die Ungewissheit nahm ich weder einen Mantel oder Regenumhang noch eine Kopfbedeckung mit, obwohl es schon langsam Herbst wurde. Ich hatte lediglich mein Gewehr mit der Nummer VG-3615 mit einem dreikantigen Bajonett, einen Infanteristenspaten in einem Futteral und eine Handgranate dabei, die alle an meinem Gürtel hingen. Ich selbst trug einen Helm, darunter eine Feldmütze, ein völlig durchnässtes Militärhemd aus Baumwolle, Hosen, Reiterstiefel in der Größe 43, die ich gemeinsam mit der Hose zehn Tage zuvor erhalten hatte, nachdem ein Splitter einer deutschen Granate meinen rechten Unterschenkel verwundet hatte. Der Kratzer war noch nicht verheilt, beunruhigte mich aber auch nicht besonders. Weiters hatte ich den Zünder einer Granate in der Brusttasche meines Militärhemdes, im Patronenbeutel lagen 20 Patronen, weitere fünf im Gewehrmagazin und im Lauf. Im Schaft meines rechten Stiefels steckte ein Aluminiumlöffel.

Ungefähr so war auch Ivan Zavgorodnij gekleidet und ausgerüstet, allerdings hatte er nicht auf seinen Regenumhang vergessen.

Als wir aus dem niederen Wald auf die Wiese kamen, sahen wir in den Strahlen der untergehenden Sonne kleinere Grüppchen unserer Soldaten in die Richtung gehen, die auch wir ins Auge gefasst hatten. Sobald ich den ersten Heuhaufen erreicht hatte, tat ich etwas, was davon zeugt, dass mich in jener unheilvollen Stunde der gesunde Menschenverstand im Stich gelassen hatte: Ich steckte nicht nur sämtliche Dokumente, die ich bei mir trug, tief in den Haufen, sondern auch die Plastikhülle, welche das zusammengerollte Papier mit allen wichtigen Angaben zu meiner Person enthielt.

Warum ich das tat? Wahrscheinlich, weil ich die Möglichkeit einer Gefangennahme in Betracht zog und von vornherein beschloss, den Deutschen nicht meinen echten Namen zu nennen. Warum? Ich befürchtete, dass es meinen Verwandten schlecht ergehen würde, falls unsere Regierung von meiner Gefangenschaft erführe. An Stalins Befehl 270[1] erinnerte ich mich gut. Ich verstehe aber, dass sich bei der Erklärung meines nicht unbedingt nachvollziehbaren Vorgehens ein schwerwiegender Einwand nahezu aufdrängt.

Ivan Zavgorodnij und ich hatten keineswegs vor, uns in Gefangenschaft zu begeben, sondern uns zu den Unsrigen durchzuschlagen, weshalb wir nie unsere Waffen samt Munition weggeworfen hätten. Nehmen wir jedoch an, dass wir uns zu den eigenen Einheiten durchschlagen hätten können. Zuallererst hätte man unsere Dokumente verlangt, um zu überprüfen, ob wir wohl tatsächlich diejenigen waren, für die wir uns ausgaben, und nicht etwa feindliche Spione. Da wir aber keine Dokumente vorweisen hätten können, wäre man mit uns höchstwahrscheinlich nach den Gesetzen des Krieges verfahren. Ein Paragraph für die Vollstreckung des härtesten Urteils hätte sich wohl gefunden.

Das ist auch der Grund, warum ich immer wieder betone, dass sich meine Handlungsweise bei jenem Heuhaufen, in den ich meine Dokumente ohne die Aussicht steckte, sie jemals wiederzufinden, nur durch das plötzliche Fehlen des gesunden Menschenverstandes erklären lässt. Das einzige, was mich jetzt bei der Erinnerung daran tröstet, ist die Tatsache, dass nicht nur ich so vorgegangen bin. Aber weil ich mich damals selbst verleugnete, ist das natürlich nur ein schwacher Trost. Aus Angst vor der schwarzen Ungewissheit verleugnete ich mich selbst. Und mein ganzes späteres Leben dachte ich daran, wie ich mich von dieser Schuld gegenüber den anderen Menschen und auch mir selbst gegenüber befreien könnte. Aber ob ich das kann und ob es überhaupt möglich ist, sich von dieser Schuld zu befreien, weiß ich nicht.

Von diesem Heuhaufen bewegten wir uns weiter in Richtung Wald. Als wir jedoch in ein niedriges Gestrüpp kamen, fielen Schüsse aus deutschen Maschinenpistolen aus genau der Richtung, in die wir gehen wollten. Wir legten uns hin und verkrochen uns. Bald hörten wir Stimmen deutscher Soldaten auf der Wiese, der wir eben ausgewichen waren. In der anbrechenden Dämmerung konnten wir die Deutschen nicht sehen. Einzelne Worte, die sie sich gegenseitig zuriefen, waren jedoch deutlich zu hören. Diesen ständigen Rufen war zu entnehmen, dass sie sich mit allen Kräften der aufkeimenden Angst ums eigene Leben zu entledigen versuchten, während sie auf fremdem Land gingen. Angst nahm auch meine Seele in Besitz, als ich das laute Lachen und den Lärm der fremden Stimmen hörte, die wie das wütende Bellen losgelassener Hunde klangen. Aus Angst und im Bewusstsein ihrer eigenen Machtlosigkeit vor einer unbekannten Macht waren sie bereit, unterwegs alles Lebendige zu zerschlagen.

---

[1] Zum Befehl Nr. 270 des Oberkommandos der Roten Armee vom 16.8.1941 und dessen möglichen Auswirkungen auf ehemalige sowjetische Kriegsgefangene nach ihrer Rückkehr in die Sowjetunion vgl. S. 30 in diesem Band.

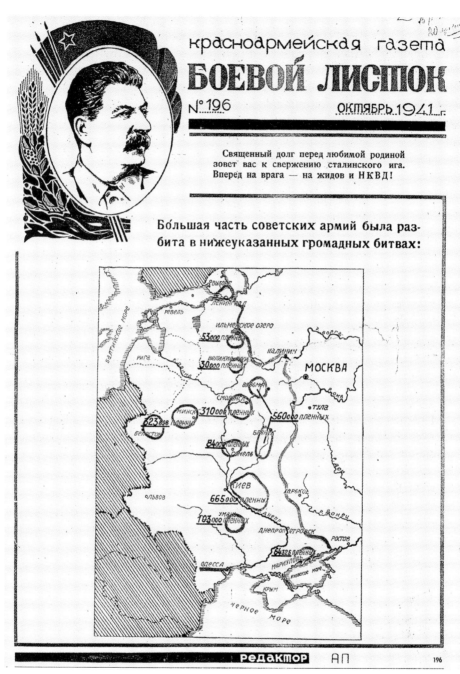

Abb. 15: Antisowjetisches Flugblatt vom Oktober 1941 mit dem Titel „Der Großteil der sowjetischen Armeen wurde in den unten angeführten großen Schlachten vernichtet." In dem nahe bei Černigov gelegenen Gomel' gerieten demnach 84.000 Soldaten der Roten Armee in deutsche Kriegsgefangenschaft.

Mehr als eine Stunde war der Lärm der Deutschen, die über die Wiese Richtung Černigov gingen, zu hören. Ich konnte mir nur schwer vorstellen, wie viele es waren. Als das laute Lachen und der Lärm mit zunehmender Entfernung verstummten, fuhren – wahrscheinlich am Rand des Waldes, in dem wir uns verstecken wollten – Panzer oder Lastwagen aus dem Dorf Guščino in Richtung Černigov vorbei, deren Motorenlärm sämtliche andere Geräusche der hereinbrechenden Nacht übertönte. Als wieder Stille einkehrte und Ivan und ich uns weiter zum Wald vorarbeiten hätten können, kamen von dort erneut Schüsse. Neben uns fuhren Kugeln ein.
„Was sollen wir machen, Ivan?", fragte ich. „Wir können ein Versteck bauen, es gut tarnen, Zweige darauf legen, ein Luftloch offen lassen, ins Innere des Verstecks klettern und es bei Bedarf verlassen ... Ein paar Tage können wir hier verbringen und dann gehen wir weiter." So antwortete Ivan auf meine Frage und ich stimmte zu, dass das in dieser Situation wohl das Beste war.

2

Bis zum frühen Morgen arbeiteten wir im Schweiße unseres Angesichts an unserem vorläufigen Versteck. Ungefähr um Mitternacht ging am Horizont der Vollmond auf, der uns unsere Arbeit dadurch erleichterte, dass er die Umgebung der Büsche, wo wir stärkere Zweige suchten, verhältnismäßig gut ausleuchtete. Wir hackten mit unseren Schaufeln die Zweige ab, legten sie über unser zukünftiges Versteck, warfen mehrere Arm voll dünnerer Äste darüber, streuten Erde obenauf und legten darüber noch eine Schicht Rasen, den wir mit den Schaufeln unter den umliegenden Büschen ausgestochen hatten.
Wir schliefen erst bei Tagesanbruch ein, nachdem wir den Boden unseres Unterschlupfes noch mit kleinen Zweigen bedeckt hatten. Wir schliefen nicht ein, sondern versanken gleichsam im Nichts. Wie lange wir schliefen, kann ich nicht genau sagen, aber ich wachte dadurch auf, dass mein Ohr im Schlaf eine Gefahr wahrnahm: Durch das Rascheln des Windes in den umliegenden Büschen hörte ich weitere dumpfe Laute – zunächst schien es, als ob es Schritte wären, dann auch Stimmen. Ein Fuß stieg auf unseren Unterschlupf, und auf uns rieselte Erde. Eine Sekunde später hörten wir durch unser Luftloch eine ruhige, müde Stimme ohne die geringste Spur von Erbostheit: „Russ', aussteigen!"[2]
Und mit diesem „Russ, aussteigen!" begann für mich eine dunkle Ungewissheit, die 1.338 Tage und Nächte dauern sollte.
„Wir ergeben uns!", schrie Ivan Zavgorodnij aus unserem Bau heraus und kletterte als Erster ins Freie.
Hinter Ivan kroch auch ich heraus, legte mein Gewehr den Deutschen zu Füßen und hob die Hände hoch. Wir wurden durchsucht. Sie erlaubten uns auszutreten, wandten sich selbst ab und rauchten. Insgesamt waren es fünf Deutsche, die uns

---

[2] Die Phrase „Russ', aussteigen!" ist im Original auf Deutsch mit kyrillischen Buchstaben wiedergegeben.

gefangen nahmen. Einer von ihnen, der größte und stärkste, zerbrach vor unseren Augen unsere Gewehre, trennte den Lauf vom Gewehrkolben und warf sie in verschiedene Richtungen. All dies geschah ohne die geringste Spur von Gehässigkeit, als ob er einen Holzblock mit einer Axt in zwei Stücke hauen würde. Weder schrieen uns die Deutschen an noch beschimpften sie uns. Ich dachte mir damals: „Vielleicht schreien sie uns nicht an und beschimpfen uns nicht, weil sie uns gleich zum Waldrand führen und uns dort umlegen."
Aber die Deutschen führten uns, nachdem sie das gesamte Gestrüpp, wo wir uns versteckt hatten, durchsucht hatten, nicht zum Wald, sondern in Richtung Černigov. Aus der entgegengesetzten Richtung kehrte eine andere Gruppe von Deutschen zurück, die das Dickicht vom Dorf Guščino aus durchkämmte. Einer der Deutschen, der auf einem Fahrrad fuhr, rief mich zu sich und forderte mich auf, das Rad zu nehmen. Ich glaube, dass er sehen wollte, ob ich überhaupt Radfahren kann und stellte meinen linken Fuß auf das Pedal. Der Deutsche sagte aber „nein" und gab mir, indem er mit den Fingern auf den Reifen drückte, zu verstehen, dass ich nicht fahren durfte, weil der Schlauch ein Loch hatte. Mit Gesten erklärte er mir, dass ich das Fahrrad schieben musste. Ich schob das Rad, Ivan Zavgorodnij ging daneben her. Ein Stück hinter uns begannen die Deutschen, etwas miteinander zu bereden.

„Bei der Gefangennahme haben sie uns nicht umgebracht. Trotzdem werden sie uns wahrscheinlich irgendwo umlegen!", sagte Ivan leise.

„Wer weiß, was bei ihnen üblich ist? Vielleicht bringen sie einen nicht einzeln um, sondern gleich zu Hunderten?", antwortete ich ebenso leise.
Im Unterschied zum vorangegangenen Tag war der 9. September 1941 trüb, aber warm. Obwohl ich lediglich mein Militärhemd anhatte, spürte ich nicht, wie frisch es war. Es begann ein träger Nieselregen, der eher einem warmen Nebelreißen glich. Das Wetter schien unseren gestrigen Untergang zu beweinen.
Eineinhalb Kilometer vom Ort unserer Gefangennahme entfernt, machten die Deutschen Halt und befahlen uns stehen zu bleiben. Sie setzten sich einfach ins Gras, holten aus ihren Tornistern Brot und kleine Konserven mit Fleischpasteten hervor und begannen zu essen. Während ich auf die ohne Eile, aber mit Appetit kauenden Deutschen schaute, überlegte ich erstaunt, warum ich überhaupt nichts essen wollte und wusste sofort weshalb: Soll man etwa ans Essen denken, wenn man nicht weiß, wie lange man noch am Leben bleibt?

„Vielleicht fragen wir sie trotzdem, wann sie uns umbringen", sagte Ivan. „Gut, ich versuche es", antwortete ich und wandte mich, während ich meine ganzen Vorräte an deutschen Worten zusammensammelte, an den vom Aussehen her ruhigsten und intelligentesten Deutschen. Und dieser antwortete gelassen, ohne im Geringsten seinen Gesichtsausdruck zu verändern, dass für uns, bitte sehr, der Krieg zu Ende wäre und wir alle ins deutsche Hinterland zur Arbeit geschickt würden. Als ich Ivan die Antwort des Deutschen übersetzte, sagte er: „Er bindet uns einen Bären auf, um uns zu beruhigen ... Wahrscheinlich darf er nicht darüber sprechen."

Auch ich schenkte den Worten des Deutschen kaum Glauben. Ich befand mich in einem Zustand, der wahrscheinlich kaum ärger hätte sein können: Apathie, Gleichgültigkeit, Desinteresse gegenüber allem auf der Welt lähmten meinen Geist. Ich wollte niemandem und nichts Glauben schenken oder mich auf irgendeine Hoffnung verlassen. Genauer könnte man meine damalige Stimmung mit den drei Worten umschreiben: Komme, was wolle ...

3

Das feine Nebelreißen setzte sich leise und kaum bemerkbar fort, durchtränkte die von Sonne und Wind der vergangenen Tage ausgetrocknete Luft mit seiner Feuchtigkeit, als ob es uns tatsächlich beweinen würde, uns, die wir gestern gefangen genommen worden waren, um heute, morgen und in einer unendlichen Reihe von künftigen Tagen das Joch der schmachvollen Gefangenschaft zu tragen. Auf unsere Gemüter stürzte sie mit doppelter und vielleicht sogar dreifacher Härte herein, weil uns bewusst war, dass von dem Moment an, in dem du dich besiegt und entwaffnet in den Händen des Feindes befandest, der Staat, den du verteidigt und die Treue geschworen hattest, dich im Namen der Heimat verdammte, dich verfluchte und dich in deiner Abwesenheit mit dem Brandmal des Verräters kennzeichnete.[3] Somit stellte sich die Frage, ob du in dem Bewusstsein, dass du mit diesem dauerhaften Brandmal markiert warst, während der Krieg mit dem Feind tobte, der dich hinter Stacheldraht gesetzt hatte, in der Lage sein würdest, wieder so viel Mut zu fassen, dass du aus deiner Seele den schweren, bleiernen Staub der Erstarrung abschütteln wirst können.

Diese Gedanken begannen mich von dem Moment an zu quälen, in welchem ich die Antwort des intelligent aussehenden Deutschen auf die Frage, wann sie uns töten würden, vernahm. Dabei geht es eigentlich nicht darum, ob ich jenem Deutschen Glauben schenkte oder nicht, sondern darum, dass seine beruhigend gemeinte Antwort mich keineswegs beruhigte und dies auch gar nicht gekonnte hätte. Ich fasste nämlich die von den Deutschen versprochene Bewahrung meines Lebens nicht als VERLÄNGERUNG[3a] des Lebens auf, weil die Zeit für mich stehen geblieben war. Diese Empfindung der stehen gebliebenen Zeit, die aus den Tiefen meines Unterbewusstseins von dem Moment an durchzubrechen begann, als wir in der Desna unsere Granatwerfer versenkten und uns die Deutschen auch vom linken Ufer der Desna zu beschießen begannen, als die Deutschen nach unserer Gefangennahme vor unseren Augen unsere Gewehre zerbrachen, diese Empfindung der stehen gebliebenen Zeit lähmte meinen Lebenswillen und versetzte meine Seele in einen Zustand dauerhafter Apathie.

---

[3] Čirov spielt hier auf den in der Einleitung zu diesem Band zitierten Befehl Nr. 270 des Oberkommandos der Roten Armee vom 16.8.1941 an, der sowjetische Kriegsgefangene zu Vaterlandsverrätern abstempelte.

[3a] Alle in Versalien gesetzten Wörter sind im Originalmanuskript ebenfalls in Versalien geschrieben.

Ich sage damit nicht, dass ich unbedingt und sofort sterben wollte – wenn ich einen derartigen Wunsch verspürt hätte, wäre es nicht schwer gewesen, ihn auch in die Tat umzusetzen. Ich hätte lediglich einen Fluchtversuch vortäuschen zu brauchen, worauf eine deutsche Gewehrsalve in meinen Rücken meinen Wunsch unverzüglich erfüllt hätte. Aber ich wollte auch nicht leben, weswegen ich die Möglichkeit eines Todes durch Erschießen, wie es Ivan Zavgorodnij und ich von den Deutschen erwarteten, als etwas Gebührendes empfand. Eine Erschießung hätte ich aller Wahrscheinlichkeit nach ohne äußeren Protest über mich ergehen lassen, weil ich persönlich einen Protest nicht nur als vollkommen sinnlos, sondern auch als demütigend erachtete: Der Tod durch die feindliche Kugel ist, was man darüber auch denken mag, durchaus nicht entehrend.

Abb. 16: Sowjetische Kriegsgefangene nach ihrer Gefangennahme.

An jenem Tag aber, als die Zeit für mich stehen blieb, setzte sich das Leben nichtsdestoweniger fort und beschützte mich, der ich auf irgend etwas noch zu hoffen aufgehört hatte, sogar vor dem Tod, der viele von uns innerhalb von lediglich fünf, sechs Wochen erwarten sollte. Zu jenen zahllosen unbekannten sowjetischen Soldaten hätte auch ich gehört, hätte es nicht den Menschen gegeben, der mein Retter, mein Schutzengel wurde. Zu meiner Schande brachte ich nicht einmal seinen Namen in Erfahrung, so sehr war ich von alldem erdrückt.

Ich werde aber alles der Reihe nach erzählen. Am Nachmittag brachten uns die Deutschen in ein Dorf, wo sie uns in einen Kolchose-Pferdestall trieben. Den Stall selbst schlossen sie nicht ab, aber um seine Umzäunung postierten sie MP-Schützen. Direkt beim Eingang in den Pferdestall stand ein junger Mann mit einem Kommandeursmantel und einer Schirmmütze, aller Ansicht nach ein Hauptfeldwebel, der technische oder bürokratische Aufgaben in einem hohen Stab, von der Bedeutung her höher als der eines Obersten, ausübte. Ich bewahrte die guten, nachdenklichen und traurigen Augen dieses Mannes im Gedächtnis. Ich blieb ihm gegenüber beim Eingang in den Stall stehen. Er begann, mich alles Mögliche zu fragen. Ich antwortete gerne auf seine Fragen und stellte ihm selbst welche. Mit einem Wort, wir kamen derartig ins Gespräch, dass ich in ihm etwas mir sehr Vertrautes entdeckte, etwas, das mich an meinen besten Freund, Vanja Pokazeev, erinnerte. Am Ende unseres Gespräches schaute er mich mit so viel Mitleid an, als ob er den morgigen Tag vorhersehen konnte, und sagte:

„Wie wird es Ihnen denn so ergehen, ohne Mantel und sogar ohne Regenumhang. Hier, nehmen Sie ..."

Und mit diesen Worten gab er mir seinen zusammengerollten Regenumhang. Ich nahm ihn. Dankte ihm. Aber nach seinem Namen zu fragen, daran dachte ich nicht. Er fragte mich gleichfalls nicht nach meinem Namen. Und wir gingen auseinander: Er ging zu den Seinen, und ich antwortete auf den Ruf von Ivan Zavgorodnij, der einen geeigneten Winkel in einem entfernt gelegenen Eck des Stalles gefunden hatte. Wir gingen auseinander und trafen uns nicht mehr. Dieser Mann rettete mir mein Leben, und ich weiß nicht einmal seinen Namen. Aber ich bewahrte sein Andenken mein Leben lang in meinem Herzen und werde es bis zur letzten Stunde bewahren. Ohne ihn hätte ich keine zwei Monate in jener Hölle überlebt, in die ich geraten sollte.

4

In jenem Stall blieben wir nicht länger als vier Stunden, bis die Deutschen den gesamten zum Raum Černigov gehörenden Südwesten durchkämmt hatten, wo noch am Tag zuvor ein erbitterter Kampf gegen sie getobt hatte. Bevor es Abend wurde, trieben uns die bellenden Schreie der Deutschen aus dem Stall heraus und formierten uns in Kolonnen zu jeweils fünf Mann.

Als ich aus der Umzäunung des Stalles herausging, waren unsere Kolonnen beinahe formiert. Ich erblickte an ihrem rechten Flügel einige unserer Stabsoffiziere – Oberstleutnante sowie Majore –, und darunter erkannte ich einen Oberstleutnant mit Schnauzbart, welcher der Kommandant des Artilleriekorps unserer Fünften Armee gewesen war. Mir wurde keineswegs leichter, als ich unter den Gefangenen der Deutschen auch unsere hohen Kommandeure sah, eher umgekehrt. Mein Herz verkrampfte sich bei den Gedanken an das Ausmaß der uns zugefügten Niederlage. Würde meine leidgeprüfte Heimat in der Lage sein, sich davon zu erholen? Einer der Umstehenden sagte mit einem bitteren Stöhnen: „Es kann doch nicht sein, dass Russland untergegangen ist?" Und niemand gab ihm eine Antwort, weil genau diese Frage jedem von uns das Herz zerriss. Wie hätte man darauf antworten können, wer hätte es denn damals vermocht?

Die Kolonne wurde sehr lang, beinahe einen halben Kilometer von der rechten bis zur linken Flanke, mit mindestens dreißig Begleitsoldaten mit Maschinengewehren. Die Begleitsoldaten zählten uns lange und genau, bevor sie uns in Richtung Černigov trieben. Mir ließ der Gedanke daran keine Ruhe, dass sie uns jetzt hinter das Dorf führen würden, wo bereits die Maschinengewehre auf uns warteten, die uns für immer ruhig stellen würden. Aber da fuhr ein leichter Wagen heran, aus dem ein deutscher General ausstieg. Sämtliche Wachsoldaten standen stramm, meldeten dem General anscheinend die Zahl der gefangenen Russen. Dieser ging zum Anfang der Kolonne, stellte unseren Offizieren einige Fragen – welche Fragen das waren und wie unsere Kommandeure darauf antworteten, konnte ich nicht hören, da ich hundert Meter entfernt stand –, ging der Kolonne entlang, betrachtete uns

Abb. 17: Kolonnen von Kriegsgefangenen in Weißrussland. Februar 1943.

hochmütig und voller Ekel, winkte jemandem zu, wonach die bellenden Kommandos der Wachsoldaten ertönten und unsere Kolonne sich langsam in Richtung Černigov in Bewegung setzte.

Dieser für uns leidvolle und entehrende Marsch dauerte, wie mir schien, überdurchschnittlich lang. Bis nach Černigov waren es nämlich nicht mehr als zehn Kilometer, aber wir brauchten dafür rund vier Stunden. Vielleicht, weil zu oft Pausen eingelegt wurden, während derer uns Kolonnen deutscher Soldaten überholten, die dorthin eilten, wohin auch wir geführt wurden: in Richtung Černigov.

Ungefähr um Mitternacht kamen wir zu einem Schuppen beim Bahnhof, wo unsere Kommandeure sofort von uns getrennt und in einem geschlossenen Speicher untergebracht wurden, dessen Türen zugesperrt und von Soldaten mit Maschinengewehren bewacht wurden. Wir hingegen verblieben im Hof und teilten uns auf verschiedene Orte auf, wo noch Reste von Heu herumlagen. Dieses diente uns als wunderbares Bett, wie wir es danach für lange Zeit nicht mehr zu Gesicht bekommen sollten. Ja, der eine für lange Zeit, der andere nie wieder.

Der Geruch dieses Heus, das wahrscheinlich im Juni gemäht und im August hierher gebracht worden war, erinnerte mich an die längst vergangenen Tage meiner Kindheit in Ščapovo, von denen ich nun im Gedanken für immer Abschied nahm. Das Gefühl der vergangenen Zeit hielt mein Herz weiterhin im Schraubstock einer düsteren Hoffnungslosigkeit gefangen. Dieses Gefühl war derartig stark, dass es alle anderen Gefühle überdeckte, selbst die echtesten und lebensnotwendigsten – Hunger und Durst. Bereits mehr als 24 Stunden hatte ich nichts gegessen und getrunken. Aber ich wollte nichts, als ob es das Bedürfnis nach Nahrung und Wasser nicht mehr gab. Dies beunruhigte mich jedoch keineswegs.

Etwas war anscheinend auch mit meinem Gedächtnis, oder genauer gesagt mit der Wahrnehmung und Einprägung im Gedächtnis dessen, was mich unmittelbar umgab, geschehen. So kann ich mich weder daran erinnern, wer neben mir in der Kolonne ging, noch wann genau sich Ivan Zavgorodnij von mir trennte, als er Landsleute aus Tambov traf. Ich weiß nicht mehr, ob dies in Černigov oder in Gomel' geschah, oder wann ich mich eng mit Ivan Zavertkin und Petr Kil'ganov zusammenschloss – ob in Černigov, Gomel' oder bereits in Bobrujsk. Ich erinnere mich nicht genau, wann der Hunger mich zu quälen begann – noch in Gomel' oder bereits in Bobrujsk, ob ich in Gomel' persönlich mit Karim Garipov zusammengetroffen bin oder ob mir nur jemand darüber berichtete, dass er ihn in Gesellschaft von Tataren gesehen hätte, die sich rund um die Gefangenenküche aufhielten, wo sie ausgeweidete Pferde aufteilten, mit deren Fleisch die Deutschen unsere Brüder ernährten ...

5

Aber woran kann ich mich an jene ersten Tage der Gefangenschaft erinnern? Ja, natürlich daran, wie ich, während ich auf dem Heu im Schuppen beim Bahnhof von Černigov lag und den mit hölzernen Stimmen singenden Deutschen zuhörte. Ihr hölzerner Gesang löste in mir einen Anfall von Traurigkeit aus, mit dem ich nicht fertig werden konnte. Ich wollte nichts sehen, mit niemanden reden, an nichts denken. Lediglich ein einziger Wunsch regte sich irgendwo in der Tiefe meines noch nicht zur Gänze gelähmten Herzens, nämlich, mich zusammenzuringeln, mich in einen kleinen Punkt zu verwandeln und – zu vergessen, vergessen, vergessen.
Bei den Toren des Schuppens, ganz in meiner Nähe, gingen die deutschen Begleitsoldaten geschäftig herum: Einige von uns holten sie von den angewärmten Plätzen, formierten, zählten und führten sie in die Stadt ab, brachten sie nach einiger Zeit – nach zwei oder drei Stunden – wieder zurück, wonach die Betroffenen den anderen ihre Erlebnisse erzählten. Sie hatten dort etwas transportiert oder ausgeladen, wobei es ihnen gelungen war, eine Kleinigkeit zu essen oder sogar etwas mitzunehmen. Der Sinn dieser Eindrücke ließ eine geheime Hoffnung aufkommen, denn die Deutschen dachten anscheinend doch nicht daran, uns zu erschießen, was hieß, dass wir vorläufig am Leben bleiben würden. Diese Gedanken bemächtigten sich auch meiner, obwohl mir davon nicht unbedingt leichter wurde – mein Herz befand sich weiterhin gleichsam in einem gefrorenen Zustand.
Auf diese Weise hielten sie uns in jenem Schuppen bis zum 10. September, sechs Uhr abends, fest. Zu diesem Zeitpunkt trafen mehrere große, geschlossene Lastwagen ein, in welche wir allesamt hineingepfercht wurden. Bei Sonnenuntergang brachten sie uns nach Gomel', wo sie uns ebenfalls auf einem Betriebshof unterbrachten. Weder in Černigov noch in Gomel' bekamen wir je etwas zu essen. Am Morgen des 11. September mussten sich alle, die am Vorabend aus Černigov eingetroffen waren, wiederum formieren, den Hof verlassen und neuerlich Lastwagen besteigen.
Vor unserem Weitertransport demonstrierten uns die Deutschen ihr Wohlergehen. Direkt beim Tor des Kriegsgefangenenlagers in Gomel' stand ein Lastwagen mit

einer offenen Ladefläche, wo die deutschen Wachposten mit Appetit ihr üppiges, kalorienreiches Frühstück einnahmen, nämlich Brot mit Speck und Wurst, das sie mit einem Getränk aus ihren Feldflaschen hinunterspülten. Lautstark teilten sie uns beleidigende Bemerkungen aus, während wir, die wir schon drei Tage lang nichts gegessen hatten, bei ihnen vorbeigingen und uns das Wasser im Munde zusammenlief.

Zu dieser Zeit kehrte auch bei mir das Hungergefühl zurück, und ich erinnerte mich an etwas Vergleichbares in meinem Leben, in der Familie meines Vaters und der Stiefmutter. Wenn sie mich mit Nahrungsentzug bestraften, setzten sie sich zu dritt an den Tisch, stopften sich das Mittag- oder Abendessen in beide Backen, während ich auf der Seite saß und den hungrigen Speichel schluckte. Und diese Erinnerung half mir damals dabei, niemanden auch nur ein Wort zu sagen, sondern bitter über mich selbst zu witzeln. Denn wenn ich damals den Hunger in der eigenen Familie ausgehalten hatte, würde ich es nun, in deutscher Gefangenschaft, erst recht durchstehen. So brach erstmals in den Stunden der Gefangenschaft ein hochspringender Funken eines Sinns für Humor durch, loderte auf und erlosch sofort wieder. Erlosch für lange, lange Zeit.

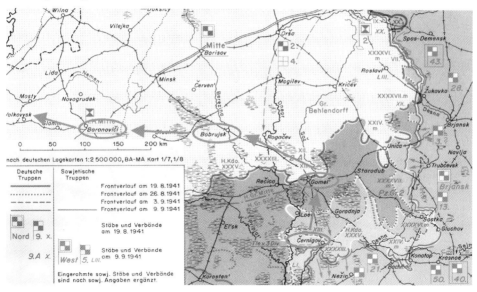

Abb. 18: Erste Stationen der Gefangenschaft.

Nach Bobrujsk transportierten sie uns beinahe einen ganzen Tag lang. Wir kamen durch die vollkommen zerstörten Städte Žlobin und Rogačev. Lediglich Ofenrohre stieben ihren Qualm in den leeren Himmel, flehten ihn mit einem stummen Vorwurf um Mitleid und Barmherzigkeit an, und die von allen Seiten entblößten Gerippe der Öfen machten dem Menschen wegen dessen Machtlosigkeit einerseits und Grausamkeit andererseits Vorwürfe. Nur wenige von uns erschauderten nicht beim Anblick der unter feindlichem Feuer gelegenen Städte, nachdem sie deren wortlosen Vorwurf über unsere Ohnmacht auf sich bezogen hatten. Und welche Gefühle erst die von den Sockeln gestürzten Bronzestatuen Lenins und Stalins, die direkt bei der Einfahrt nach Žlobin herumlagen, in uns auslösten, ist unschwer zu beschreiben: Indem sie ihre hochmütige Verachtung unseren Staatsheiligen gegenüber demonstrierten (das kann man nicht leugnen – Stalinbüsten und Lenindenkmäler wurden von uns als offizielle Heiligtümer betrachtet), zertrampelten die Deutschen sowohl unsere nationale, patriotische als auch bürgerliche Würde und verletzten dadurch die allerheiligsten Gesetze einer zivilisierten Moral, indem sie uns nicht einmal als Menschen betrachteten. Darin bestand auch die grundlegende Fehlkalkulation ihrer Strategie, einer aus Faschismus und Rassismus bestehenden menschenfeindlichen Ideologie.

Ja, Hitler war es gelungen, die Deutschen durch den rassistischen Nationalsozialismus zu verführen, indem er ihnen wahnhafte Phantasien über die Überlegenheit der reinrassigen „Arier" einflößte, als die er all seine germanischen Landsleute betrachtete, die bis zur fünften Generation keinen Tropfen „nicht-arischen" Blutes in sich hatten.

Die ersten Monate meiner Gefangenschaft waren die Zeit, als diese rücksichtslose Selbstsicherheit der Nazis nicht nur unsere Streitkräfte zerstörte, sondern auch alles in den deutsch okkupierten Ländern zertrat, was von unserer Revolution ausgerufen und errungen worden war, was durch Lenins Namen geweiht war. Lenin von Stalin zu unterscheiden, um uns zu verstehen und uns mit der gebührenden Achtung zu behandeln, wollten und konnten die Nazis nicht.

6

Bei Sonnenuntergang am 11. September, am Ende des dritten Tages meiner Kriegsgefangenschaft, wurden wir nach Bobrujsk transportiert. Im Zentrum der Stadt, wo keinerlei Spuren von Zerstörung zu sehen waren, als ob der Krieg diese Orte nicht betroffen hätte, machte unsere Wagenkolonne halt, sodass wir die ruhigen und sauberen Gassen dieser kleinen Stadt sehen konnten – Straßen mit Kopfsteinpflaster, hölzerne Gehsteige wie in Penza, Geschäftsauslagen, in unmittelbarer Nähe unseres Wagens, wo wir uns buchstäblich wie Raubtiere in einem Käfig befanden, ein Restaurant, in das junge Männer mit schön gebügelten Anzügen gingen, einige von ihnen in Begleitung von gleichfalls jungen, elegant gekleideten und modisch frisierten Damen ...

Ist es möglich, dass wir all das nicht nur träumten, wir, die wir durch den Krieg nicht nur aus Schützengräben hinausgejagt worden waren, sondern auch aus einem echten Rhythmus des menschlichen Lebens, das die Erfüllung einfachster Bedürfnisse einschloss – das Waschen von Händen und Gesicht, Essen, Trinken, frische Bettwäsche, Lesen von Zeitungen und Büchern, das Briefeschreiben an Verwandte und Freunde? Kann es sein, dass wir diese Männer und Frauen in wachem Zustand sahen? Falls wir tatsächlich nicht träumten, war das vielleicht keine reale Wirklichkeit, sondern eine märchenhafte? Rundum tobte der Krieg, und hier sah alles aus, als ob es überhaupt keinen Krieg gäbe. Und wer waren sie, die modisch gekleideten und frisch rasierten Männer mit den festlich gekleideten Damen an ihrer Seite?

Die Antwort auf diese Frage ließ nicht lange auf sich warten: Die Wagen fuhren weiter zu einem Restaurant mit geputzten Geschäftsauslagen, auf einen Marktplatz mit Ladentischen. Plötzlich fuhren die Wagen auffallend langsamer, wobei wir sofort den Grund dafür errieten: Auf der linken Seite stand ein erst vor kurzem errichteter Galgen. Darauf fünf männliche Leichen in bäuerlicher Kleidung und auf jeder Brust eine Holztafel, auf der mit Teer die Worte geschrieben waren: „Ich war ein Partisan."

Auf diese Art und Weise demonstrierten die Deutschen uns, ihren Gefangenen, innerhalb lediglich eines Tages gleich dreimal ihre Macht: Die erste Demonstration zielte darauf ab, in uns Neid zu wecken – wie üppig und gut sich deutsche Soldaten ernähren; die zweite Demonstration, zu welcher sie uns durch die zur Gänze zerstörten Städte Žlobin und Rogačev transportierten, diente wahrscheinlich dazu, uns die Stärke der deutschen Rüstung vor Augen zu führen. Was die letzte Demonstration betraf, so war sie auf die Vollendung des am Morgen begonnenen Prozesses einer psychologischen Einschüchterung abgezielt: Die elegant gekleideten Männer, die mit schönen Frauen am Ende des Arbeitstages in ein Restaurant gingen, sollten uns zeigen, wie gut und großmütig die deutsche Besatzungsmacht zu den sowjetischen Bürgern war, die ohne jeglichen Widerstand die Vergangenheit verleugneten und gehorsam den neuen Herren dienen wollten. Nun, und die Leichen der Gehängten sprachen für sich selbst – das ist das Schicksal, das jeden erwartet, der die Waffen gegen uns zu erheben wagt.

Das Kriegsgefangenenlager von Bobrujsk lag am westlichen Rand der Stadt auf einem niedrigen Hügel unweit der Eisenbahn. Es war das erste wirklich deutsche Lager, von einem zweireihigen Stacheldraht umgeben, mit Wachtürmen alle hundert Meter, mit Scheinwerfern und Wachposten mit Maschinengewehren auf den Türmen. Das Lager hatte zwei Tore, zwischen denen sich ein hundert Meter langer Korridor aus Stacheldraht befand. In diesen Korridor verbrachten sie uns, nachdem sie uns aus den Wagen auszusteigen befohlen hatten. Wir wurden in Fünferreihen formiert und gezählt. Danach öffnete sich das innere Tor und wir kamen ins eigentliche Lager. Sie verlautbarten, dass hier einmal pro Tag Essen ausgegeben werde, dass man sich dafür mindestens eine halbe Stunde vor der Ausgabe in Gruppen zu je hundert zusammenstellen und in dieser Formierung nach der Zählung in die Reihe stellen müsse. „Jeder, der versucht, noch eine Ration zu bekommen, wird hart bestraft", waren die letzten Worte, bevor wir den Befehl „wegtreten" erhielten.

Als wir uns im Lager verteilten, dämmerte es bereits. Wir suchten in den über das Gelände verteilten Scheunen, die früher als Lagerschuppen gedient hatten, einen Platz zum Schlafen. Genau an diesem Abend schloss ich mich meinen alten Kameraden aus der Regimentsschule, Ivan Zavertkin und Petr Kil'ganov, an. Beide kamen aus Mordowien. In der Regimentsschule waren wir viel zusammengesteckt, aber nach Abschluss der Schule kam Petr in ein Schützenbataillon, während Ivan und ich bereits als Kommandanten von Granatwerferbedienungsmannschaften in der Regimentsschule verblieben. Bei Kriegsbeginn trafen wir in der Minenwerferbatterie des Regiments wieder zusammen. Wohin Ivan Zavertkin verschwunden war, nachdem wir am Abend des 8. September unsere Granatwerfer in der Desna versenkt hatten, wusste ich zunächst nicht. Auch ihn hatte – wie uns alle, die wir nach dem Kampf um das Dorf Guščino am rechten Ufer der Desna am Leben geblieben waren – dasselbe Schicksal ereilt. Und erst im Lager von Bobrujsk – oder vielleicht in Gomel', genau kann ich mich eben nicht erinnern – fanden wir einander wieder und blieben mehr als eineinhalb Monate zusammen.

Wir fanden einen Platz in einem der Schuppen, wo wir uns sofort hinlegten. Zu dritt hatten wir zwei Regenumhänge: den einen von Ivanov, den anderen hatte mir jener Mann geschenkt. Peter Kil'ganov hatte weder einen Regenumhang noch einen Mantel. Einen Umhang legten wir auf den Boden und mit dem anderen deckten wir uns zu.

Dass wir hungrig waren, braucht man wohl nicht erwähnen: Drei Tage waren seit jenem Moment vergangen, als jeder von uns all das verlor, woran er sich während der Monate des Dienstes und in den Kriegswochen gewöhnt und die Linie überschritten hatte, hinter der die schwarze Ungewissheit ohne jegliche Hoffnung auf Licht lag. Und erst als wir nach Bobrujsk gebracht und grausam psychologisch bearbeitet wurden, begannen wir langsam zu verstehen, was diese schwarze Ungewissheit bedeutete. Genauer gesagt zerrissen die Deutschen direkt vor unseren Augen die Decke der Ungewissheit, wodurch jene Finsternis zum Vorschein kam, die sich hinter ihr verborgen hatte – die Finsternis der Unfreiheit, die Finsternis der absoluten Rechtlosigkeit und völligen Schutzlosigkeit, die Finsternis der ausweglosen Hoffnungslosigkeit. Wie hätten wir in dieser Situation noch an unsere leeren Mägen denken können?

Der Hunger begann uns erst am nächsten Tag zu beunruhigen, als wir sahen, wie die Menschen, die bereits mehr als eine Woche in diesem Lager verbracht hatten, sich auf irgendeine Weise angepasst und an ihn gewöhnt hatten. Überall hörte man Gespräche darüber, wer am Vorabend das Glück gehabt hatte, eine günstige Arbeit zu bekommen, wie es dabei möglich gewesen war, etwas aufzutreiben und das dann in Tabak umzutauschen, später den Tabak in eine halbe Ration Brot und so weiter. Von frühem Morgen an entstanden Menschenaufläufe, in deren Gewühl lebhaft Tauschhandel betrieben wurde. Niemand hatte hier Mitleid mit dem anderen und keiner hätte ein für ihn entbehrliches Ding weitergeschenkt, wie etwa jener Mann mir seinen Regenumhang gegeben hatte. Hier galt ein völlig anderes Recht: Jeder für sich und keiner für alle.

Womit könnte man das Verhältnis zwischen den deutschen Wachsoldaten und uns, ihren Gefangenen, vergleichen? Nicht das Verhältnis zu den Deutschen, die uns am Schlachtfeld gefangen genommen hatten – über ihre gutmütig gleichgültige Einstellung habe ich bereits berichtet –, sondern zu jenen, denen wir in Gomel' untergeordnet wurden. Diese Deutschen waren keine Front-, sondern bereits Besatzungssoldaten im Hinterland, deren Hauptaufgabe darin bestand, die Macht des Deutschen Reiches in allen eroberten Gebieten zu festigen und stärken. Uns betrachteten sie als menschliches Vieh, das man strengstens bewachen und unter Kontrolle halten musste. Um Fluchtversuche von vornherein zu verhindern, ernährten sie uns so, dass wir uns in nur wenigen Wochen in hilflose, an Dystrophie[4] leidende Kreaturen verwandeln würden. Sie hatten die Einstellung nachlässiger Hirten gegenüber ihrer Herde, deren Größe keinen von ihnen interessierte. Die Herde gehörte niemanden, sodass den Hirten Verluste nicht nur nicht schadeten, sondern im Gegenteil sogar nützten, weil sie das Futter auch für das tote Vieh weiterhin erhielten.

Ja, in den ersten zwei Monaten unserer Gefangenschaft fühlte sich jeder von uns wie in einer streng bewachten Menschenherde, deren langsames Sterben geplant war. Für die Deutschen waren wir lediglich eine Herde und nichts anderes: Sie formierten uns in Gruppen zu hundert Mann, bevor wir die tägliche Essensration erhielten, zählten uns genau, verglichen die Ergebnisse mit den Zahlen des Vortages. Niemand aber existierte in den Augen der deutschen Wachsoldaten als Mensch: Unsere Familien- und Vornamen und Ähnliches, was einen Menschen vom anderen unterscheidet, interessierte sie nicht, und wenn jemand starb, beerdigten sie ihn in einem anonymen Massengrab.

Abb. 19: Lager für sowjetische Kriegsgefangene nordwestlich von Minsk. Juli 1941.

---

[4] Dystrophie: Hungerödem, Auszehrung.

Aber wer hatte mehr Schuld an dieser Einstellung uns gegenüber? Die Deutschen, die uns im Sommer und Herbst 1941 millionenfach gefangen genommen hatten und trunken von ihren Erfolgen so nebenbei alles Menschliche in uns zertrampelten, oder unsere eigene Regierung, die nicht nur die elementarste Hilfe uns gegenüber verweigerte, wie sie etwa die westlichen Alliierten ihren in Gefangenschaft geratenen Soldaten über das Internationale Rote Kreuz zukommen ließen, sondern uns verfluchte, indem sie uns zu Deserteuren und Vaterlandsverrätern erklärte? Schuld sind natürlich beide Seiten, obwohl ich zutiefst davon überzeugt bin, dass auf unserer damaligen Regierung eine nicht wieder gutzumachende Schuld wegen des hunderttausendfachen Todes unserer Kriegsgefangenen liegt, die ihr Ende hinter dem Stacheldraht der Hitlerlager fanden.

Und was ist das Grausamste und Unmenschlichste an den zahllosen Toden unserer in Feindeshand geratenen Krieger? Dass sie im Wissen um den Fluch starben, der auf ihnen haftete und den sie nicht verdient hatten. Und ist nicht dieser satanische, in Stalins Befehl Nr. 270 ausgesprochene Fluch schuld am Entstehen von Ausgeburten wie etwa General Vlasov[5] mit seinen Anhängern, den Vaterlandsverrätern? Aber davon wird später noch die Rede sein. Jetzt kann ich nur eines sagen: Ohne den Befehl Nr. 270 und ohne die Weigerung unserer Regierung, die Hilfe des Internationalen Roten Kreuzes in Anspruch zu nehmen, hätte es auch den Verräter Vlasov nicht gegeben.

Wie leicht fiel es doch den Deutschen, in unserer Mitte verschiedene Parasiten ausfindig zu machen und sie in ihre treu ergebenen Köter zu verwandeln! Ich wage kein Urteil darüber zu fällen, zu welchen sozialen Schichten unserer Gesellschaft diejenigen gehört hatten, aus denen die Deutschen Aufseher, Spitzel und Denunzianten machten. Aber diejenigen von ihnen, die ich beobachten konnte (enge Beziehungen pflegte ich mit keinem von ihnen, da sie außer Abscheu kein anderes Gefühl erlaubten), gehörten größtenteils zum kriminellen Abschaum der Gesellschaft, der bereit war, für ein Stück Brot und ein paar Zigarettenstummel nicht nur ihre Landsleute, sondern sogar ihre eigene Mutter zu verkaufen. Dass die Deutschen zur Aufrechterhaltung der Lagerordnung vor allem in den Jahren 1941 und 1942 primär auf unseren Abschaum zurückgriffen, machte ihnen keine Ehre (wobei sie sich um ihre Ehre uns gegenüber keine Gedanken machten, weil sie uns nicht als Menschen ansahen), ließ sie aber ihr Ziel erreichen: Sie richteten uns mit unseren eigenen Händen zugrunde.

Wir, die wir am Morgen des 9. September bei Černigov in Gefangenschaft geraten waren, bekamen zum ersten Mal am 12. September zu Mittag – mehr als drei Tage nach der Gefangennahme – etwas zu essen, nämlich je zweihundert Gramm Brot und einen Schöpfer Kartoffelsuppe. An Hungerqualen in diesen drei Tagen kann ich mich nicht erinnern, weil meine Stimmung, wie bereits erwähnt, von anderen Qualen dominiert wurde. Jetzt, mehr als ein halbes Jahrhundert später, ist es nicht

---

[5] Zu General Andrej Vlasov und der Russischen Befreiungsarmee vgl. S. 26 in diesem Band.

sehr angenehm zu gestehen, dass der Hunger erst am vierten Tag der Gefangennahme den Ausgangspunkt für einen gewissen Wandel bei meiner inneren Gemütsverfassung bildete. Das bedeutete keineswegs einen Wandel in Richtung Hoffnung, sondern etwas anderes. Vielleicht bestand plötzlich der durch die Erschütterungen der letzten Tage gelähmte Selbsterhaltungstrieb auf seinem Recht?

Zum ersten Mal starrte ich an diesem Tag die Deutschen beinahe pausenlos an. Dazu gehörten auch die Köche – gefangene Landsleute von uns – mit ihren vom ausgiebigen Fressen aufgedunsenen und vor Fett glänzenden Gesichtern und ihren wie bei Bulldoggen gewölbten schweren Leibern. Anscheinend wählten die Deutschen absichtlich Typen mit bulldoggenähnlichen Gesichtern aus, um sich dabei zu ergötzen, wenn sie sahen, wie diese ihre Landsmänner fleißig anbellten. Und wie sie sich vor ihren Herren abmühten, obwohl es bei der Verteilstelle nur zwei Herren gab: einen Gefreiten mit einem vom Gürtel hängenden Bajonett im Lederetui und einen Unteroffizier, der auf der linken Seite eine Selbstladepistole am Gürtel befestigt hatte.

Der Gefreite war anscheinend vor kurzem eingezogen worden. Er stand schweigend da und passte düster auf die Ordnung in unserer Schlange auf. Der Unteroffizier war noch ganz jung, ihm gefiel der Eifer unserer menschenähnlichen Bulldoggen und er spornte ihr Bellen durch zustimmende Zwischenrufe an, die ungefähr bedeuteten: Gut, bemüht euch ordentlich, weiter und Ähnliches in dieser Art. Als die Bulldoggen die Zustimmung ihres Herren hörten, blühten ihre Mäuler vor Freude auf und sie fingen an, mit noch größerem Eifer ihre hungrigen, schmutzigen und halb zerlumpten Landsmänner anzubellen.

„Ab! Ab! Ab!", schrie einer mit einer Fistelstimme.

„Vorbei! Vorbei! Vorbei!",[6] wiederholte ein anderer mit einem tiefen Bass.

„Und wie versteckten diese Schurken ihr bulldoggenähnliches Zähnefletschen, als sie sich unter uns aufhielten!", sagte Petr Kil'ganov böse, als wir mit unseren Portionen in den Schuppen zurückkehrten.

„Wie – wie?", gab Ivan Zavertkin zur Antwort. „Weißt du selber nicht, wie? Sie scharwenzelten vor jedem Kommandanten herum, grinsten, lächelten. Und jetzt begannen sie, beinahe mit dem gleichen Grinsen wie Hunde, ihren neuen Herren zuliebe zu knurren und zu bellen."

8

Ungefähr eine Woche später wurden alle Insassen des Lagers Bobrujsk zu je hundert formiert, zum Bahnhof gebracht und in offene Waggons mit hohen Seitenwänden verladen, die üblicherweise dem Transport von Holz und Kohle dienten. Die Waggons wurden derart vollgestopft, dass wir uns nicht einmal hinhocken

---

[6] Die Ausrufe „Ab!" und „Vorbei!" sind im Original auf Deutsch mit kyrillischen Buchstaben wiedergegeben.

konnten. Am vorderen und hinteren Ende des Zuges befanden sich geschlossene Waggons für die Wachposten, auf deren Dächern eigens Plätze für Mannschaftssoldaten eingerichtet waren. Wohin sie uns brachten, sagte uns keiner. Am Tag des Weitertransports und während der gesamten Fahrt erhielten wir nichts zu essen.
Vor Sonnenuntergang hielt unser Zug im Bahnhof von Sluck direkt am ersten Bahnsteig für Passagiere. Rundherum war alles still, niemand war zu sehen, nur deutsche Wachposten gingen mit ihren Maschinengewehren entlang des Zuges auf und ab. Wir schauten auf sie über die hohen Seitenwände und lauschten, was sie unter sich beredeten – vielleicht würden sie ja das Ziel unserer Reise nennen, und wäre es möglich zu erfahren, ob wir noch lange so fahren müssten: ohne Essen und Wasser und ohne Möglichkeit, die Notdurft zu verrichten.
Der Abend war ausgesprochen ruhig, und es war so warm wie im Altweibersommer. Aber es geschah etwas, was uns im Nu vergessen ließ, welche Glückseligkeit hinter den Grenzen unserer Gefangenschaft herrschte und uns daran erinnerte, wer wir in den Augen derer waren, die uns bewachten. Einer der Burschen aus unserem Waggon musste ein großes Geschäft verrichten, weswegen er einen der vorübergehenden Wachposten fragte, ob er aussteigen könne. Mit Worten und Zeichen deutete er ihm, dass dies dringend notwendig sei. Als Antwort zielte der Wachposten aber mit seinem Maschinengewehr auf ihn und ging, während er eine Drohung kläffte, weiter dem Zug entlang. Und dieser Unglückselige schaute ihm nach und dachte wahrscheinlich, dass er, während dieser Typ mit seinem Maschinengewehr zu einem am Beginn des Zuges entgegenkommenden Posten ging und mit diesem sprach, sein Geschäft verrichten könnte. So kletterte er unverzüglich über die Bordwand des Waggons und verrichtete zwischen den Waggons das, weswegen er ins Freie gelangt war. Wenn der Deutsche, der auf den Unglücklichen mit seinem Gewehr gezielt hatte, genau die Strecke gegangen wäre, die unser armer Kerl berechnet hatte, wäre sein notwendiger Fehltritt unbemerkt geblieben und ein sinnloser Mord wäre eventuell nicht geschehen.
Aber der deutsche Wachsoldat war jung und dürstete nach Heldentaten. Dem Aussehen nach ein reiner „Arier" – mit weißem Gesicht, gerader Nase, blonden Haaren und ausdruckslosen hellblauen Augen, deren Farbe an einen Winterhimmel erinnerte –, brannte er vor Hass und Verachtung gegenüber diesen russischen Bolschewisten, die aus irgendeinem Grund in Richtung seines großen und geliebten Vaterlandes gebracht wurden und die er, wenn es nach seinem Willen gegangen wäre, sofort mit einem Maschinengewehr oder einer Pistole bis zum Letzten umgelegt hätte, damit es im Vaterland nicht nach ihnen stinken würde. Etwas ahnte dieser junge „Arier", weshalb er sich, nachdem er lediglich ungefähr 50 Meter gegangen war, jäh umdrehte und zu unserem Waggon eilte.
Dass der Russe, der ihn zuvor gebeten hatte, ihn kurz hinauszulassen, es nichtsdestotrotz wagte, seine Nase über den Waggon hinauszustrecken, erriet der wachsame „Arier" auf Grund des verdächtigen Lärms und der ängstlichen Blicke aus dem Waggon, wo er eben erst seinen Gewehrlauf hineingesteckt hatte, sofort. Als der Wachsoldat zu diesem Ort zurückkehrte, sah er etwas, das ihn zunächst eine angeekelte

Grimasse schneiden ließ. Dann riss er aber mit Abscheu und Wut sein Gewehr von der Schulter, entsicherte es, richtete das Gewehr auf den Kopf des Unglücklichen und erschoss ihn aus unmittelbarer Nähe. Ja, nicht nur einmal schoss dieser Schuft, sondern dreimal. Nach diesen Schüssen blieb er noch einige Zeit bei seinem blutüberströmten Opfer stehen, als ob er sich an seiner Untat ergötzen wollte.
Nach den Schüssen kamen auch andere Wachposten und ein Offizier, der Befehlshaber der Wachen, herbei. Die Deutschen lachten und machten sich über den eben Verstorbenen lustig – na bitte, der verrichtete aber eine große Notdurft. Auf uns zeigten sie mit den Fingern: „Das soll euch, ihr russischen Schweine, eine Lehre sein. Jetzt werdet ihr wohl wissen, wie ihr die vorgeschriebene Ordnung einhalten werdet." Einer der Posten drückte sogar seine Verwunderung darüber aus, wie es bei diesem Russen zu so einer großen Notdurft hätte kommen können: Bekommen ja nur ganz wenig zu fressen, und das nur einmal pro Tag, und heute hätten sie ja überhaupt nichts bekommen.
Woran dachten ich und jeder von uns, die wir unfreiwillig das Verhalten der deutschen „Herren" beobachten mussten, die zusammengelaufen waren, um einen vollkommen sinnlosen Mord anzuschauen? Woran konnten wir unter solchen ausweglosen Umständen denken? In diesen Situationen ging es wahrscheinlich religiösen Menschen besser als anderen, obwohl ich keinen Gläubigen bei uns kannte: Der Glaube an Gott war durch unsere offizielle Propaganda nicht nur aus uns herausgerissen, sondern auch erbarmungslos verspottet worden. Und woran konnten wir Ungläubigen denken, als wir sahen, wie vor unseren Augen das Leben unseres Kameraden und Landsmannes vollkommen unsinnig plötzlich ausgelöscht wurde? Wohl an nichts anderes als an die absolute Hoffnungslosigkeit unseres Daseins. Und noch daran, wie wir macht- und rechtlos gegenüber der blinden und unbarmherzig grausamen Macht der Umstände waren. Denn nicht Menschen, sondern gerade die Umstände herrschten allmächtig über uns, sodass das Leben eines jeden von uns ausschließlich vom Zufall bestimmt wurde.
Kann man denn diesen sinnlosen Tod unseres unschuldigen Kameraden anders als durch blinden Zufall erklären? Denn für ihn hatte es ja keinen anderen Ausweg aus dieser Situation gegeben. Wenn man sich vorstellt, dass er diesen Schritt nicht gewagt hätte, für den er mit seinem Leben bezahlen musste, sondern seine Hosen gefüllt hätte – wie hätten dann diejenigen reagiert, die nicht einfach um ihn herum standen, sondern dicht an ihn gepresst waren, da wir ja wie in eine Sardinendose hineingepfercht worden waren? Wahrscheinlich wäre er so am Leben geblieben. Er hatte aber von zwei Varianten die für ihn gefährlichere, dafür jedoch annehmbarere gewählt: Er kam ums Leben, vor seinen Kameraden hatte er sich dafür nicht entehrt.
Ich dachte auch an die Mutter dieses Burschen, deren Schicksal schwerer war als das, das in dem damals populären Lied „Das Meer dehnte sich weit aus ..." besungen wurde:

>„Umsonst wartet die Mutter, dass ihr Sohn nach Hause kommt,
>Man sagt es ihr – und sie weint ..."

Dieser armen Mutter wird man jedoch niemals etwas über das Schicksal ihres Sohnes sagen und sie wird bis zum Ende ihrer Tage dazu verdammt sein, ohne Hoffnung zu warten. Wie vielen Müttern nahm doch der Krieg das unumstrittene Recht zu erfahren, wann und wo ihre Söhne gestorben und in welcher Erde sie begraben sind. Andere Mütter und Frauen erhielten hingegen die grausame Nachricht, dass ihr Sohn beziehungsweise Mann vermisst war, was bedeutete, dass er in feindliche Gefangenschaft geraten war, sich also ergeben und somit die Heimat „verraten" hatte. In diesem Fall war auch die Behandlung der Familienangehörigen von Vermissten entsprechend, völlig im Sinne des Befehls 270.

9

Am windigen und kalten Morgen des 20. September 1941 wurden wir auf den Bahnhof von Baranoviči und von dort aus sogleich in das örtliche Gefängnis transportiert. Zunächst kamen wir jedoch nicht einmal in den Gefängnishof, sondern lediglich zur westlichen Mauer des Gefängnisses. Wir mussten uns alle hinsetzen und durften auf keinen Fall aufstehen. Einer von uns vergaß diese Anordnung, stand auf, um die kleine Notdurft zu verrichten und erhielt eine Kugel in seine linke Hand. Somit floss innerhalb nur eines Tages zweimal sinnlos Blut, was nur zu unserer Einschüchterung dienen sollte.

Der etwa dreiwöchige Aufenthalt in Baranoviči blieb mir vor allem dadurch im Gedächtnis, dass ich als jemand, der bis dahin überhaupt nichts über Gefängnisse wusste, diejenigen Kameraden beneidete, die in diesen kalten Herbstnächten das „Glück" hatten, unter dem Gefängnisdach hinter dicken Mauern zu sein, da sich nämlich der Großteil der Kriegsgefangenen Tag und Nacht im Gefängnishof unter freiem Himmel aufhielt. In Gedanken dankte ich damals nochmals dem Menschen, der mir am 8. September seinen Regenschutz geschenkt hatte.

Wie auch zuvor waren wir immer noch zu dritt – Ivan Zavertkin, Petr Kil'ganov und ich. Wir schliefen beieinander, lagen auf einem Regenschutz und deckten uns mit dem anderen zu, stellten uns gemeinsam zur Essensausgabe in eine Hundertergruppe und wärmten uns gemeinsam in der kärglichen Herbstsonne neben der Gefängnismauer.

Hier in Baranoviči begann auch meine nicht zugeheilte Wunde am rechten Unterschenkel zu eitern. Weder gab es frische Binden noch Kaliumpermanganat, Jod oder irgendeine Creme – nicht den geringsten Ansatz von medizinischer Hilfe. Ich musste daher die alten Binden ohne Seife in einer Pfütze waschen, die sich beim Gefängnisbrunnen gebildet hatte und die Wunde mit kaltem Brunnenwasser auswaschen. Gott sei Dank gab es einen Helm, den ich lange auch als Topf, Teller und Tasse verwendet hatte, mit dem ich nun das Wasser schöpfen konnte. Nachdem die Binde getrocknet war, verband ich damit neuerlich meine Wunde. Und das Schicksal war mir so hold, dass es mich von Wundbrand verschonte: Die Wunde eiterte, blutete aber fast nicht.

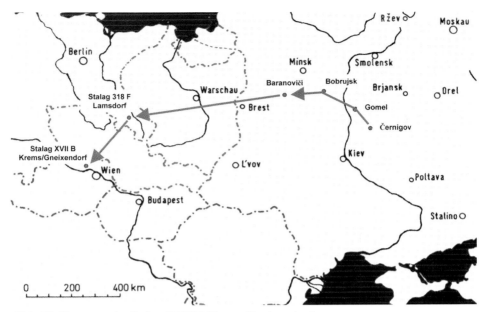

Abb. 20: Transport ins Stalag XVII B Krems-Gneixendorf.

In Baranoviči hatte ich ebenfalls Glück, wodurch ich ohne irgendwelche Folgen für mich die grausamsten Prüfungen überstand, denen uns die Deutschen in der zweiten Oktoberhälfte 1941 unterzogen, als fast alle, die keinen Mantel hatten, ums Leben kamen. Mir bot nämlich jemand, der zwei Mäntel hatte, einen davon im Tausch gegen meinen Regenumhang an. Und dieser Mantel rettete mir das Leben. Aus Baranoviči wurden wir am 11. Oktober in kleinen Viehwaggons zu je hundert Mann weggeführt. Wir konnten uns nicht hinsetzen, weswegen wir drei Tage lang in diesen Waggons standen. Während der Fahrt erhielten wir nicht einmal einen Krümel Brot. Beinahe zwei Tage fuhren wir, ohne dass die Waggons während der Aufenthalte geöffnet und wir hinausgelassen worden wären. Besonders schlimm war, dass es in den Waggons nicht einmal Latrinen gab, zumal für diese auch kein Platz gewesen wäre. So war es nur gut, dass unsere Gedärme sich an das Hungerregime bereits gewöhnt hatten: Eine große Notdurft musste maximal einmal innerhalb von fünf Tagen verrichtet werden, wobei beinahe das gleiche auch auf die kleine Notdurft zutraf, weil wir Flüssigkeit fast nur in Form von Graupensuppe zu uns nahmen.

Am Bahnhof der polnischen Stadt Katowice[7] hatte das Schicksal jedoch Erbarmen mit uns. Die Deutschen öffneten die Waggons, führten uns auf den Bahnsteig, wo wir je eine Scheibe Brot und einen Schöpfer mit einer warmen Flüssigkeit – eine Mischung aus Tee und Kaffee – bekamen. Danach fuhren wir weiter, Richtung Westen. Am Morgen des 14. Oktobers kamen wir nach Deutschland, in den Bahnhof von Lamsdorf.

---

[7] Der deutsche Name der Stadt lautet Kattowitz.

In welchem Teil Deutschlands sich dieses Lamsdorf befindet, weiß ich nicht, aber ich glaube, irgendwo innerhalb des Dreiecks Dresden – Berlin – Leipzig.[8]

10

Es war ein bewölkter, grauer Herbsttag, dieser Tag, an dem bei uns „Pokrov den'", der Tag des ersten Schnees, gefeiert wird. Vom Himmel fiel ein zarter, kalter Nieselregen. Wir mussten aussteigen und uns in Fünferreihen aufstellen. Bewacht wurden wir von Soldaten, die aus dem Stalag 318 gekommen waren, das rund fünf Kilometer vom Bahnhof entfernt lag. Unsere neuen Wachposten hatten Schäferhunde bei sich, eine „Ehre", die uns bisher noch nicht zu Teil geworden war. Die Deutschen brauchten diese Schäferhunde keineswegs, weil sie Fluchtversuche von uns befürchteten, sondern weil sie Folgendes wussten: Aus Russland kommen absolut erschöpfte und ausgezehrte Menschen an, und auf den am Weg zum Lager gelegenen Feldern waren die Rüben noch nicht geerntet, sodass keiner von den hungrigen Russen, Gott bewahre, ungestraft einen Übergriff auf deutsches Gut in Form der für ausgehungerte Menschen verlockenden Rübe wagen würde. Deswegen führten die Wachposten Schäferhunde mit sich.
Aber mich brachten nicht die Hunde, sondern die alten deutschen Frauen in Aufruhr. Denn welche Informationen hatten wir erhalten? Dass die Macht Hitlers gegen das Volk gerichtet war und das deutsche Volk unter dem eisernen Joch des faschistischen Regimes stöhnte. Und hier kommen gut gekleidete alte Damen daher, aber keineswegs um uns, den Kriegsgefangenen, zumindest ein heimliches Mitgefühl zu schenken, sondern um mit eigenen Augen die leibhaftigen „Resultate" der Siege der Deutschen Wehrmacht an der Ostfront zu sehen. Die alten Frauen grüßen einander nicht mit dem traditionellen deutschen „Guten Morgen", sondern mit munteren „Heil Hitler!"-Rufen. Auf uns schauten sie nur mit offener Verachtung – das sind diese vielgerühmten, bolschewistischen Haudegen – und erlaubten sich uns gegenüber sogar Ausrufe, die ungefähr besagten: „Wartet nur, was noch passieren wird, denn wir holen uns noch euren Stalin."
Mitleid oder Mitgefühl uns gegenüber spürte ich weder in den Worten noch in den Augen dieser Frauen, obwohl wir so aussahen, dass ein normaler Mensch mit Herz gar nicht anders gekonnt hätte, als Mitleid mit uns zu haben. Sie waren zwar nicht böse, strahlten jedoch eine kalte, hochmütige Verachtung uns gegenüber aus. Nicht dass sie uns etwa mit ihren Händen zermalmt oder uns die Augen ausgekratzt hätten, aber wenn sich sämtliche Schäferhunde vor ihren Augen auf uns gestürzt hätten, hätte sich wahrscheinlich keine von ihnen abgewandt, sondern sie hätten mit kalter Schadenfreude dem Schauspiel der Strafe beigewohnt, die für diese „russischen Schweine" gerade recht war.

---

[8] Der kleine Ort Lamsdorf, polnisch Łambinowice, befindet sich unweit von Opole/Oppeln im heutigen Polen. Während des Zweiten Weltkrieges befand sich dort das Kriegsgefangenenstammlager (Stalag) VIII F/318. Vgl. dazu S. 15 in diesem Band.

Mit mir kamen etwa dreitausend Gefangene von Baranoviči nach Lamsdorf, sodass unsere Kolonne rund einen Kilometer lang war. Uns, die wir dreckig, hart mitgenommen, mehr als einen Monat unrasiert, schlecht ausgestattet, zur Hälfte ohne Mantel und Regenschutz, schwarz von Schweiß und Staub, nicht nur hungrig, sondern ausgezehrt waren, uns führten sie über einen asphaltierten Weg, auf dessen linker und rechter Seite Felder mit den bereits erwähnten Rüben lagen, einem für uns Unterernährte durchaus verlockenden Gemüse. Und alle zwanzig Meter gingen auf beiden Seiten unserer Kolonne Wachsoldaten mit ihren Schäferhunden. Trotzdem gab es einige Mutige, die aus der Reihe ausscherten und die erstbeste Rübe aus den Furchen herausrissen. Bei weitem nicht jedem gelang es, sich vor der Strafe zu schützen und die Zähne der Schäfer zerrissen ihnen die Militärhemden, Mäntel oder Hosen. Es war nur gut, dass diese Hunde nicht darauf abgerichtet waren, sich an der Kehle oder im Genick festzubeißen ...

Mehr als eine Stunde dauerte diese traurige Prozession vom Bahnhof Lamsdorf bis zum Stalag 318. Nachdem wir das Rübenfeld hinter uns gelassen hatten, gingen die Wachposten mit ihren Hunden zum hinteren Ende unserer Kolonne und verschwanden dann in einem kleinen Wald, wo sich wahrscheinlich der Hundezwinger befand. Die Soldaten ohne Hunde, die unsere Erschöpfung sahen und merkten, dass es sinnlos war, uns anzutreiben, ließen uns langsamer gehen, sodass unsere Kolonne noch länger wurde und sogar in einzelne Gruppen zerfiel. Aber bei jeder Gruppe war je ein Wachsoldat, mit dem einige von uns mühsam versuchten, ein Gespräch darüber zu führen, was mit uns weiter geschehen sollte. Nach äußerst allgemeinen Antworten wie etwa, dass wir zum Arbeitseinsatz herangezogen werden würden, lenkten die Deutschen das Gespräch sofort auf die Ereignisse der letzten Tage, wobei sie die Erfolge der deutschen Truppen in Russland rühmten und uns versicherten, dass Moskau bald „kaputt" sein würde. Keiner wagte, den Deutschen zu widersprechen, da uns nach Streit wahrlich nicht zu Mute war.

11

Sie brachten uns auf das Areal des Stalag 318, das sich über mindestens vier Quadratkilometer erstreckte. An allen Seiten war es mit einem doppelten Stacheldraht umzäunt, an dessen Innenseite die so genannte verbotene Zone lag – ein dünner Draht, den niemand ohne das Risiko übertreten konnte, ohne Vorwarnung Schüsse in die Brust oder den Bauch zu bekommen. Das Lager selbst war in Zonen oder Blöcke unterteilt, die eine Größe von jeweils vier Hektar hatten. Jeder Block bestand aus den üblichen Holzbaracken, einem Appellplatz und einem gut befestigten Aussonderungsplatz aus Ziegeln und Beton am äußersten Rand vor dem Zaun.

Wir wurden jedoch in einen Block gebracht, der sich am dem Haupteingang gegenüberliegenden Ende des Lagers befand, wo es nur nackte, mit verwelktem Herbstgras bedeckte Erde gab. Lediglich ein Appellplatz, der auf einer Linie mit vergleichbaren Einrichtungen in den angrenzenden Sektoren stand, wies auf die

Absicht der Lagerleitung hin, auch diesen Raum einmal richtig auszustatten. Sie brachten uns in diesen Block und schlossen sofort die mit Stacheldraht umwickelten Tore hinter uns. „Richtet es euch ein", sagten sie, „und lebt, solange ihr noch am Leben seid ..."

So begannen wir, uns irgendwie einzurichten. Diejenigen von uns, die sich während der Wochen der Gefangenschaft bereits in freundschaftliche Gruppen zusammengeschlossen hatten, begannen sofort, Gruben auszuheben, in der Hoffnung, dass es somit wärmer oder zumindest windgeschützter sein würde. Womit wurden diese Gruben gegraben? Mit allem, was vorhanden war: Wer einen Helm hatte – mit seinem Helm, wer ein Messer hatte – mit diesem Messer, wer einen Löffel hatte – mit diesem Löffel. So entstanden die ersten Erdhöhlen bereits gegen Abend des 14. Oktober. Bis dahin hatten es die Deutschen mit Hilfe der Polizei (die Polizisten waren Russen, die aber in Sektoren mit Baracken untergebracht waren) zweimal geschafft, uns zu je hundert zu formieren, zweimal zu zählen und zweimal zu verpflegen. Zu Mittag gab es eine Wassersuppe mit Rüben und am Abend ein Stück Brot und einen Becher mit einem warmen, gesüßten Gesöff, das sie hochtrabend Kaffee nannten.

Ivan Zavertkin verließ uns an diesem Tag und schloss sich einer Gruppe an, die – wie viele andere – einen unterirdischen Unterschlupf baute. Petr Kil'ganov und ich beschlossen, vorerst keine Grube auszuheben. Entweder hofften wir, dass uns die Deutschen doch noch wegen des Herbstes, der praktisch vor der Tür stand, in Baracken unterbringen würden, oder wir dachten an überhaupt nichts, sondern verließen uns auf die Macht des Schicksals, nach dem Motto: Die ersten vier Tage war uns auch nichts geschehen. Das Wetter war zwar windig, aber doch trocken. Gegen Abend hörte der Wind meist auch auf. Somit litten wir, während wir uns dicht aneinander legten und uns mit meinem Mantel zudeckten, nicht allzu sehr unter der Kälte. Wahrscheinlich hatten wir uns schon daran gewöhnt, auf der nackten Erde zu schlafen.

Am Abend des 17. Oktobers begann es aber erstmals leicht zu regnen. Dann wurde der Regen allerdings so stark, dass Petr und ich Zuflucht in der Erde suchen mussten. Wir begannen, eine Grube zu graben. Als Werkzeug standen uns mein Helm und Petrs Löffel zur Verfügung. Wir bemühten uns mit allen Kräften, unsere Grube zu vertiefen, während wir immer nässer wurden. Und als wir bereits bei völliger Dunkelheit unsere kleine Grube soweit gegraben hatten, dass wir uns zu zweit hineinsetzen konnten, wenn wir die Knie bis zum Kinn anzogen, ging der Regen in einen Platzregen über, der beinahe bis zum Morgen über das Land peitschte. Es war unmöglich, unsere Grube weiter auszuheben. Wir beendeten unsere Arbeit, begaben uns in die bereits erwähnte Position und deckten uns mit meinem Mantel zu. Ich setzte mir noch meinen Helm auf den Kopf.

Wir saßen in unserer Grub, es regnete in Strömen, als ob sämtliches Wasser vom Himmel fallen würde, der Mantel war bereits mit Wasser vollgesoffen, wurde immer schwerer und klebte mit jeder Minute fester an unseren Schultern. Zuerst konnten wir das Wasser vom Mantel abstreifen, indem wir ihn leicht ausbeutelten und das

Wasser somit auf die Außenseite der Grube hinausrann.

Bald aber war der Mantel derart mit Wasser angesoffen, dass alle Versuche, das Wasser aus unserer Grube umzuleiten, sinnlos waren. Das Wasser rann in eisigen Strömen von der Schulter über Rücken und Brust immer weiter hinunter, und seine Berührung rief ein krampfhaftes Zittern am ganzen Körper hervor. Es goss immer ärger und wir fühlten bereits, dass es unter uns nicht mehr trocken war, dass immer mehr Wasser über uns rann und wir immer mehr zitterten. Wir blieben aber in unserem unheilvollen Loch sitzen in der Hoffnung, dass das Wasser, das durch unsere Hemden bis zum Gesäß rann, sich nicht in eine Lacke verwandeln, sondern in die Sandschichten abfließen würde, zu der wir bereits vorgestoßen waren. Eigenar-

Abb. 21: Ausblick vom Wachturm auf die rechte Seite des „russischen Lagers" in Lamsdorf, Stalag VIII F/318. Vorne durch sowjetische Gefangene zum Schutz vor der Kälte und Witterung gegrabene Löcher.

tigerweise ging unsere Hoffnung in Erfüllung: Der Sand unter uns wurde zwar etwas feucht, aber nicht so sehr, dass er das Wasser, das ständig über unseren Rücken und Bauch rann, nicht mehr aufsaugen konnte. Das ekelhafte Wasser verschwand irgendwohin, weswegen wir in unserer kleinen Grube sitzen blieben. Wir spürten, dass der feuchte Sand unter unseren Gesäßen wie durch ein Wunder die kaum merkbare Wärme unserer Körper speicherte. Dieses Gefühl – wenngleich wahrscheinlich wenig real – bewahrte uns vor absoluter Hoffnungslosigkeit, der viele hundert Unglückliche in dieser Nacht verfielen. Diejenigen, die überhaupt keinen Schutz hatten, weder einen Mantel, noch einen Regenschutz ...

Petr und ich konnten sogar einschlafen. Aber selbst im Schlaf hörte ich die flehentlichen Bitten derjenigen Unglücklichen, die sie jedoch nicht an den Himmel, sondern an die Erde richteten: „On-n-kel", flehte der eine. Ein anderer, der vor einer Grube stand, in der sich drei oder vier versteckt hatten, bettelte: „La-a-sst m-mich anwä-ä-rmen." Welche Antwort die Bitte erhielt, konnte ich nicht hören; aber auch so war klar, dass der „Onkel" allen Wünschen zum Trotz in keiner Weise helfen konnte: Der Platz in der Grube hätte weder für eine Katze, geschweige denn für einen Mann gereicht, so dicht hatten sich ihre Bewohner aneinander gedrängt. Ich hörte aber im Schlaf noch etwas anderes, weitaus Schrecklicheres: kurze Salven aus den Maschinengewehren und dumpfe Kugelschläge bei der verbotenen Zone. Jene vollkommen Verzweifelten, die jede Hoffnung auf Rettung aufgegeben hatten, beschlossen, sich von den höllischen Qualen zu befreien und gingen in die Todeszone, indem sie die niedrige Abzäunung überschritten.

Am Morgen des 18. Oktober gab es strengen Frost. Als uns die Deutschen mit Hilfe der Polizisten zählten, zeigte sich, dass mehr als tausend Menschen in dieser Nacht ums Leben gekommen waren: Die einen waren auf der Erde erfroren, die anderen in ihrer Grube verschüttet worden, und wieder andere hatten ihr Ende in der verbotenen Zone gefunden. Sie holten zehn geräumige, von großen Lastpferden gezogene Fuhrwagen, warfen unsere in einer einzigen Nacht verstorbenen Kameraden wie Brennholz darauf und führten sie auf den Lagerfriedhof. Sie wurden in einem Loch begraben, das Gefangene schon zuvor ausgehoben hatten. Somit verschwanden diese Menschen ohne Spur – weder ihre Namen noch ihr Alter oder ihre militärischen Ränge interessierten jemanden in Deutschland, geschweige denn bei uns in der Sowjetunion.

12

Wir verblieben nach dieser grauenhaften Nacht noch eine Woche in dieser nackten Zone. Jeden Morgen fuhren zwei bis drei Fuhrwagen mit Leichen weg. Somit war nach den ersten zehn Tagen im Stalag 318 von jenen dreitausend Mann, die aus Baranoviči gekommen waren, nur mehr ungefähr die Hälfte übrig.

Abb. 22: Abtransport der verstorbenen sowjetischen Kriegsgefangenen in einem Lager bei Minsk. Anfang 1942.

Wie wir uns dabei fühlten, als wir verstanden, dass die Deutschen uns wissentlich zu einem langsamen und qualvollen Tod verurteilt hatten? Auf diese Frage kann man wahrscheinlich nur mit einer Gegenfrage antworten: Wie kann sich denn ein Mensch fühlen, der keinerlei Hoffnung hat, am nächsten Morgen noch am Leben zu sein? Insbesondere die Hungerqualen verursachten in uns ein Gefühl der absoluten Hoffnungslosigkeit. Beinahe jeder von uns war bereit zu sterben, wenn er sich vor dem Tod satt essen hätte können. Viele sprachen diesen Gedanken sogar laut aus, darunter auch ich. Es gibt wohl keine ärgere und erniedrigendere Situation als die, in der man spürt, wie sich die unsichtbare Schlinge des Hungers mit jedem Tag fester und fester um den Hals zuzieht. Rettung vor dieser Schlinge gibt es nur eine: Nahrung auftreiben und sich daran satt essen. Aber wo bekommt man etwas Essbares her, wenn es unter deinen Füßen nur die nackte Erde und um dich herum Stacheldraht gibt, den du nicht überwinden kannst, weil du keinen Willen mehr hast? Aber sogar unter diesen Bedingungen hörten wir nicht auf, das Leben zu beobachten und über das Leben nachzudenken, wenngleich der Kreis unserer Beobachtungen auf den von der ganzen Welt abgeschlossenen Lagerblock eingeengt war. Allerdings glomm das Leben auch hier trotz der täglichen Raserei des Todes weiter. Am Morgen drang eine Horde deutscher Wachsoldaten und „Polizisten" ein. Letztere waren sowjetische Kriegsgefangene wie wir und demonstrierten bei der ersten Gelegenheit den Deutschen ihre Bereitschaft, ihnen treu und ergeben zu dienen, ihre zweibeinigen Hunde zu sein, auf Befehl der Herren zu bellen und sich auf die eigenen Leute zu stürzen, ohne Rücksicht auf ihre erschöpften Körper oder menschliche Würde. Und die Deutschen verabreichten diesen zweibeinigen Kötern nicht nur beste Nahrung, sondern statteten sie auch besonders aus, um sie von der Masse russischer Gefangener besser unterscheiden zu können. Wir trugen unsere Mäntel der Roten Armee, Regenumhänge, Militärhemden, Hosen und Schuhe mit Wickelgamaschen oder Stiefel, die schon längst ihr ursprüngliches Aussehen verloren hatten.

Die Polizisten zogen hingegen französische Mäntel und Hemden an und setzten sogar hohe, zylinderförmige französische Schirmmützen mit schmalen Schirmen auf. Auf der rechten Seite der Uniform beziehungsweise des Mantels hing bei jedem von ihnen die sowjetische Gasmaskentasche, in der es aber Essbares gab. Am Abend teilten die Deutschen unter ihnen Brot aus.

Als die Polizisten in der Früh in unseren Block kamen, hetzten sie die Deutschen sofort mit Peitschen in der Hand auf uns, während sie sich selbst im Halbkreis aufstellten und beobachteten, mit welchem Eifer die russischen Polizeihunde ihren Befehl ausführten und wie grausam sie auf ihre entkräfteten Landsmänner einschlugen. Die deutschen „Herren" beobachteten all das mit größtem Vergnügen, wobei sie die Gräueltaten der Polizisten mit ihrem Gelächter und Hetzrufen noch weiter anspornten.

Der Appell dauerte jeweils mehr als eine Stunde, weil die deutschen „Herren" Zeit hatten. Anscheinend verstrichen die Stunden ihres Dienstes schneller, wenn sie sich ablenken konnten. Sie zerstreuten sich vor allem dadurch, dass sie uns langsam immer wieder in Fünfer- oder Hundertergruppen zählten und von Zeit zu Zeit „Achtung, stillgestanden!" riefen. Diejenigen, die das Pech hatten, einem der hohen Herren nicht zu gefallen, wurden nicht nur lautstark beschimpft, sondern erhielten auch links und rechts schallende Ohrfeigen.

Danach kam bei den Toren des Blockes eine Prozession der Küchenarbeiter mit hölzernen aneinandermontierten Kübeln herein, die mit einem lauwarmen Gesöff mit dem hochtrabenden Namen KAFFEE gefüllt waren, und mit Säcken voller Ersatzbrot[9], das aus mit feinen Holzspänen vermischtem Mehl gebacken wurde.

---

[9] Im Original verwendete Čirov das auf Kyrillisch geschriebene Wort „ërzacchleb", eine Mischung aus dem deutschen Wort „Ersatz" und dem russischen „chleb" für Brot.

Die Kübel stellten sie vor den Hundertergruppen ab und legten daneben jeweils zehn Laibe Brot zu einem Kilogramm hin. Danach formierten sich Gruppen von fünf Personen, wobei jemand mit einem Messer zehn gleichgroße Stücke abschneiden musste. Nachdem sich anschließend einer der Gruppe umgedreht hatte, fragte ein anderer, während er auf ein Stück zeigte: „Für wen?" Der Abgewandte nannte dann einen Namen oder eine Nummer – die Gefangenen hatten sich schon zuvor die Zahlen eins bis zehn zugeteilt – und der Genannte nahm dann sofort sein Stück. Diejenigen, die ihr Brot bereits erhalten hatten, gingen zu den Kübeln mit dem KAFFEE, den ihnen ein Verteilender in irgendeinen Behälter – in ein Kochgeschirr, einen Helm oder einen Becher – goss.

Nachdem sie augenblicklich das Brot und Getränk zu sich genommen hatten, wovon man allerdings nicht satt wurde, sondern nur noch mehr Hunger verspürte, zogen sich alle in ihre Gruben zurück und warteten auf das Abendessen. Am Abend begann alles von vorne: Das Bellen und Schimpfen der Polizisten, das Lachen und Lärmen der deutschen Aufseher, einige übliche Opfer der Beschimpfungen und Prügel und als Endergebnis – einen Schöpfer einer lauwarmen Wassersuppe mit Rüben. Ohne Brot. Bei den Deutschen war der Verzehr von Brot zum Abendessen nicht üblich. Nach dieser Wassersuppe quälte einen der Hunger noch ärger. Denn Hungerqualen, wie ich sie bereits im Jahre 1933 kennen gelernt hatte, haben keine Grenzen und können nur durch ausgiebige Nahrung oder den Tod beendet werden.

Damit hörte der Tag auf, aber in der Nacht traten neue Qualen auf: Der trostlose und uns nichts Gutes verheißende Winter rückte immer näher.

13

Nach zehn Tagen, als von uns, die wir aus Baranoviči gekommen waren, nur mehr weniger als die Hälfte übrig war und die anderen ihre letzte und ewige Ruhestätte in einem Massengrab am Lagerfriedhof gefunden hatten, wurden wir in die Lagerzone überführt, wo anstelle von Baracken 15 Meter lange und drei Meter breite Gräben angelegt waren. Diese Gräben waren mit Reisig bedeckt, das auf Stangen lag und mit Erde bestreut war. Obwohl hundert Personen in einem einzigen Graben untergebracht wurden, gab es nur einen Eingang. Wir lagen direkt auf mit Kieferzweigen bedeckter Erde, mit den Köpfen an den Längsseiten des Grabens, mit den Füßen aneinander. Wenn jemand in der Nacht hinaus musste, hatte er über die Füße der schlafenden Kameraden zu klettern.

Beinahe jeder bekam von den schlecht durchgekochten und nicht gereinigten Rüben Durchfall. Manchen erging es dabei so schlecht, dass sie es gerade noch schafften, hinauszukriechen, aber keine Kraft mehr hatten, die Latrine zu erreichen. Der schneidende Schmerz nötigte diese Armen beinahe direkt beim Eingang, nachdem sie gerade noch die Hosen herunterreißen konnten, sich zu entleeren. Am Morgen jagten uns dann die angeekelten Polizisten aus den Gräben heraus und verlangten, dass sofort aufgeräumt wurde. Dabei schimpften und fluchten sie derart, als ob ihnen dies größte Freude und höchsten Genuss bereiten würde.

Aber auch die schlimmen Schimpfereien der Polizisten oder das Bellen der deutschen Aufseher vermochten nicht, die nächtlichen Stuhlgänge beinahe direkt beim Eingang der stinkenden Gräben zu verhindern – die Leute waren weiterhin krank, verloren ihre Kraft und starben an Erschöpfung. Die Deutschen beunruhigte unsere Krankheit nicht besonders. Sie dachten nicht daran, uns medizinisch zu versorgen. Aber Ordnung verlangten sie mit rücksichtsloser Konsequenz. Da wir aber nicht in der Lage waren, bis zu ihrer morgendlichen Visite Ordnung zu schaffen, beschlossen die Deutschen, uns einen Denkzettel zu verpassen. Einmal nach dem Abendessen formierten sie uns und brachten uns zurück auf den freien Platz. Wir mussten auf das Kommando „stillgestanden!" mehr als eine Stunde strammstehen und auf das Eintreffen des Lagerleiters, eines Generals, oder seines Stellvertreters, eines Obersten, warten.

Als der Lagerleiter kam und gebührend durch das Tor schritt, zog er es vor, sich nicht unserer Formation zu nähern, sondern in einer angemessenen Entfernung von mindestens hundert Metern stehen zu bleiben. Er hatte anscheinend Angst, uns näher anzuschauen – vielleicht würde er davon ja Albträume bekommen. Nichtsdestoweniger hielt er uns eine deftige Rede, worin er uns, die „russischen Schweine", daran erinnerte, wie man sich im wohl geordneten Deutschen Reich zu verhalten hatte. Abschließend wies er uns darauf hin, dass er uns beim ersten Vergehen eine Nacht auf diesem freien Platz stehen lassen würde, damit wir uns unser weiteres Verhalten gut überlegen würden. Und wenn das auch nichts helfe, könnten wir uns selbst Vorwürfe machen …

Anfang November war es tagsüber trocken und sogar sonnig, aber nachts begann es zu frieren. Als sie uns in diese Todeszone brachten, war uns klar, dass sie uns hierher geführt hatten, um uns krepieren zu lassen. Denn wer von uns hätte auch nur eine Nacht auf dieser nackten, gefrorenen Erde unter freiem Himmel überlebt? Allerdings spielten sie unmittelbar nach der Androhung des Generals die Komödie der Begnadigung. Als der General bereits gehen wollte, flüsterte einer der Deutschen dem Dolmetscher-Polizisten etwas ins Ohr, woraufhin der Polizist aus vollem Hals schrie: „Also, hört mein Kommando! Wer nicht in dieser Nacht verrecken will – auf die Knie, vor dem General!"

Natürlich ist es peinlich, daran zu denken, aber was soll man machen. Was geschehen ist, ist geschehen. Wir führten sein Kommando aus. Wir hörten auf ihn, weil alles andere keinen Sinn gemacht hätte.

Der Aufenthalt in diesen überdachten Gräben blieb mir aber auch aus einem anderen Grund im Gedächtnis. Die Deutschen und unsere Kriecher begannen nämlich, eine Zeitung für uns sowjetische Kriegsgefangene herauszugeben. In russischer Sprache. Großformatig. Mit vier Kolumnen. Auf einem Qualitätspapier. An die Häufigkeit des Erscheinens erinnere ich mich nicht genau: entweder einmal pro Woche oder zweimal pro Monat. Diese Zeitung hieß „Klič", „Der Ruf". Sie war an uns gerichtet, die wir zur Hälfte durch Hunger, Kälte, Krankheiten, Verzweiflung, Hoffnungslosigkeit und abhanden gekommenen Glauben an den Sinn unseres Lebens zugrunde gerichtet waren.

Was berichteten uns die Herausgeber auf den Seiten des „Klič"? Hauptsächlich, wie schlecht wir bei uns in der Sowjetunion lebten, welche Katastrophen und Not wir in den letzten zehn Jahren durchgemacht hatten, wer alles schuld an unserem Elend war, dass die Deutschen über unser Land hergefallen waren und keineswegs Eroberung zum Ziel hatten, sondern dem „Roten Imperialismus" unserer Regierung ein Ende setzen und uns dadurch eine Wohltat erweisen wollten.
Das Lesen dieser Zeitung war sowohl peinlich als auch schmerzlich und kränkend. Peinlich deswegen, weil sie vieles enthielt, was der bittern Wahrheit entsprach. Wir kannten ausnahmslos diese Wahrheit – über die Zwangskollektivierung mit der einhergehenden Verarmung der Bauern unter dem Deckmantel der Liquidierung der Großbauernschaft, über den schrecklichen Hunger 1933 und die grausamen Repressionen 1937 bis 1938. Zu Hause hatten wir allerdings kein Recht gehabt, laut darüber zu reden.
Schmerzlich war es, da diese Wahrheit von unseren boshaften und hinterlistigen Feinden voll Spott über uns und unsere nationale, patriotische Würde verkündet wurde. Sie teilten uns alles ohne die geringste Spur von Mitleid mit, so als ob sie uns einen großen Gefallen erweisen würden. Uns, von denen sie selbst mehr als die Hälfte vernichtet und den Überlebenden jegliche Hoffnung auf die Zukunft genommen hatten.
Kränkend war es, dass uns unsere Heimat, die uns offen ablehnte und sogar verstieß, zu dieser demütigenden Lage verdammt hatte. Hätten wir etwa diese abscheuliche Zeitung gelesen, wenn wir nur die kleinste Unterstützung seitens unseres Vaterlandes erfahren und nicht dieses verfluchte Schandmal gefühlt hätten, dessen Schatten der grausame Stalinbefehl Nr. 270 auf uns warf? Um nichts auf der Welt.

14

Innerhalb unseres Blockes konnten wir uns frei bewegen. Lediglich in die verbotene Zone vor dem äußeren Stacheldraht konnte man nicht gehen, ohne Gefahr zu laufen, vom Posten am Wachturm erschossen zu werden. Eines Tages stand ich aus irgendeinem Grund gemeinsam mit einigen Kameraden beim Eingangstor des Blockes. Es war ein sonniger, windstiller Tag, weswegen die Leute aus ihren Gräben hervorkrochen. Auch meine Freunde, Petr Kil'ganov und Ivan Zavertkin, wärmten sich in der Sonne.
Als wir so beim Tor standen und den auf der Lagerstraße gehenden Deutschen und Polizisten zusahen, kam plötzlich ein deutscher Gefreiter auf uns zu, öffnete das Tor und fragte, wer wenigstens ein bisschen deutsch konnte. Ich meldete mich. Er antwortete darauf, dass er sechs Personen für Arbeiten im Küchenhof brauchte. Ich übersetzte seine Worte den umstehenden Kameraden, die daraufhin alle zu diesen sechs gehören wollten.
Der Deutsche schrie sie an, dass er selbst aussuchen würde, wen er brauchte. Dann deutete er auf mich, suchte sich sorgfältig fünf weitere Kameraden aus, führte uns allerdings nicht in die Lagerküche, sondern in die entgegengesetzte Richtung, wo

die Lagerkanzlei lag. Dort füllte jeder von uns eine Personalkarte für Kriegsgefangene mit Angaben zu Familiennamen, Alter, Geburtsort, Wohnort der Eltern und Verwandten aus. Jeder von uns erhielt ein „Dokument", das heißt eine Lagernummer, die etwa folgende Form und Größe hatte:

чтобы на солнышке погреться да свежим воздухом подышать. А дружки мои однополчане, Петр Кильганов и Иван Заверткин, остались греться на солнышке у входа в траншею.

Стоим это мы у ворот, глазеем на шмыгающих туда-сюда по центральному "проспекту" шталага немцев и полицаев, просто так глазеем, от нечего делать. И вдруг один из немцев, ефрейтор, поворачивает к нашему блоку, открывает ворота, подходит к нам и спрашивает, кто из нас хоть чуть-чуть говорит по-немецки. И я решил отозваться. Тогда он и говорит мне, что ему нужно шесть человек для работы на кухонном дворе. Я перевел его слова стоявшим вокруг ребятам, и они тут же загомонили, изъявляя желание попасть в число шестерых.

Немец прикрикнул на загомонивших, но не очень громко, - наверное, потому, что был он не молод, лет за сорок ему на вид, - и сказал, что он сам выберет тех, кто ему нужен, и тут же ткнул пальцем в грудь мне, а потом не спеша отобрал еще пятерых и повел нас не к лагерной кухне, а в противоположную сторону, туда, где размещалась лагерная канцелярия. Там на каждого из нас заполнили личную карту военнопленного, записав фамилии, возраст, место рождения и место проживания родственников и родителей и выдали каждому "документ", то есть лагерный номер. Номер тот имел примерно вот такую форму и размер:

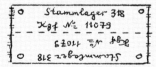

По углам этого латунного четырехугольника - круглые отверстия для шнурка, который пропускался сквозь два из них, затем концы серого крученого шнурка соединялись двойным узлом и номер-"документ" вешался на шею и повисал, как нательный крестик у верующих, на груди. Посредине четырехугольни-

Abb. 23: Seite 46 in Čirovs Manuskript „Unter den Verschollenen".

In den Ecken dieses Messingvierecks waren Löcher für eine Schnur angebracht, die durch zwei der Löcher gefädelt und am Ende doppelt verknotet war. Wir trugen dieses „Dokument" wie Gläubige ein Kreuz auf der Brust. Es war waagrecht perforiert und hatte in jeder der Hälften die Lagernummer, den Ort der Registrierung und die Gefangenennummer eingraviert. Im Falle des Ablebens eines Gefangenen wurde die Nummer in der Mitte entzwei gebrochen, wobei die Hälfte mit der Schnur an den großen Zehen des rechten Fußes des Verstorbenen gebunden und die zweite Hälfte an seiner Personalkarte befestigt wurde. Ich lief bis zum Ende meiner Gefangenschaft unter der mir im Stalag 318 gegebenen Nummer 11.079.
Nachdem wir die Nummern erhalten und uns um den Hals gehängt hatten, führte uns der Gefreite in den Küchenhof, wo er mir erklärte, dass wir den Hof aufräumen sollten. Er zeigte uns die notwendigen Geräte, wie Schaufeln, Rechen, Besen und Behälter, sagte, dass wir bis zum Mittagessen fertig sein mussten und ging offensichtlich in der Überzeugung weg, dass wir alles wie befohlen ausführen würden. Daraufhin sammelten wir den großen Abfall in Behältern zusammen, ebneten die durch die Räder entstandenen Vertiefungen, schütteten kleine Lacken mit Erde zu, kehrten alles zusammen und warteten danach auf den Gefreiten.
Aus der Küche kam ein Koch oder Küchengehilfe heraus, der ein russischer Gefangener war, und uns mit einem herablassenden, aber keineswegs bösen Lächeln begutachtete und fragte:
„Na was, seid ihr fertig mit dem Aufräumen?"
„Fertig", antworten wir.
„Wollt ihr was zum Fressen?"
„Natürlich."
„Dann kommt mit mit mir ..."
Er führte uns in eine Küche, einen riesigen, schuppenähnlichen Raum, in dessen Mitte einige riesige Bottiche standen: Aus einem schöpfte er eine gekochte Rübensuppe, aus einem anderen ein Gesöff beziehungsweise einen „Kaffee", der nach Baldrian roch. An diesen Bottichen vorbei führte er uns in eine halbdunkle Ecke. Wir schauten uns im Halbdunkel dieses Winkels um: ein Haufen Kartoffeln! „Sortiert einstweilen die Kartoffeln", sagte er, „die schlechten gebt auf die Seite. Ich bring euch gleich etwas zum Essen ... Nur eines merkt euch: Wenn ihr daran denkt, Kartoffeln zu stehlen, dann versteckt sie an der Brust oder in der Hose. Aber nehmt nicht mehr als zehn, denn sonst ergeht es euch schlecht und ihr werdet nicht noch einmal hierher kommen. Zehn Kartoffeln gehen aber. Auf solche Kleinigkeiten passen sie nicht auf ..."
Unser zufälliger Wohltäter ging weg, um unser Essen zu holen, und wir folgten seinem Rat auf der Stelle, indem wir zehn möglichst große Kartoffeln aussuchten und sie ins Hemd oder in die Hose steckten. Dann kam unser Gönner mit einem 6-Liter-Blechgeschirr mit Powidl[10] (manchmal gaben uns die Deutschen einen halben Teelöffel Powidl) und einem Gefäß mit Wassersuppe zurück. Nicht so eine, wie sie

---

[10] Čirov beschreibt Powidl als Marmelade, die aus Äpfeln oder Zwetschken hergestellt wird.

uns die Deutschen zum Essen gaben, sondern eine unvergleichbar sauberere, die – was das Wichtigste war – mehr Kartoffeln als rote Rüben enthielt.
„Greift zu, Brüder, aber schnell, sonst überrascht euch der Gefreite."
Er musste uns nicht lange auffordern, die Löffel hatten wir dabei, und innerhalb von fünf Minuten hatten wir die Wassersuppe mit großer Freude aufgeteilt.
„Ich heiße übrigens Kuz'ma", sagte unser Wohltäter, „ich komme aus Moršansk ... Gibt es Landsleute unter euch? ... Nein, na macht auch nichts. Und dieses Geschirr nehmt mit. Nur den Gefreiten müsst ihr fragen. Er hat es gern, wenn man ihn um Erlaubnis bittet ... Und wie ich sehe, habt ihr nicht allzu viele Kartoffeln eingesteckt. Verhaltet euch auch in Zukunft so. Gestern hat nämlich einer mehr genommen. Die ganze Gruppe wurde aufgelöst, deswegen haben sie euch heute hergebracht ... Deshalb warne ich euch: Wenn ihr hier öfters arbeiten wollt, vergesst nicht meinen Rat ... Und jetzt zum Ausgang: Dort wartet euer Gefreiter."
Und so hatte ich das erste Mal in zwei Monaten Gefangenschaft Glück, als mir das Schicksal den guten und redseligen Kuz'ma aus Moršansk schickte, der nicht zum Tier geworden war, wie etwa jene Küchengehilfen mit ihren Bulldogenfratzen, die ich im Lager Bobrujsk zu Gesicht bekommen hatte. Ihm gelang es, ein Mensch zu bleiben und Mitgefühl und Mitleid mit seinen Landes- und Leidensgenossen zu bewahren. Und auch uns bewahrte er vor einem möglichen Elend.
Der zur vereinbarten Zeit zurückgekehrte Gefreite war mit unserer Arbeit zufrieden. Er ließ uns in einer Reihe aufstellen, begutachtete jeden aufmerksam und führte uns, nachdem er sich davon überzeugt hatte, dass sich keiner übergebührlich beladen hatte, in unseren neben dem Küchenhof gelegenen Block, der aus zwei Reihen gleichartiger Holzbaracken bestand.

15

Wir vergaßen nicht, den Gefreiten zu fragen, ob wir das Gefäß mit Powidl mitnehmen dürften, woraufhin er uns bejahend zunickte. Als er uns in unseren Barackenblock führte, ließ er uns beim Tor warten und machte sich selbst auf die Suche nach dem leitenden, für die Unterbringung der Gefangenen in den einzelnen Baracken zuständigen Polizisten. Nach fünf Minuten kam er mit einem rotgesichtigen Lulatsch mit grausamen Augen zurück und befahl uns, alle in einer Baracke unterzubringen. Mir sagte er, dass wir am nächsten Tag zu Mittag beim Tor des Blockes auf ihn warten sollten, von wo er uns zur selben Arbeit wie heute bringen würde.
Der rotgesichtige Lulatsch führte uns in die nächste Baracke und wies uns Plätze auf den oberen Pritschen in dreigeschossigen Stockbetten zu, wo es keine Matratzen und nicht einmal Stroh gab. Uns jedoch erschien allein die Baracke nach den monatelangen Strapazen unter freiem Himmel und in den dunklen, feuchten und stinkenden Schützengräben beinahe wie ein Palast. In Wirklichkeit ist alles eine Frage des Vergleichs.
Wir begutachteten die neue Unterkunft, holten aus unseren Taschen und Hemden die mitgebrachten Kartoffeln hervor und begannen, sie zu schälen. Dann wuschen

wir sie bei einem kleinen Brunnen und gingen zu einer Feuerstelle. Es gab mehrere Lagerfeuer auf dem Areal des Blocks: In den Baracken brachten die Deutschen diejenigen unter, die sie jeden Tag für verschiedene Arbeiten einsetzten. Von der Arbeit brachten die Leute Zweige oder Scheiter mit, um sich am Abend am Lagerfeuer wärmen, die Fußlappen zu trocknen oder etwas kochen zu können. Wir vereinbarten mit dem Besitzer des Lagerfeuers eine Bezahlung, eine bestimmte Zahl von Kartoffeln, um diese auf seinem Feuer braten zu dürfen. Wir zahlten für das Feuer, zerstampften und kochten die Kartoffeln und aßen zum ersten Mal seit Monaten des Hungers eine echte, normale Nahrung – ein heißes, dampfendes Kartoffelpüree ...

Zwei Wochen lang brachte uns dieser Gefreite zur Arbeit in den Küchenhof. Danach führten die Deutschen eine für uns unverständliche Umquartierung durch, trieben zweitausend unserer Leute in den Quarantäne-Block, hielten uns dort eine Woche lang fest, ohne uns irgendwohin zu führen, gaben allen Spritzen in die linke Schulter, sodass bald alle davon sprachen, dass wir weitertransportiert werden würden.

Aber bevor ich über den Abtransport berichte, noch einige Worte über meine Regimentskameraden Ivan Zavertkin und Petr Kil'ganov, von denen mich etwas Unerwartetes für immer trennen sollte. Nur einmal gelang es mir, sie nach folgendem Ereignis zu sehen: Am Tag bevor ich in den Quarantäneblock geriet, wurden Ivan und Petr aus den Gräben in den Barackenblock geführt, der sich neben demjenigen befand, in dem ich mich zwei Wochen zuvor befunden hatte. Und dort sahen wir einander, kurz vor Sonnenuntergang. Wir kochten gerade zu sechst in unserem gemeinsamen Geschirr Kartoffeln und teilten sie untereinander auf. Ich ging ohne jede Eile zu meiner Baracke. Und plötzlich erblickte ich unter denen, die direkt am Stacheldraht zwischen den einzelnen Blöcken standen, Ivan und Petr ...

Mein Herz brannte in mir vor Freude und vor Schmerz, denn diese meine Kameraden, meine teuren Regimentskameraden, standen nur zwei Meter von mir entfernt, aber weder konnte ich zu ihnen noch sie zu mir. Der verfluchte Stacheldraht trennte uns. Sie bemerkten mich schon aus der Ferne, riefen, und lächelten, nur ihr Lächeln war traurig, gequält ... Ich lächelte ihnen ebenfalls zu, mit Tränen in den Augen, fühlte mich ihnen gegenüber schuldig, obwohl mich keine Schuld traf. Ich gab ihnen meine noch warmen, eben erst gekochten Kartoffeln, die sie sofort verteilten und mir erst danach aus ganzem Herzen dankten. Ich gab ihnen zur Antwort:

„Ist schon gut! Was seid ihr so, mir gegenüber, ha ...? Oder hast du, Vanja, schon vergessen, wie du mir im Jänner gefrorenen Speck gegebenen hast, als wir jeden Tag am Schießplatz hin und her stapften? Ich hab' das nicht vergessen, weil ich bis zu deiner Bewirtung keinen Speck in den Mund genommen hatte und du mir beigebracht hast, ihn zu essen ..."

„Ach, wenn wir nur so einen Speck zu diesen Kartoffeln hätten!", sagte Ivan, als er die letzte Kartoffel kaute.

„Schaut so aus, als ob du dir mit Gewalt die trockene Kartoffel in den Mund stopfst", scherzte Petr über Ivan.

Während wir einander durch den Stacheldraht anschauten, standen wir bis zum Sonnenuntergang beisammen und redeten darüber, was uns weiterhin erwarten würde: Den selbst gegrabenen Löchern und der Unterkunft unter freiem Himmel konnten wir entkommen, jetzt waren nur noch Haut und Knochen von uns übrig, die mit Fetzen, die vor Schweiß vermoderten, bedeckt waren. Es wimmelte nur so von Läusen, im Waschraum wuschen wir uns schon seit zwei Monaten nicht mehr, und an Seife dachten wir sowieso schon lange nicht mehr ...

Wir gingen auseinander, als es bereits dunkel war, und vereinbarten, uns am nächsten Tag am gleichen Ort zu treffen. Aber dazu kam es nicht mehr. Ich weiß nicht, was mit meinen Kameraden geschah, genauso wenig wie sie wissen, was aus mir wurde.

Abb. 24: Leopold Hammerschmidt (1900-1970), der als Wachposten im Stalag XVII B Krems-Gneixendorf eingesetzt war.

Am 22. November 1941 mussten sich alle, die einige Tage zuvor in den Quarantäneblock geführt worden waren, aufstellen und erhielten, was wir überhaupt nicht erwartet hatten: jeweils ein Ersatzbrot und eine größere Rübe. Danach führten sie uns zum Bahnhof in Lamsdorf, wo wir sechs Wochen zuvor angekommen waren. Die Wachsoldaten hatten diesmal keine Hunde und schrieen auch nicht mit uns. Den Grund dafür erfuhren wir erst etwas später: Die Soldaten waren keine Deutschen, sondern Österreicher, die uns zum Stalag XVII B brachten, das sich unweit von Krems an der Donau, rund 70 Kilometer westlich von Wien, befand.

Wir wurden in die gleichen kleinen, geschlossenen Güterwaggons verladen, mit denen wir bereits aus Baranoviči abtransportiert worden waren, jedoch wurden diesmal nicht hundert, sondern bloß fünfzig Mann in einen Waggon gesteckt. Der Unterschied ist durchaus von Bedeutung: Man konnte frei sitzen und sogar schla-

Abb. 25: Offiziere vor der Zensurstelle des Lagers Krems-Gneixendorf.

fen, indem man sich aneinander schmiegte. Wir waren etwa zwei Tage unterwegs. Mitte des zweiten Tages wurden wir in Linz aus den Waggons gelassen, um uns die Möglichkeit zu geben, unsere Notdurft zu verrichten und uns etwas zu essen zu geben. Wir bekamen einen Schöpfer KAFFEE und 200 Gramm Weißbrot.

Am Morgen des 24. November wurden wir nach Krems gebracht, wo wir den Befehl erhielten, aus den Waggons auszusteigen und wie gewöhnlich Aufstellung zu nehmen. Danach führten sie uns auf irgendeine Anhöhe.

Hier sah ich – im Gegensatz zu Lamsdorf – nicht einen einzigen Zivilisten, der jemanden mit „Heil Hitler!" gegrüßt hätte. Die Österreicher blieben trotz allem Österreicher. Sie sind gütiger und weicher als die Deutschen, obwohl auch unter ihnen überzeugte Nationalsozialisten waren. Aber nur einige, bei weitem nicht alle. Aber davon wird später noch die Rede sein.

Der Anstieg auf die Anhöhe dauerte mehr als eine Stunde und fiel mir, soweit ich mich erinnere, überaus schwer: Denn genau bei diesem Anstieg spürte ich, wie schwach und kraftlos ich in den zweieinhalb Monaten meiner Gefangenschaft geworden war. Mich überkam ein Schwindelgefühl, die Beine versagten mir den Dienst, und wären nicht neben mir meine Kameraden marschiert – ich weiß nicht, wie die ganze Sache für mich ausgegangen wäre. Mir half dabei auch nicht der zusätzliche Verzehr von Kartoffeln, mit denen ich mich in den letzten zwei Wochen meines Aufenthaltes im Küchenhof abends satt gegessen hatte. Dabei konnte diese zusätzliche Nahrungsaufnahme ja auch gar nicht hilfreich sein: In den letzten zwei Monaten hatte mich ein nächtlicher Durchfall gequält, der mich an den Rand einer vollständigen Erschöpfung brachte. Aber ein herzliches Dankeschön meinen Leidensgefährten, denn diese halfen mir, diesen nicht leichten Aufstieg auf die Anhöhe zu bewältigen, wo sich das mein Schicksal bestimmende Stalag XVII B befand.

Sie brachten uns, bevor sie alle desinfizierten, in eine Garage: ein Zementboden, aber mit einer dicken Lage Stroh bedeckt. Im Stroh vergraben, verbrachten wir in dieser Garage zwei Tage und Nächte.

Abb. 26: Westwache im Stalag XVII B Krems-Gneixendorf.

Abb. 27: Sowjetische Kriegsgefangene beim Essen im Stalag XVII B Krems-Gneixendorf. September 1941. Auf ihren Uniformen sind die Buchstaben „SU" zu erkennen.

16

Am dritten Tag begann man, uns in Gruppen zu je fünfzig Mann aus der Garage zunächst in die Waschräume und danach in die Lagerbaracken zu führen. Die Gruppe, in die ich geriet, durchlief am frühen Nachmittag die sanitäre Behandlung.
All dies ging wie folgt vor sich: Man führte uns in den Waschraum und befahl uns, alles auszuziehen. Unsere Mäntel, Militärhemden, Hosen, Hemden und Unterhosen – falls jemand noch welche hatte –, Feldmützen und Schuhe kamen auf einen allgemeinen Haufen stinkender und zerfetzter Lumpen. Mitnehmen konnten wir lediglich unsere Löffel, Büchsen, Gürtel, Geldbörsen und Zigarettenetuis. All dies beobachteten die Aufseher genau, damit niemand ein sowjetisches Dokument einschleusen konnte. Somit ist klar, dass ich, wenn ich auch meine Dokumente nicht, wie bereits berichtet, in jenen Getreidehaufen gesteckt hätte, ich sie sowieso nicht durch diese Postenkette durchbringen hätte können.
Im nächsten Gebäude, in das wir nur nackt durften, schnitten sie uns die Haare. Sie Friseure zu nennen, wäre übertrieben: Sie scherten jedem von uns nicht nur den Kopf, sondern entfernten sämtliche Körperhaare, weil wir über und über mit Läusen übersät waren.
Danach erhielt jeder von uns ein Stück Ersatzseife, und wir gingen in den eigentlichen Waschraum, wo jeder ein bis zwei Kübel warmen Wassers erhielt.
Nach dem Waschen konnten wir uns in keiner Weise abtrocknen: Handtücher stellten die Deutschen für Kriegsgefangene nicht bereit. „Trocknet euch ab, womit ihr wollt", sagten sie, „oder wartet, bis ihr von selbst trocken werdet." Sie gaben uns alte, aber saubere militärische Wäsche – ein bis zum Knie reichendes Hemd mit

Unterhosen und in sattes Blau umgefärbte alte deutsche Uniformen sowie Hosen, Kappen und Holzpantoffel[11] holländischer Provenienz, dazu je zwei Fußlappen aus alten Stofffetzen. Mäntel erhielten wir in derselben Farbe wie die Uniformen und Hosen.

Indem sie uns in dieser Weise umgekleidet hatten, gaben uns die Deutschen wortlos zu verstehen, dass wir nun für sie Schweine mit menschlichem Aussehen, lebendes Eigentum des Deutschen Reiches waren.

Auf der Vorder- und Rückseite des Mantels, der Uniform und der Hosen sowie links und rechts auf der Kappe leuchteten in weißer Farbe die Buchstaben SU als Abkürzung für „Sowjetunion". Dieses SU wurde jeden von uns siebenmal aufgestempelt: Zweimal auf die Uniform, zweimal auf den Mantel, zweimal auf die Kopfbedeckung und jeweils ein Buchstabe auf die Hosenbeine – auf das rechte ein riesiges S und auf das linke ein U. „Skoro ubegu" – „Bald werde ich fliehen", entschlüsselten wir dieses sichtbare Zeichen mit bitterer Ironie. Denn wohin und wie weit kann man schon mit Holzpantoffeln fliehen?!

Und so führten sie uns – in Holzpantoffeln, vollkommen in Blau gekleidet und von allen Seiten mit weißer Farbe gekennzeichnet – ins Lager. Wir marschierten und klapperten dabei mit unseren Pantoffeln, viele stolperten und fielen hin. Die deutschen Österreicher schrieen uns von Zeit zu Zeit eher beiläufig an: „Los, los, gemma, gemma, bewegt euch etwas schneller." Von der Seite betrachtet ähnelten wir lebenden Vogelscheuchen: Auf jedem von uns hing die Kleidung wie auf einem Nagel; jeder bestand nur aus Haut und Knochen. Die Augen waren eingefallen, die Nasen traten hervor. So schlichen wir mit unseren Holzpantoffeln dahin, wobei wir kaum die Beine in die Höhe brachten.

Abb. 28: Der erste „Russentransport" im Stalag XVII B. Herbst 1941.

---

[11] Čirov verwendet hier das auf Kyrillisch geschriebene deutsche Wort „Holzpantoffel".

Man führte uns auf das Lagerareal, in einen Block, der ausschließlich für sowjetische Kriegsgefangene bestimmt war. Im Übrigen bestand das Lager aus insgesamt zwei Sektoren: einem für uns und einem zweifach mit Stacheldraht abgegrenzten Block für Franzosen, Engländer, Polen, Serben, mit denen uns jeglicher Umgang verboten war. In „unserem" Block gab es zwei Reihen mit riesigen Holzbaracken,

Abb. 29: Französische Kriegsgefangene in der Baracke ihres Vertrauensmannes im Stalag XVII B.

wo jeweils mindestens zweihundert Personen untergebracht werden konnten. In der Baracke standen dreistöckige, aneinandergereihte Holzpritschen, auf denen prall mit Stroh gefüllte Matratzen aus grober Sackleinwand und ebensolche Polster lagen. Decken gab es nicht. Die Baracke war beheizbar, hatte eine angenehme Temperatur, und die Luft war nicht stickig.

Sie führten uns zu einer der Baracken und teilten uns mit, dass sie uns in den ersten zwei Tagen nicht stören würden, weil sie auf Grund unseres erschöpften Aussehens verstanden, dass wir eine Atempause benötigten. „Richtet euch ein", sagten sie ...

Gemeinsam mit zwei Kameraden (leider kann ich mich weder an ihre Namen noch an ihre Gesichter erinnern. Ich weiß lediglich noch, dass sie gute und feine Kerle waren), die mir beim Aufstieg auf die Anhöhe geholfen hatten, nahm ich einen Platz auf der oberen Pritsche ein. Dort war es wärmer als unten. Während der beiden von den Deutschen freigegebenen Tage blieben wir die ganze Zeit liegen und standen nur zum Frühstück, Mittag- und Abendessen auf.

Die Essensversorgung war beinahe gleich wie im Stalag 318. Nur die „Balanda", die Wassersuppe[12], war von besserer Qualität, und das

Abb. 30: Sowjetischer Kriegsgefangener bei der Nahrungsaufnahme im Stalag XVII B Krems-Gneixendorf. Herbst 1941.

---

[12] Die sowjetischen Kriegsgefangenen bezeichneten als „balanda" eine wässrige Suppe, die aus Hirse oder Buchweizen, Rüben und ungereinigten, zum Teil verfaulten Kartoffeln hergestellt wurde.

Brot nicht ziegelförmig, sondern ein längliches Weißbrot. Folglich war es kein Ersatzbrot, sondern ein echtes Brot.

Noch im Waschraum bat ich um ein Stück Stoff, um meine immer noch eiternde Wunde zu verbinden, woraufhin ich von unseren Sanitätern nicht nur dieses, sondern auch ein wenig Ichthyolsalbe erhielt. Sie sagten, dass ich nach zwei Tagen wieder in das bereits seit 1941 bestehende Krankenrevier kommen sollte, um mir den Verband wechseln zu lassen. Unser Arzt, ein kriegsgefangener Landsmann von mir, meinte, dass ich dauerhafte Ruhe bräuchte, damit meine Wunde vollständig verheilen könnte.

Aber woher sollte man denn Ruhe nehmen? Bereits am Morgen des dritten Tages gab es einen Appell, auf den ein beinahe einstündiges Herumgehen im Hof folgte. Daraufhin kam es zur Umregistrierung, wobei sie jeden von uns von vorne und im Profil fotografierten. Unter den Fragen, die sie bei der Umregistrierung stellten, war auch die nach den Deutschkenntnissen. Ich bejahte und sagte „ein wenig" (hier kam mir der Unterricht von Ivan Ivanovič Vel'š zugute). Und dieses „ein wenig" bestimmte mein weiteres Schicksal. Ungefähr eine Woche nach der Registrierung brachten sie mich unter Aufsicht eines Wachpostens in ein Arbeitskommando[13] bei Markersdorf, ein Dorf bei St. Pölten. Am Vorabend erhielt ich anstelle der Holzpantoffeln normale russische Lederschuhe, die denen glichen, die sie uns bei der Desinfektion und bei der Ganzkörper-Rasur abgenommen hatten. Ich fühlte mich etwas besser, denn als ich mit russischen Schuhen in einem fremden Land herumging, kam langsam das Bewusstsein zurück, dass ich ja Russe war.

17

Der Begleitposten stellte sich als guter Mensch heraus. Er war ein österreichischer Bauer, der im Sommer 1941 in die Deutschen Wehrmacht eingezogen worden war, obwohl er mit 45 Jahren nur mehr bedingt tauglich war. Als er erfuhr, dass ich bis zur Einberufung in die Armee als Lehrer gearbeitet hatte, bekundete er mir gegenüber nicht nur Hochachtung, sondern sogar Ehrfurcht. Und als wir seine Kameraden trafen, wies er sie, in meine Richtung deutend, darauf hin, dass er einen russischen Lehrer nach Markersdorf begleitete. Als er sich für meine Eltern interessierte und erfuhr, dass mein Vater nach Karaganda verbannt worden war, weil er ein wohlhabender Bauer gewesen war (ich sagte ihm, dass mein Vater ein ehemaliger „Großbauer" war), zeigte er sich sehr erstaunt und konnte sich nicht vorstellen, wie so etwas möglich wäre. Ich erklärte es ihm mit einem Wort – POLITIK – und, wie mir schien, verstand er diese Erklärung.

Am Bahnhof von Krems stiegen wir nach dem Eintreffen des Zuges Wien – Linz in einen Waggon für Soldaten, setzten uns in ein Coupé, in das ein anderer Wachposten zwei französische Kriegsgefangene brachte. So sah ich zum ersten Mal in

---

[13] Auch hier verwendet Čirov das deutsche Wort „Arbeitskommando" und erklärt es auf Russisch.

meinem Leben aus nächster Nähe Franzosen, und die Franzosen sahen erstmals einen sowjetischen Russen. Mein Äußeres konnte bei ihnen natürlich kein anderes Gefühl als Mitleid auslösen. Sie teilten mit mir etwas Essen, wofür ich ihnen, indem ich meine Hand aufs Herz legte, aus ganzer Seele dankte. Von diesen Franzosen erfuhr ich erstmals vom Angriff auf Pearl Harbor und vom Kriegseintritt Amerikas auf Seiten Englands, Frankreichs und der Sowjetunion.[14] Diese Nachricht freute mich, denn dadurch wuchs in mir die Hoffnung, dass uns die Deutschen nicht unterkriegen würden.

Als wir in St. Pölten ausstiegen und zu Fuß nach Markersdorf gingen, gab mir mein Begleitposten einen für mich überaus wertvollen, runden Laib hausgemachtes Brot mit. Er erklärte mir, dass ihn seine Frau auf einem der Bahnhöfe getroffen hatte (am Vorabend hatte er ihr telegrafiert, dass er den Bahnhof von St. Pölten mit dem Zug durchfahren würde) und ihm verschiedene hausgemachte Speisen gebracht hätte. Und da er als Soldat das Brot nicht unbedingt benötigen würde, entschloss er sich, es mir zu schenken. Ich meinerseits teilte mit meinen neuen Leidenskameraden das, worüber ich an diesem Abend reichlich verfügte und wurde gerne in ihrer Mitte aufgenommen.

So begann ein neuer Abschnitt meiner Gefangenschaft.

18

Das Lager des Arbeitskommandos für sowjetische Kriegsgefangene befand sich am Rande von Markersdorf in der Nähe eines Militärflughafens, wo zweimotorige Bomber stationiert waren.[15] Die Kriegsgefangenen wurden in zwei, von einem Stacheldraht eingezäunten Holzbaracken untergebracht, an deren dem Eingangstor gegenüber gelegenen Ende sich ein Wachturm befand. Zum Kommando gehörten 80 Mann, 40 in jeder Baracke. Die Schlafplätze in den Aufenthaltsräumen bestanden – wie im Stalag – aus Stockbetten mit Matratzen, Polstern und einer Decke. Die jeweils für vier Mann konzipierten Stockbetten standen im rechten Winkel zur Wand, sodass zwischen ihnen ein 50 Zentimeter breiter Gang war. Wenngleich eng, lagen wir nicht zusammengepfercht. Zwischen den Stockbetten stand ein langer Tisch mit Bänken. An der dem Eingang gegenüberliegenden Wand befand sich ein Eisenofen, der unseren russischen Öfen ähnelte.

Am ersten Abend brachte ich in Erfahrung, dass meine neuen Kameraden bereits während der ersten Kriegstage in Gefangenschaft geraten waren und, bevor sie hierher gekommen waren, alle Etappen in der deutschen Hölle durchlaufen hatten: Hunger, Durst, Schläge, Erniedrigungen. Besonders erschwerend war für sie der Umstand, dass ihr Regiment – so wie auch unseres – zwei oder drei Wochen vor

---

[14] Der Angriff der Japaner auf Pearl Harbor erfolgte am 7.12.1941.
[15] Hierbei dürfte es sich um Junkers Ju 88 gehandelt haben, den vielseitigsten und am häufigsten gebauten Bomber des Zweiten Weltkriegs. Vgl. Kenneth Munson, Die Weltkrieg II-Flugzeuge. Alle Flugzeuge der kriegsführenden Mächte, Stuttgart 1986, S. 149–152.

Kriegsbeginn aus Ortsansässigen gebildet worden war, das heißt aus Westukrainern, die bereits in den ersten Kriegstagen begannen, zu desertieren oder sich freiwillig gefangen nehmen zu lassen. Falls gemeinsam mit ihnen Kaderoffiziere oder politische Kommissare in Gefangenschaft gerieten, so lieferten sie diese den Deutschen aus, um dadurch ihr eigenes Los zu erleichtern. Daher zogen sie sich den Hass unserer Kaderoffiziere und Sergeanten zu. Und nach einiger Zeit klebte an ihnen die allgemeine Bezeichnung „Marmoljadniki", „Marmeladefresser".

Wie mir Kameraden erzählten, geschah dies in einem der Lager auf dem Territorium der Westukraine, als die gefangenen Ukrainer auf eine baldige Befreiung durch die Deutschen und eine Rückkehr in ihre Häuser hofften, weshalb sie sich den Wachposten ohne jegliches Schamgefühl anbiederten. Einmal gaben die Deutschen den Gefangenen zum Abendessen je 20 Gramm Apfelmus, das von den Westukrainern aus welchem Grund auch immer „MARMELADE" genannt wurde. Nachdem sie diese MARMELADE bekommen hatten, veranstalteten sie aus Dankbarkeit beinahe eine kleine Feier. Sie dankten für die Großzügigkeit der Deutschen und machten uns, die wir aus Russland, Kasachstan und anderen Sowjetrepubliken stammten, Vorwürfe.

„Seht doch, was für gute Leute sie sind, wir sind bei ihnen in Gefangenschaft und sie geben uns Marmelade zum Essen!", sagten sie zu uns.

Ungefähr auf diese Art brachten sie ihre Dankbarkeit gegenüber den deutschen „Wohltätern" zum Ausdruck. Von diesem Zeitpunkt wurden sie von uns, von den „echten" Sowjets, nur mehr „Marmoljadniki" genannt, wobei in dieses Wort die ganze Verachtung gegenüber ihrer Kriecherei vor den Faschisten hineinlegt wurde. Die „Marmoljadniki" versuchten ihrerseits, uns nichts schuldig zu bleiben, schwärzten uns bei den Deutschen an, beschuldigten uns bei Streitereien, dass sie unseretwegen in der Gefangenschaft leiden müssten: Wenn wir 1939 nicht ihr Land eingenommen hätten, würden sie ruhig leben, nicht in Gefangenschaft sein, weil sie nicht in der polnischen Armee gedient hätten. So waren sie, die „Marmoljadniki". Als Konsequenz liefen die meisten von ihnen zu den Deutschen über, wurden zu so genannten „Banderovcy"[16], die auch lange nach Kriegsende ihre Bandenverbände auf dem Territorium der westlichen Ukraine nicht auflösten.

Nicht von ungefähr drehte sich an diesem meinem ersten Abend am neuen Ort das Gespräch über die „Marmoljadniki": Die Hälfte des Arbeitskommandos bestand nämlich aus ihnen, aber die unseren, das heißt die echten Sowjets, lebten – zur gegenseitigen Genugtuung beider Konfliktseiten – getrennt von den Westukrainern. Ich wurde glücklicherweise bei den Sowjets untergebracht.

Wie ich in den ersten Stunden der Bekanntschaft mit den neuen Leidensgenossen erfuhr, kam ich in dieses Kommando in der Funktion eines zweiten Übersetzers. Nur wofür brauchten die Deutschen einen zweiten Übersetzer? Der erste und einzige Übersetzer bis zu meiner Ankunft war Konstantin Loktev, ein über-

---

[16] Banderovcy: Gefolgsleute des ukrainischen Heerführers Stepan Bandera, der auf der Seite der Deutschen für eine unabhängige Ukraine kämpfte.

durchschnittlich großer Bursche mit athletischem Körperbau. Vor dem Dienst in der Armee hatte er sein Sportstudium abgeschlossen, konnte, seinen Worten nach, boxen und hatte sich in der Armee bis zur Funktion eines Schreibers empor gearbeitet. Seiner Ausbildung entsprechend trachtete er, sich in guter sportlicher Verfassung zu halten. Deutsch hatte Loktev seinen Angaben zufolge zunächst in der Schule gelernt, wo er einen guten, aber strengen Lehrer hatte, der sowohl Kollegialität walten lassen aber auch von seinen Schülern etwas verlangen konnte.

Später verfeinerte er seine Kenntnisse an der Universität. Er konnte es so gut, dass er sich beinahe fließend mit den Deutschen unterhielt. Auf jeden Fall sprach er besser als ich, weil er bereits Übung hatte.

Die Kameraden nannten ihn untereinander nicht Kostja und nicht einmal Konstantin, sondern Kost'ka, in Anlehnung an seine Größe und groben Hochmut beim Umgang mit seinen Kameraden.[17] Er verhielt sich uns gegenüber so, als ob er nicht wie wir alle ein Gefangener wäre, sondern unterstrich ständig seine physische und folglich gesundheitliche Überlegenheit. Denn der gefangene Übersetzer war das ständige Bindeglied zwischen seinen Landsleuten und der deutschen Gewahrsamsmacht. Deswegen war er einfach verpflichtet, die Interessen seiner Kameraden und nicht die der Deutschen so weit wie möglich zu vertreten. Gerade das verstand Kost'ka aber nicht, weshalb er sich nicht nur Grobheiten im Umgang mit den Schwächsten erlaubte, sondern manchmal sogar handgreiflich wurde. Aber er erniedrigte sich wenigstens nicht so sehr, dass er jemanden bei der deutschen Leitung denunziert hätte. Daher konnte man ihn nicht als Verräter bezeichnen, aber auch nicht als Verteidiger der Schwachen, die nicht selten unter die zornige Hand deutscher Wachposten gerieten.

Allerdings fällt es mir schwer zu sagen, ob Kost'ka im Weiteren den Versuchungen widerstehen konnte, mit deren Hilfe die Deutschen Ende des 42er-Jahres die Gefangenen auf ihre Seiten zu bringen begannen, um aus ihnen die so genannte Russische Befreiungsarmee unter dem Verrätergeneral Vlasov zu formieren.

Meine Beziehung zu Kost'ka Loktev definierte sich, wenn man das so sagen kann, durch gegenseitige Akzeptanz: Ich akzeptierte ihn so wie er war, und er verhielt sich mir gegenüber wie einer unvermeidbaren Gegebenheit. Kost'ka erzählte mir gerne über sich und insbesondere darüber, warum er die „Marmoljadniki" so sehr hasste. Als er einmal in die Baracke der Westukrainer ging, demonstrierte er seine Macht und ballte seine mächtigen Fäuste.

„Ich hasse sie, diese Schakale, die so viele unserer Brüder ins Verderben getrieben haben!", antwortete Kost'ka auf meine Bemerkungen.

„Niemand verlangt von dir, dass du sie liebst. Aber wozu handgreiflich werden? Schau auf dich und denk an den, den du eben geschlagen hast. Du bist ein Sportler und musst verstehen, wie dein Verhalten zu beurteilen ist."

---

[17] Die Abkürzung „Kost'ka" ist eine Anspielung auf das russische Wort „kost", der Knochen.

„Ha, ich brauche keine Moralpredigt", begann sich Kost'ka aufzuregen, „ich weiß das Meine und kann mich nicht beherrschen ..."

Zwei oder drei Gespräche dieser Art führten wir, und jedes Mal antwortete mir Kost'ka bissig auf meine Vorwürfe. Aber er wurde nicht böse auf mich, wahrscheinlich, weil er irgendwo in der Tiefe seiner Seele wusste, dass ich Recht hatte. Nichtsdestoweniger konnte er nicht von Handgreiflichkeiten Abstand nehmen: Die Deutschen gaben ihm ausreichend zu essen – die zweifache Portion an heißen Speisen und genug Brot, sodass er nicht wusste, wohin mit seinen Kräften. Er ergötzte sich auch daran, irgendeinen schwachen „Marmoljadnik" zu hauen.

In der eigenen Baracke kam es zu keinen Zwischenfällen mehr. Anscheinend genierte er sich den Eigenen gegenüber. Aber die „Marmoljadniki" betrachtete er als Fremde, weswegen sie oftmals seine Fäuste zu spüren bekamen.

19

Mir passierte drei Tage nach meiner Ankunft in diesem Arbeitslager Folgendes. Ich wurde zum Lagerkommandanten gerufen, in dessen Büro ein deutscher Arzt war. Er schaute mich an, hörte mich ab, fragte, ob ich nicht über Beschwerden zu klagen hätte. Dann ließ er mir eine Spritze ins Schulterblatt geben und erklärte, dass ich auf der Stelle für drei Wochen unter Quarantäne zu stellen wäre: im Stalag, woher sie mich eben erst geholt hatten, war Typhus ausgebrochen.[18]

So kam ich in einen kleinen, kalten Abstellraum – ein winziges Zimmer mit winzigen Fenstern. Die Baracke, in der wir untergebracht waren, war geräumig, und links und rechts vom Eingang befanden sich zwei Kammern: Die eine war möglicherweise als Küche geplant und gebaut worden, die andere als Abstellraum. In solchen Baracken wohnten nicht nur Kriegsgefangene, sondern auch von den Deutschen aus Bulgarien, der Tschechoslowakei und sogar aus Weißrussland oder der Ukraine verschleppte Zivilisten. Sie waren, wie auch wir, Sklaven, nur dass sie sich – im Gegensatz zu uns – frei außerhalb der Barackenzone bewegen konnten. In einer von diesen Kammern wurde für mich das Isolierzimmer eingerichtet: Sie stellten ein hölzernes Liegebett hinein, legten darauf eine Matratze mit einem Strohpolster, einen Hocker, der mir als Tisch für das Essen diente, das mir meine Kameraden brachten, und damit ich hier nicht erfror, gaben sie mir zwei Decken, über die ich noch meinen Militärmantel legte.

Der deutsche Arzt erwies sich als humaner Mensch. Er empfahl dem Kommandanten, mir zu Mittag und am Abend die doppelte Menge warmer Speisen zu geben, sodass ich im Isolierzimmer keinen Hunger zu leiden brauchte. Auch strengen Frost gab es Gott sei Dank keinen, obwohl es bereits Winter und Ende Dezember war. Eigentlich hatte ich großes Glück mit dieser Quarantäne: Meine Wunde eiterte weiter, und wer weiß, was passieren hätte können, wenn ich nicht unver-

---

[18] Die Typhusepidemie unter den sowjetischen Gefangenen im Stalag XVII B brach im Dezember 1941 aus und forderte zahlreiche Todesopfer.

Abb. 31: Zeichnung eines französischen Kriegsgefangenen aus dem Stalag XVII B mit dem Titel „Le coup de cafard".

hofft unter Quarantäne gestellt worden wäre. Sowohl eine Wundsalbe als auch Verbände erhielt ich auf Anordnung des Arztes. Jeden Tag gab ich auf meine Wunde eine frische Salbe, sodass die Wunde am Ende meines Quarantäneaufenthaltes völlig geheilt war. Und als ich sah, dass sie eine dünne Haut überzog, wurde mir gleich leichter ums Herz.
Gerne würde ich sagen, dass ich mich gefreut hatte. Aber dieses Wort entspricht nicht meiner damaligen seelischen Verfassung: Welche Freude kann da aufkommen, wenn du hinter Stacheldraht in der Fremde bist, keiner deiner Verwandten oder Freunde etwas über dich weiß, sodass niemand, wenn du hier stirbst, etwas davon erfährt? Und wenn dein Heimatland, das du verteidigt hast, indem du gegen den Feind gekämpft hast, dich einfach von sich gestoßen hat? Der einzige Trost, der dir nicht genommen wurde und wird, wenn du ihn verdient hast, sind deine Leidensgenossen, die neben und mit dir diese schwere Bürde tragen. Und gerade dieser Trost rettete sowohl mich als auch meine Seele und mein Gewissen vor dem Untergang: Der Gedanke, dass meine etwaige Rettung nur über meine Leidensgenossen kommen konnte, verließ mich nie. Wenn ich meinen Kräften und Möglichkeiten entsprechend meine Kameraden unterstützen würde, dann würden auch sie mir, wenn die Stunde gekommen ist, helfen, mich gegebenenfalls verteidigen.

Silvester 1942 feierte ich in vollkommener Einsamkeit. Ich erinnerte mich an die vorhergegangenen, deren es, ehrlich gesagt, nicht so viele, und ganz ehrlich, eigentlich nur sehr wenige gab. Diejenigen Silvester, die in meiner Kindheit gefeiert wurden, waren von einem märchenhaften Nebel umgeben. Wenn ich mich an mich selbst zurückerinnerte, so nur in rosigen Träumen, die immer seltener vorkamen. Die harte und grausame Realität des Alltagslebens begünstigte nicht gerade angenehme Träume.

Nun, der erste Tag im Neuen Jahr, in dem ich bereits an der Schwelle zum Erwachsenenalter stand, war, obwohl er eigentlich nur dem vorangegangenen glich, eine dicke Wand aus Feuer und Stacheldraht und bestand aus nicht enden wollenden Toden, unvorstellbaren Qualen und aus für immer verloren gegangenen Hoffnungen.

In dieser Hoffnungslosigkeit hilft es, leise zu weinen oder die Seele zumindest ein bisschen mit einem Lied zu erleichtern, das du schon seit Kindheitstagen kennst, das du zigfach gehört hast und das du selbst, nicht nur ein- oder zweimal, sowohl mit deinen Kameraden als auch alleine gesungen hast.

So ein Lied, das mich mein Leben lang begleitete, war von Kindheit an und bis jetzt „Oj, da ty, kalinuška …", „Oh, du schöner kleiner Schneeballstrauch …". Wann und woher meine Vorfahren es in die Steppe des Urals brachten, weiß ich nicht. Ich kann mich nur schon ewig daran erinnern. Und in dieser Nacht vom 31. Dezember 1941 auf den 1. Jänner 1942, als ich unter zwei Decken und einem Mantel im kalten Abstellraum lag und den Hall der Schüsse hörte, mit denen die Deutschen das Neue Jahr begrüßten, sang ich für mich allein dieses traurige Lied.

Oj, da ty, kalinuška	Oh, du schöner kleiner Schneeballstrauch
Razmalinuška!	Du liebster Himbeerstrauch![19]
Oj, da ty ne stoj, ne stoj	Oh, und du steh nicht, steh nicht
Na gore krutoj.	Auf dem steilen Berg.

Wahrscheinlich erschien denjenigen Russen, die das Schicksal in die Fremde verschlagen hatte, der ihrem Herzen nahe stehende Schneeballstrauch. Baten sie ihn, indem sie sich an ihn in einem schwermütig lang gezogenen Lied wandten, ihnen nicht das Herz mit Erinnerungen an ihn und die Heimat zu zerreißen? Sie baten um das eine, aber die Seele wollte etwas ihrer traurigen Bitte Entgegengesetzes.

Oj, da ty, ne stoj, ne stoj	Oh, und du steh nicht, steh nicht
Na gore krutoj,	Auf dem steilen Berg,
Oj, da ne spuskaj list'ja	Oh, und wirf deine Blätter nicht
Vo sinë more.	Ins blaue Meer.

---

[19] „Razmalinuška" setzt sich zusammen aus dem Verstärkungspartikel „raz" und der Verkleinerungsform „malinuška", „Himbeerlein" bzw. „Sträuchlein", wodurch sich ein Endreim auf „Kalinuška" ergibt.

Hier zeigte sich, worum es ging: Die an den heimischen Schneeballstrauch gerichtete Bitte geht nicht nur von denen, die gegen ihren Willen in die Fremde geschickt wurden, aus, sondern auch von denen, die keinen festen Halt unter sich verspüren. Unter ihnen ist nämlich das blaue Meer ohne Anfang und Ende, und nur vom Schiff aus, das sie in die unbekannte Weite trägt, ist der Schneeballstrauch auf dem steilen Berg sichtbar. Und vielleicht gar nicht wirklich sichtbar, sondern nur als Fiktion ...

Oj, da po sinju morju	Oh, über das blaue Meer
Korabel' plyvet	Fährt das Schiff
Oj, da korabel' plyvet,	Oh, und das Schiff fährt
Liš' volnami b'et.	Und schlägt nur Wellen.

Das Schiff fährt in eine unbekannte Richtung über das blaue Meer und das Rätsel dieser seelischen Trauer schmilzt, die von der Melodie dieses Liedes durchdrungen ist. Daher ist es auch unmöglich, es ohne Tränen zu singen. Es ist unwichtig, ob diese Tränen aus den Augen kommen oder ob sie nur erdacht werden, aber sie kommen unbedingt aus den Tiefen des russischen Herzens und erleichtern die durchlebten Qualen, dass man so gerne nach Hause möchte, dies aber einstweilen nicht kann.

Oj, da kak vo tom korable	Oh, wie auf diesem Schiff
Dva polka soldat,	Zwei Regimenter Soldaten sind,
Oj, da dva polka soldat,	Oh, zwei Regimenter Soldaten,
Molodych rebjat.	Junge Burschen.
Oj, da kak soldaty te	Oh, wie diese Soldaten
Bogu moljatsja ...	Zu Gott beten ...
Oj, da Bogu moljatsja,	Oh, zu Gott beten,
Domoj prosjatsja.	Nach Hause, bitten sie.
Oj, da general naš major!	Oh, General, unser Major!
Otpusti nas domoj!	Lass uns nach Hause!
Oj da general naš major!	Oh, General, unser Major!
Otpusti nas domoj!	Lass uns nach Hause!

Mit diesem traurigen Lied über die Heimat begann ich das Jahr 1942 in völliger Einsamkeit. Und wie oft sang ich das heimatliche „Kalinuška" in den langen Jahren der Gefangenschaft sowohl im Chor mit den Kameraden als auch allein. Und jedes Mal erfuhr ich danach eine Erleichterung meiner Seele. Auffallend ist jedoch Folgendes: Noch in der Vorkriegszeit sang dieses Lied ein berühmtes Ensemble der Roten Armee. Aber die letzten drei Strophen über die jungen Soldaten, die den General anflehen, sie nach Hause zu lassen, sang und singt das Ensemble nicht.

20

Meine Haft in der Quarantäne hörte Ende der ersten Woche des Jahres 1942 auf. Bald danach befahl mir der Lagerkommandant, gemeinsam mit den anderen Gefangenen in meiner Funktion als Übersetzer zur Arbeit zu gehen. Wir mussten das Territorium des Flughafens und die Zubringerstraßen vom Schnee räumen und ihn auf Schubkarren werfen, wobei dieser Winter sehr schneereich war. Mit den Schubkarren kamen meistens nicht die Bauern selbst, sondern ihre Arbeiter, unter denen sich kriegsgefangene Franzosen und zivile Polen befanden, wodurch die Arbeit außerhalb des Lagers den Kreis meiner Kontakte zu anderen Nationalitäten erheblich erweiterte.
Die Polen und Franzosen berichteten häufig über Neuigkeiten, die sie von den Fronten des auf der ganzen Welt tobenden Krieges erfahren hatten. Von ihnen erfuhr ich auch von der völligen Niederlage der Deutschen vor Moskau und über den fehlgeschlagenen Versuch, Leningrad einzunehmen. Die Nachricht darüber, dass die Deutschen aus Rostov gejagt worden waren, berichtete versehentlich die Zeitung „Klič": In einer ihrer Ausgaben wurde davon gesprochen, dass die Deutschen Rostov eingenommen hätten. Und einige Ausgaben später wurde, als ob nichts gewesen wäre, über Kämpfe im Nordwesten von Rostov berichtet. Diese Neuigkeiten mussten uns einfach begeistern: Denn die Deutschen hatten sich ihre Zähne sowohl an Moskau als auch an Leningrad und Rostov ausgebissen.
Unsere Wachsoldaten und die deutschen Soldaten vom Flughafendienst verbargen keineswegs ihre Neugier gegenüber uns Russen: Sie befragten uns darüber, wann und wo wer von uns in Gefangenschaft geraten war, über unser Leben vor der Armee und unsere Zivilberufe. Und beinahe jeder stellte folgende Frage: „Wo ist das Leben besser: In Russland oder in Deutschland?"
Indem sie diese Frage stellten, erwarteten sie natürlich, dass ich genau das sagte, was sie von einem russischen Lehrer hören wollten. Aber ich antwortete ihnen: „Ich weiß aber nicht, wie die Menschen in Deutschland leben ..."
„Wieso wissen Sie das nicht? Befinden Sie sich jetzt etwa nicht in Deutschland?"
„Ich befinde mich in einem Kriegsgefangenenlager, unter strenger Bewachung durch deutsche Soldaten, und von hier aus ist, glauben Sie mir, das Leben in Deutschland fast nicht erkennbar."
„Logisch", stimmten meine neugierigen Gesprächspartner zu. Und stellten eine neue Frage:
„Und wären Sie gerne aus dem Lager befreit?"
„Aber das ist unmöglich."
„Warum?"
„Weil der Krieg noch nicht zu Ende ist und sich die Frage über das Schicksal der Kriegsgefangenen erst nach Kriegsende klären wird."
„Und wenn Deutschland den Krieg gewinnen würde, würden Sie gerne auf deutscher Erde bleiben?"
„Nein, ich würde gerne nach Hause zurückkehren."

Nicht selten führten die Deutschen vom Flughafendienst ein Gespräch nur deshalb, um ihren nazistischen Hochmut zu befriedigen. Nachdem sie ihre übliche Befragung über meine jüngste Vergangenheit begonnen und sich überzeugt hatten, dass ich sie verstehe und beinahe ohne Schwierigkeiten auf ihre alltäglichen Fragen antworte, schalteten sie sofort in höhere Sphären um, fingen an, sich ihrer Siege an der Ostfront zu rühmen und versicherten, dass wir nur mehr bis zum Frühling warten brauchten, bis sie uns den Todesstoß versetzen würden. Worauf ich üblicherweise so antwortete:
„Der Krieg ist noch nicht zu Ende ... Wir werden schon sehen."
Auf so eine Antwort hin fiel es ihnen schwer, etwas zu entgegnen oder an meinen Worten etwas auszusetzen. Ich meinerseits versuchte nicht, ihnen meine Meinung aufzuzwingen.

21

Zum Kreis meiner engsten Kameraden in diesem Lager zählte Michail Michajlovič Michajlov. Er war etwas kleiner als der Durchschnitt, stämmig, hatte eine hohe Stirn und gute, offene Augen, die zu einem offenen Gespräch einluden. Irgendwie, wenn auch sehr entfernt, erinnerte er mich an Viktor Danilovič Latyšev, mit dem mich das Schicksal in der Schule von Lbiščenska verbunden hatte. Michail Michajlovič war – wie auch Viktor Danilovič – ein Mensch von höchster Intelligenz, vielleicht sogar noch etwas intelligenter als Latyšev, weil in ihm keine Spur von diesem zielstrebigen Egoismus war, der viele Handlungen Latyševs kennzeichnete.
Michail Michajlovič war um die 30 Jahre alt, und ich erkannte sein höheres Alter mir gegenüber vorbehaltlos an, was er aber nicht ausnutzte. Er freute sich einfach aufrichtig, dass ich mich zu ihm hingezogen fühlte, gerne mit ihm die aktuellen Eindrücke aus meinem Leben teilte, über meine Vergangenheit erzählte, über Freud und Leid. Wenn es mir gelang, durch den Kontakt mit Franzosen oder Polen, ein Stück Brot zu bekommen, teilte ich es mit ihm brüderlich.
Michail Michajlovič war einfach ein guter, selbstloser Mensch mit einer reinen Seele, weswegen ich ihn auch mochte. Als ich ihm eines Tages über das Schicksal meines Vaters und darüber erzählte, was ich auf Grund der Eintragung in meinem Personalbogen bezüglich meiner sozialen Herkunft zu erleiden hatte und dann zu einer Beurteilung der Männer der Sonderabteilung in unserer Armee überging, meinte er dazu:
„All das ist leider so und ich glaube dir ... Aber, lieber Freund, höre auf meinen Rat: Sprich lieber mit niemandem darüber, das ist besser. Erinnere dich an Lermontov:[20] Vor ihren alles sehenden Augen, vor ihren alles hörenden Ohren kann man sich nirgendwo verstecken. Ja, ja, es ist unmöglich, sich vor ihnen zu verstecken, aber ihnen auf den Leim zu gehen, passiert sehr leicht ... Also sei diesbezüglich sogar hier auf der Hut, sowohl bei den Kameraden als auch bei den Deutschen."

---

[20] Michael Jur'evič Lermontov (1814–1941): russischer Schriftsteller.

Michail Michajlovič gab mir diesen sehr nützlichen und angebrachten Hinweis und machte mich darauf aufmerksam, worüber man besser nicht sprach.
Geboren wurde Michail Michajlovič in der Umgebung der Stadt Pskov. Er war in seinem Heimatdorf bis 1939 mehr als acht Jahre als Lehrer tätig gewesen. Alle seine Verwandten lebten ebenfalls in diesem Dorf, wo mehr als die Hälfte der Bewohner Namensvettern waren, die alle von einem gemeinsamen Vorfahren abstammten. Er erzählte mir viel über seine Verwandten, auch über die Großbauern, die zum Beginn der Kollektivierung in den Norden verbannt worden waren.
Die Adresse von Michail Michajlovič bewahrte ich lange auf, doch ich getraute mich nicht, ihm zu schreiben: Es gab keine Sicherheit, dass er überlebt hatte. Und wenn er nicht überlebt hätte, was hätte ich Tröstliches seinen Verwandten schreiben können? Dass ich mit ihm mehr als zwei Monate in einem Lager gelebt hatte? Würde es ihnen davon etwa leichter werden, wenn er nicht nach Hause zurückgekehrt wäre?
Am Tag des Abschieds von Michail Michajlovič, an diesem Tag Ende März, als ich in ein anderes Arbeitskommando verschickt wurde, das am Rande der kleinen Stadt Persenbeug lag, schenkte er mir zur Erinnerung seine Brieftasche ... Und sein Geschenk sollte mich zweimal vor schrecklichem Unheil in der Nachkriegszeit bewahren. Aber davon später ...

22

Mit meiner Überstellung in das neue Arbeitskommando war eine Geschichte verbunden, die für mich mit dem Konzentrationslager hätte enden können.
Aber zunächst ein paar Worte über Persenbeug selbst. Es war am linken, bergigen Ufer der Donau gelegen. Am gegenüberliegenden, flachen Ufer befand sich die Stadt Ybbs. Zwischen diesen Städten gab es einen Fährverkehr über die Donau. Von der Fähre bis zum Arbeitslager der Kriegsgefangenen führte der Weg über die Uferstraße die Donau aufwärts bei einer alten Herzogsburg vorbei, wo damals noch einer der Nachfahren des ersten Besitzers im Wohlstand lebte. Danach ging es über eine in den Fels gehauene Stiege steil den Berg hinauf zum Lager.
120 sowjetische Kriegsgefangene befanden sich in diesem Lager. Sie mussten Baumaterial entladen, das in Schleppkähnen auf der Donau oder per Bahn hertransportiert wurde. Es hieß, dass hier ein Wasserkraftwerk gebaut werden sollte.[21]

---

[21] Das Großprojekt des Kraftwerkes Ybbs-Persenbeug war bereits vor Kriegsbeginn geplant worden. Nach einer kurzen Anfangsphase wurden die aufwändigen Arbeiten aber 1939 unterbrochen und erst 1941 wieder aufgenommen. Aus einem Bericht des Aufsichtsrates geht hervor, dass mit Ende 1941 der Arbeiterstand auf der Baustelle 398 Personen betrug, davon 145 ausländische Arbeitskräfte, mehrheitlich Bulgaren und 88 sowjetische Kriegsgefangene. 1942 konnte der Arbeitsstand auf 1430 Mann erhöht werden, davon 684 Ausländer und 402 „Ostarbeiter". Kriegsgefangene werden hier nicht erwähnt. Vgl. dazu: Christine Oertel, Das Donaukraftwerk Ybbs-Persenbeug, in: Oliver Rathkolb/Florian Freund, NS-Zwangsarbeit in der Elektrizitätswirtschaft der „Ostmark", 1938–1948. Ennskraftwerke, Kaprun, Draukraftwerke, Ybbs-Persenbeug, Ernsthofen. Wien – Köln – Weimar 2002, S. 253–272, hier: S. 254ff. u. S. 263ff.

Innerhalb des Lagers gab es zwei Baracken. Jede Baracke verfügte über drei Eingänge und eine Stube, in der 24 Mann untergebracht waren. Eine Stube war beinahe leer. Offensichtlich sollte darin ein Krankenrevier eingerichtet werden, aber wegen des Mangels an Feldschern[22] wurden hier schließlich zwei Übersetzer untergebracht. Einer von ihnen war Stanislav Maevskij, der zur Roten Armee entweder einberufen worden war oder sich drei Wochen vor Kriegsbeginn freiwillig gemeldet hatte und bereits am Ende der ersten Kriegswoche in Gefangenschaft geraten war. Stanislav war aus irgendeinem Grund sehr stolz darauf, dass er ein sowjetischer und kein polnischer Kriegsgefangener war ... Der zweite Übersetzer war ich. Dreißig der 120 Gefangenen waren „Marmoljadniki". Ihr Anführer hieß Stefan Šachrajuk, er wurde vom Lagerleiter zum Koch bestimmt. Die Küche, in der Šachrajuk für die russischen Mitgefangenen die Wassersuppe kochte, wurde auch von den deutschen Wachposten, den aus Bulgarien verschleppten Zivilen und einer Gruppe französischer Kriegsgefangener, deren Lagerzone neben den Baracken der Bulgaren lag, benutzt. Eine Küche, aber verschiedene Töpfe. Für alle, außer uns, wurde ein menschenwürdiges Essen zubereitet. Für uns machte Šachrajuk eine solch ungenießbare Wassersuppe, die kein Schwein fressen konnte. Seit der Zeit im Stalag 318 hatte ich nicht mehr so eine schlechte Wassersuppe gegessen. Im vorigen Arbeitskommando hatten sie uns zwar eintönig, aber doch menschlich ernährt. Und was dieser Šachrajuk nicht alles anstellte! Er bemühte sich, eine besonders dicke Wassersuppe zu kochen. Damit sie dicker wurde, vermischte er in einem eigenen Geschirr Kartoffelschalen mit verfaulten Lebensmitteln. Wenn er die gekochte Wassersuppe in den Verteilerbottich umleerte, schüttete er im letzten Moment auch die geschmorten Kartoffelschalen hinein. Das machte er so, dass die stinkenden Schalen in einem Eck des Bottichs blieben, entweder links oder rechts. Wenn er seinen „Marmoljadniki" die Wassersuppe austeilte, schöpfte er aus dem Eck, ohne verfaulte Schalen. Aber für uns, das heißt die echten sowjetischen Gefangenen, schöpfte er aus dem Eck mit den verfaulten Schalen. Wenn jemand es wagte, seinen Unmut zu äußern, sagte er ihm, während er den Schöpfer über dem Kopf hielt:

„Ach, du stalinistischer Geizkragen, geh' zum Teufel!"

Die Deutschen durchschauten Šachrajuks Kunst, schenkten ihr aber keinerlei Beachtung. Der Lagerkommandant mit dem Spitznamen „Keprič" (der daher stammte, weil er häufig die zwei Worte schrie: das deutsche „geh" und das tschechische „prič" – weg. „Geh prič" hieß für ihn „geh weg") stachelte Šachrajuk bei seinen Beschimpfungen der richtigen sowjetischen Gefangenen noch weiter auf. Über das angespannte Verhältnis zwischen Šachrajuk und dem Großteil der sowjetischen Kriegsgefangenen erzählte mir Stanislav Maevskij bereits am ersten Abend unserer Bekanntschaft. Er war von großem Hass gegenüber Šachrajuk und seinen „Marmoljadniki" erfüllt. Viele meiner Kameraden, mit denen ich am Abend in ihre Stuben ging und mit denen ich mich an freien Tagen unterhalten konnte, erzählten

---

[22] Feldscher: militärischer Ausdruck für Arzt.

mir in den nächsten Tagen das Gleiche. Und jeder der Berichte über das gemeine Verhalten Šachrajuks endete mit der Frage:
„Was können wir mit diesem gemeinen Šachrajuk machen, um ihm eine ordentliche Lektion zu erteilen? Dafür, dass er uns immer so eine faule Suppe kocht."
Aber war es möglich, etwas gegen Šachrajuk zu unternehmen? Er lebte mit den ihm ergebenen „Marmoljadniki" in einer Stube, die sich in der zweiten Eckbaracke befand und nur sieben Schritte vom Wachposten entfernt lag. Die Wände der Baracken waren derart dünn, dass nicht nur ein Schrei, sondern sogar ein leises Gespräch von außen zu hören war. Auch die Dunkelheit kam Šachrajuk zu Hilfe: Knapp vor dem Zapfenstreich ging er in seine Baracke und eine Stunde vor dem allgemeinen Weckruf in die Küche, weil er das Frühstück für uns vorbereiten musste. Außerdem war Frühling. Den Winter über waren die Kameraden bis zum Umfallen abgemagert. Irgendeine zusätzliche Nahrung zu bekommen war äußerst schwierig. Die Bulgaren hungerten nur wenig. Die Franzosen teilten mit uns hie und da aus Mitleid Zwieback oder trockenes Brot. Manchmal brachten auch die österreichischen Arbeiter etwas mit. Aber diese Hilfe reichte bei weitem nicht für alle.
Als jedoch die Franzosen, die mit uns gemeinsam arbeiteten, vom Treiben Šachrajuks erfuhren, waren sie darüber in höchstem Maße empört. Stanislav Maevskij verkehrte häufig mit den Franzosen. Er ging mit allen zur Arbeit und übte bei ihnen die Funktion eines Übersetzers aus. Mich hielt Keprič im Lager zurück, wo es auch genug zu tun gab: Der Hof musste gefegt, die Stuben, der Waschraum und die Wäschestube in Ordnung gebracht werden (die Stuben wurden von denjenigen gereinigt, die krankheitshalber von der Arbeit befreit waren). Eines Tages kam Stanislav gemeinsam mit allen anderen von der Arbeit zurück und sagte zu mir:
„Gehen wir in die Stube, es gibt etwas zu besprechen."
Stanislav blickte drein, als ob er mir etwas äußerst Erfreuliches zu berichten hätte.
„Weißt du, was mir die Franzosen sagten?", sagte er, während er die Stimme beinahe zu einem Flüstern senkte.
„Was?"
„Dass wir einen Boykott gegen Šachrajuk machen müssen!"
„Wie das?"
„Sehr einfach: Alle lehnen seine stinkende Wassersuppe ab, nehmen sie nicht und aus!"
„Und wie macht man das? Jemand muss alle davon überzeugen. Und wer würde das übernehmen? Denn wenn die Deutschen erfahren, wer hinter dem Boykott steckt, weißt du, was mit demjenigen passieren wird?"
„Ich weiß. Aber man muss es so machen, dass es keinen Agitator gibt: Wir planen ja nicht, die Arbeit zu verweigern, sondern Šachrajuks Wassersuppe. Lass uns Folgendes probieren: Ich werde die Burschen dazu bringen, dass sie sich in dieser Angelegenheit mit dir beraten werden. Und du sag ihnen: ‚Ich möchte leben wie ihr auch und habe nicht vor, den Hals in die Schlinge zu stecken. Ihr wisst ja, was mit mir passieren wird, wenn ich euch sage …' Und diese deine Antwort soll für alle zur Parole werden: Alle werden verstehen, dass du auf unserer Seite bist."

All dies geschah beinahe von selbst, an einem Tag in der zweiten Aprilhälfte. Als wir uns für die abendliche Wassersuppe anstellten, überließen unsere Kameraden wie üblich allen „Marmoljadniki" den Vortritt. Selber weigerten sie sich, ihr Geschirr unter den Schöpfer von Šachrajuk zu halten. Der danebenstehende Wachposten riss die Augen voller Überraschung weit auf und schrie aus Leibeskräften: „Was ist los?! Warum angehalten?!"[23]
Aber als er sah, dass sein Schreien auf die Gefangenen überhaupt keinen Eindruck machte, rief er sofort den Kommandanten. Als Keprič hereinkam, fing er gleichfalls an zu schreien und unsere Kameraden zu bedrohen. Aber als auch er sah, dass seine Wut keinerlei Wirkung zeigte, brüllte er:
„Dolmetscher! Sofort komm her!"[24] Ich beobachtete diese Szene vom Fenster meiner Stube aus, stand aber in einiger Entfernung vom Fenster, sodass man mich von außen im halbdunklen Zimmer nicht sehen konnte. Als ich Keprič hörte, lief ich aus der Stube und stellte mich vor ihn hin. Wütend verlangte er von mir, ihm zu erklären, was hier vor sich ginge. Ich übersetzte seine Worte und bat die Kameraden, ihm zu antworten. Sie riefen durcheinander und sagten, dass sie nicht an Šachrajuks faulenden Kartoffelschalen zugrunde gehen möchten. Ich übersetzte Keprič das Gesagte. Nachdem er mich angehört hatte, stieß Keprič die schrecklichste Drohung aus: „Wenn ihr", sagte er, „das Essen nicht nehmt, befehle ich den Wachen, das Feuer zu eröffnen." Die Kameraden waren genötigt, sich der Drohung zu beugen, warnten aber Šachrajuk flüsternd, dass sie die von ihm zubereitete Schweinerei in Zukunft nicht mehr verzehren würden. Ich übersetzte ihre Absicht Keprič nicht. Er schien damit zufrieden gewesen zu sein, dass seine Drohung Wirkung gezeigt hatte. Und die Kameraden hielten Wort. Jeder einzelne schüttete seine Wassersuppe in den Abort. Einer der „Marmoljadniki" verriet dies Keprič, der allerdings keine Maßnahmen wegen dieser von den Gefangenen durchgeführten Aktion unternahm.
Was passierte weiter? Es trat etwas ein, was keiner von uns erwartet hatte: Sprichwörtlich am nächsten Tag schien es, als ob es weder den stinkenden, faulenden Geruch der Wassersuppe, die der „Marmoljadnik" Šachrajuk für uns gekocht hatte, noch die Wassersuppe selbst je gegeben hätte. In unser Aluminiumgeschirr schöpfte Šachrajuk, der mit allen Kräften seine Wut vor uns zu verstecken versuchte, weichgekochte und sauber gewaschene Kartoffeln. Freilich waren diese nicht geschält, doch auf so ein Detail achteten wir auf Grund unseres großen Hungers nicht. Die auf DIESE Art zubereiteten Kartoffeln erschienen uns als Delikatesse, obwohl sich viele von uns daran erinnerten, dass man solche Kartoffeln im norma-

---

[23] Der Ausruf wurde im Original zuerst auf Deutsch mit kyrillischen Buchstaben, dann in der russischen Übersetzung geschrieben.
[24] Der Ausruf wurde im Original zuerst auf Deutsch mit kyrillischen Buchstaben, dann in der russischen Übersetzung geschrieben.

len Leben für Schweine zubereitete. Aber nach der stinkenden Wassersuppe aus faulen, übel riechenden Rüben – die nicht nur nicht geschält, sondern auch nicht geputzt waren – und aus faulenden Kartoffelschalen verspeisten wir die auf die neue Art zubereiteten Kartoffeln geradezu mit fantastischem Appetit.

Als sich Keprič eines Tages dem großen Bottich näherte, hinter dem ein mit einer weißen Jacke und einer ebenso weißen Kochhaube ausgestatteter Šachrajuk hantierte, rief er mich zu sich und fragte, ob die russischen Gefangenen nun mit dem Essen zufrieden wären. Auf die bejahende Antwort entkam Keprič ein Grinsen, er murmelte „gut, gut" und sagte mir, dass fortan täglich solch ein Essen ausgegeben werde.

Unsere Leute, die damit zufrieden waren, dass ihre Hungerrebellion solch positive Resultate hervorgerufen hatte, tauschten ihre Eindrücke der vergangenen Tage aus. Damals erfuhr ich, dass nicht nur die Franzosen, die uns auf die Idee mit dem Hungerstreik gebracht hatten, sondern auch die einheimischen österreichischen Arbeiter über unsere kärgliche Ernährung Bescheid wussten. Einer unserer Kameraden hatte sogar einen von ihnen, einen gewissen Schmidt, auf den bevorstehenden Protest gegen die stinkende Wassersuppe, von der sowohl die Mägen schmerzten als auch die Beine ihren Dienst versagten, aufmerksam gemacht. Und Schmidt wies, wie er selbst den Kameraden nach dem Konflikt erzählte, den Firmendirektor eindringlich darauf hin, dass der Betrieb laut Vertrag der Wehrmacht eine vereinbarte Summe für die Arbeit der Gefangenen zahlte und verpflichtet war, diese mit Essen nach den vorgegebenen Normen zu versorgen. Diese Normen waren für zivile ausländische Arbeiter und für Kriegsgefangene gleich. Das wiederum brachte das Büro der Firma in Erfahrung, und danach erzählte es Schmidt unseren Burschen. Somit war die Firmenleitung nicht nur verpflichtet, der Wehrmacht für die Arbeit der russischen Gefangenen zu zahlen, sondern diese auch angemessen zu verpflegen. Dem zweiten Teil ihrer Pflichten kam sie nicht nach, was zu Lasten der hungrigen sowjetischen Kriegsgefangenen ging.

An dieser Ausbeutung der Gefangenen hatte auch der Lagerkommandant Keprič Schuld, allein schon dadurch, dass er eine derart schlechte Verpflegung zuließ. Als die Angelegenheit eine für ihn unerwartete Wendung nahm, ergriff er sofort die notwendigen Maßnahmen. Danach gab es in unserer Ration richtige, ganze Kartoffeln anstelle der stinkenden Schalen.

Damit war die Geschichte von unserem stillen Hungerboykott allerdings noch nicht zu Ende. Einige Tage später kam ein Offizier im Rang eines Oberleutnants aus dem Stalag XVII B in unser Arbeitskommando, der ausgezeichnet russisch sprach. Er traf an einem Sonntag ein, als sich alle Insassen unseres Lagers vor Ort befanden. Er ließ mich ins Kabinett von Keprič rufen, hieß mich auf einem Hocker vor dem Tisch des Kommandanten, an dem er selbst saß, Platz zu nehmen (Keprič war zu diesem Zeitpunkt nicht im Zimmer) und ersuchte mich, ausführlich über alle Details des Geschehenen zu berichten. Ohne ihm etwas zu verschweigen erzählte ich ihm, was passiert war.

„Und wer trägt Ihrer Meinung nach mehr Schuld an den Ereignissen?", fragte er, wobei er sich in seinem Block Notizen machte.

„Da habe ich überhaupt keine Zweifel: Schuld ist der Koch Šachrajuk, denn er hat unserer Suppe die faulenden und stinkenden Kartoffelschalen..."
„Sie glauben, dass keiner unter den Gefangenen Agitation betrieb?"
„Eine mündliche Agitation gab es nicht, und der eifrigste Agitator, der die Leute mit seinen Handlungen zum Protest trieb, war Šachrajuk und sonst keiner."
„Na dann gut. Ich habe an Sie keine weiteren Fragen. Jetzt gehen wir miteinander durch die Stuben. Ich möchte gerne hören, was die Leute mir zu berichten haben."
So ging ich mit diesem ausgesprochen höflichen Offizier durch die einzelnen Stuben. Er versuchte unsere Kameraden durch Hinterfragen dazu zu bringen, ihm eine Person zu nennen, die sie zum Protest aufgerufen hatte. Aber in allen Stuben bekam er ein und dasselbe zu hören, nämlich das, was ich ihm erzählt hatte.
„Zu dieser Verzweiflungstat trieb uns die Angst, an Auszehrung zu sterben", sagte Stanislav Maevskij jenem Offizier.
Als Hauptschuldigen für das Geschehene nannten alle, die auf die Fragen des Offiziers aus dem Stalag antworteten, Šachrajuk.
Lediglich die „Marmoljadniki" beteuerten ihm, dass sie nichts wüssten, da sie mit dem Konflikt nichts zu tun hatten. Šachrajuk erwähnten sie mit keinem Wort – weder anklagend, noch verteidigend. Aber auch von unseren Kameraden verleumdeten sie keinen.
Nachdem er durch sämtliche Stuben gegangen war, führte mich der Offizier nochmals in das Zimmer des Kommandanten und fragte, ob ich dem Gesagten nicht noch etwas hinzufügen wolle. Als er meine verneinende Antwort hörte, fragte er mich, welche zivile Ausbildung ich hätte, woher ich stammte, wer meine Eltern wären, welche Funktion und welchen Rang ich in der Roten Armee hätte, wo und wie ich in Gefangenschaft geraten wäre und welche Lager ich durchlaufen hätte. Ich antwortete ihm wahrheitsgetreu. Auf die Frage, wo es besser wäre, in Markersdorf oder in Persenbeug, sagte ich ohne nachzudenken, dass in Markersdorf sowohl die Ernährung als auch der Umgang mit den Gefangenen besser gewesen wäre. Damit endete unser Gespräch. Nach ungefähr einer halben Stunde verließ uns der Repräsentant des Stalag XVII B wieder.

24

Vier Wochen nach dem Besuch des russischsprechenden deutschen Offiziers in unserem Stacheldrahtwohnsitz traf von einer höheren Stelle der Befehl ein, unser Arbeitskommando aufzulösen. Das geschah Ende Mai 1942, als bereits rundum der beginnende Sommer seinen Segen über das Land ausbreitete. Am frühen Nachmittag, unmittelbar nach dem Mittagessen, mussten wir Aufstellung nehmen, der Kommandant Keprič kam mit einer Liste, nannte 30 Mann mit Familiennamen und Nummer, worunter auch ich mich befand, und sagte, dass wir sofort in ein anderes Arbeitskommando überstellt würden. Das, was uns dabei ein wenig erfreute, war, dass wir, wenn wir unter uns waren, freundschaftlicher leben und einander helfen würden.

Abb. 32: Transportbegleitung von Kriegsgefangenen aus dem Stalag XVII B. Winter 1941.

Wir wurden zum Bahnhof gebracht und in den letzten Waggon eines Passagierzuges verladen. Zwei Stunden später mussten wir aussteigen: Der Zug hielt am Bahnhof von Melk.

Melk war eine Ansiedlung mittlerer Größe, eine kleine Stadt in Niederösterreich. Das Arbeitskommando für die sowjetischen Kriegsgefangenen lag am Fuße eines mit Nadelbäumen bewachsenen Hügels, und um das Lager befand sich der Heuschlag der Bauern. Die Luft war derart sauber und vom Duft des Heus und des frischgeernteten Getreides erfüllt, dass sich jeder von uns an einem paradiesischen Ort dieses Planeten wähnte, so als ob wir frei wären und die Möglichkeit hätten, hier drei oder vier Wochen Urlaub zu verbringen. Aber weder unsere Lage noch unser physischer Zustand stimmten uns besonders lyrisch: Unmittelbar nach der Ankunft im Lager erfuhren wir, dass alle unsere Vorgänger mit Ruhr ins Stalag überstellt worden waren.

Diese zufällig während unserer Ankunft in Erfahrung gebrachte Neuigkeit wurde am nächsten Tag von vielen der hiesigen Arbeiter bestätigt, mit denen wir während der Arbeit zwei bis drei Worte wechseln konnten. Zur Arbeit wurden wir am Bahnhof herangezogen, wo wir Kisten mit Ausrüstung in Waggons verladen mussten, die einer Firma gehörten, die zum Teil an einen anderen Ort verlegt wurde. Am ersten Tag lernte ich einen Österreicher kennen, der in dieser Firma als leitender Werkmeister arbeitete und recht gut russisch sprach. Wie der von mir erwähnte Schmidt, der uns in Persenbeug einen guten Dienst erwiesen hatte, hatte sich auch dieser Werkmeister im Ersten Weltkrieg bei uns in Kriegsgefangenschaft befunden und bei einem reichen sibirischen Bauern gearbeitet, weshalb er auch russisch sprach. Und nun zeigte er weder Achtung noch Mitleid gegenüber Russen, sondern lediglich völlige Verachtung: Mit unverhohlener Begeisterung sprach er davon, unter welchen schlimmen Bedingungen die Russen hier leben müssten.

„Ihr habt euch nach 20 Jahren", sagte er mir spöttisch, „überhaupt nicht verändert: Ihr wart immer verlauste Schmutzfinke und seid es auch geblieben."

Als ich die Worte dieses alten Teufels hörte, kochte ich vor Zorn. Er war groß, schlank, hager, hatte ein Gesicht mit feinen Fältchen und böse Augen wie ein Tier. Er versetzte mich in eine derartige Wut, dass ich ihn nicht weniger spöttisch fragte:

„Also haben Sie den Krieg gegen uns nur deswegen begonnen, um uns mit Hilfe Ihrer Zivilisation sauber zu bekommen?"
Aber der Obermeister bemerkte nicht den Spott in meiner Frage, sondern zog es vor, aus meinen Worten eine Frage, mehr noch eine Bestätigung SEINER Auffassung jener Mission herauszuhören, die die bis an die Zähne bewaffneten deutschen Soldaten nach Russland gebracht hatten.
„Mit euch kann man nur so verfahren: Euch kann man nur mit der Kraft unserer Waffen dazubringen, dass ihr euch aus dem Dreck herausarbeitet. Und das nicht sofort. Ihr seid so sehr daran gewöhnt, wie Tiere zu hausen, dass ihr euch das auch hier bei uns nicht abgewöhnen könnt ..."
„Ich verstehe Sie nicht", unterbrach ich ihn, „was wollen Sie damit sagen?"
„Weißt du etwa nicht, was? Na ja, vielleicht weißt du es auch nicht, weil ihr erst gestern hier angekommen seid ... Folgendes: Eure Vorgänger haben die ganze Baracke versaut, in der sie wohnten. Unsere Soldaten mussten sie mit Gewalt dazu bringen, dass sie hinter sich sauber machten ..."
„Aber sie waren ja alle, wie mir Leute erzählten, die bei weitem ein besseres Herz hatten als Sie, Herr Obermeister, an Ruhr erkrankt ... Kennen Sie zufälligerweise den Grund dafür?"
„Was gibt es hier zu wissen?! Die Hände wuschen sie sich nicht vor dem Essen, das ist der ganze Grund!"
Als man uns während der Mittagspause ins Lager brachte und unsere Diensthabenden sofort in die Küche beorderte, um von dort ein 30-Liter Thermosgefäß mit dem Mittagessen zu holen, erkannten wir, als wir dieses Gefäß öffneten und den Gestank darin rochen, den wahren Grund der Ruhrepidemie: Die Wassersuppe war aus halbverfaulten Futterrüben gekocht worden.
„Was machen wir, Leute?", fragte ich.
Es traten alle jungen, 1939 und 1940 einberufenen, also beinahe gleichaltrigen, echten Sowjets, darunter kein einziger „Marmoljadnik", zusammen. Diese Leute kannten die Kraft der Einheit. Wenn alle zusammenhalten und keiner auf den anderen mit dem Finger zeigt und sagt, dieser oder jener hat uns angestiftet, weil es gar keinen „Anstifter" gibt und man auch gar keinen braucht, dann wird allen klar: Wenn man beginnt, dieses Gift zu fressen, wird das Los in ungefähr zwei Wochen entschieden sein und man kratzt mit ziemlicher Sicherheit ab.
„Da gibt es nichts zu fragen", antwortete Dmitrij Lachno, ein magerer Bursche mit entschlossenen Augen, gleichsam für alle. „Wenn wir diesen Fraß essen, wird unser Schicksal besiegelt sein."
„Was denn für ein Schicksal?", unterbrach Petr Oreškin Dmitrij.
„Was heißt, was für eines? Verstehst du das etwa nicht, Petr?", erhob Dmitrij die Stimme. „Wir werden alle bis zum Letzten zugrunde gehen."
Wir standen um dieses Thermosgefäß herum, zerstreuten uns sodann und legten uns in das rundherum wachsende grüne Gras. Die Deutschen beobachteten uns aus der Ferne. Sie waren zu viert: der Kommandant, ein Feldwebel und zwei Wachsoldaten, die uns abwechselnd zur Arbeit begleiteten. Nachdem sie gesehen hatten,

dass wir mit leeren Tellern von dem Thermosgefäß weggegangen waren, beriet sich der Kommandant mit dem aus der Küche herbeigerufenen Koch und kam fünf Minuten später zu uns. Meine Erklärung ihm gegenüber war ziemlich kurz.
„Dieses Essen ist nicht für Menschen", sagte ich dem Kommandanten, „und meine Kameraden weigern sich, es zu essen ... Wegen der Arbeit seien sie unbesorgt: Wir sind verpflichtet zu arbeiten und werden dies auch tun."
Im Gegensatz zu Keprič erwies sich dieser Kommandant als ein Mensch mit einem ruhigen, ausgeglichenen Charakter, in dessen Verhalten sich sogar eine Spur von Intelligenz zeigte. Er schrie nicht mit uns und sprach keine Drohungen aus, sondern sagte einfach, dass er den Vorfall an die zuständige Stelle weiterleiten müsse. Das Thermosgefäß mit der stinkenden Wassersuppe ließ er in die Küche tragen.
Als uns am Ende der Mittagspause der Wachposten abholte, formierten wir uns in aller Ruhe und begaben uns sodann zur Arbeit. Wir vereinbarten, dass wir absichtlich ruhig arbeiten würden, ohne uns abzuhetzen und vor allem nicht über den Vorfall mit den zivilen österreichischen Arbeitern sprechen würden. Sie betrachteten uns mit einer verhaltenen Neugier und tuschelten untereinander darüber, dass wir nicht solche Russen wären wie die vorhergegangenen und uns nicht beleidigen lassen würden. Wahrscheinlich hatte unser Begleitsoldat über den Vorfall in der Mittagspause Bericht erstattet und dadurch ein gesteigertes Interesse an uns hervorgerufen.
Nach unserer Rückkehr erhielten wir am Abend vollkommen normale, menschenwürdige Nahrung.

25

Diese beiden Lektionen erteilten wir den Deutschen. Wir zeigten ihnen, dass wir nicht solche wären, für die sie uns hielten und dass wir zu Ungehorsam und Protest in der Lage wären, wenn man uns zwang, zwischen Leben und Tod zu wählen. Und am meisten überraschte uns die rasche Reaktion der Deutschen auf unseren Protest, die uns Folgendes verstehen ließen: Wenn wir unseren Protest auf andere Weise zum Ausdruck gebracht hätten, etwa in Form von Arbeitsverweigerung, hätten die Deutschen gleichfalls unverzüglich reagiert und hätten nicht davor zurückgeschreckt, die Waffen auf uns zu richten. Aber den Aufstand gegen einen faulenden Fraß, den nicht einmal Schweine fressen würden, verstanden und akzeptierten sie.
Als wir dies begriffen hatten, tauschten wir nach Möglichkeit unsere Erfahrungen aus. Während eines Treffens mit den Kameraden aus dem Stalag – wo sich die Wege unserer gefangenen Brüder kreuzten, die ins Lager kamen oder von dort aus verschiedenen Gründen wieder weggebracht wurden – erzählten wir diesen darüber. Wir vergaßen aber nicht darauf hinzuweisen, dass die Idee von den Franzosen stammte und lediglich die Umsetzung von uns, weswegen diese Idee als Ausdruck internationaler Solidarität zweier großer Nationen im Kampf gegen die Tyrannei Hitlers zu sehen ist.

So begann unser Leben sogar unter den Bedingungen der Gefangenschaft einen gewissen Sinn zu haben: Wir verstanden, dass unsere Rettung ausschließlich in uns selbst, unserer Kameradschaft, unserer selbstlosen gegenseitigen Unterstützung und unserer Fähigkeit bestand, sich füreinander einzusetzen.
Am selben Abend wurden wir bei Sonnenuntergang Zeuge, wie ein ziviler österreichischer Küchengehilfe die welken und faulen Futterrüben auf einen Wagen verlud, wegbrachte und in eine Grube leerte. Ich brauche nicht zu betonen, wie sehr wir uns darüber freuten, ja wir jubelten sogar, als wir das sahen! Und wie hätten wir uns nicht freuen können, gab es doch zum ersten Mal in den langen Monaten der Gefangenschaft einen – wenn auch kleinen – Festtag. Wir begingen diesen Festtag als Tag unserer Kameradschaft. Aus diesem Anlass sangen wir erstmals in der Gefangenschaft das Lied „Oj, da ty, Kalinuška", „Oh, du schöner kleiner Schneeballstrauch", unser sorgloses und trauriges Lied. An den nachfolgenden Abenden und an Sonntagen sangen wir auch andere unserer Lieder. Die Umgebung selbst lud zum Singen ein: Um uns herum entfaltete sich ein wunderbarer Sommer. Alle hatten das Bedürfnis, durch Gesang Schmerzliches auszudrücken und sich dadurch zugleich ihr menschliches Wesen in Erinnerung zu rufen.
Unter uns gab es verwegene und wagemutige Burschen, etwa Dmitrij Lachno aus dem Gebiet Cherson und Petr Oreškin aus dem Gebiet Taganrog, die als Kundschafter in der Armee gedient hatten. Eines Abends konnten sie in den Bereich hinter den Stacheldraht vordringen (In diesem Lager gab es keinen Wachturm und praktisch keine Bewachung. Das Tor war ständig mit einem Schloss verriegelt, und die Baracke wurde lediglich nach dem Zapfenstreich verschlossen.), somit in den Gemüsekeller unter der Küche gehen und von dort einen Eimer mit großen Kartoffeln heranschleppen. Wir hatten etwas, worin wir die Kartoffeln kochen konnten, nämlich ein Blechgefäß, das für Powidl bestimmt war. Zudem fanden wir auch etwas, worauf wir kochen konnten: Wir verbanden das eine Ende eines Elektrokabels mit einer Batterie und das andere mit einem gewöhnlichen Aluminiumlöffel, wodurch ein selbstgemachter Tauchsieder entstand. Die gekochten Kartoffeln teilten wir brüderlich untereinander auf, ohne jemanden zu benachteiligen.
Die Armut ist der Anfang des Bösen. Inspiriert durch den Erfolg bei der Beschaffung von Kartoffeln kletterten unsere Kundschafter daraufhin jeden Abend in den Keller. Da es einen ziemlich großen Vorrat gab, bemerkten die Deutschen den geringen Schwund gar nicht. Kurz gesagt, unsere allabendlichen Kartoffelgelage blieben geheim, was uns nicht nur noch mehr verband, sondern auch die Stimmung hob: Zwei oder drei frisch gekochte, zerdrückte Kartoffeln waren eine wunderbare Ergänzung zu jedem Abendessen, das wir nach der Rückkehr von der Arbeit erhielten.
Der Aufenthalt in diesem Lager blieb mir auch insofern im Gedächtnis, als mich eines Abends der Lagerkommandant in sein Kabinett rief und mit mir ein so genanntes diplomatisches Gespräch führte. Der Zeitpunkt des Gesprächs war für den für Hitler gestimmten, aber intelligenten Österreicher äußerst angenehm: Die Deutschen begannen an der Ostfront eine neue Offensive, wobei sie sich gegen die

südwestlichen Gebiete unseres Landes richteten. Sie konnten unsere Armee bei Char'kov schlagen, Sevastopol' ertrug die letzten Tage seiner langen Belagerung, und deutlich zeichneten sich die deutschen Pläne hinsichtlich des Nordkaukasus und Stalingrads ab. Das heißt, es gab – wie auch 1941 – Erfolge auf den Schlachtfeldern, die viele Österreicher in Begeisterung versetzten, von den Deutschen ganz zu schweigen.

Sein Gespräch begann der intelligent wirkende Feldwebel mit Fragen, wer meine Eltern wären, wo sie wohnten, wie es mir geglückt wäre, so jung Lehrer zu werden, und wie lange ich bis zur Einberufung unterrichtet hätte. Ich antwortete ihm offen und ehrlich auf all seine Fragen, wobei ich ihm ständig zu verstehen gab, dass unser Leben trotz all seinen Schwierigkeiten aus Freude und Leid bestanden habe, dass wir weder leicht noch einfach gelebt hätten, aber dass unsere Regierung trotz alldem keinerlei Pläne für einen Eroberungskrieg gehegt hätte.

„Aber der Hunger 1933, die Willkür Ihrer Regierung im Jahre 1937? Wie stehen Sie dazu?", fragte der Feldwebel ausgesprochen höflich.

„Wahrscheinlich ebenso, wie sie gegenüber den Konzentrationslagern eingestellt sind, in denen deutsche Kommunisten schmachten."

„Hm, logisch ... Und haben Sie diese Leiden, die ich erwähnte, persönlich irgendwie berührt?"

„Natürlich haben sie das: 1933 litt ich Hunger, und in meinen Personalbogen wurde eingetragen, dass ich der Sohn eines Großbauern wäre."

„Und was für Folgen hatte das für Sie?"

„Natürlich war das alles für mich nicht sehr angenehm: Ich hätte vor Hunger auch sterben können, aber vor dem Hungertod rettete mich ein Kinderheim. Unangenehme Folgen auf Grund der Eintragung in den Personalbogen gab es eher nicht, da nicht diese Eintragungen das Verhalten der Menschen, mit denen ich lebte und arbeitete, mir gegenüber bestimmten, sondern mein Verhalten, meine Arbeit, mein Dienst, meine Einstellung zum Dienst."

„Und wie stehen Sie dem Krieg gegenüber? Widersprach der Krieg gegen Deutschland nicht Ihrer Überzeugung?"

„Keineswegs."

„Warum?"

„Da Deutschland die Sowjetunion angegriffen hatte und nicht umgekehrt. Und im Krieg verteidigte ich, wie es sich für einen Soldaten gehört, meine Heimat."

„Und die Gefangenschaft?"

„Die stellt ein großes Unglück für mich dar, dessen Ausgang ungewiss ist."

Ungefähr auf diese Art fand dieses für mich besondere Gespräch statt. Ich gewann damals den Eindruck, dass mit mir nicht ein unversöhnlicher Feind, sondern ein durchaus anständiger Mensch sprach: Er interessierte sich für mich und urteilte nicht von oben herab.

26

Die Gespräche zwischen dem Obermeister Kašča[25] und mir wurden mit jedem Tag schärfer und feindseliger. Da er auf irgendeine Weise von seinem russischen Herrn beleidigt worden war, für den er während der schon lange zurückliegenden Gefangenschaft gearbeitet hatte, übertrug er nun seinen Hass gegen einen einzelnen Russen auf uns alle. In politischen Fragen kannte er sich nicht aus, selbständig konnte er auch nicht denken, wenngleich er nichtsdestotrotz die donnernde Dogmatik der nazistischen Propaganda verstand. Vor allem jene Elemente der Propaganda, die die Überlegenheit der „arischen" Rassen gegenüber allen übrigen betonte, waren ihm bekannt. Mit uns sprach er wie mit Untermenschen.

Wir allerdings, die seine hochnäsige Verachtung zu spüren bekamen, zahlten es ihm mit gleicher Münze heim. Das jedoch machte ihn wiederum rasend, und er geriet in seiner Wut in eine für uns lustige Situation, was ihn natürlich nur noch rasender machte. Er konnte aber mit uns nichts machen, da er uns gegenüber keinerlei Macht besaß. Am meisten jedoch ärgerte ihn, dass andere Österreicher, die mit uns gemeinsam arbeiteten, aber kein Wort Russisch verstanden, mit ihm nicht mitfühlten, als sie seine Feindseligkeit uns gegenüber sahen. Manchmal lachten sie heimlich mit uns über ihn, nannten ihn besessen vom Hass gegenüber einem russischen Greis.

Eines Tages erreichte mein Streit mit ihm über die möglichen Perspektiven der Kämpfe an der deutsch-sowjetischen Front eine solche Glut, dass er mich zu bedrohen begann. „Ich werde dir schon beikommen", sagte er.

„Wie denn, Herr Obermeister?", fragte ich, ohne meine grausame Ironie mir und ihm gegenüber zu verbergen. „Schauen Sie mich und meine Kameraden an ... Schauen Sie möglichst aufmerksam und denken Sie mit ihrem klugen Köpfchen: Es kann doch nicht sein, dass unsere Lage derart gut ist, dass wir irgend etwas fürchten müssen, womit Sie mich einschüchtern wollen? Ach, und Sie glauben wahrscheinlich noch an Gott, und gehen jeden Sonntag in die Kirche und beten zu Gott ... Und wo ist Ihre Liebe zu den Menschen, die Ihnen die Kirche Christi vorgibt?"

„Die Kirche und Christus lassen Sie in Ruhe, Ungläubiger!", pfauchte der Obermeister wütend.

„Und woher wissen Sie, dass ich ein Ungläubiger bin? Habe ich Ihnen etwa gebeichtet?"

„Alle Russen sind Ungläubige ..."

„Und schon wieder haben Sie gesündigt: Haben Sie etwa alle Russen gefragt, als dass Sie so etwas sagen können?"

„Dir kann man im Streit nicht beikommen, aber ich werde es dir schon noch zeigen", drohte mir der Obermeister Kašča und ging weg, um etwas zu erledigen.

---

[25] Die deutsche Schreibweise des Namens wurde direkt aus dem Russischen transskribiert und stimmt daher höchstwahrscheinlich nicht mit der originalen Schreibweise überein.

Ich weiß nicht, ob sich dieser böse Alte tatsächlich entschloss, mir die Suppe zu versalzen oder ob er mir einfach so gedroht hatte, denn ich sah ihn kein weiteres Mal nach diesem heftigen Streit. Am Abend dieses Tages teilte mir der Lagerkommandant mit, dass aus dem Stalag der Befehl ergangen sei, mich sofort dorthin zu überstellen. Nur eineinhalb Jahre später traf ich zufällig im Stalag (wo ich gewöhnlich alle zwei Monate war, wegen „Krankheit" natürlich) Dmitirj Lachno. Während wir über Verschiedenes sprachen, erinnerten wir uns auch an den streitsüchtigen Kašča aus Melk. „Ihr werdet ihn nicht wieder sehen", hatte Kašča den Kameraden über mich gesagt, so, dass ihnen ganz anders wurde.

Aber das Schicksal bewahrte mich vor Kaščas böser Prophezeiung. Als ich für eine Übersetzung oder aus einem anderen Grund zurück ins Stalag gebracht wurde, musste ich über die unerwartete Verlegung nachdenken. Besonders wunderte ich mich darüber, dass ich allein verlegt wurde, wofür es anscheinend keinen Grund gab: Denn sowohl in Markersdorf als auch in Persenbeug kam es immer wieder zu Einzelverlegungen. Auf der anderen Seite hatte ich mich jedoch bis Markersdorf und Persenbeug nicht am Protest gegen die stinkende Wassersuppe beteiligt. Nun wurden mir gleich zwei Proteste angerechnet, weswegen die Deutschen einen ausreichenden Grund hatten, sich an mir für die zweifach erlittene Niederlage zu rächen. Deshalb war es notwendig, auf alles gefasst zu sein, aber bei Verhören die Wahrheit und nichts als die Wahrheit zu sagen, da die Wahrheit keinem meiner Kameraden schaden würde. Und was den „Marmoljadnik" Šachrajuk betrifft, so war er nicht nur kein Kamerad, sondern ein verhasster, sogar ärgerer Feind als die Deutschen selbst. Deswegen war ich nicht bereit, Šachrajuk zu verleumden: Für ihn war die Wahrheit darüber, was er für uns mit seinen Händen angerichtet hatte, schrecklicher als jede Verleumdung.

27

Eineinhalb Wochen verbrachte ich im Stalag, ohne dass sich jemand von der deutschen Leitung für mich zu interessieren schien. Ich begann sogar die möglichen Gründe für meine plötzliche Verlegung hierher zu vergessen. Nebenbei gesagt, mehrere Umstände trugen dazu bei: Unsere Kameraden, die vor zwei oder drei Monaten bei Char'kov in Gefangenschaft geraten waren, wurden hierher verbracht, und von ihnen erfuhr ich alle Neuigkeiten über unsere Armee. Über unsere berühmte „Katjuša"[26], die die Deutschen fürchteten wie der Teufel das Weihwasser, redeten sie mit so einer Begeisterung, als ob sie sich überhaupt nicht in deutscher Gefangenschaft befänden, sondern irgendwo im eigenen Land auf Fronturlaub. Auch dass bei uns neue Flugzeuge namens „Ily"[27] aufgetaucht wären, die den Deutschen anständig einheizen würden. Über unsere Niederlage bei Char'kov und ihre Gefangennahme redeten sie wie

---

[26] Katjuša: sowjetischer Raketentyp, im deutschen Sprachraum als „Stalinorgel" bekannt.
[27] Hierbei handelt es sich um die Iljušin Il-2, das berühmteste Flugzeug der sowjetischen Luftwaffe während des Zweiten Weltkrieges.

über etwas völlig Unbegreifliches. Mir war es ausnehmend wichtig, dass sich unsere Burschen eine solche Laune, einen solchen Glauben bewahrt hatten und es für unmöglich hielten, dass uns die Deutschen zerschlagen könnten. Das war wie ein Schluck frischer Luft nach einem langen Aufenthalt in modriger Finsternis.

Außerdem blieben mir lange Gespräche mit einem Burschen namens Vasilij in Erinnerung, der gleichfalls bei Char'kov in Gefangenschaft geraten war. Er hatte nicht irgendwo gedient, sondern in den so genannten Sperrfeuereinheiten, in deren Aufgabenbereich es fiel, auf die Eigenen zu schießen, falls sie unter dem Druck der überlegenen Kräfte der Deutschen den Rückzug beginnen sollten. Vasilij erzählte mir über seinen Dienst mit offener Abscheu. Sein einziger Trost war, dass er kein einziges Mal auf die Eigenen hatte schießen müssen. Die Deutschen hatten ihn und seine Kameraden in einem so engen Ring eingeschlossen, dass selbst die Sperrfeuerschützen nicht mehr ausbrechen hätten können. Sobald sie sich in Gefangenschaft befanden, ging es jedoch niemanden mehr etwas an, wer in welcher Einheit gedient hatte. Nebenbei bemerkt hatte Vasilij seinen Kameraden gegenüber seine Zugehörigkeit zu dieser Einheit angedeutet, um nicht zum Opfer eines der Spitzel unter uns zu werden. Vasilij erzählte mir auch darüber, wie er 1941 in der Wache des Kremls gedient hatte, am Posten in unmittelbarer Nähe zu Stalin gestanden wäre. Wie sich zeigte, hatte Stalin sogar eine persönliche Toilette, die nur er benützen durfte und die Tag und Nacht bewacht wurde.

Er war ein verschlossener, ruhiger Mensch, wie sie wahrscheinlich für den Dienst in unseren Spezialabteilungen typisch waren. Es war offensichtlich, dass sich Vasilij nach einem Kontakt zu Menschen sehnte und sich entschloss, nachdem er mich drei Tage lang beobachtet hatte, mir sein Herz ohne Vorwarnung auszuschütten. Irgendwie hatte er zu mir offensichtlich Vertrauen gefasst. Er sprach sich vollkommen aus und bat mich schließlich:

„Nun, du verstehst, so hoffe ich, dass alles, was ich dir erzählt habe, unter uns bleibt."

„Darüber brauchst du dir keine Gedanken machen", sagte ich ihm, „du kannst dich auf mich völlig verlassen. Ich danke dir: Du hast mir eine völlig neue Welt eröffnet, die ich früher nur aus Schilderungen kannte .... Nun, und schweigen kann ich ..."

Es verging eine Woche, es begann die nächste seit meiner Überstellung aus Melk ins Stalag, und niemand von der deutschen Leitung interessierte sich für mich. Vielleicht interessierten sie sich für mich, aber dann nur im Geheimen. Vielleicht beobachteten und belauschten sie insgeheim, worüber ich mich mit meinen Leidensgenossen unterhielt. Aber offen führte ich keine Gespräche, an denen die Deutschen etwas aussetzen hätten können. Nur Vasilij allein teilte ich mit, was wir „ausgeheckt" hatten, um uns vor der grausamen Demütigung zu retten, zunächst in Persenbeug, dann in Melk. Vasilij sagte daraufhin erfreut:

„Das ist toll, dass ihr begonnen habt, für euch selbst einzutreten! Ich habe wieder Mut gefasst, als ich deinen Bericht hörte ... Ein Kamerad, einer der Kommandeure unter unseren Gefangenen, erzählte mir über ein Lager, wo ausschließlich unsere leitenden Kommandeure waren – vom Hauptmann über den Oberst bis zum General (und es gibt nicht wenige unserer Generäle in Gefangenschaft). Nun, die-

ses Lager befindet sich in Polen. Die Deutschen haben dort folgende Ordnung eingerichtet: Wenn jemand einen aus dem politischen Kader verriet, einen Kommissar oder ein einfaches Parteimitglied, gaben sie ihm heimlich eine Belohnung in Form von Brot oder Zigaretten. Es gab keinen Mangel an Spitzeln, mit deren Hilfe die Deutschen mehr als die Hälfte unserer gefangenen Kommandeure entlarvt hatten ... So standen die Dinge ... Und ihr habt euch offensichtlich anders verhalten, habt euch entschlossen, möglichst fest zueinander zu halten, was mir sehr gefällt."
Die tragische Geschichte über das Lager mit unseren gefangenen Kommandanten erfuhren auch die Deutschen beziehungsweise Österreicher, die uns bewachten, und erschütterte irgendwie sogar sie. Eines Tages sprach der Kommandant des Blockes, Feldwebel Walter, ein äußerlich sehr harter Mensch, dessen hellblaue Augen uns böse und sogar grausam anschauten, der gerne schrie, aber keinem der Gefangenen ein Haar gekrümmt hätte, mit mir über diese Geschichte. Er interessierte sich vor allem für mein Leben vor der Einberufung. Als ich ihm über das Schicksal meines Vaters erzählte, fragte er, wie und warum all das geschehen war. Auf meine Antwort hin sagte er:
„Ich kann mir nicht vorstellen, wie man mir für nichts und wieder nichts meinen ganzen Hof wegnehmen und mich weit weg verbannen würde. Das ist unmöglich! Aber bei euch, in Russland, ist das vorgekommen, da ihr, wahrscheinlich, untereinander sehr uneinig lebt."
Danach lenkte er sofort das Gespräch auf die gefangenen russischen Offiziere und Generäle, die sich gegenseitig der Gestapo verrieten.
„Und in der Gestapo gibt es bei uns solche Typen", sagte er, die Stimme senkend, „dass es besser ist, ihnen nicht zwischen die Finger zu geraten: nur Halsabschneider und Unterdrücker."
Aber ich erzählte Feldwebel Walter nichts über die Vorfälle in Persenbeug und Melk, am ehesten aus einem Selbsterhaltungstrieb heraus. Denn wer weiß, was er im Schilde führte.

28

Zwei Wochen nach Melk wurde ich zum so genannten Sonderführer des Stalags gerufen. Wenn man die Funktion des Sonderführers vergleichen möchte, so ist dies am ehesten mit dem Leiter oder zumindest mit dem Bevollmächtigten der sowjetischen Sonderabteilung möglich. Der Sonderführer war ein Bevollmächtigter der Gestapo, der Geheimpolizei, deren Hauptaufgabe im politischen Spitzeldienst, in der Beobachtung, der Ausfindig- und Unschädlichmachung von Gegnern des Hitlerregimes bestand.[28] Dieser Spitzeldienst beobachtete auch die Geisteshaltung unter den Kriegsgefangenen, da sie anscheinend der Meinung waren, dass auch

---

[28] Hier könnte es sich eventuell um eine Missinterpretation handeln, da es auch in der Deutschen Wehrmacht den Rang des „Sonderführers" gab. Diese als „Sonderführer" bezeichneten Soldaten hatten meist Übersetzer- und Dolmetschfunktionen inne und waren keine Gestapobeamten.

unter den Gefangenen keine Regimegegner sein dürften. Genauer gesagt wurde die Bespitzelung mit dem Ziel durchgeführt, unter den Gefangenen keine gegen Hitler gerichtete Propaganda zuzulassen.

Als ich erfuhr, dass sich der Sonderführer persönlich für mich interessierte, war mir sofort klar, worum es ging. Ich wusste, wenn es mir beschieden sein sollte, seinen Fängen zu entkommen, dann nur mit Hilfe der Wahrheit, weswegen ich auf seine Fragen nur wahrheitsgetreu antworten wollte.

Den Familiennamen dieses langen, semmelblonden Deutschen, der gut Russisch konnte, wusste keiner von uns, aber allen war bekannt, dass er bei der Gestapo war, weswegen man bei ihm auf der Hut sein musste, da man ansonsten in seine Falle geraten würde. Das Gespräch mit mir begann er auf Deutsch. Er fragte mich, wer und woher ich wäre, wann und wo ich in Gefangenschaft geraten wäre, welche Lager ich durchlaufen hätte. Dann fasste er den Stier bei den Hörnern:

„Warst das du, der den Ungehorsam gegenüber der deutschen Leitung in Persenbeug organisiert hat?"

Vor Überraschung riss ich die Augen weit auf: Ich hatte einfach nicht erwartet, dass er mich so aus der Fassung bringen würde. Die Frage war selbstmörderisch und ich spürte, wie die Schlinge um meinen Hals zugezogen wurde. Aber ich riss mich zusammen und antwortete ihm betont ruhig:

„Ich verstehe Ihre Frage nicht: Soweit ich mich erinnern kann, gab es keinerlei Ungehorsam gegen die deutsche Leitung in Persenbeug!"

„Und die Weigerung, am Ende des Arbeitstages Nahrung aufzunehmen?"

„Erstens passierte dies ohne meine Beteiligung: Der Lagerkommandant rief mich zum Bottich, als die Leute schweigend, ohne den geringsten Aufruhr, sich weigerten, die stinkende Wassersuppe zu sich zu nehmen, die der Koch Stefan Šachrajuk nicht das erste Mal gekocht hatte."

„Jemand hatte doch die Kriegsgefangenen dazu aufgefordert. Ansonsten ist es unmöglich, dass so etwas von allein passieren kann. Und ich habe Beweise, dass das du warst!", erhob der Sonderführer seine Stimme.

„Ich weiß nicht, Herr Sonderführer, welche Beweise Sie haben, aber ich bitte Sie lediglich, mich nicht als Vollidioten einzuschätzen: Ich kann mir nämlich ziemlich gut vorstellen, was mich erwartet, wenn ich Agitation betreibe, ähnlich jener, der Sie mich zu beschuldigen versuchen. Außerdem, wenn man schon vom tatsächlichen Schuldigen des Vorfalls in Persenbeug spricht, so ist es Stefan Šachrajuk: Denn er und sonst niemand veranlasste die Leute zu diesem Schritt, der Ausdruck von Verzweiflung war, weil ihnen keine andere Wahl blieb. Das habe ich auch jenem Offizier gesagt, der nach Persenbeug gekommen war, um diese Sache aufzuklären. Ich hoffe, er hat Ihnen darüber berichtet."

Anscheinend überzeugt, dass aus mir nichts mehr herauszubekommen war, stellte mir der Sonderführer eine Frage, mit der er mich ins Eck zu treiben hoffte:

„Wann bist du dem Komsomol[29] beigetreten?"

---

[29] Komsomol: Kommunistischer Jugendverband.

„1937" antwortete ich und schaute ihm dabei gerade in die Augen, ohne irgendeine Form von Verlegenheit zu verspüren oder auch nur eine Sekunde meine Antwort zu überlegen.
„Und wann wurdest du zum Leiter einer Komsomolgruppe gewählt?"
„Zum Leiter wurde ich niemals gewählt und konnte auch nicht gewählt werden."
„Warum?"
„Weil in meinem Personalausweis stand, dass ich der Sohn eines Großbauern bin ..."
„Karnauchov!", wandte sich der Sonderführer an den Schreiber, einen Kriegsgefangenen, der ihm gegenüber an einem Tisch saß, „Wurden etwa die Kinder von Großbauern in den Komsomol aufgenommen?"
„Ja", antwortete Karnauchov.
„Gut, Čirov, geh... Wenn es notwendig ist, ruf ich dich nochmals."
Aber zu meinem Glück wurde ich nicht nochmals geholt. Über den Vorfall in Melk wusste der Sonderführer wahrscheinlich nicht Bescheid, ansonsten hätte es mit mir kein gutes Ende genommen.

29

Dachte ich damals an das Ausmaß des Leids, das mir widerfahren hätte können, stellte ich mir konkret die Gefahr vor, der ich ausgesetzt war? Rückblickend kann ich jetzt völlig eindeutig auf diese Frage antworten: Weder dachte ich daran, noch stellte ich sie mir vor, weil ich mir kaum etwas vorstellen konnte, was noch schlimmer war, als was ich bis dahin am eigenen Leib erfahren hatte. Denn kann etwas noch ärger sein als das, was ich in den ersten drei Monaten der Gefangenschaft durchgemacht hatte?
Was die konkrete Vorstellung einer grausameren Gefahr betraf, deren Verkörperung Hitlers Konzentrationslager waren, so unterschied sich das Stalag 318 kaum von jenen Konzentrationslagern. So kam es mir nicht in den Kopf, etwas noch Ärgeres zu fürchten als das, was mich bereits abgebrüht und durchgeschüttelt hatte und mich fest am Kragen gefasst hatte. Ich spreche jetzt nicht davon, um mich meiner vergangenen Furchtlosigkeit zu rühmen – welche Tapferkeit, welche Furchtlosigkeit während der grausamen Gefangenschaft, mit der du dich abgefunden hast, ohne einen realen Ausweg zu sehen –, ich spreche davon, um meinen damaligen Zustand verstehen zu können.
Aber was ist das, der Zustand eines Kriegsgefangenen, den die Macht des Schicksals gemeinsam mit Tausenden und Tausenden Vergleichbaren in die ferne Fremde geworfen hatte und der keinerlei Hoffnung auf eine Befreiung aus seiner Gefangenschaft hegen kann? Denn jeder von uns wusste, wie uns auch die Zeitung „Klič" ständig erinnerte, dass der Staat, dessen Bürger und Soldaten wir bis zur Gefangenschaft gewesen waren, uns verdammte, und dass der andere, uns feindliche Staat, in dessen Händen wir uns befanden, uns einfach wie eine billige und gehorsame Arbeitskraft betrachtete, für dessen Leben und Wohlergehen er niemand gegenüber Rechenschaft schuldig war. Mit einem Wort, nach menschlichen Geset-

zen waren wir praktisch tot, hatten kein Recht, außer das Recht zu sterben, weswegen wir auch vor den deutschen Mächten nichts zu verlieren hatten als unsere Unfreiheit. Und nur durch den Tod konnte man sich von der Unfreiheit befreien. All das wussten wir nur zu gut, und wenn wir etwas fürchteten, dann nur allzu lange Qualen vor dem Tod.

Aber leben wollten wir trotz allem. Der Selbsterhaltungstrieb verlangte, dass wir uns ans Leben klammerten, um unser Dasein kämpften, dass wir genau jene Schritte zu unternehmen hatten, die wir in Persenbeug und Melk unternommen hatten. Auf der anderen Seite wäre es nicht ganz richtig zu behaupten, dass unser Verhalten ausschließlich durch unseren Selbsterhaltungstrieb bestimmt wurde, da dabei auch ein noch nicht verloren gegangenes soziales Empfinden eine Rolle spielte, das uns früher anerzogen worden und ein Bestandteil unserer Bewusstseins geworden war: EIN GEFÜHL SOLIDARISCHER GEMEINSCHAFT und ein Bewusstsein für unsere persönliche Verantwortung dafür, dass diese Solidarität erhalten bliebe und mit jedem Tag stärker würde, da sie unsere Rettung darstellte. Eine GEWISSENHAFTIGKEIT, die dich vor Worten und Handlungen bewahrte, die für deine Kameraden schädlich sein konnten, eine ERGEBENHEIT DER WAHRHEIT und Abneigung der Lüge gegenüber.

Genau diese Gefühle in ihrer Gesamtheit bewahrten in jedem von uns das, was man manchmal den Sinn des Lebens nennt und was ich als RECHTFERTIGUNG DES LEBENS bezeichne. Ja, Rechtfertigung, derer wir, die schuldlos Schuldigen, so sehr bedurften. Sein Leben zu rechtfertigen ohne der Wahrheit ergeben zu sein, ist unmöglich: Ich erkenne die Lüge nicht als Mittel zur Rettung an. Eher schon das Verschweigen der Wahrheit, und das nur unter der Bedingung, wenn das Schweigen nicht zu Lasten einer anderen Person geht. Sie durch Lüge zu retten ist nicht nur eine Sünde, sondern auch ein Verbrechen, weswegen solche, die sich durch Lüge retten wollen, nicht nur Tadel, sondern auch Strafe verdienen. Deswegen hätte ich allen Anhängern unseres Staatspatriotismus, die mich tadelnd fragten, weswegen ich den Deutschen meine soziale Herkunft bekannt gegeben hätte, mit ruhigem Gewissen und einem Gefühl der Hochachtung folgendermaßen geantwortet:

„Erstens habe ich meine soziale Herkunft nirgendwo hinausposaunt: Üblicherweise wird etwas mit dem Ziel, einen Vorteil zu erlangen, zur Schau gestellt, und ich suchte bei den Deutschen nicht nach meinem eigenen Vorteil. Und wenn sie mir ihre Aufmerksamkeit schenkten, dann sicher nicht wegen meiner sozialen Herkunft, sondern weil ich etwas Deutsch konnte. Zweitens, das, was ihr Hinausposaunen nennt, brachte mir seinerzeit derart viel Leid und Verdruss, dass ich es nicht bis ans Ende meines Lebens vergessen kann: War ich etwa Schuld daran, dass es jemand in den Kopf kam, in meinen Komsomolausweis einen offensichtlichen Blödsinn und eine Lüge hineinzuschreiben, was mich schlussendlich zwang, diese Lüge gegenüber offiziellen Personen zu wiederholen und deswegen seelisches Unbehagen erfahren musste? Deswegen lasst mich, sehr geehrte Herren, einfach in Ruhe und versucht nicht, mein Gewissen zu quälen: Ich habe mit meiner sozialen Herkunft vor den Feinden meines Vaterlandes nicht spekuliert, was mir nicht im Traum eingefallen wäre, sondern habe nur auf Fragen geantwortet und die Wahrheit gesagt."

30

Wer von den beiden mein weiteres Schicksal bestimmte – Feldwebel Walter oder der langbeinige Sonderführer –, kann ich nicht mit Bestimmtheit sagen. Ich glaube aber nichtsdestotrotz, dass Walter dafür ausschlaggebend war, da ich ihn gebeten hatte, mich bei Gelegenheit in ein kleines Arbeitskommando zu überstellen. Bald nach dem Verhör beim Sonderführer kam ich in so ein Arbeitskommando, wo – wie in Melk – nicht mehr als dreißig Mann arbeiteten. Allerdings war auf dem Begleitpapier der Ort (irgendein kleines Dorf, dessen Namen ich vergessen hatte) richtig vermerkt, während die Nummer des Kommandos, das sich in jenem Dorf befand, nicht mit jener übereinstimmte, die im Lagerdokument eingetragen war. Der Begleitsoldat brachte mich in jenes Dorf am frühen Abend eines sommerlichen Julitages. Unsere Burschen waren in einem Bauernhaus am Rande des Dorfes untergebracht. Den Hof umgab ein niederer gemauerter Stacheldrahtzaun, der, falls jemand fliehen hätte wollen, niemanden davon hätte abhalten können. Er war einfach so gespannt, damit die Militärleitung sehen konnte, dass die Maßnahmen zur Vereitelung von Fluchtversuchen ergriffen worden waren.
Unsere Leute wohnten im hinteren Teil eines Bauern- beziehungsweise Pfarrhauses gegenüber der Kirche, wo die zweireihigen hölzernen Stockbetten in drei Räumen sehr dicht aneinander standen und ein winziger Platz für einen langen Esstisch mit Bänken rundherum vorhanden war. Im schmalen Hof befand sich kein einziger Baum, sodass er im Sommer vor allem von seiner südlichen Seite her aufgeheizt wurde. Auch die Wände der Gefangenenzimmer wurden von der Sonne aufgeheizt. Zudem gab es keine Fenster, weshalb es in den Zimmern äußerst stickig war.
Die Kameraden arbeiteten am nächsten Bahnhof, wo sie etwas verluden oder ausluden, die Schienen reparierten und die Lagerräume aufräumten. Sie gingen am frühen Morgen zur Arbeit und kehrten am Abend vor Sonnenuntergang in ihre Unterkunft zurück. Die Nahrung war in Ordnung, wenngleich die Portionen und Brotrationen nicht gerade üppig waren. Aber die warmen Speisen waren immer ordentlich und gut zubereitet, und von einer Wassersuppe aus faulen Rüben hatten sie noch nicht gehört.
Mir erschien dieser für mich neue Ort jedoch leer und ungemütlich, weshalb ich mich offen freute, als der von seinem Kurzurlaub zurück gekehrte Kommandant dieses Kommandos am nächsten Abend verlautbarte, dass ich an diesen Ort nur versehentlich geraten war, da das Kommando eine andere Nummer hatte als im Begleitpapier vorgesehen.
Ich hatte in der Tat Grund zur Freude, weil ich ein für einen Gefangenen schier unglaubliches Wunder erlebte: Der Kommandant räumte mir die Möglichkeit ein, zu wählen, ob ich in diesem Kommando bleiben wollte, in welchem Falle er von

seinen Vorgesetzten eine Abänderung der Begleitpapiere verlangen würde, oder ins Stalag zurückkehren wollte. Ich bevorzugte letzteres, weswegen mich am Morgen des nächsten Tages der Kommandant persönlich dorthin begleitete, woher ich nur zwei Tage zuvor gekommen war.

Bei den Lagertoren stieß ich auf den Sonderführer, der mich sofort wegen meiner Eigenmächtigkeit zu beschimpfen begann ...

„Ich habe persönlich veranlasst, dich in dieses Kommando zu überstellen!" Aber als ich ihm den Grund meiner Rückkehr erklärte, verlor er auf der Stelle jegliches Interesse an mir und unterhielt sich nur mehr auf Deutsch mit meinem Begleiter. Dieser zeigte ihm die Papiere, der Sonderführer blickte mit seinen kalten Fischaugen darauf und gab sie, nachdem er sich davon überzeugt hatte, dass ihn niemand an der Nase herumführen wollte, dem Begleitsoldaten zurück und marschierte wichtigtuerisch weg.

Von da an sah ich den Sonderführer nicht mehr und hörte auch nichts über ihn. Wahrscheinlich wurde er versetzt, weswegen ich wahrscheinlich nicht nochmals wegen der Verzweiflungstat der hungrigen russischen Gefangenen in Persenbeug befragt wurde.

31

Einige Tage später schenkte mir das Schicksal ein derartiges Lächeln, für das ich ihm mein ganzes restliches Leben dankbar blieb: Ich wurde in ein lediglich sechs Kilometer vom Stalag XVII B entferntes Arbeitskommando in Gedersdorf überstellt, wo ich beinahe bis Kriegsende bleiben sollte.

Abb. 33: Unterkunft der sowjetischen Kriegsgefangenen in Gedersdorf.

Ein Wachposten führte mich am 29. Juli 1942 zu Mittag nach Gedersdorf. Hinter mir lagen 324 Tage und Nächte der Unfreiheit und vor mir 1.014 Tage und Nächte, wovon ich 995 im Dorf Gedersdorf, das 63 Kilometer donauaufwärts von Wien und lediglich sieben Kilometer von Krems entfernt lag, verbringen sollte.

Die Unterkunft der 26 sowjetischen Kriegsgefangenen befand sich in einem recht geräumigen Seitengebäude neben einem Bauernhof und Sägewerk, das dem damals fünfzigjährigen Herrn Frank gehörte, der auch der Besitzer des genannten Seitengebäudes war. Ein kleiner Hof vor dem Seitengebäude war durch einen Zaun in zwei Hälften geteilt: Die, die zur Straße hinausging, war – in ihrem friedlichen, normalen Aussehen belassen – von einem Zaun aus Metallgittern umgeben. Die andere, welche beinahe an den Fabrikshof des Sägewerks anschloss, war von der Außenwelt durch eine hohe Wand aus dicken Schalungsbrettern, auf der sich drei Reihen Stacheldraht befanden, abgetrennt.

Das Seitengebäude bestand ebenfalls aus zwei Hälften: In jener, deren Fenster auf die Straße hinausgingen, wohnten zwei Wachposten, wovon einer die Stelle des Kommandanten bekleidete. In der gegenüberliegenden Hälfte, die aus drei Zimmern bestand, wurden wir untergebracht.

Sechzehn von insgesamt 26 Mann arbeiteten vom frühen Morgen bis spät am Abend auf Bauernhöfen, die übrigen zehn im Sägewerk. Sie hatten einen zehnstündigen Arbeitstag.

Hierbei gab es folgende Ordnung: Im Sommer wurden diejenigen, die bei Bauern arbeiteten, nicht später als um halb sechs geweckt, während der Erntezeit sogar um fünf Uhr früh, im Winter um sechs. Eine halbe Stunde später wurden wir in Zweierkolonnen zusammengestellt, woraufhin uns der Wachposten zum 300 Meter vom Lagergebäude entfernten Dorfplatz begleitete. Von dort aus gingen wir einzeln zu den Höfen unserer Arbeitgeber. Mit Einbruch der Dämmerung versammelten wir uns, nachdem wir unsere Arbeit beendet und zu Abend gegessen hatten, auf demselben Platz und warteten, bis uns der Wachposten abholte und zum Schlafplatz zurückbrachte. Somit führten unsere Wachsoldaten ein äußerst ungebundenes Leben.

Die Leute, die in der Fabrik arbeiteten, hatten mehr Freizeit als wir: Zur Arbeit gingen sie ungefähr um acht Uhr morgens, hatten eine Stunde Mittagspause und beendeten ihren Arbeitstag um sieben Uhr abends, zudem an Samstagen früher, nämlich um zwei Uhr nachmittags. Allerdings kannten sie im Gegensatz zu uns lediglich ihren Lagertrakt, wo sie während ihrer Freizeit eingesperrt saßen. Die Fabrik war gleich nebenan gelegen. Wir hingegen bewegten uns frei in der Umgebung aller Dörfer, und in Begleitung unserer Arbeitgeber begaben wir uns sogar weiter über diese Grenzen hinaus.

Diejenigen, die bei Bauern arbeiteten, waren in einem weiten Durchgangszimmer untergebracht, dessen Eingang direkt auf den Hof hinausging (wir nannten ihn „unseren Gefängnishof"). In diesem Zimmer standen acht hölzerne Stockbetten, von denen zwei parallel zur Wand und die restlichen sechs im rechten Winkel dazu standen. Nebenbei gesagt, in Friedenszeiten war dieses Zimmer eine Sommerveranda: Ihre zum Westen gerichtete Wand bestand aus einer Reihe hoher Fenster, in deren Mitte früher eine Tür, die zur Hälfte aus Glas war, eingebaut war.

Die in der Fabrik eingesetzten Kameraden lebten in zwei anderen abgetrennten Zimmern: im größeren sechs und im anderen insgesamt vier Personen. Der Eingang in alle Zimmer war vom Korridor aus, durch eine Tür, die in unser Zimmer mündete. Vom Korridor aus gelangte man auch auf die gut ausgestattete Toilette. Daran kann man erkennen, dass die Herren des Flügels, die ihn an das Militär vermietet hatten, ziemlich komfortabel darin gewohnt hatten.

Ich hatte kaum Zeit, mich ausreichend im Zimmer umzusehen, als bereits die Schlüssel in der Pforte des Lagerhofes knarrten und der Begleitsoldat mich zum Ausgang brachte. Als ich durch die Pforte hinausging, sah ich auf der Straße einen landwirtschaftlichen, mit frischgemähten Luzernen beladenen Wagen, von dem ein stämmiger Mann seine Beine herabbaumeln ließ. Er trug einen Hut und eine kurze, abgetragene helle Sommerjacke, dunkle, keineswegs mehr neue Hosen und abgetretene, leichte Schuhe. Der Mann hielt die Zügel in der Hand, und der Wagen wurde von einem scheckigen jungen Stier[30] gezogen, der im Vergleich mit dem Wagen und seinem Herren wie ein Spielzeug wirkte. Als ich den jungen Stier betrachtete, verstand ich den Grund für den nur leicht beladenen Wagen – nicht mehr als 50 Kilogramm Luzerne waren darauf. Der Herr hatte Mitleid mit seinem Stier, den er erst kurze Zeit zuvor an das Gespann zu gewöhnen begonnen hatte.

Abb. 34: Anna und Johann Zinner, Gedersdorf.

Vom Lagertor bis zum Wagen, der auf der Straße angehalten hatte, waren es 15 Meter, sodass mein Herr mich, während ich zum Wagen ging, ebenso gut begutachten konnte wie ich ihn. Ich bemerkte nichts Furchtbares oder Schreckliches an ihm, im Gegenteil, mir fielen sein sympathisches, offenes, kluges Gesicht, die guten Augen und sein offenes Lächeln auf. (Er ähnelte dem Journalisten Aleksandr Ljubimov, der die TV-Sendung „Vzgladja" moderierte.) Sein Lächeln war jedoch, wie übrigens auch meines, nur andeutungsweise bemerkbar. Aber wir signalisierten einander unsere gegenseitige Zuneigung. Er sagte mir, dass er sich noch vom Ersten Weltkrieg an einen Russen namens Petr erinnern konnte, der drei Jahre als österreichischer Kriegsgefangener bei seinem Vater gearbeitet hatte. Und ich sollte bei ihm gleichfalls beinahe drei Jahre arbeiten.

Mein Herr hieß Johann Zinner und war 1942 34 Jahre alt. Er war nicht zum Heer einberufen worden. (Später erzählte er mir offen den Grund dafür: Er hatte offe-

---

[30] Die Stiere waren eigentlich Ochsen (Auskunft von Fr. Chr. Aigner, Stein).

ne Wunden auf seinen Unterschenkeln, unter denen er jedoch offensichtlich nicht gerade sehr litt. Wenn er ging, merkte man nicht, dass er hinkte, aber er setzte seine Schritte sehr vorsichtig, ohne jede Eile.) Seine Frau, Anna Zinner, war gleich alt wie er, und ihr einziger Sohn, Erwin, war zehn Jahre alt.

Nachdem er mich nach meinen Namen gefragt hatte, wies er mir einen Platz am Wagen zu und setzte den Stier namens Peter in Bewegung. Wir mussten lediglich 300 Meter bis zu seinem Haus fahren, das auf einem Grundstück gegenüber von unserem Lager lag. Aber sogar für diese kleine Distanz brauchte Peter zehn Minuten, währenddessen mich der Herr über alles Notwendige befragen konnte – woher ich stammte, wer mein Vater war, wann ich in die Armee einberufen wurde, wann und wo ich in Gefangenschaft geraten war, welche Lager ich durchlaufen hatte und, natürlich, welchen Beruf ich bis zu meiner Zeit in der Armee ausgeübt hatte. Meine Antworten bereiteten mir keinerlei Schwierigkeiten, da ich bereits auf ähnliche Fragen geantwortet hatte. Er war damit vollkommen zufrieden, vor allem da er merkte, dass ich ihn verstand und mich mit ihm unterhalten konnte.

Als er hörte, dass ich vor meinem Dienst in der Armee als Lehrer gearbeitet hatte, schaute er mich mit unverhohlener Neugierde an, wahrscheinlich, da er versuchte, an meinem Äußeren Anzeichen von Intelligenz zu entdecken. Ob ihm dies gelang oder nicht, kann ich nicht sagen. Während wir bereits zu den Toren seines Hauses hinfuhren, stellte er mir noch eine, wahrscheinlich die wichtigste, Frage, nämlich ob ich mit der landwirtschaftlichen Arbeit vertraut wäre. „Mehr als genug", sagte ich und unterstrich meine Arbeit dadurch, dass ich die Luzerne vom Wagen entlud. Ich erledigte diese Arbeit so flink, dass der Herr zufrieden war.

32

Das Haus der Zinners bestand praktisch aus zwei Häusern unter einem Dach. Diese zwei Häuser wurden durch Tore geteilt, hinter denen sich ein geschlossener Hof befand, wo händisch Roggen gedroschen wurde. Seine langen Halme wurden zum Binden der Weinreben verwendet. Einige Dutzend Bündel Roggen wurden extra dafür beiseite gelegt. Zuerst wurde das Stroh in der Dreschmaschine gedroschen und zerkleinert. Nach dem Dreschen mit dem Dreschflegel wurde das Stroh sorgfältig mit dichten Rechen durchgekämmt, sodass die festeren Halme überblieben. Was das Dach über dem Hof betraf, der die beiden Häuser verband, so diente sein Dachboden als hervorragendes Lager für die für den Winter vorbereiteten trockenen Luzernen. Zinner hatte keine eigene Wiese, weswegen im Winter die Luzerne, gemischt mit Heu und Futterrüben, das wichtigste Futter für seine beiden Kühe und den Stier Max war (Peter verkaufte er bald, da es sich nicht auszahlte, zwei Stiere zu halten).

Als Verlängerung des geschlossenen Hofes diente ein großer Wirtschaftshof, zu dessen beiden Seiten die Wirtschaftsgebäude lagen: links eine Küche und ein Lagerraum, ein Vorratskeller, wo im Winter ein Vorrat an Kartoffeln und Futterrüben gelagert wurde, und dahinter ein Holzstadl. Auf der rechten Seite schloss ein Lager-

Abb. 35: Die Häuser Gerstenmayer und Zinner in Gedersdorf.

raum an, der am zweiten Haus angrenzte, ein Stall, bei dessen Eingang sich ein Brunnen mit einer Handpumpe befand, ein Schweinestall, dahinter eine Jauchengrube, deren Wände und Boden mit Steinen ausgepflastert war. Dahinter stand ein sauberes Holzklosett.
Im Schweinestall gab es auch Käfige für Hühner und Gänse. Jedes der drei Schweine wurde in eigenen Verschlägen mit hölzernen Gitterböden gehalten, damit der Schweinemist direkt in die Jauchengrube fließen konnte. Das Füttern der Schweine und das Reinigen ihrer Verschläge musste ich kein einziges Mal übernehmen: Diese Arbeit erledigten die Hausleute selbst, wahrscheinlich deshalb, weil sie diese Arbeit besonders sorgfältig verrichteten und niemand anderem zutrauten. Räucherschinken, Hauswürste und nach Hausart konserviertes Schweinefleisch gab es das ganze Jahr über am Tisch, weswegen die Hausherren so sehr um die Schweinezucht besorgt waren. Denn ohne den Verzehr von Speck ist die mühsame Arbeit im Weingarten nur schwer zu ertragen.
An den hinteren Teil des Hofes, der mit einem Pfahlzaun abgegrenzt war, damit das Federvieh nicht hineinkam, grenzten ein weitläufiger, vier Hektar großer Garten und Gemüsegarten an: drei Reihen Apfel-, Birnen- und Marillenbäume und zwei Reihen Nussbäume. Die Walnüsse reiften dort spät im Herbst.
Sobald ich den Wagen entladen und die grüne Luzerne mit einer Heugabel in die kühle unterirdische Vorratskammer geworfen hatte, sagte mir der Herr, der inzwischen das Vieh gefüttert hatte, ich sollte mir die Hände waschen und lud mich in die Küche ein: Die Zeit für das Mittagessen war gekommen. Bevor wir in die Küche gingen, mussten wir durch eine weite Diele gehen, von der die linke Tür zu den

Abb. 36: Das junge Ehepaar Anna und Johann Zinner.

Wohnräumen führte, die rechte in den Abstellraum und die der Eingangstür gegenüberliegende Tür in die Küche. Die Küche war groß, hatte zwei Fenster. Links vom Eingang stand ein großer Geschirrschrank mit Glastüren, dahinter ein Esstisch mit Bänken an der Wand. Links von der Tür gab es einen Küchenherd mit Backrohr und einem Wasserschiff für Heißwasser. Die gesamte Wand über dem Herd war mit weißen Kacheln verfliest.

Als wir in die Küche gingen, stand die Frau des Hauses, Anna Zinner, am Herd, schlürfte irgendein Gebräu und bereitete das Mittagessen zu. Sie war rundlich und recht üppig: Die hellblauen Augen waren rund, das Gesicht war rund, die Wangen waren rund, das Kinn war rund, von den Brüsten ganz zu schweigen, die an mittelgroße Melonen erinnerten. Sie schaute gut aus, jünger als 34 Jahre – wahrscheinlich kannte sie weder Leid noch Elend.

Der Herr stellte mich ihr vor, worauf ich „Guten Tag" sagte. Sie antwortete mir mit demselben Gruß, lächelte und deutete mit der Hand auf einen Platz am Tisch, wo ich von jenem Tag an dreimal täglich mit ihnen essen würde. Die bäuerlichen Traditionen sind überall die gleichen: Nimmst du einen Arbeiter auf – gleichgültig ob vorübergehend oder dauerhaft –, setz' ihn an deinen Tisch und erweise ihm dein Wohlwollen.

Etwas vorauseilend möchte ich Folgendes sagen: Im Herbst 1942, als die Deutschen bis Stalingrad vordrangen und dort wie Fliegen im Sirup stecken blieben, warnten die Militärkräfte die Bauern in Gedersdorf eindringlichst davor, dass sie auf keinen Fall die russischen Gefangenen mit ihnen gemeinsam an einem Tisch essen lassen sollten.[31] Allerdings schenkte keiner von ihnen dieser Warnung die geringste Aufmerksamkeit.[32] Selbst der Reichste in Gedersdorf, Leopold[33] Kaiser, aß auch weiterhin mit drei russischen Gefangenen, die in seiner Wirtschaft arbeiteten, an einem Tisch. „Soll sie der Teufel holen, mit ihren unsinnigen Weisungen", beschlossen die

---

[31] Sowjetischen Kriegsgefangenen war es – im Unterschied zu anderen Nationalitäten – untersagt, an einem Tisch mir ihren Arbeitgebern zu essen. De facto hielt man sich jedoch auf den wenigsten Bauernhöfen daran, wie auch Čirov hier beschribt. Einerseits waren viele der Bauern der Meinung, dass aufgrund der gemeinsamen Arbeit auch gemeinsam gegessen werden sollte. Andererseits fehlten häufig die räumlichen Voraussetzungen dafür, einen eigenen Tisch für die sowjetischen Kriegsgefangenen aufzustellen.

[32] Im Original nannte Čirov ursprünglich eine Ausnahme, machte den genannten Namen dann jedoch unleserlich.

[33] Original Čirov: Helmut Kaiser – den gab es aber in Gedersdorf nicht (Auskunft Chr. Aigner).

Gedersdorfer Männer und setzten die allgemeinen Gewohnheiten fort. Damit ihnen niemand Vorwürfe machen und sie niemand für den Verstoß gegen den militärischen Befehl bestrafen konnte, verschlossen sie während des Frühstücks, Mittagessens und Abendessens von innen fest ihre Tore.

Nachdem sie den Tisch mit Tellern, Löffeln und Gabeln gedeckt hatte, ging die Hausfrau in die Diele hinaus und rief ihren Sohn Erwin zum Essen. Es kam ein weißblonder und für sein Alter von zehn Jahre ziemlich großer Erwin herein und setzte sich auf seinen mir gegenüber gelegenen Platz neben seinen Vater. Nachdem Frau Zinner die Suppe ausgeteilt hatte, fragte sie, ob ich denn kein Brot wolle und erklärte, dass bei ihnen früher Georg gearbeitet habe, der in den ersten zwei Wochen beim Mittagessen immer nach Brot gefragt hatte. (So erfuhr ich, dass vor mir ein Georgier namens Georg bei ihnen gearbeitet hatte, der plötzlich weggekommen war.) Sie selber, die österreichischen Deutschen, essen nämlich beim Mittagessen kein Brot. Auf die Frage der Hausfrau antwortete ich, dass ich mit Vergnügen zur Suppe ein Stück Brot essen würde. Die Hausfrau ging in die Speisekammer, brachte von dort einen Brotkanten, legte ihn vor mich hin und sagte, während sie auf ein Messer deutete, dass ich mir soviel abschneiden sollte, wie ich wollte.

Ich schaute nicht wie ein übermäßig Hungernder aus: In Markersdorf hatten wir die doppelte Portion Brühe bekommen, und auch in Persenbeug hatten sie uns nach unserem Hungerstreik einen Monat lang beinahe zufriedenstellend mit Kartoffeln ernährt. In Melk hatten wir uns ebenfalls zusätzliches Essen organisiert. So war ich während der dreieinhalb Wochen im Juli im Stalag nicht richtig abgemagert, wenngleich ich dort auch nicht satt geworden war. Deswegen konnte ich dem mir angebotenen Brot trotz der fremden Sitten nicht widerstehen, obwohl ich mich, als ich dieses Brot ohne Gier kaute, nicht ganz wohl dabei fühlte, aß ich doch in einem fremden Haus, wo man sich über meinen außergewöhnlich großen Appetit wunderte: Zwar verstohlen, aber doch mit Blicken, die mich trafen. Dieses unangenehme Gefühl wurde aber durch das Wissen gelindert, dass sie mich ja nicht um „Christi Willen" versorgten, dass ich diesen Brotkanten abarbeiten musste und dass ich mich deswegen nicht genieren bräuchte: Wenn du bei Tisch nicht isst, kannst du auch am Feld nicht besonders viel leisten.

Ob ich ein Gefühl der Genugtuung empfand, als mich die Hausherren zu ihrem Tisch baten? Es ist kaum möglich, eindeutig auf diese Frage zu antworten. Auf der einen Seite konnte es einfach keine klare Genugtuung geben, da ich keine Sekunde lang die zurückliegenden 324 Tage und Nächte und insbesondere den Horror im Stalag 318 vergessen konnte. Bildlich gesprochen geriet ich dank der Macht des Schicksals aus dem Keller der Gefangenschaft auf ihre höchste Stufe. Nur unverbesserliche Heuchler und Pharisäer können behaupten, dass die Gefangenschaft auf allen Ebenen gleich wäre.

Nein, meine Herren Heuchler und Pharisäer, die Gefangenschaft auf der oberen Stufe ist mit der Gefangenschaft auf der untersten Stufe und Bewachung hinter Stacheldraht nicht vergleichbar, da man auf den oberen Stufen der Gefangenschaft anders lebt und atmet, obwohl man sich auch hier nicht frei fühlt. Und dieses OBWOHL bildet die ANDERE Seite der Medaille, deren vordere Seite den Bewohner der oberen Etagen der Gefangenschaft ständig daran erinnert, dass er eben nichts anderes ist als ein Gefangener, den man jederzeit wieder in den Keller oder hinter den Stacheldraht zurückbringen könnte. Das ständige Wissen darum musste einfach jegliche Genugtuung mit der damaligen Situation im Keim ersticken und einen Menschen in etwas Bastardähnliches verwandeln.

Das ist meine Antwort auf jene Frage, die tatsächlich auftauchte.

33

Wir waren gerade mit dem Essen fertig, als ein 14-jähriges Mädchen in die Küche kam: Anna Edlinger, die bei der Sommerernte mitarbeitete. Damals stand die Ernte des Sommerweizens bevor, die Seitentriebe der Weinreben mussten befestigt werden, es gab mehr als genug Arbeit. Anna sollte mir all dies beibringen, wofür sie von den Zinners zwei Wochen lang beschäftigt wurde.

Aber an jenem Tag gingen wir zunächst nicht in die Weingärten, sondern auf den Maisacker, neben dem sich ein Ackerstreifen mit eben erst gemähtem Klee befand. Wir waren zu dritt – die Hausfrau, Anna und ich. Der Hausherr war mit Max weggefahren.

Die Hausfrau ließ mich einen eineinhalb Meter breiten Rechen nehmen. Sie selbst und Anna hatten nur zwei Rebscheren in der Tasche, mit denen man üblicherweise die Rebstöcke und kleinere Zweige von Bäumen schneidet. Der Abstand vom Haus zum Mais- und Kleeacker, der hinter der Bahnlinie lag, betrug eineinhalb Kilometer. Wir brauchten zwanzig Minuten für diesen Weg. Als wir auf das Feld kamen, sagte mir die Hausfrau, dass ich mit dem Rechen über den gemähten Klee von einem Feldrand zum anderen gehen sollte. Sobald sich im Rechen trockenes Kraut und Abfall angesammelt hätten, müsste ich ihn davon säubern und diese Prozedur, sofern es notwendig war, wiederholen.

Ich verstand bald den Sinn dieser Arbeit: Nicht nur wurde der sich im Kleefeld angesammelte Abfall entfernt, sondern auch der Boden leicht geebnet, wodurch mehr Luft zu den Wurzeln des Klees kommen konnte. Bis dahin hatte ich noch nie ein Kleefeld gesehen und wusste daher auch nicht, wie man es zu pflegen hatte. Jetzt musste ich erstmals in meinem Leben in der Rolle eines kraftlosen Pferdes mit dem ungewohnten Rechen umgehen, was ziemlich schwer war.

Das Feld hatte eine Länge von 200 Metern. Bis ich das Feld von einer Seite zur anderen mit dem Rechen durchgekämmt hatte, musste ich ihn zehnmal säubern, wobei ich zehn Walzen mit einer Länge von einem halben Meter hinter mir zurückließ. Ich fühlte mich müde. Ich setzte mich hin, um zu rauchen. (Ich hatte zu Kriegsbeginn zu rauchen begonnen, mir das Rauchen aber nicht besonders angewöhnt. In der Gefangenschaft war es außerdem bei weitem nicht einfach, etwas Tabak aufzutreiben, aber an jenem Tag hatte ich etwas zu rauchen.) Die Hausfrau und Anna schnitten währenddessen im dichten Maisfeld mit ihren Scheren die unteren Blätter des Maises und legten sie in Haufen auf den äußersten Rand. Der Hausherr würde sie nachher holen kommen. Die Hausfrau schaute, als sie sich aus dem Maisdickicht in meine Richtung hinauslehnte, zu mir hin und dachte wahrscheinlich insgeheim: „Nun, einen Arbeiter hat uns Gott gegeben – hat 200 Meter mit dem Rechen durchkämmt und setzt sich schon hin, um sich auszuruhen ..." Und tatsächlich war ich noch kein besonders guter Arbeiter: Das Hungern in der Gefangenschaft hatte mich ausgelaugt, und es dauerte einen ganzen Monat, um meine Kräfte wieder herzustellen.

Abb. 37: Valentina und Dmitrij Čirov bei der Weinlese im Weingut Gerstenmayer bei Gedersdorf. Oktober 1994.

Das Kleefeld war acht Meter breit, sodass ich mit dem Rechen von einem Ende zum anderen noch zweimal hin und her gehen musste. Erst beim dritten Mal blieb lediglich mehr ein schmaler Streifen zurück. Als ich meine Arbeit beendete, waren die Hausfrau und Anna mit ihrer Arbeit bereits fertig, sodass wir nach Hause gingen. Es war fünf Uhr nachmittags, weswegen wir uns, als wir zu Hause ankamen, sofort zu Tisch setzten. Es war Vesper- oder – österreichisch gesagt – Jausenzeit: Brot konnte man essen, soviel man wollte, zum Brot gab es 100 Gramm Räucherspeck, dazu Traubensaft[34], den man gleichfalls in Hülle und Fülle trinken konnte. Nach der Jause überkam mich eine große Müdigkeit, aber von Schlaf konnte keine Rede sein: Sofort nach der Jause gingen wir in einen der Weingärten, um Reben zu okulieren, was eine kinderleichte Arbeit war. Die Sonne begann bereits unterzugehen, die Hitze des Tages nahm ab, es wehte ein frischer Wind, sodass meine Schläfrigkeit schnell verging. Die Hausfrau gab mir eine Schürze, befestigte sie am Gürtel, und ich legte die grünen Seitentriebe der Rebstöcke hinein. Am Abend stopften wir das zusammengesammelte Grünzeug in zwei Säcke und luden diese auf einen einrädrigen Schubkarren, den ich nach Hause schob. Es war leicht, den Karren zu schieben, da der Weg bergab ging. Sämtliche Weingärten der Gedersdorfer befanden sich auf den Hängen der umliegenden Hügel.
Wir kehrten erst bei Sonnenuntergang vom Weingarten zurück. Gemeinsam mit den Hausleuten und Anna aß ich noch zu Abend. Danach ging ich auf den Platz vor

---

[34] Wahrscheinlich war es verwässerter Wein („Tresterwein", „Haustrunk").

der Kirche, von wo uns der Wachposten in das bereits erwähnte Lager brachte. Am ersten Abend schaute ich mich gar nicht richtig unter meinen neuen Kameraden um: Die Eindrücke dieses langen Sommertages hatten mich müde gemacht. Es wäre auch falsch zu behaupten, dass man davon nicht müde wurde – noch am Morgen war ich ein Insasse des Stalags gewesen, und zu Mittag befand ich mich in so einer Freiheit, sogar ohne Bewachung, dass mich dieser plötzliche Wechsel meiner Lebenssituation natürlich verwirrte. Daher schauten die neuen Kameraden für mich am ersten Abend beinahe alle gleich aus. Das Interesse, das sie mir entgegenbrachten, war derart groß, dass ich sofort merkte, dass ich mich unter guten Leuten befand: Sie fragten mich über alles, was meine Zeit sowohl in der Gefangenschaft als auch in der Armee betraf. Besonders interessierten sie sich für die Neuigkeiten, die ich im Stalag gehört hatte. Ich erzählte ihnen über das Treffen mit den Kameraden, die erst kurz davor in Gefangenschaft geraten waren, nämlich im Frühling 1942 bei Char'kov.

Mein Schlafplatz befand sich oben auf einem zweistöckigen Holzbett, das parallel zur Wand rechts vom Eingang zur ehemaligen Veranda und im rechten Winkel zum Fenster stand. Auf dem Bett lag eine mit Stroh gefüllte Matratze aus grobem Sackleinen, eine dicke Tuchdecke und ein ebenfalls mit Stroh gefüllter Polster aus dem gleichen Leinen wie die Matratze. Die Hausfrau gab mir einen Polsterüberzug, den ich alle zwei Wochen wechseln musste. Ein Leintuch oder einen Deckenüberzug bekamen wir nicht, was uns aber nicht weiter störte: Nach all dem, was wir durchlebt hatten, dachte man nicht an Leintücher. Und niemand litt an Schlaflosigkeit, weil er nicht auf einem Leintuch schlief: Tagsüber arbeitest du so schwer, dass du, wenn du dich schlafen legst, nicht im Geringsten daran denkst, ob sich unter dir ein Leintuch oder die nackte Matratze befindet.

34

Am nächsten Morgen weckten sie uns um fünf Uhr früh. Um halb sechs gingen wir vom Lager weg und bereits fünf bis sieben Minuten später teilten wir uns auf die verschiedenen Höfe auf. Vor dem Frühstück gab ich den Kühen und Stieren ihr Futter. Und als Anna kam, setzten wir uns zum Frühstück – eine Tasse heiße Milch und Brot, soviel du willst. Manchmal gab es statt Brot ein frisches Brötchen und statt Milch einen Kaffee aus gemahlenen Gerstenkörnern und Zichorie.

Nach dem Frühstück gingen Anna und ich, nachdem wir ein zweites Frühstück eingepackt hatten, das man in Sommer etwa um neun Uhr zu sich nahm, in den Weingarten „Altmandl"[35] (tags zuvor waren wir im „Rosental"[35] gewesen), der 300 Meter vom Haus entfernt lag. Die 300 Meter beziehen sich aber nur auf die Distanz bis zum Fuße des Berges, denn der „Altmandl" befand sich auf einer der Weinbergterrassen. Die Terrasse selbst lag ungefähr auf der Höhe eines zehnstöckigen Hauses, wenn nicht darüber.

---

[35] Richtig: „Reisenthal".

Vom Zinnerschen „Altmandl" aus sah man das gesamte Donautal wie auf einer Handfläche: In Gedersdorf konnte man alle Häuser zählen, wobei es dort nicht viele, weniger als 50 gab. Hinter Gedersdorf lag Brunn im Felde, das an die Eisenbahn angrenzte, etwas weiter Mariensdorf[36], und entlang der Straße, weiter in Richtung Westen, waren die Vororte von Krems sichtbar. Die Stadt selbst verdeckten Berge, die sich als Kette entlang des Donauufers dahinzogen. Beide Seiten der Donau säumten Waldmassive, sodass sie selbst von dieser Höhe aus nicht sichtbar war, obwohl die Entfernung zu ihr nicht mehr als zehn Kilometer betrug. Auch der Seitenfluss der Donau, der Kamp, wo wir uns mehrmals im Sommer sehr zu unserer Freude waschen mussten, war so gut sichtbar, dass man mit der Hand danach greifen wollte.

Mit einem Wort, es war ein segensreicher Ort, obwohl sich dieser Segen nicht nur vom Himmel ergießt, wenngleich vieles vom Himmel abhängt – auch hier gibt es, wenn auch selten, Dürrejahre. Den Segen bekommen die österreichischen Bauern im Schweiße ihres Angesichts.

Mein Arbeitgeber Johann Zinner hatte ungefähr sechs Hektar Land, davon einen Hektar für den Weingarten und die übrigen fünf für Getreide, Kartoffeln, Futterrüben, Mais, Klee und Luzerne, und sogar der Garten nahm einen Viertel Hektar ein. Als Zugtier hatte er lediglich den Stier Max, einen starken Rassestier. Den zweiten Stier, Peter, verkaufte er, wie gesagt, da sich zwei Stiere für ihn nicht rentierten. Auf dem Hof waren noch zwei Kühe, drei bis vier Schweine unterschiedlichen Alters, eineinhalb bis zwei Dutzend Hühner, Gänse und Erpel, abgesehen von den von ihnen jährlich geborenen Jungen, die fast alle verkauft wurden.

Die Familie bestand aus drei Personen, wobei nur zwei von ihnen ordentlich arbeiten konnten: Erwin war noch zu klein, um ihn als vollwertigen Arbeiter rechnen zu können. Und um mit einer Wirtschaft zu zweit fertig zu werden, muss man beinahe rund um die Uhr arbeiten. So vereinbarten sie in der üblen Zeit des Krieges, den keiner von den Österreichern brauchen konnte, mit dem Militär die Zuweisung eines Kriegsgefangenen für Arbeiten in ihrer Wirtschaft. Es ist klar, dass sie für den Gefangenen den Militärbehörden etwas zahlen und den Kriegsgefangenen selbst mit Essen, frischer Bettwäsche und Handtüchern versorgen und ihm sogar zwei Mark pro Monat zahlen mussten. All das brachte Ausgaben mit sich, für so eine nicht besonders große Wirtschaft wie die des Johann Zinner ziemlich beträchtliche. Derart beträchtlich, dass sich Zinner im ersten Sommer, das heißt im Sommer 1942, nicht dazu entschließen konnte, sich zur Gänze den Unterhalt eines Gefangenen aufzubürden, sondern mit seinem Nachbarn, Franz Gerstenmayer, vereinbarte, einen für sie beide zu nehmen: „Soll er", sagte er, „drei Tage pro Woche bei mir, und drei Tage bei dir, Franz, arbeiten." So musste ich während der ersten drei Monate bei zwei Arbeitgebern arbeiten, und es erübrigt sich zu sagen, dass sich jeder von ihnen bemühte, mich für die schwersten Arbeiten einzusetzen.

Über meinen zweiten Arbeitgeber werde ich noch später berichten, aber jetzt wende ich mich dem „Altmandl" zu, wohin ich mit dem dünnen Mädchen aus der

---

[36] Diesen Ort gibt es nicht – vielleicht meinte Čirov Stratzdorf.

armen, aber kinderreichen Familie der Anna Edlinger ging: Anna musste mir verschiedene Arbeiten im Weingarten beibringen. Diesmal nahmen wir Hauen zum Jäten und Lockern des Bodens im „Altmandl" mit. Die Haue für die Arbeit im Weingarten hat eine Doppelfunktion: Im Frühling dient sie zur tiefen Auflockerung und beinahe zum Aufpflügen des Bodens, im Sommer zum Jäten und zum leichten Auflockern und im Spätherbst für eine ähnlich schwierige, aber prinzipiell andere Arbeit als im Frühjahr: Mit der Haue wird die Erde bei jedem Wurzelstock zusammengerecht und zugedeckt, um ihn vor den Winterfrösten zu schützen. Die Hauen, die die gefangenen Franzosen zum Spaß Saxophon nannten, da sie tatsächlich ihrer Form nach an dieses Instrument erinnerten, hatten einen kurzen, maximal einen Meter langen, leicht gekrümmten Stiel, der auf ein Metallrohr gesetzt war, das an einem rechtwinkeligen Stahldreieck angeschweißt war. Zwei Seiten dieses Dreiecks waren wie eine Handsense geschliffen, sodass sie das Gras wie ein Rasierer abmähten. Man musste mit der Haue gebückt arbeiten und sich wie ein Krebs mit dem Hinterteil voraus fortbewegen. Diese Arbeit verlangte nicht nur Kraft, sondern auch ein gehöriges Maß an Erfahrung.

35

So wurde die von den Franzosen als Saxophon bezeichnete Haue für beinahe drei Jahre mein wichtigstes Arbeitsinstrument. Ich sage nicht, dass dieses Instrument mich allzu sehr erschöpft oder allzu viel Kraft verbraucht hätte. Es war überhaupt nicht notwendig, zu hart zu arbeiten, denn von niemandem und niemals wurde ich bei der Arbeit angetrieben. Ich arbeitete, allein schon, da alle rundherum ebenso arbeiteten – ein Nachbar, der Hausherr und seine Frau machten neben mir das gleiche, und niemand kam es in den Sinn, mich zu hetzen.
Bei den österreichischen Bauern wird der Arbeiter nach seiner Arbeitstauglichkeit bewertet, weswegen der Arbeiter lediglich nach einem Zweipunktesystem eingestuft wird – entweder er ist gut oder er taugt zu nichts. Wenn sie einen unfähigen Arbeiter haben, der nicht gerne arbeitet oder es auch nicht kann, geht er einfach von ihnen weg. Sie haben jedoch kein Recht, ihn anzutreiben. Aber auch mit dem Lob für einen guten Arbeiter sind sie nicht geizig. So verstand es vor allem die Hausfrau, Anna Zinner, mich zu loben und von meiner Arbeitsleistung begeistert zu sein. Die Arbeit ging auch deswegen leicht von der Hand, da während der Arbeit die Zeit schneller verging. Denn generell verging die Zeit in der Gefangenschaft nicht nur einfach langsam, sondern sogar unerträglich langsam. Bald schon ist ein halbes Jahrhundert seit dem Tag vergangen, als ich in jenes Gedersdorf geriet und meine Gefangenschaft, wenn man das so sagen kann, viel leichter wurde. Bessere Bedingungen als jene, die ich und meine 15 Kameraden hatten, gab es nicht für Gefangene und kann es nicht geben. Bis heute kann ich jenen Zustand nicht verstehen und definieren, in dem sich meine Seele während dieser drei Jahre befand. Der Körper blieb in seinem normalen Zustand, weder Hunger noch Kälte quälten ihn mehr, aber die Seele ...

Die Seele war die meiste Zeit in einem Zustand der Erstarrung, da es für sie keine wichtige Lebensfunktion gab und geben konnte: Das, was ich in meinem Leben vor der Armee angestrebt und erträumt hatte, war im Laufe dieser grausamen Umstände wie weggeblasen, und es bestand praktisch keine Hoffnung auf eine Rückkehr der verlorenen Perspektive. Und kann etwa ein Leben ohne Hoffnung den in dir halb toten Geist erwecken, ihn aus dem Zustand der Erstarrung herausführen?
Aber die menschliche Seele trägt ihren Namen deshalb, weil sie sogar in einem Zustand der Erstarrung weiterleben kann. Leben, während sie das Beste bewahrt, was sich in den vorhergegangenen Jahren, vor der hoffnungslosen Gefangenschaft, ansammelte. Leben, während sie die eigenen Worte und Taten kontrolliert und nicht erlaubt, jene Linie zu überschreiten, hinter der die Dunkelheit der Verrohung beginnt. Leben, während sie hilft, sogar in den schweren und eintönigen Umständen der perspektivenlosen Gefangenschaft Schimmer des Menschlichen in der unmittelbaren Umgebung zu entdecken, damit man sich zumindest für kurze Momente als Mensch wahrnimmt, der die Fähigkeit zu denken und nach menschlichen Gesichtspunkten zu leben nicht verloren hat, der abwägen kann, was in unserer jüngeren Vergangenheit gut und was schlecht ist, welche Richtung unser Vaterland nach Kriegsende einschlagen kann, welches Schicksal unsere Heimat im Falle eines für uns siegreichen Kriegsausganges bereithält ...
Der Geist regte sich vor allem in jenen kurzen Momenten, als man jene bereits erwähnte Zeitung für sowjetische Kriegsgefangene in die Hand nahm, die zunächst „Klič", „Der Ruf", hieß (wir nannten sie allerdings „Vopl', „Der Klageschrei") und später in ihrem Namen das Wort „RODINA", „Heimat", in Verbindung mit einem anderen Ausdruck aufwies, an den ich mich aber nicht mehr erinnere. Die Zeitung rief, obwohl ihre Seiten die bittere Wahrheit über unsere Dreißigerjahre berichteten, nichtsdestoweniger ein Gefühl des empörten Protests hervor, da jeder einzelne Artikel darin von Wut und Hass gegenüber unserem Land, unserer Revolution, allem Sowjetischen, sogar gegenüber Lenin, durchtränkt war. Die Zeitung, die mit unserem Schmerz spielte und gewissenlos darüber berichtete, dass sich unser Staat von uns abgewandt hatte, riet uns zur Hartnäckigkeit und hielt uns davon ab, Verräter zu werden, denn, falls unser Land den Krieg gewinnen sollte, würde uns in diesem Falle ein überaus grausames Schicksal bevorstehen.
Obwohl viele von uns irgendwo in der Tiefe ihres Herzens die Wahrscheinlichkeit des uns von der Zeitung vorgesagten Schicksals für sich selbst in Erwägung zogen, wollte keiner von uns zu einem Verräter werden. Über diejenigen, die Verräter wurden, und über ihren Grund für diesen Schritt werde ich noch berichten. Zunächst aber das Wichtigste: Jene Propaganda auf den Seiten der genannten Zeitung machte keinen zum Verräter und konnte es auch nicht, da in jedem von uns ein bei weitem älteres Gefühl lebte als jenes unserer mit dem Blut unzähliger unschuldiger Menschen erkauften Revolution – das Gefühl der Heimat, das Gefühl einer physischen und psychischen Verwandtschaft mit denen, die sich blutbefleckt mit dem Feind geschlagen hatten, der unsere staatliche Selbstständigkeit, unsere Ehre und Würde angegriffen hatte, die für die Befreiung der vom Feind getretenen,

gestohlenen und mit Schimpf und Schande bedeckten heimatlichen Erde und auch für unsere Befreiung aus der Gefangenschaft gekämpft hatten.

Gerade dieses Gefühl stärkte in uns den Glauben, ohne den der Mensch kein Mensch sein kann: Ohne ein Gefühl für die Heimat, die für einen Menschen ALLES ist, denn ohne den Glauben an sie kann die Seele nicht leben. Auch wenn mein Glaube in jenen langen und schrecklichen Jahren blind war, half er mir sogar dann meine Seele zu retten – und auch im Zustand der Erstarrung lebte sie in mir weiter.

Was das reale Leben der Kriegsgefangenen in Gedersdorf betrifft – sowohl für jene zehn, die in der Holzfabrik arbeiteten, als auch für jene 16, die bei den örtlichen Bauern von Hof zu Hof gingen – war es das Beste, was man sich unter den Umständen der Gefangenschaft nur vorstellen konnte. Nicht nur bei der Ernährung litten wir keinen Mangel, sondern – wichtiger noch – es beschimpfte uns niemand oder schlug auf unsere Seelen ein. Das half uns auch, unsere Seelen zu retten und zu bewahren, ohne sie mit schweren, unverzeihlichen Sünden zu beladen. Etwas vorauseilend möchte ich Folgendes sagen: Kein einziger von uns hegte Mitgefühl für die Anhänger von General Vlasov, kein einziger gab seine Zustimmung, in die Armee des Verräters, des Generals Vlasov, einzutreten, als im Dezember 1944 zwei Emissäre eigens zu uns kamen, um uns für die Verräterarmee anzuwerben.

Aber untereinander sprachen wir über alles ohne jegliche Angst, da wir einander vertrauten und keiner von uns dieses Vertrauen jemals missbrauchte. Deswegen betone ich ein halbes Jahrhundert seit jener Überzeugung Folgendes: Am 29. Juli 1942, als ich nach Gedersdorf geriet, hatte ich unheimliches Glück – nicht nur, weil ich hier genug zu essen hatte, sondern auch, weil ich hier gute Kameraden fand, die Landsleute, Sinnesgenossen und einfach menschliche Leute waren. Man braucht nur daran zu denken: Keinem gegenüber empfand ich eine Form von Feindseligkeit – es hatte sich eine erstaunliche Gruppe gebildet.

36

Die ersten drei Monate in Gedersdorf arbeitete ich bei zwei Arbeitgebern – drei Tage die Woche bei Zinner und drei bei Gerstenmayer. Dabei wurde ich weder angetrieben noch besonders gedrängt, aber die Hausherren versuchten einfach, die mühevollste Arbeit auf jene Tage zu verlegen, an denen in der Wirtschaft zusätzliche Hände zur Verfügung standen. Und so musste ich bei der Ernte des Sommerweizens bei dem einen und dem anderen arbeiten, und diese Arbeit wird nicht umsonst als schwer bezeichnet.[37] Sowohl Zinner als auch Gerstenmayer mähten das Getreide mit der Hand – mit einer Sense, die eine Spezialvorrichtung hatte. Mit ihrer Hilfe legten sich die abgemähten Halme in ein genaues, mit den Ähren in eine

---

[37] Im Russischen hat das Wort „strada", „Ernte", die zusätzliche, übertragene Bedeutung von „schwerer, angestrengter Arbeit".

Richtung geschlichtetes Bündel. Die Hausherren mähten selbst. Zu meinen Aufgaben zählte, mit dem Ende der Sichel das Getreide zu Garben zu bündeln. Die Strohwische zum Binden bereitete die Bäuerin vor.

Das Bündeln der Garben war gar nicht so einfach, wie es auf den ersten Blick erscheinen könnte: Man braucht dazu sowohl Kraft als auch Erfahrung. Denn bevor man die Garben zusammenbindet, muss man die Halme so legen, dass in der Linie des Schnittes kein einziger Halm heraussteht. Eine fertige Garbe muss so ausschauen, als ob sie mit einem Sensenschnitt geschnitten worden wäre, damit kein einziger Stiel die Ausrichtung stört. Und bis du dir diese Arbeit angeeignet und dich angepasst hast, verlierst du mindestens einen Liter Schweiß, ganz zu schweigen von den verschiedenen Stacheln und Getreidegrannen, die du unangenehm zu spüren bekommst.

Die Garben waren nicht nur zu bündeln, sondern auch in den Schuppen zu tragen, damit sie nicht auf der Erde liegen blieben. Dann musste man noch hinter dem Schnitter hermarschieren, da es sich nicht ziemte, hinter ihm zurückzubleiben. Das Mähen war durchaus eine schwierige Aufgabe, denn man war für Stunden der gleißenden Sonne ausgesetzt. Es ist nicht das Gleiche, ob man das Gras bei Morgentau mäht oder ob die Getreidehalme – gleich ob Roggen oder Gerste – von der Sonne durchglüht sind. Man muss nicht einmal angetrieben werden: Denn obwohl du ein Gefangener bist, hast du doch mit dem Arbeitgeber an einem Tisch gegessen und er hat dich gut behandelt, sodass du es dir, wenn du mit ihm aufs Feld gehst, nicht erlauben könntest, hinter ihm zurückzubleiben, damit er nicht von dir denkt, dass du ein Weichling oder Faulpelz bist.

Mit einem Wort, die Arbeit selbst diktierte dir deine Einstellung ihr gegenüber, wobei man sich diesem Diktat einfach nicht widersetzen konnte. Tat dir der Rücken weh, juckte die Haut auf den Händen wegen der Stacheln und Grannen? Was macht das schon: Am Ende der Arbeit wäscht du dich, ein ordentliches Abendessen gibt dir wieder Kraft, und der nächtliche Schlaf nimmt dir beinahe zur Gänze deine Müdigkeit.

Den ganzen August 1942 arbeitete ich bei der Getreideernte und beim Dreschen. Im Vergleich mit der Ernte ist das Dreschen nicht so kräftezehrend, aber Staub schluckst du dabei mehr als bei der Ernte.

Die Gedersdorfer Bauern hatten neben einer Sämaschine auch eine gemeinsame Dreschmaschine, die elektrisch betrieben wurde. (Wir wunderten uns darüber – in jedem Bauernhaus und auf jedem Hof gab es Strom, was selbst in unseren Städten selten vorkam. In den Häusern meiner Schwestern im Ural wurde beispielsweise erst in den Sechzigerjahren Strom eingeleitet.) Das Dreschen wurde tatsächlich der Reihe nach vorgenommen: Heute auf dem einen Hof, morgen auf einem anderen. Deswegen gab es am Tag des Dreschens für alle mehr als genug zu tun. Jeder Bauer bemühte sich nämlich, das Dreschen möglichst schnell zu erledigen. Meine Arbeitgeber – Zinner und Gerstenmayer – erledigten es an einem Tag, wobei ich im 42er-Jahr sowohl bei dem einen, als auch bei dem anderen dreschen musste.

Es gab noch eine Arbeit – nämlich das Mistausschlagen,[38] das Ausheben der Jauchengrube. Die Jauchengrube, in die der Kuh- und Schweinemist zusammen mit Stroh geleert wurde, befand sich nahe beim Schweinestall, wobei der Urin durch eine Betonrinne direkt in die Grube rann. Der Mist mit dem Stroh wurde auf einem Wagen aus dem Stall geführt. Die Grube war etwa zehn Quadratmeter groß und eineinhalb Meter tief. Ihre Wände und der Boden waren mit groben Pflastersteinen ausgelegt, sodass sie nicht herunterfallen konnten. Mit den Monaten sammelte sich der Mist in dieser Grube an, der folglich durch das Gewicht der oberen Schichten ordentlich festgestampft wurde. Deswegen brauchte man viel Kraft, um ihn mit den normalen Mistgabeln herauszuheben. Obwohl, nebenbei gesagt, Kraft noch nicht das Allerwichtigste dabei war, weil man etwa bei der Ernte genauso viel brauchte. Das Schlimmste waren die Dämpfe, die man dabei den ganzen Tag einatmen musste, bis die gesamte Grube ausgeleert und der ganze Mist auf einen viereckigen, beinahe quadratischen Haufen geworfen worden war. Nachdem der Mist einen Monat lang so gelegen und ordentlich gegoren war sowie alle überflüssige Feuchtigkeit abgegeben hatte, konnte man ihn als organischen Dünger für die Felder und Weingärten verwenden.

Aber das eine war, die Dämpfe einzuatmen, während der Mist am Anfang des Frühlings aus der Grube geworfen wurde, und es war etwas völlig anderes, diese Arbeit in der Augusthitze zu verrichten: Die Hitze war kaum zum Aushalten, weil sich die Grube in einem windstillen Platz zwischen den Hofgebäuden befand. Außerdem flogen hier einem die grünen Fliegen beinahe in den Mund hinein, weshalb man auf der Hut sein musste und den Mund nicht einfach so aufmachen durfte. Der Schweiß rann in Strömen, aber ihn abzuwischen machte keinen Sinn, weil die Hände schmutzig waren und man als ganzes nach Mist stank. Nur wenn es völlig unerträglich wurde, sprang man aus der Grube, lief zum Brunnen und steckte den Kopf unter den frischen, Abkühlung verschaffenden Strahl.

Wahrscheinlich blieb mir diese Arbeit auch deswegen so sehr in Erinnerung, weil ich sie gleich zweimal hintereinander durchführen musste: Am Mittwoch bei den Zinners und am Donnerstag, am Beginn der zweiten Wochenhälfte, bei den Gerstenmayers. Ich stank durch und durch nach diesem Mist. Es war nur gut, dass mir die Arbeitgeber alte Kleidung gaben, die als Arbeitskleidung für diesen Einsatz diente. Wenn ich fertig war, brachten die Frauen einen Eimer mit heißem Wasser, damit ich mich so gut wie möglich waschen konnte. Trotzdem umgab mich der Geruch eine Woche lang; erst danach verging er langsam. Die Kameraden schenkten jedoch meiner Ausdünstung, als wir alle am Abend ins Lager zurückkehrten, keinerlei Beachtung. Anscheinend gewöhnten sie sich daran, sodass er sie nicht mehr störte.

---

[38] Im Original verwendet Čirov die phonetische Transkription „mist ausšlagen" mit kyrillischen Buchstaben.

Nun einige Worte zu meinem zweiten Arbeitgeber, Franz Gerstenmayer, bei dem ich bis November 1942 arbeitete. Er war Johann Zinners Nachbar, wobei sein Haus am südöstlichen Rand von Gedersdorf stand. Seine Wirtschaft war der von Zinner sehr ähnlich. Aber sein Haus und Hof bekamen sprichwörtlich zu wenig Sonne: Die Hofgebäude waren so angelegt, dass ihr Schatten nicht nur bei Sonnenauf- und -untergang, sondern sogar zu Mittag einen beachtlichen Teil des Hofs bedeckte. Dadurch war es im Hof niemals vollkommen hell, sondern immer halbdunkel. Mir kam damals aber auch vor, dass dieses Halbdunkel von der Frau des Hauses, Frau Antonia Gerstenmayer, ausging: Sie sprach kaum mit mir, fragte mich niemals auch nur irgend etwas und lächelte mir kein einziges Mal zu. Der Grund für ihre Schweigsamkeit lag aller Wahrscheinlichkeit nach in ihrer angeborenen Schüchternheit, die ich aber aus einem mir selbst unerklärlichen Grund als eine versteckte Abneigung mir gegenüber interpretierte, obwohl es keinerlei Ursache dafür gab. Antonia kränkte mich nämlich niemals, weder mit einem zornigen Wort noch mit einer bösen Tat. Wahrscheinlich spielte hierbei unsere Verschiedenheit eine entscheidende Rolle.

Antonias Ehemann war durchschnittlich groß und um die vierzig Jahre alt: Er war nervös, eilte ständig irgendwo hin und schaute neben seiner etwas üppigen und überhaupt nicht zur Eile neigenden Antonia beinahe wie ein Knabe aus. Es war lustig anzuschauen, wenn er versuchte, Antonia irgendwie aufzumuntern, damit sie zumindest ein bisschen lächelte. Sie schaute ihn dann lediglich mit einem ihr eigenen spöttischen Gesichtsausdruck an und setzte, ohne auch nur ein Wort zu sagen, ihre Arbeit im gewohnten Tempo fort.

Das Erstaunlichste bei den Gerstenmayers war aber, dass die beiden, obwohl sie nicht mehr die Jüngsten waren, einen eineinhalbjährigen Sohn hatten, der wie der Vater Franz hieß. Und dieses prächtige Kind, der kleine Franzl, wärmte und erfreute mein sich nach familiärer Wärme sehnendes Herz so sehr, dass ich beim Umgang mit ihm buchstäblich meine Unfreiheit vergaß und mich wie in einem heimatlichen Haus fühlte. Ich betrachtete den kleinen Franzl gleichsam als meinen jüngeren Bruder – so süß war dieser kleine Bub, ein wahrhaft menschliches Wesen. Und ohne seine ständige Anwe-

Abb. 38: Antonia, Franz sen. und „Franzl" jun. Gerstenmayer.

Abb. 39: Franz Gerstenmayer als Kind am Hof seiner Eltern in Gedersdorf

senheit wäre meine Zeit im Hause der Gerstenmayers bei weitem nicht so angenehm gewesen: Die geheime, von Antonia ausgehende Verschlossenheit bedrückte mich so sehr, dass sie sich sogar auf meinen Appetit auswirkte – selbst nach der allerhärtesten Arbeit musste ich mich beinahe zum Essen zwingen. Und dann reichte es, einen Blick auf den Franzl zu werfen, ihm heimlich zuzulächeln und als Antwort sein strahlendes Lächeln zu sehen, damit sich meine Verstimmung in nichts auflöste, mit einem Wort – ein Wunder.

Ja, ja, genau so war das alles – vor meiner inneren seelischen Verzweiflung, die mich manchmal aus unerklärlichen Gründen während der Arbeit in der Wirtschaft der Gerstenmayers überfiel, rettete mich der Kontakt mit Vater und Sohn. Obwohl Franz Senior manchmal versuchte, nicht nur sehr ernst, sondern sogar böse zu schauen, gelang ihm dies einfach nicht auf Grund seiner angeborenen Güte: Manchmal bemühte er sich aus allen Kräften, seinem Gespräch mit mir eine betont zornige Intonation zu verleihen, aber in seinen Augen blitzten fröhliche Teufelchen auf. Und wenn ich diese Teufelchen in seinen Augen, die versuchten, ernst zu schauen, erblickte, wurde ich so fröhlich, dass ich einfach lachen musste. Sein Zorn erlosch dann so schnell wie er gekommen war, und auf seinem Gesicht erschien ein beinahe kindliches Lächeln, in dem ich Züge seines kleinen Sohnes wieder erkannte, an dem er als Vater verständlicherweise einen Narren gefressen hatte.

Nach meiner Ankunft bei Johann Zinner fragte mich dieser als erstes, bei wem ich lieber bleiben würde, falls noch ein Russe nach Gedersdorf käme. Ich antworte ihm, ohne lange nachzudenken, dass ich seine Familie bevorzugen würde, weil die Ernsthaftigkeit von Frau Antonia mich schwermütig machen würde. Johann antwortete auf meine Erklärung, dass Antonia eine äußerst rätselhafte Frau wäre. Als mich Franz Gerstenmayer über meine Wahl befragte, antwortete ich ihm sehr diplomatisch, dass ich lieber bei Zinners bleiben würde, weil ich nach meiner Ankunft aus dem Stalag dank der MACHT DES SCHICKSALS bei IHM zu arbeiten begonnen hätte und ich dem Schicksal glauben sowie mich ihm gehorsam unterwerfen würde.

„Und wenn du aus dem Stalag zu mir gekommen wärst?", fragte mich Franz Gerstenmayer, sichtlich gekränkt.

„Dann würde ich unbedingt bei Ihnen bleiben", antwortete ich versöhnlich.

Damit war das Gespräch über dieses äußerst heikle Thema zu meiner nicht geringen Freude beendet: Denn die Nachbarn hatten vorläufig untereinander vereinbart, die Wahl mir zu überlassen. Und dass Franz Gerstenmayer dem zugestimmt hatte, bewies sowohl seine große Güte als auch seine Menschlichkeit.

Den kleinen Franzl sah ich auch noch, als ich nur noch beim Zinner arbeitete: Unter dem Vordach, wo Zinners Brennholz gelagert wurde, rief ich ihn herbei, wenn ich ihn auf seinem Hof sah. Daraufhin lief er gerne zum Zaun und wir redeten dann einige Minuten fröhlich und unbeschwert über irgendetwas.

39

Von den Arbeiten im Herbst war das Mistausbringen auf den Terrassen der Weingärten die härteste. Wie ich bereits erwähnte, lagen die Weingärten auf Bergterrassen, wobei man pro Terrasse die Höhe eines dreistöckigen Hauses überwinden musste. Meistens musste man mit nur leichter Last auf die eine oder andere Terrasse gehen, mit einer Haue und der Jause; im Frühjahr mit einer Schaufel statt der Haue, weil die Zinners den Frühjahrsboden gewöhnlich mit der Schaufel auflockerten. Während der sommerlichen Arbeiten an den Rebstöcken, die im Herbst die Trauben für den Wein geben, müssen die Weinstöcke „gespritzt" werden. Im Tal stand ein Wagen mit einem Tausendliterfass einer Kalk-Vitriol-Lösung.

Aber zwei Eimer Lösungsflüssigkeit sind für einen zwanzigjährigen Burschen durchaus keine schwere Last, oder?

Wenn man jedoch mit einer beinahe fünfzig Kilogramm schweren Butte am Rücken einen Hügel zu besteigen hat, dann fühlt man die Last. Auf den Schultern lastet eine Butte, ein hölzernes Gefäß, das einem halben Kübel ähnelt. Auf der flachen Seite der Butte waren oben und unten Trageriemen befestigt, die schwer auf die Schultern drückten.

Abb. 40: Ein belgischer Kriegsgefangener aus dem Stalag XVII B bei der gemeinsamen Arbeit mit der Tochter der Familie Kreitner. Brunn im Felde.

Generell wurden die Butten zum Tragen der Weintrauben während der Weinlese verwendet: Die abgeschnittenen Trauben wurden zunächst in kleine, hölzernen Zubern ähnelnde Butten gelegt, die wie die großen Butten einem halben Kübel ähnlich waren. Aus den kleinen Butten wurden die Weintrauben dann in eine große geleert, die dann einer der Leser am Rücken hinuntertrug. Dort stand ein Wagen mit einem riesigen Holzkübel, in den die Weintrauben aus der großen Butte hineingeleert wurden.

Abb. 41: Bei der Heumahd.　　Abb. 42: Kriegsgefangene bei der Arbeit im Weingarten der Familie Jell bei Krems an der Donau.

So kam es, dass ich zunächst über das Düngen der Weingärten sprach und dann zum Weinlesen überging, wobei dies keineswegs überraschend ist: Beides betrifft nämlich die Butten, die, solange sie neu und sauber waren, für das Weinlesen und später für das Austragen des Düngers verwendet wurden. Man stellte die Butten auf einen speziellen Schemel, damit ihr Boden auf der Höhe des Rückens war und trug sie bis zum Ort, wo es zu düngen galt. Bergauf ging man langsam, weil man unter so einem Gewicht nicht laufen konnte, dann ging man zu einem bestimmten Platz, beugte sich beinahe bis zur Erde und leerte seine Last aus. Die Haufen mussten jeweils in gleicher Entfernung voneinander abgeladen werden, weil man den Dünger dann leichter in einer gleichmäßigen Schicht über den ganzen Weingarten verteilen konnte. Einen Tag später, nachdem der gesamte Dünger in den Weingarten getragen und verteilt worden war, musste man die Wurzeln der Stöcke für den Winter bedecken.

Der Dünger wurde meistens Ende Oktober oder Anfang November in die Weingärten getragen, wobei jeder Weingarten einmal in zwei bis drei Jahren gedüngt wurde. So gab es keinen Herbst, wo diese Arbeit entfiel. Ich musste im 42er-Jahr den Dünger auf den höchst gelegenen Grund bringen, auf den bereits erwähnten „Altmandl". Ungefähr auf dieser Höhe lag auch einer von Gerstenmayers Weingärten, den ich für kurze Zeit ebenfalls zu düngen hatte.

40

Die Arbeit in den Weingärten, die meine Hauptbeschäftigung darstellte, dauerte beinahe neun Monate pro Jahr, von März bis November. Trotz aller ihrer Härte gefiel sie mir, weil ich dabei die meiste Zeit alleine war. Die Arbeit in der Einsamkeit bot nämlich die Möglichkeit zum Nachdenken, bei dem man durch nichts gestört wurde. Deswegen schätzte ich diese Augenblicke während meiner Gefangenschaft, wenn ich in vollkommener Einsamkeit arbeiten konnte, wenn meine nicht menschlichen Gesprächspartner die Erde, der Himmel, der Wind, das Rascheln der Blätter der Weinstöcke und Bäume, die Stimmen der Vögel und das Geräusch beim Umgraben der Erde mit der Haue waren. Sie störten mich nicht, meine stummen Gesprächspartner, eher im Gegenteil – häufig wiederholten sie meine Gedanken, stimmten ihnen zu oder brachten mich auf neue Gedanken. In solchen Momenten vergaß ich meine Gefangenschaft, und die sonst dahinschleichende Zeit verging etwas schneller.

Worüber dachte ich in diesen wunderbaren Momenten der Einsamkeit nach, wenn ich in den Weingärten arbeitete? Meistens über die hinter dem Vorhang der Zeit versteckte Kindheit, als ich mich gerne an das Ufer des Čagans,[39] in einen Getreide- oder Heuschober oder in einen Schuppen neben dem unvergesslichen alten und weisen Kamel Gyrlan oder auf das Dach der Sommerküche bei den weit verzweigten Ästen des einzigen Apfelbaumes in unserem Hof zurückzog. Überraschend war, dass die Gedanken an die Kindheit und Erinnerungen an ihre besten Momente nicht die geringste Spur von Trauer hervorriefen: Während ich auf der Erde arbeitete, sie vom Unkraut befreite, sie mit dem Spaten umstach und mit der Haue auflockerte, glitt ich gleichsam geistig in meine Kindheit zurück. Diese phantastische Reise quälte mich nicht, sondern sie erleichterte mich, nahm von mir das Gewicht der durchlebten Leiden und ließ eine vage Hoffnung auf die Möglichkeit einer Zukunft in Freiheit aufkeimen.

Natürlich war diese Hoffnung, wie auch die Reise in die Kindheit in Ščapovo, äußerst vage, aber sie brachte auch etwas Gutes mit sich und erfüllte mein damaliges Dasein zumindest mit einem gewissen Sinn. Wahrscheinlich bestand der Sinn darin, dass ich mich mit Hilfe meiner seelischen Kräfte vor einer destruktiven Verzweiflung bewahrte, deren blinde Macht in der Lage war, einen in einen bodenlosen Abgrund zu stoßen, aus welchem es keine Rückkehr zum LAUTEREN menschlichen LEBEN gab.

41

Wie verhielten sich die Bewohner von Gedersdorf uns, den sowjetischen Kriegsgefangenen, gegenüber? Die objektivste Antwort auf diese Frage ist meiner Meinung nach – ohne Feindseligkeit. Von einem Wohlwollen uns gegenüber zu sprechen, wäre wohl etwas gewagt: Welches Wohlwollen kann es geben, wenn wir von dort stammen, wo der allergrausamste Krieg tobte und wo die Söhne der Gedersdorfer umkamen? Obwohl, als Wohlwollen könnte man vielleicht das uns entgegengebrachte Interesse interpretieren, der Versuch, uns näher zu betrachten, um zu

---

[39] Čagan: Fluss in Kasachstan, in der Nähe von Semipalatinsk.

verstehen, was wir für Menschen sind und was von uns zu erwarten sei, falls die militärische Lage an der Ostfront sich plötzlich zu unserem Vorteil entwickelte. Man kann nicht sagen, dass diese Begutachtung der Russen diejenigen beruhigt hätte, die sich für uns interessierten oder ihnen geholfen hätte, sich von den durch die maßlose Goebbels-Propaganda in ihre Köpfe eingehämmerten Vorurteilen zu befreien.

Beinahe jeden Abend kam die Frau des Lehrers mit einer Milchkanne zu den Zinners. Sie war noch sehr jung, hatte ihre weibliche Schönheit noch keineswegs eingebüßt, lebte in Liebe und Harmonie mit ihrem Mann, hatte eine helle Haut und schwarzes Haar (es hieß, dass sie der Nationalität nach Kroatin sei), trug eine schneeweiße Bluse und einen dunklen Rock, der vorne von einer weißen Rüschenschürze bedeckt war. Während sie darauf wartete, dass Frau Zinner die Milch der eben gemolkenen Kühe durchseihte und in ihre Kanne goss, erzählte sie üblicherweise, was ihr bei Stalingrad kämpfender Mann in seinen Briefen schrieb, antwortete auf Frau Zinners mit ausdrücklicher Liebenswürdigkeit gestellte Fragen und warf dann und wann einen verstohlenen Blick in meine Richtung: Während ihrer Besuche aß ich meistens zu Abend und hörte den Worten der jungen Frau aufmerksam zu.

Weil sich Nachrichten in einem österreichischen Dorf in der Regel gleich schnell verbreiten wie in einem russischen, erfuhren die Gedersdorfer schon bald, nämlich am Abend des 29. Juli, dem Tag meiner Verbringung nach Gedersdorf, dass sich im Hause Zinner ein russischer Lehrer befand. Meine Hausfrau teilte diese Neuigkeit der jungen „Frau Lehrer"[40] ungefähr eine Woche später mit. Und wahrscheinlich wollte sie ihr die Möglichkeit bieten, sich selbst davon zu überzeugen, dass vor ihr ein russischer Lehrer stand.

Und etwas verlegen sprach die Frau des Lehrers mit mir, fragte mich über alles, was ihr am wichtigsten erschien: Wie es mir gelungen war, so jung als Lehrer zu arbeiten, wo und was ich unterrichtet hatte, ob ich die Kinder und meine Arbeit gerne mochte. Auf meine sie anscheinend völlig zufriedenstellenden Antworten sagte sie: „Mein Mann mochte seine Arbeit auch sehr, bevor er zur Armee eingezogen wurde: Nichts interessierte ihn mehr als seine Schule und seine Schüler."

Nachdem die Frau Lehrer fortgegangen war, redete die Hausfrau über sie und rückte sie ins allerbeste Licht – dass sie so jung, schön und stark sei: Ihrem Mann schreibe sie beinahe täglich einen Brief, zu Hause sei alles perfekt aufgeräumt und nichts sei verstellt oder verrückt worden, seitdem ihr Mann weg war. Allen gegenüber verhielte sie sich so höflich, dass jeder gerne ein paar Worte mit ihr wechselte, und möge Gott geben, dass ihr Mann, den alle in Gedersdorf, Jung und Alt, hoch achteten, wohlbehalten aus dem Krieg zurückkehre.

Ungefähr Mitte September 1942 kam der Herr Lehrer, ein 25 Jahre alter Mann, auf Heimaturlaub. Eines Abends kam er gemeinsam mit seiner Frau zu den Zin-

---

[40] Im Original verwendet Čirov die phonetische Transkription „frau leerer" und „cherr leerer" mit kyrillischen Buchstaben.

ners. Die Hausfrau hatte eben die Kühe gemolken und – wie üblich – die Milch abgeseiht, als ich zum Abendessen in die Küche ging und mir zuvor noch aus der Speisekammer Brot holte. An die Anwesenheit der Frau Lehrer am Abend hatte ich mich bereits gewöhnt: Während sie darauf wartete, dass Frau Zinner ihr Gefäß anfüllte, saß sie meist auf einem Hocker an der Wand links vom Eingang. Diesmal jedoch ließ sie die Hausfrau gemeinsam mit ihrem Mann am Tisch Platz nehmen, der Hausherr gab seinen Gästen Gläser und füllte sie mit Wein, den er extra aus dem nicht weit vom Haus gelegenen Keller geholt hatte. Mit einem Wort, die Familie Zinner erwies ihren Gästen die Ehre, indem sie sie mit in jenen Tagen außergewöhnlichen Speisen bewirtete.
Der Hausherr gab auch mir ein Glas Wein. Der Herr Lehrer, der seinen nicht gerade sehr optimistischen Bericht über die Kämpfe bei Stalingrad, von wo er auf Heimaturlaub gekommen war, fortsetzte, schaute beinahe die ganze Zeit zu mir und nicht zum Hausherrn hin. Er selbst war entweder ein Obergefreiter oder Unteroffizier, ich weiß das nicht mehr so genau, weil er zu den Zinners in Zivil gekommen war. Er signalisierte liebenswürdige Neugier, als ob er niemals zuvor einen Russen aus der Nähe gesehen hätte. Und das Erste, was er mir nach den üblichen Fragen sagte, erstaunte und erfreute mich:
„Ich schaue Sie an und denke mir: Warum müssen wir einander hassen und uns sogar gegenseitig umbringen?"
Nach diesen Worten entschuldigte er sich beim Hausherrn und meinte, dass diese Aussage durch das viele Leid, das er zu Gesicht bekommen hatte, motiviert war. Der Hausherr antwortete ihm darauf, dass er sich nicht zu entschuldigen brauche, er verstehe das alles, wie auch Dmitrij (er nickte in meine Richtung) alles verstehe, und das Gesagte würde niemand sonst je erfahren.
Aber das, was der Gedersdorfer Lehrer an jenem Abend sagte, blieb nicht nur im Hause der Zinners: Es drang in meine Seele ein, brachte sie in Aufruhr und ließ ein Fünkchen Hoffnung auf ein möglicherweise glückliches Ende dieses Wahnsinns keimen, in den durch die Macht des Schicksals Millionen von Menschen geraten waren.

42

Ende 1942, wenn mich mein Gedächtnis nicht täuscht, geschah etwas, das alle um mich herum in Aufregung versetzte: In einer für uns Sowjets herausgegebenen Zeitung wandte sich der frühere Kommandeur der 99. Division und der 2. Stoßarmee, General Vlasov, an alle seine gefangenen sowjetischen Brüder. Er rief dazu auf, in die von ihm bereits gegründete oder sich im Aufbau befindliche „Russische Befreiungsarmee" einzutreten. In diesem Aufruf erzählte er seine eigene Autobiographie, betonte dabei insbesondere, dass ihn die sowjetische Regierung keineswegs persönlich beleidigt habe, dass er sich aber entschlossen hätte, die Waffen zu ergreifen und alle „echten russischen Patrioten" aufzurufen, sich ihm in seinem Kampf gegen die sowjetische Macht und gegen die Gewalt und Unterdrückung anzuschließen, die Stalin über die besten Söhne Russlands gebracht hätte. Überall versuchte der Verrätergeneral Vlasov in seinem ersten Aufruf an die Millionen sowjetischer Kriegsgefangener in faschistischer Hand zu zeigen, dass er keineswegs ein Verräter sei, sondern vielmehr unser Wohltäter und Vater, dem man glauben könne und dessen Beispiel man folgen müsse.

Es stellt sich die Frage, wie wir, die 26 sowjetischen Kriegsgefangenen, die in Gedersdorf in der Landwirtschaft und in der Holzfabrik arbeiteten, diese Aufforderung des Verräters, der sich aber selbst nicht offen als Verräter bekannte, aufnahmen: Mit einem Gefühl des Misstrauens („Er ist und bleibt ein Hundesohn") und offener Abscheu („Was ist das bloß für ein Schuft") sagte der Weißrusse Nikolaj Marchel' über Vlasov: „Sich selbst hat er verkauft, und er will auch die anderen verkaufen." Ich persönlich traf niemals auf Sympathie, die seitens der Kriegsgefangenen gegenüber Vlasov und seinen Anhängern geäußert worden wäre.

Aber die Entstehung des Phänomens Vlasov, dieses ungeheuerlichen Monsters im sinnlosen und grauenhaften Weltanschauungskrieg, in den die Völker der UdSSR und das Deutsche Reich verwickelt waren, stellte keineswegs einen Zufall oder eine pure Laune dar. Indem Hitler Vlasov zu Hilfe rief, unterstrich er seine Hilflosigkeit gegenüber Russland, das er in wenigen Wochen in die Knie hatte zwingen wollen. Und wenn man sich seine Machtlosigkeit – nicht in Worten, sondern in Taten – eingestehen muss, macht man eine Dummheit nach der anderen.

Die Gemeinheit in Hitlers Dummheit bestand darin, dass sie am Höhepunkt des Ostabenteuers des „Führers" entstand: Als er die Kraft unseres unüberwindlichen Widerstandes bei Stalingrad und besonders in Stalingrad selbst bemerkte, beschloss Hitler, gegenüber den im Sommer und Herbst 1941 sowie im Frühling und Sommer 1942 in Gefangenschaft geratenen Russen „gutmütiger" zu werden. Der Wolf namens Hitler zog sich einen Schafspelz über und entschloss sich, in die Herde der hungrigen Schafe, die Hunderttausende unserer sowjetischen Kriegsgefangenen bildeten, von ihm gut gefütterte Ziegenböcke zu entsenden. Denn vielleicht würde es ja plötzlich diesen Ziegenböcken gelingen, zumindest einen Teil der Schafe dorthin zu bringen, wohin der Wolf es ihnen befiehlt ...

Trotz aller Bemühungen gelang es ihnen nicht, alle unsere Kriegsgefangenen in gedankenlose Schafe zu verwandeln. Wir verlernten nicht zu denken und zu urteilen, weswegen wir uns von General Vlasovs gemeinen Verrat nicht beeinflussen ließen. Wir errieten sofort, von wem und wofür er in die Arena dieser einzigartigen blutigen Geschichte geschickt worden war und nach wessen Pfeife er seinen teuflischen Tanz aufführte, mit dem er auch uns in seine tödlichen Ambitionen hineinziehen wollte. Er wusste, dass wir, die wir für die Ehre, das Heil und Wohlergehen unseres Staates gekämpft hatten, von diesem verstoßen worden waren und den Verfassern des Befehls 270 auf das Äußerste verdächtig erschienen, weswegen wir ein trauriges Dasein als rechtlose Sklaven fern der Heimat fristeten.

Unsere Lage wurde durch das Erscheinen des Verrätergenerals Vlasov noch prekärer als zuvor: Die Deutschen verliehen Vlasov eine gewisse Macht uns, den Kriegsgefangenen, gegenüber, indem sie ihm zum Kommandanten einer ganzen Armee aus Verrätern, die gegen ihr eigenes Volk zu kämpfen bereit waren, ernannt hatten. Und wenn sein Anteil an der Macht auch klein war – so ruft eine krankheitserregende Mikrobe, die in das Blut eines gesunden Organismus gerät, häufig die ärgsten Folgen hervor.

43

Ich weiß nicht genau, wie ich meine Gedanken am besten ausdrücken soll, versuche es aber trotzdem: Die Mehrheit der sowjetischen Kriegsgefangenen konnte zum Glück den Vlasov-Bazillus aus sich herausreißen. Unser sozialer Organismus erwies sich als so gesund, dass ihn die Faschisten nicht mit Verrat infizieren konnten. Vlasovs Emissäre, die eine deutsche Uniform und russische vorrevolutionäre Kokarden auf der Schirmmütze und Schulterstücke russischen Schnitts trugen, erschienen vor uns als Propagandisten der Idee des Verräters und schauten äußerst bedauernswert aus, wobei sie natürlich keinerlei Mitleid bei uns hervorriefen oder hervorrufen konnten. Das Spiel, in das sie sich hineinziehen hatten lassen, war viel zu abstoßend.

Sobald sie am grauen Horizont unseres Lebens erschienen, begann mich ständig ein- und dieselbe Frage zu verfolgen: Was hatte sie dazu bringen können, sich für diesen Schritt zu entscheiden, der schrecklicher als Desertieren war? Denn ein Deserteur will sein Leben durch seine Weigerung, gegen den Feind seines Vaterlandes zu kämpfen, retten. Aber er ist meilenweit vom Gedanken entfernt, die Waffen gegen die Seinen zu erheben, wenngleich ihn die Umstände mitunter dazu zwingen können, jemanden aus den eigenen Reihen mit der Waffe zu bedrohen, um zu überleben. Aber derjenige, der in die Vlasov-Armee eingetreten war, bekannte vor der ganzen Welt, dass er den Treueid gegenüber seinem Vaterland gebrochen und sogar Verrat geschworen hatte – das ist ungeheuerlich!

Aber was brachte sie trotz allem zu diesem unerhörten Schritt? Am häufigsten hörte man folgende Antwort auf diese Frage: „Weil ich nicht die unabsehbaren Hungerqualen ertragen konnte und daran zerbrach. Möge kommen, was wolle, aber zumindest kann ich mich in den nächsten Tagen satt essen." Solche bildeten, meiner Meinung nach, den Großteil der Vlasov-Armee. Sie sagten sogar, dass Vlasov stolz darauf wäre, Tausende von Menschen den Krallen des Hungertodes entrissen zu haben. Aber worauf kann man da stolz sein? Darauf, dass man Menschen dazu gebracht hatte, sich mit Schande zu beflecken?

Andere, die nach diesem niederträchtigen Schritt noch einigermaßen anständig erscheinen wollten, versuchten diejenigen zu überzeugen, deren Verstehen und Mitgefühl ihnen äußerst wichtig war: Sie waren nur mit einem einzigen Ziel in die Armee Vlasovs eingetreten – nämlich bei der ersten Gelegenheit zu den Eigenen überzulaufen. Aber bei allem guten Willen, in diesen Fällen musste ich einfach an ihrem gesunden Menschenverstand zweifeln. Sie mussten doch wissen, WAS sie, die deutsche Uniformen trugen, nach dem Überlaufen erwarten würde? Denn bei weitem nicht jedem gelang es, sich so zu den eigenen Truppen durchzuschlagen, wie Andrej Sokolov in Šolochovs Erzählung „Ein Menschenschicksal":[41] Es gab nicht genug Majore in der Deutschen Wehrmacht für alle Vlasov-Soldaten. Nichtsdestoweniger muss eine vergleichbare Stimmung in der Vlasov-Armee derart dominant gewesen sein, dass im Sommer 1944, knapp vor beziehungsweise nach der Landung der Amerikaner und Engländer an der französischen Küste[42] Hitler den Befehl erließ, die Vlasov-Soldaten von der Ostfront an die Westfront zu versetzen, wodurch er seine wahre Einschätzung der Vlasov-Armee offenbarte: Er brauchte sie als Kanonenfutter und nichts anderes. Nebenbei gesagt wurden durch diesen Befehl auch die russischen Kokarden, die russischen Schulterstücke und weitere Unterscheidungsmerkmale abgeschafft. Die Vlasov-Soldaten erhielten die übliche Wehrmachtsuniform, die lediglich am Ärmel einen Aufnäher mit drei Buchstaben aufwies: ROA, was „Russische Befreiungsarmee" bedeutete.[43] Und der Verräter Vlasov musste damals öffentlich in der bereits genannten Zeitung beklagen, wozu wir die deutsche Militärführung gebracht hätten.

Vlasov beklagte sich und war verzweifelt, aber uns gefiel es, darüber zu lesen: Es stellte sich heraus, dass bei weitem nicht alle Vlasov-Soldaten Taugenichtse und Schurken waren, bei weitem nicht alle. Unter ihnen gab es auch solche, die durch Betrug und Einschüchterung in die deutsche Vlasov-Uniform geraten waren. Mir scheint, dass im Endeffekt diejenigen dafür verantwortlich waren, die ihre Opfer belügen und sie mit dem Tod bedrohen konnten. Ich bin beinahe auch davon überzeugt, dass es unter den Vlasov-Emmissären solche gab, die noch in den Jahren der absoluten Kollektivierung ein Praktikum der Lüge und Einschüchterung absolviert hatten und danach in den Kampagnen für die Getreide- und Fleischbeschaffung aus den Taschen der Arbeiter, Angestellten und Kolchosebauern gestohlen hatten. Ich glaube, dass Hitler und Vlasov die „Verdienste" dieser eifrigen Diener der schwarzen Teufelei gebührend schätzten und sie deswegen nicht nur nicht zurückwiesen, sondern sie auch beinahe zärtlich behandelten.

Die Handschrift dieser äußerst gewissenlosen Demagogen, die auf das kleinste Zeichen ihres Herren hin die Aufgabe des Henkers übernehmen, lernte ich kennen, als ich zu Beginn des Frühlings 1945 zufällig zwei deutsche Soldaten russischer beziehungsweise sowjetischer Abstammung traf. Beide waren sie mager, die Uniform schaute aus wie ein Sattel auf einer Kuh, die Fliegermützen reichten bis zu den Ohren, die Stiefel mit weiten Stiefelschäften waren viel zu groß für ihre Beine. Als ich hörte, dass sie russisch redeten, fragte ich sie:

„Seid ihr Russen?"

„Ja, Russen."

„Und wer hat euch in das hineingesteckt?"

---

[41] Michail Aleksandrovič Šolochov (1905–1984): russischer Schriftsteller, dessen Werk „Ein Menschenschicksal" im Jahre 1956 erschien und 1959 unter der Regie von Sergej Bondarčuk verfilmt wurde. Siehe dazu auch S. 35 in diesem Band.

[42] Die Landung der Alliierten in der Normandie erfolgte am 6. Juni 1944.

[43] ROA: Russkaja osvoboditel'skaja armija.

„Also, es war so", begann einer der beiden, der gezeichneter als sein Kamerad wirkte, „sie fuhren zu uns ins Stalag, bei Breslau,[44] drei in deutschen Uniformen, aber mit Kosakenmützen. Wir mussten uns alle aufstellen, und einer von ihnen gibt aus vollem Halse das Kommando: ‚Wer von euch aus Kuban stammt, drei Schritte vor – Marsch!' Und den anderen befahlen sie, in die Baracken zurückzugehen. Uns ließen sie in Zweierreihen antreten und der Schreihals kommandierte: ‚Wer von euch für die Juden und Bolschewiken ist, drei Schritte vor – Marsch!' Aber keiner traute sich, auf sein Kommando zu reagieren. Und dann hielt er uns eine ganze Ansprache und war mit sich sehr zufrieden, dass er uns um den kleinen Finger gewickelt hatte. ‚Also, da ihr alle nicht für, sondern gegen die Juden und Bolschewiken seid, gehört ihr von jetzt an zur Russischen Befreiungsarmee, die unser (so sagte er, sogar mit Nachdruck: unser) General Vlasov kommandiert, wozu ich euch gratuliere ...' Sie brachten uns sofort in einen Waschraum, gaben uns eine andere Uniform, setzten uns in geschlossene Autos und führten uns in Kasernen, die 50 Kilometer weit weg waren ... Und so tappten wir – wie Mäuse – in die Falle ..."

44

Folglich gab es unter den Vlasov-Soldaten auch solche, die man nicht anders als „Lämmer des Herrn" bezeichnen kann, die bereit waren, jederzeit geopfert zu werden. Die zwei Männer aus Kuban, die ich traf, an denen die deutsche Uniform wie ein Sack hing, sind ein leuchtendes Beispiel dafür. Aber an diesem Beispiel erkennt man auch die böse Rolle der von Vlasov angeheuerten Helfershelfer: Denn sie, die Helfer, hatten gestern noch nicht weniger eifrig Stalin gedient und seine Politik in die Tat umgesetzt. Sobald sie aber in deutsche Gefangenschaft geraten waren, machten sie beinahe sofort eine Kehrtwendung, boten Hitler ihre Dienste an und dienten ihm nicht minder eifrig. Eifrig, eifrig, aber ohne Glaube und Wahrheit, denn welchen Glauben und welche Wahrheit kann es geben, wenn man von Parasiten der Tyrannen und Despoten spricht?
Denn Tyrannen und Despoten haben, um ihre uneingeschränkte Macht über den Menschen zu demonstrieren, noch nie vor der Verdrehung selbst der allerheiligsten Worte und Grundsätze zurückgeschreckt, wobei sie diese skrupellos gerade ihres ursprünglichen Inhalts beraubten. So missbrauchte Hitler für seine räuberischen Aktivitäten sogar Gott: Auf den Gürtelschnallen seiner Soldaten waren die Worte „Gott mit uns"[45] eingraviert. Und Stalin führte seine Massenvernichtung und Ausrottung durch, indem er die Lehre Lenins manipulierte und ihn selbst in einen versteinerten Götzen verwandelte.
Nebenbei gesagt, eine ähnliche Figur wie Vlasov tauchte in unserer vaterländischen Geschichte schon früher auf, nämlich Fürst Kurbskij, der gleichfalls von einem

---

[44] Polnischer Name: Wrocław.
[45] „Gott mit uns" wurde im Original mit kyrillischen Buchstaben wiedergegeben und auf Russisch erklärt.

Tyrannen, Ivan dem Schrecklichen, hervorgebracht worden war. Ich erlaube mir nicht, über die menschlichen Qualitäten von Kurbskij und Vlasov zu urteilen, weil das einfach nicht möglich wäre: Keiner der beiden würde bei einem Vergleich irgendwie besser abschneiden, weil man selbst bei der objektivsten Einstellung aus ihnen keine Patrioten machen kann. Einen Verräter als Patrioten ausgeben kann nur der, der kein Gefühl für die Heimat hat. Und man braucht keine Analogie zwischen Kurbskij und Vlasov sowie der russischen Emigration der jüngeren und jüngsten Vergangenheit zu ziehen: Herzen,[46] Plechanov[47] in der sowjetischen Epoche, ein bedeutender Teil unserer vorrevolutionären Intelligenzija, dann Trockij,[48] Raskol'nikov[49] und in der Brežnev-Zeit schließlich A. Solženicyn,[50] V. Nekrasov,[51] V. Maksimov.[52] Sie alle erhoben nicht die Waffe gegen ihre leidgeprüfte Heimat, sondern kämpften gegen die Tyrannei und ihre Folgen mit der Kraft des Wortes, mit der Kraft der Überzeugung, mit ANSTÄNDIGEN Mitteln.

Apropos, auch die Vlasov-Soldaten versuchten, auf die Masse der Kriegsgefangenen mit der Kraft des Wortes einzuwirken. Aber da ihr Wort von Anfang an mit der Lüge vermischt war, wobei ihre Lüge grundsätzlich verbrecherisch war, weil sie mit deren Hilfe die Söhne der Heimat in ihre schlimmsten Feinde verwandeln wollten, konnten sie niemanden von uns mit ihrem Wort überzeugen. Sie konnten uns auch deswegen nicht überzeugen, weil sie – wie auch unsere sowjetischen Propagandisten und Agitatoren – die Heimat und Stalin miteinander identifizierten, sie in eine Reihe stellten. Obwohl sie dies etwas anders machten als die sowjetischen Propagandisten: Sie sagten, dass sie uns nicht zum Kampf gegen Russland, sondern gegen Stalin und seine Anhänger aufriefen, wobei sie meinten, dass die Unannehmlich-

---

[46] Aleksandr Ivanovič Herzen (1812–1877): russischer Schriftsteller, Philosoph, Revolutionär.

[47] Georgij Valentinovič Plechanov (1856–1918): russischer Schriftsteller, Historiker, Philosoph, Revolutionär.

[48] Lev Davydovič Trockij (1879–1940): russischer Revolutionär, Politiker. Gründer der Roten Armee (1918).

[49] Fedor Raskol'nikov: Ehemaliger sowjetischer Botschafter in Bulgarien, der sich weigerte, in die UdSSR zurückzukehren. Schrieb 1938 einen offenen Brief an Stalin, worin er ihn wegen seiner blutigen Gräueltaten anklagte.

[50] Aleksandr Issaevič Solženicyn (geb. 1918 in Kislovodsk): russischer Schriftsteller. 1945-1953 in sowjetischen Lagern inhaftiert, 1956 nach Mittelasien verbannt, 1957 rehabilitiert. Bekanntester Roman: „Ein Tag im Leben des Ivan Denisovič", die erste Darstellung eines sowjetischen Zwangsarbeiterlagers in der sowjetischen Literatur. 1969 Ausschluss aus dem Schriftstellerverband. Erhielt 1970 den Nobelpreis für Literatur, den er nicht persönlich entgegennehmen durfte. Der dokumentierende Bericht über die sowjetischen Straflager „Der Archipel GULAG" (1974–76) führte u.a. 1974 zur Ausbürgerung und Ausweisung aus der UdSSR. 1991 Rehabilitierung. 1994 Rückkehr nach Russland, wo er sich in Moskau niederließ.

[51] Viktor Platonovič Nekrasov (1911–1987): russischer Schriftsteller, 1974 aus der UdSSR ausgewiesen.

[52] Vladimir Emel'janovič Maksimov (geb. 1932): russischer Schriftsteller, 1974 aus der UdSSR ausgewiesen.

keiten des Stalinismus in uns den Hass gegen unsere Brüder wecken würde, die für die Unabhängigkeit und Ehre der Heimat kämpften und dabei manchmal gezwungen waren, die staatliche Losung „Za Rodinu! Za Stalina!" – „Für die Heimat! Für Stalin!" zu hören und mitunter auch zu schreien.

Deswegen ist es vollkommen natürlich, dass die Vlasov-Propagandisten in keinem von uns den von ihnen erwünschten Hass erweckten, unter dessen Einfluss wir die deutschen Waffen ergriffen und die deutsche Militäruniform angezogen hätten. Ein derartiger Hass wäre nämlich auch unnatürlich gewesen: Kann denn ein Mensch seine verwundete Hand oder seinen Fuß hassen, die ihm unerträgliche Schmerzen bereiten? Und kann man etwa die Heimat nur deswegen hassen, weil an ihrer Spitze ein erbarmungsloser Tyrann und Despot steht? Und kann man etwa den Hass gegenüber der Heimat wecken, indem man im Auftrag und mit der Genehmigung ihrer ärgsten Feinde handelt? Denn dieser schlimmste Feind unser Heimat waren die Hitler-Nazisten. Die Vlasov-Soldaten stimmten lediglich aus eigenem Interesse zu, deren treue Diener zu sein. Deswegen erweckte alles, was uns die Vlasov-Soldaten sagten und wozu sie uns aufriefen, lediglich ein Gefühl von angeekeltem Misstrauen in uns und verstärkte in unseren Seelen die Gewissheit, dass Hitlers Stunde bald geschlagen haben würde.

Aber diese stärker werdende Gewissheit über den bevorstehenden Zusammenbruch des Hitler'schen Abenteuers verstärkte in keinem von uns die Achtung gegenüber Stalin, befreite keinen von der Angst vor dem Unheil verkündenden Schatten des Befehls 270. Und wenn uns etwas trotzdem dazu brachte, dem zuzuhören, was die hie und da zu uns kommenden Vlasov-Propagandisten zu sagen hatten, dann das, was sie uns über die stalinistischen Gräueltaten der Dreißigerjahre erzählten und was sie uns für die Zeit nach Kriegsende prophezeiten, nämlich, dass vielen von uns Mütterchen Sibirien blühen würde, und zwar nicht nur Sibirien selbst, sondern vielmehr die unzähligen, auf ihrem unermesslichen Territorium verstreuten Zwangsarbeiterlager. Und mit dieser Prophezeiung sollten die Vlasov-Anhänger zum großen Unglück vieler Recht behalten. Aber keiner von uns konnte ihre Schuldlosigkeit widerlegen, da es nichts zum Widerlegen gab. Dies wiederum konnte uns nicht sorglos optimistisch stimmen, denn als wir uns über die bevorstehende Befreiung der Heimat von der Not des Krieges und der Okkupation freuten, konnte sich keiner über sein persönliches Schicksal freuen, weil wir nicht wussten, was uns nach der Befreiung aus der Gefangenschaft erwarten würde.

Ich bin auch überzeugt, dass das Jahr 1943 das Rückgrat der faschistischen Bestie zerbrochen und sie veranlasst hatte, den Rückzug in ihren Bau zu beginnen. In der Angst vor der unvermeidlichen Heimzahlung für die verübten Verbrechen unternahmen die Anführer des Hitler-Reiches alles Mögliche, um nicht nur alle Deutschen, sondern auch uns, die sowjetischen Bürger – sowohl die Kriegsgefangenen als auch die aus den okkupierten Gebieten zwangsverschleppten Zivilisten, insbesondere Mädchen und junge Burschen – mit ihrer Angst zu infizieren.

So waren auch der Verrätergeneral Vlasov und seine von ihm gegründete angebliche Befreiungsarmee die Ausgeburt der totalen Angst der Faschisten vor der bevorstehenden Rache für ihre Gräueltaten und ihr armseliger Versuch, sich von dieser unerträglichen Last zu befreien, indem sie einen gewissen Teil dieses Grauens auf die von ihnen gezähmten Verräter abwälzen wollten. Die Vlasov'schen Verräter taten alles ihnen Mögliche, die Miasmen der Angst auch unter uns zu verbreiten, um uns durch Angst für ihre eigenen Reihen zu gewinnen.

45

Bei der Wehrmacht beziehungsweise Gestapo befanden sich nicht nur militärische Formationen der Vlasov-Soldaten, sondern auch Unterabteilungen der Propagandisten, deren Mission darin bestand, die Stalags und Arbeitskommandos abzufahren und die sowjetischen Kriegsgefangenen psychologisch zu bearbeiten. Dabei versuchten sie, bei uns zunächst Interesse, Mitgefühl oder sogar Sympathie zu erwecken. Was das Interesse betraf, bereitete dies den Vlasov-Leuten keine besondere Schwierigkeit: Wie hätten wir uns nicht für Leute interessieren können, die deutsche Uniformen trugen, gestern aber noch – wie auch wir – Kriegsgefangene gewesen waren. Mit einem Wort, ein phänomenales Paradoxon. Und wie hätte man sich nicht für so ein Paradoxon interessieren können?

Abb. 43: Flugblatt der Russischen Befreiungsarmee, ROA, mit dem Text: „Bei den Deutschen: Ein Offizier der ROA bei der kulturellen Betreuung seiner in Gefangenschaft geratenen Brüder.

Ihr Versuch aber, Sympathie bei uns zu wecken, scheiterte von Anfang an und zeigte auch bis Kriegsende keinen Erfolg. Was auch nicht anders hätte sein können: Kann etwa ein psychisch normaler Mensch, in dessen Seele ein Heimatgefühl verankert ist, mit denjenigen sympathisieren, die nicht nur die Heimat verraten, sondern gegen sie auch die aus der Hand des Feindes erhaltenen Waffen erhoben haben?
Aber die Vlasov-Propagandisten, die mit unserer Angst vor Stalins Befehl 270 spielten, den wir nicht erfüllen konnten und daher strengstens zur Verantwortung gezogen würden, meinten etwa Folgendes: „Wenn wir uns", sagten sie, „vor einem sowjetischen Militärtribunal verantworten müssen, dann wissen wir wenigstens, wofür man uns bestraft. Wenigstens leben wir bei den Deutschen menschlich, wurden von ihnen aus dem umzäunten Areal herausgelassen, genießen zumindest eine gewisse Freiheit, gehen ohne Wachposten herum – aber ihr, wofür sollt ihr die Strafe tragen?"
Man kann sagen was man will: Ihr Urteil wies ein gewisses Quantum an Wahrheit auf, auf der sich auch die Logik dieser zukünftigen Galgenvögel und verachtungswürdigen Sträflinge aufbaute. Denn vielen der Vlasov-Soldaten blühte der Galgen „für ihre Verdienste", und Zwangsarbeit war nur ein Ausdruck von Stalins „Güte". Aber wofür sollten wir eine Strafe bekommen, wie sie im Befehl 270 angedroht wurde? Niemand von uns würde dieser wahrlich verhängnisvollen Strafe entgehen, die Angst davor quälte uns bis zum letzten Kriegstag, woran viele zerbrachen.
Aber waren nur die Vlasov-Soldaten schuld an dieser schier ausweglosen Situation? Nein, nicht nur sie. Der Hauptschuldige erreichte alle möglichen und unmöglichen Höhen des Ruhmes und der Macht und sonnte sich seelenruhig in ihrem Licht bis zu seinem Tod im März 1953. Er fuhr vollkommen ruhig fort, unschuldige Menschen zu vernichten und auch in den Nachkriegsjahren menschliche Schicksale zu zerstören …
Zu uns nach Gedersdorf kamen in regelmäßigen Abständen zwei Vlasov-Propagandisten, manchmal gemeinsam, meist aber allein. Der erste, namens Babakal, war ein Leutnant, der zweite, Makogonenko, ein Gefreiter. Babakal war groß, schlank, hatte dunkelbraune Haare und hellblaue, wässrige, tief liegende Augen – dem Äußeren nach hätte er als Deutscher durchgehen können, abgesehen von seiner Stupsnase, die eindeutig darauf hinwies, dass in Babakals Blut kein „arisches", sondern slawisches Blut floß.
Ich weiß nicht mehr genau, ob er ukrainischer oder weißrussischer Nationalität war. Aber bis zur Einberufung in die Armee war er Direktor einer ukrainischen Schule und unterrichtete dort Geschichte. Ja, Geschichte hatte er unsere Kinder gelehrt, deren kommunistische Weltanschauung mitgestaltet. Apropos, mir fiel es zum Beispiel schwer, diesem Faktum in seiner Biographie Glauben zu schenken: Ich konnte nicht verstehen, wie man sich selbst kreuzigen konnte. Denn Babakal trat, wenn das, was er uns über seine sowjetische Zeit erzählte, auch stimmte, seine Vergangenheit mit Füßen. Er bemerkte dabei nicht beziehungsweise wollte auch gar nicht bemerken, was für ein Schuft er in unseren Augen war.

Eines Tages stellte ich ihm nach seinen Erzählungen über Stalins Gräueltaten folgende Frage, wobei ich mich bemühte, äußerst ruhig und ihm gegenüber sogar ausgesprochen höflich zu sein: „Sagen Sie mir offen: Sie stört es offenbar überhaupt nicht, dass Sie noch gestern das eine und heute etwas völlig Entgegengesetztes sagen?"

„Jetzt stört es mich nicht mehr", antwortete Babakal nicht ohne innere Wut. „Ich habe mich daran gewöhnt, da ich meine Dienstpflichten erfülle."

„Pflichten wem oder was gegenüber?"

„Eher wem und nicht was gegenüber", betonte dieser Wendehals, der nur mit Not seine ohnmächtige Wut beherrschte.

„Danke für Ihre Offenheit, ich habe keine weiteren Fragen", beendete ich meine Befragung des Vlasov-Emissärs mit einem ruhigen Lächeln, das Babakal nur noch mehr in Rage brachte.

Da er seine Wut mir gegenüber unterdrückte (er wusste nämlich, dass ich vor der Armee gleichfalls als Lehrer gearbeitet hatte), ging Babakal zum inoffiziellen Teil seines Gesprächs mit uns über. Zunächst prahlte er, wie nun von ihm, obwohl er noch gestern ein sowjetischer Kriegsgefangener gewesen war, nicht nur deutsche Mannschaftssoldaten, sondern auch Unteroffiziere und sogar hochnäsige Feldwebel ihre Lektion erhielten. Sie können, sagte er, ruhig die Nasenflügel aus „arischer" Überheblichkeit aufblasen, müssen aber zuerst grüßen. Nun, und danach schilderte Babakal voller Stolz seine intimen Beziehungen zu deutschen Frauen, ohne unseren Spott zu bemerken und sagte, wobei er mit unserer Zustimmung rechnete, Folgendes: „Und wo ist ihr Gesetz über die Bewahrung der Reinheit der „arischen" Rasse geblieben?! Urteilt selbst: Wenn eine Deutsche mit einem Kriegsgefangenen oder Zivilarbeiter nichtdeutscher Nationalität schläft, werden ihr sofort die Haare geschoren und sie kommt in ein Konzentrationslager. Und er wird gehenkt. Aber uns, obwohl wir gleichfalls keinesfalls „Arier" sind, ist diese Sache erlaubt. Du kannst Tage mit einer Deutschen im Bett verbringen, solange du frei hast und dich nicht unerlaubt von der Gruppe entfernst."

Auch an meine Fragen erinnerte sich Babakal, und sein Zorn mir gegenüber verrauchte. Er sagte sogar zu jemandem, dass er mir Folgendes ausrichten sollte: „Er soll sich", sagte er, „nicht zu weit mit seinen Fragen hinauslehnen, sonst hau ich ihm die Zähne ein". Aber mir wurde auch so klar, dass ich mit meinen an ihn gerichteten Fragen mein Ziel erreicht hatte. Nicht nur hatte er selbst verstanden, was für einer er, Babakal, war und weswegen er zu uns gekommen war, sondern auch meinen Kameraden hatte ich geholfen, das zu verstehen.

Vas'ka Grišin, ein liederlicher Bursche aus dem Gebiet Kursk, sagte mir, nachdem Babakal weggegangen war:

„Du hast es ihm aber ordentlich mit deinen Fragen gegeben! So etwas braucht er, dieser faschistische Balg. Trotzdem muss man bei ihm ständig und allzeit auf der Hut sein."

„Du hast recht, Vasja, von der Scheiße soll man sich möglichst fern halten: Wenn du sie nicht berührst, stinkt sie auch nicht ... Ich werde ihn mir in Zukunft einfach anhören. Aber Fragen stellen bringt eigentlich nichts und ist sicherlich auch nicht ungefährlich …"

46

Makogonenko, ein weiterer Vlasov-Soldat, der zu uns kam, blieb uns – wenn überhaupt – nur deswegen in Erinnerung, weil er eine besondere Charaktereigenschaft hatte: Gesichtslosigkeit. Sein Gesicht hinterließ zum Beispiel keinerlei Eindruck, rief keinerlei Emotionen hervor. Die Fragen, die stets auftauchten, nachdem Babakal und Makogonenko weggegangen waren, kann man nicht als Emotionen bezeichnen.
„Warum ist denn der noch gekommen? Doch nicht deshalb, um uns zu zeigen, was für ein wichtiger Vogel Babakal ist? Denn er sagte überhaupt nichts Eigenes, sondern ‚verschärfte' und ‚unterstrich' das, was Babakal sagte … Nein, Brüder, nicht ohne Grund haben sich die Deutschen solche, mit Verlaub gesagt, Streber ausgesucht … Denn stell einen Beliebigen von uns in eine vergleichbare Situation, dann würden diesen ‚Strebern' im Nu die Knie schlottern!"
Ungefähr solche Fragen und Urteile äußerten wir, wobei wir einander unterbrachen und ergänzten, aber einander ausgezeichnet, auch nur mit halben Andeutungen, verstanden. Bei unserer Beurteilung des Gesagten drückten wir eine ausgesprochene Abneigung gegenüber der ideologischen Wassersuppe aus, die speziell für uns in Goebbels' Küche gekocht und von General Vlasovs geistigen Waffenträgern gewürzt und verdünnt worden war.
Mit der Zeit verdienten sich sowohl Babakal als auch Makogonenko die ihnen nach den Statuten der Deutschen Wehrmacht zustehende Ration ziemlich leicht. Aber Ende 1944 kam für sie die Zeit der Abrechnung für das gegessene deutsche Brot und die verbrauchten Mark. Hitlers Ostfront krachte an allen Ecken, und die Anführer des „Dritten Reiches" klammerten sich in ihrer Suche nach Rettung an jeden beliebigen Strohhalm. Und einer dieser Strohhalme wurde der Verräter Vlasov, den sie auf den Sockel des neuen Retters Russlands zu stellen beschlossen. Sie beauftragten ihn mit der Gründung einer „russischen Regierung", wobei sie Vlasov als Interimspräsident oder Premier des vom Bolschewismus „befreiten" Russland ernannten. Und sogar eine Regierungsresidenz der Verräter gründeten sie in Prag. Diese „Regierung" begann umgehend mit ihrer Arbeit, wandte sich mit einem Manifest an alle Russen, die sich durch die Macht des Schicksals auf „dieser" Seite der Front des Krieges mit den Bolschewisten befanden, riefen diese auf, in die Vlasov-Armee einzutreten, um sich aktiv am „heiligen Krieg" gegen den „abscheulichen Bolschewismus" zu beteiligen. Mit einem Wort, die Vlasov-Anhänger beschlossen, ein grandioses politisches Spektakel zu konstruieren und Tausende übertölpelte sowjetische Kriegsgefangene mit hineinzuziehen. Diese Farce verursachte aber nur Verwirrung und Leere. Mit Gewalt gelang es ihnen, einige Hunderte oder Tausende – wie die zwei bereits erwähnten Kuban-Kosaken – Betrogener und Betäubter zusammenzukratzen, aber bei den Freiwilligen sah die Sache nicht so rosig aus.

Damals erschien gemeinsam mit Babakal ein neuer Vlasov-Propagandist bei uns, er hieß Lomov und stammte aus Moskau. In seinem Äußeren hatte Lomov etwas, was ganz und gar nicht zu seiner Stellung als Vlasov-Verräter passte, etwas, was unwillkürlich eine innere Sympathie ihm gegenüber auslöste. Was es genau war, das einem zu einem offenen, sogar äußerst vertraulichen Gespräch mit ihm veranlasste, ist schwer zu sagen: Entweder dieses seltene Zusammenfallen der Einfachheit des Charakters mit seiner edlen Körperhaltung oder eine unausgesprochene Traurigkeit in seinen blauen Augen oder seine langsame, typisch Moskauer Sprache oder die intelligente, ruhige Zurückhaltung seiner Gesten. Lomov erinnerte uns mit seinen Manieren, so eigenartig dies auch klingen mag, an unseren unvergesslichen Regimentskommissar Čičkov[53], der in jenem für mich denkwürdigen Kampf im Juli 1941 gefallen war.

Nein, irgendetwas stimmt nicht, dachte ich, als ich kurze Blicke auf Lomov warf, als er das erste Mal gemeinsam mit Makogonenko erschien und ihm das Wort erteilte, sich selbst auf die Seite setzte, als ob er die Worte des Gefreiten aufmerksam anhören würde, aber in Wahrheit heimlich beobachtete, wie wir dessen Worte aufnahmen. Denn wir nahmen diese keineswegs auf: Die neueste Information über die Front hatten wir von den Franzosen erfahren, die ihr eigenes Radiogerät besaßen, und die Vlasov-Propaganda hing uns schon so sehr zum Hals heraus, dass sie beim besten Willen niemand mehr hören konnte. Dennoch mussten wir es tun.

Lomov bemerkte unsere Stimmung und schätzte sie richtig ein. Aber nur in welche Richtung? Wenn er tatsächlich ein eingefleischter Vlasov-Soldat gewesen wäre, hätte er nach Makogonenkos Ansprache unbedingt seine Unzufriedenheit mit unserer Gleichgültigkeit ausgedrückt, wie das Makogonenko häufig tat, die wir, so sehr wir uns auch bemühten, nicht verbergen konnten. Aber Lomov dachte nicht daran, seine Unzufriedenheit zu artikulieren: Nachdem Makogonenko alles gesagt hatte, begann er uns zu fragen, wer von uns woher kam, und erst danach bekannte er nicht ohne Traurigkeit: „Ich wollte Landsleute treffen, aber finde keinen einzigen: Selbst bin ich ja aus Moskau ..."

47

An jenem denkwürdigen Tag in der letzten Novemberwoche 1944 kam Lomov allein zu uns, ohne Makogonenko. Diesmal kam er nicht, um uns die übliche Dosis der Vlasov-Propaganda zu verabreichen, sondern um eine ihm von der Vlasov-"Regierung" auferlegte äußerst delikate Mission zu erfüllen. Er sollte nämlich mit jedem von uns ein persönliches Gespräch führen, um uns zum Eintreten in die Vla-

---

[53] Čirov beschrieb Čičkov folgendermaßen: „Kommissar beim 123. Schützenregiment, in dem ich diente. Ohne Čičkov wäre ich wahrscheinlich hinter Stacheldraht gelandet. Er war ein sehr guter Mensch und wurde im Juli 1941 getötet." Dmitrij Čirov, Brief an Barbara Stelzl-Marx. Karaganda 16.1.2003.

sov-Armee zu bewegen. Kurz gesagt, er sollte jeden persönlich dazu überreden, ein Heimatverräter zu werden. Diese ungeheuerliche Aufgabe oblag Oberleutnant Lomov.
Zu unserer allgemeinen Genugtuung und nicht geringen Freude entschloss sich jedoch kein einziger von uns, dieser Armee der Verräter beizutreten. Mir kam vor, dass unser Werber Lomov über seinen Misserfolg gar nicht enttäuscht war.
Jetzt versuche ich mich daran zu erinnern, wie Lomov sein Anwerbungsgespräch mit mir führte. Dieses Gespräch fand in einem kleinen Zimmer statt, wo insgesamt nur vier Personen untergebracht waren und ein kleiner runder Tisch stand. Lomov rief uns einzeln in dieses Zimmer, weil er das Gespräch unter vier Augen führen wollte, ohne Zeugen. Sobald ich hereingekommen war, lud er mich ein, mich an diesen Tisch zu setzen, wo er bereits selbst Platz genommen und vor sich die Liste unseres Arbeitskommandos liegen hatte.
„Diesmal bin ich zu Ihnen gekommen", sagte Lomov sofort, „mit einem bestimmten und schon lange gesetzten Ziel, weswegen ich mit jedem von euch einzeln reden will ... Kennen Sie den Inhalt des Regierungsmanifests von General Vlasov?"
„Ja, ungefähr", antwortete ich. „Vor kurzem sind wir alle in das Kommando eingeladen worden. Genauer gesagt, nicht eingeladen, sondern dorthin zitiert worden. Das war an einem Sonntag und ein Radioapparat wurde eingeschaltet ..."
„Wie stehen Sie zu diesem Manifest?"
„Wenn ich meine Einstellung genauer definieren soll, so kann ich nur ein Wort verwenden: Gar nicht ..."
„Und genauer?"
„Wie noch genauer? Ich versuche es: Das Manifest betrifft mich persönlich nicht, weil es nicht meine Interessen berührt."
„Weshalb glauben Sie das?"
„Deshalb, weil ich Russe bin, in Russland bereits in der sowjetischen Ära geboren wurde und daher ein sowjetischer Bürger geworden bin ... Und an der Front befand ich mich als sowjetischer Bürger und als sowjetischer Soldat ... Und im Manifest geht es überhaupt nicht darum, wer ich bin ..."
„Aber das Manifest lädt Sie ein, in dieser nun äußerst schwierigen Lage eine würdigere Position einzunehmen ..." Lomov sprach vorsichtig und versuchte, scharfe Klippen zu umschiffen. Da ich dies bemerkte, entschloss ich mich, ihn zur äußersten Offenheit herauszufordern.
„Ich verstehe Sie nicht ganz: Was heißt das, eine würdigere Position einzunehmen? Ist etwa meine derzeitige Position unwürdig?"
„Sie haben derzeit keine Position, wie Sie selber zugegeben haben", sagte Lomov ruhig und ohne die geringste Spur von Ironie, wobei er versuchte, den von mir begonnenen Gedanken zu seinem logischen Ende zu führen. Lomov schaute mich mit seinen traurigen Kuhaugen an: „Aber das Manifest von General Vlasov lässt Ihnen eine völlig freie Wahl ..."
„Frei, sagten Sie?"
„Ja, absolut frei."

„In diesem Fall können Sie davon ausgehen, dass ich meine Wahl bereits getroffen habe. Ich bleibe, was ich auch bisher war, ein sowjetischer Kriegsgefangener bis zum Kriegsende ... Der Krieg machte mich zum Kriegsgefangenen und so soll mein weiteres Schicksal auch das Ende des Krieges bestimmen. Denn irgendwann muss er ja aufhören ..."
„Ich habe Sie im Großen und Ganzen verstanden", sagte Lomov ruhig. „Aber um Sie ganz zu verstehen, muss ich Ihnen eine letzte, jedoch allerwichtigste Frage stellen: Warum weigern Sie sich, zur Russischen Befreiungsarmee zu gehen?"
„Die Antwort auf diese Ihre allerwichtigste Frage ist nicht schwer: Erstens, weil auf der Seite, auf die die Waffen der Armee von General Vlasov gerichtet sind, meine engsten Verwandten kämpfen, meine Schulkameraden, meine Studienkollegen und vielleicht sogar meine Schüler von morgen ... Also, was soll ich Ihnen sagen, wenn ich Ihnen dann von Angesicht zu Angesicht gegenüberstehe? Wie kann ich Ihnen in die Augen schauen? Ich hoffe, Sie haben mich verstanden ... Zweitens, ich wurde 1941 gefangen genommen und habe am eigenen Leib die Beleidigungen und Erniedrigungen durch jene Soldaten erfahren, deren Uniform nun die Vlasov-Armee trägt ... Kann ich etwa all das vergessen, was ich gesehen und erlebt habe, so sehr vergessen, dass ich selbst freiwillig in diese Uniform schlüpfe?"
„Man kann eine andere Uniform nähen", entgegnete Lomov unsicher. „Mit der Zeit wird es eine andere Uniform geben ..."
„Und alles beim Alten lassen? Damit aus welchem Grund auch immer Russen Russen umbringen? Ich glaube, dass ich Ihre Frage zur Genüge beantwortet habe."
„Ja, natürlich ... ja ... Sie sind frei ... Alles Gute." Von da an traf ich Lomov nicht mehr, aber er hinterließ einen ganz bestimmten Eindruck in mir: Nein, er war kein Vlasov-Soldat, sondern eher ein Spion in unserer Sache ... Und es war gut, dass sich unsere Wege gekreuzt hatten.

48

Das Jahr 1943 brachte uns eine Neuigkeit, durch die jeder von uns wieder Mut fassen konnte. Aber bevor ich darüber berichte, möchte ich erklären, auf welche Weise wir beinahe ständig Kontakt mit unseren Kameraden aus dem Stalag XVII B hielten. Natürlich nicht über die Post, weil sowjetische Kriegsgefangene in Deutschland nicht das Recht auf Briefverkehr hatten. Auch hatten wir nicht das Recht, uns an deutsche Ärzte oder Feldscher zu wenden, wenn wir krank waren. Aber im Stalag gab es für uns ein Krankenrevier, in der unsere kriegsgefangenen Ärzte arbeiteten. Unter ihnen war sogar ein Professor. Und da sich das Stalag lediglich etwa sechs oder sieben Kilometer von Gedersdorf entfernt befand, wurde jeder von uns, der über Unwohlsein klagte, von einem Begleitsoldaten ins Stalag gebracht, wo wir dann schon wussten, an wen und wohin wir uns wenden mussten.
Nachdem wir beinahe wöchentlich eine „Pilgerreise" ins Stalag mit tatsächlichen Hautwunden begonnen hatten, merkten wir bald, dass auch unsere Wachposten uns nicht ungern ins Stalag begleiteten. Sie hatten dort nämlich auch gewisse Inter-

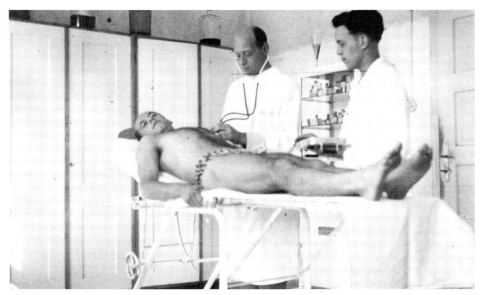

Abb. 44: Ein französischer Kriegsgefangener bei der Untersuchung im Lagerlazarett von Krems-Gneixendorf. Rechts der Sanitäter Victor Lhuissier. September 1943.

essen. Jede Woche gingen dann zwei oder drei von uns ins Stalag, wir erteilten ihnen verschiedene kleine Aufträge, die sie gerne erfüllten, und sie brachten von dort jedes Mal eine ganze Menge Neuigkeiten.
Somit gelang es jedem von uns, einmal alle zwei bis drei Monate ins Stalag zu kommen, sodass jeder dort seine Bekannten unter den Ärzten, Schustern und Schneidern hatte. Es gab dort nämlich sowohl eine Schusterwerkstatt als auch eine Schneiderei, wo natürlich nicht nur neue Bekleidung und Schuhe genäht, sondern vor allem alte Kleider und Schuhe repariert wurden. In der Schusterwerkstatt konnte man nach Vorbestellung wirklich anständige Schuhe und sogar Stiefel kaufen und in der Schneiderei Kleidung. Viele von uns tauschten gerade im 43er-Jahr ihre Holzpantoffeln gegen russische Schuhe oder Stiefel und die gefärbten deutschen Uniformen und Hosen gegen unsere russischen Hosen oder französische Reiterhosen und englische Jacken. Der Markt im Stalag funktionierte nach dem Prinzip des Tauschhandels: Wir brachten Essen dorthin und nahmen Kleidung, Schuhe, Uhren und ab Ende 1943 amerikanische Zigaretten mit.
Die vorhin angesprochene Neuigkeit berichteten uns Ivan Makarskij und Nikolaj Čičkanev, beide Kubankosaken, nach ihrer Rückkehr aus dem Stalag:
„Brüder, was sich dort zusammenbraut!", begann Nikolaj seine wirklich hervorragende Geschichte. „Ihr werdet uns nicht glauben, was Ivan und ich euch jetzt gleich erzählen werden ..."
„Spann sie nicht so auf die Folter ...", unterbrach ihn Ivan. „Mit einem Wort, es geht um Folgendes: Ihr wisst ja noch, wie im 41er-Jahr unsere Polizisten uns mit ihren üppigen Fressen verhöhnten?"

Abb. 45: Handwerksstube im Stalag XVII B Krems-Gneixendorf.

„Wie könnten wir das vergessen haben!", sagte Vas'ka Grišin schnell auf Makarskijs Frage. „Wenn mir jetzt nur einer von ihnen zwischen die Finger kommen würde, dann würde ich es ihm schon ordentlich zeigen ..."
„Also, Vasilij, schön langsam", setzte Nikolaj seinen Bericht fort, ohne Ivan zu Wort kommen zu lassen. „Warte, Ivan, unterbrich mich nicht. Ich erzähl besser als du, weil ich mit dem Staatsanwalt selbst gesprochen habe und ihm noch das letzte Stück Brot mit Speck aus lauter Freude gegeben habe."
„Ah, deshalb bist du ohne etwas zu rauchen zurückgekommen!", sagte Ivan etwas gutmütiger zu Nikolaj. „Den ganzen Weg über hast du geschwiegen und kein Wort über den Staatsanwalt verloren ..."
„Wenn ich es dir erzählt hätte, hättest du mich nicht einmal den Mund aufmachen lassen. Ich kenn dich ja, du Plappermaul ..."
„Das stimmt", lächelte Ivan, „weil du einfach nicht so gut wie ich erzählen kannst ... Nun, aber jetzt, wie man so schön sagt, Hände hoch, ich ergebe mich und schweige, bis du alles erzählt hast."
„So ist es besser, mein lieber Landsmann", antwortete Nikolaj. „Nun, jetzt hört zu, Brüder ... Dieser Staatsanwalt, der wie du, Petro, aus dem Gebiet Rostov kommt, sagte mir, dass er Šolochov persönlich kennt, ihn mehrmals getroffen hat ..."
„Jetzt zäumst du schon wieder das Pferd von hinten auf?", regte sich Makarskij auf. „Nun komm endlich zur Sache!"
„Gut, zur Sache ... Kurz gesagt, Brüder, dieser Staatsanwalt sagte mir, dass im Stalag schon seit mehr als einem Monat unser Militärtribunal geheim tätig ist ..."

„Und du, Nikola, bist nicht zufälligerweise nach der Rückkehr aus dem Stalag mit deinem Bauern in den Weinkeller gegangen?", unterbrach Saša Ivanenko Nikolaj spöttisch. „Hast du vielleicht ein paar Gläschen getrunken, und jetzt ist die Phantasie mit dir durchgegangen?"

„Ich war in keinem Keller, wirklich nicht ... Das mit dem Tribunal stimmt sicher, weil mir auch andere Kameraden davon erzählt haben ... Dieses Tribunal verurteilt die ehemaligen Polizisten aus dem 41er-Jahr. Damals dachten sie, diese Idioten, dass die Deutschen sie für immer als Polizisten eingesetzt hätten, weswegen sie sich ihnen in allem anbiederten, unsere Brüder misshandelten ... Nun, und als sie gemeinsam mit den übrigen in andere Lager überstellt wurden, vergaßen sie die Deutschen einfach und wollten sich offensichtlich auch nicht an so einen Abschaum erinnern. Viele der früheren Polizisten verfielen dabei körperlich. Aber im Stalag gab es Kameraden, die von diesen Scheißern damals verhöhnt worden waren. Sie begannen, sie herauszuschleifen: Den Ersten, einen Zweiten, einen Dritten ... Nun, und einmal mischte sich ein kluger, vernünftiger und ruhiger Kamerad ein und sagte: Nein, Burschen, so geht das nicht, so geht das nicht, das ist Lynchjustiz ... Machen wir es anders: Nach dem Abendessen geht in diese und jene Baracke, bringt die Person mit und auch alle, die unter ihm gelitten haben sowie Zeugen. Und wir halten über ihn ein ordentliches Gericht, oder besser gesagt – ein Tribunal. Wir werden ihn nach unseren, sowjetischen Gesetzen richten ... So kam es dann auch. Sie verurteilten diese Schweine, wobei sie manchmal sogar bis nach Mitternacht verhandelten. Es wurden gerechte Urteile verhängt: Wer nicht viel Böses getan hat, bei dem zogen sie mildernde Umstände in Betracht und begnügten sich damit, dass er zehn Schläge auf den Hintern bekam, wobei die Opfer selbst das Urteil vollstreckten ... Nun, und diejenigen, die wirklich jemanden misshandelt hatten, warfen sie aus dem obersten Stockbett, womit die Sache erledigt war: Ein Hund verdient einen Hundetod ..."

„Und die Deutschen, wissen die etwa gar nichts von diesem Gericht?", fragte Nikolaj Marchel'.

„Gut, Nikolaj, erhol' dich jetzt, ich antworte jetzt auf deine Frage", sagte Ivan Makarskij.

„Gut, antworte du", sagte Nikolaj gnädig.

„Ich konnte zwar nicht mit dem Staatsanwalt sprechen, aber von den Kameraden habe ich auch etwas über dieses Gericht gehört. Viele dieser üblen Burschen haben für ihre früheren Gräueltaten bezahlt ... Einmal, als sie eines dieser Schweine dazu verurteilten, aus dem obersten Stockbett geworfen zu werden, schrie er plötzlich so, dass, bevor die Kameraden ihn knebeln konnten, zwei österreichische Patrouillen in die Baracke stürmten, beide älter als fünfzig. ‚Was geht hier vor?', fragten sie. Nun, unsere Burschen erklärten ihnen, dass dieser Unmensch aus dem 41er-Jahr diesen Lärm gemacht hatte. Die Österreicher hörten sich das alles ruhig an und gingen ebenso ruhig zum Ausgang. Und einer von ihnen drehte sich um und sagte: ‚Wir sind nicht befugt, für Verräter einzutreten ... Das ist eure eigene Angelegenheit.' Und als die Wachposten weggingen, berieten sich die Richter untereinander und beschlossen, die Strafe für den Verräter bis Kriegsende aufzuschieben und ihn dann dem sowjetischen Gericht zu übergeben. Und ob ihr es glaubt oder nicht – als die Burschen diesen Entschluss hörten, erlebten sie ein derartiges Hochgefühl, das sie schon lange nicht mehr gehabt hatten, und klatschen. Der Entschluss des Gerichts ist richtig, sagten sie. Wenn die Zeit gekommen ist, wird dieses Schwein für den zweifachen Verrat büßen. Und bis zu unserer Befreiung aus der Gefangenschaft kann er ruhig leiden – unter der Erwartung. Und was denkt ihr? In dieser Nacht erhängte sich dieser Unmensch selbst ... Eine spezielle Untersuchung ergab, dass er es selbst war."

49

Ungefähr einen Monat, nachdem Ivan Makarskij und Nikolaj Čičkanev aus dem Stalag die Nachricht über das dort tätige Untergrundtribunal mitgebracht hatten, passierte in Gedersdorf etwas Ähnliches wie das, war im Stalag geschehen. Kurz gesagt, es kam ein Neuer aus dem Stalag zu uns. Er war groß und hager – wie wir alle einmal, als es auf unserem Mittagstisch nur Wassersuppe mit Rüben gab, wobei wir uns noch allzu gut an diese grauen Tage unseres Daseins hinter Stacheldraht erinnerten. Der Neue hieß Viktor Aksenov, er kam aus Omsk und war, wie sich später herausstellen sollte, ein großer Liebhaber von Zirkusvorstellungen.
Nur selten kamen Neue zu uns, weswegen das Interesse an jedem von ihnen absolut echt war. Auch für Viktor Aksenov interessierten wir uns, allerdings nicht so, wie er es sich wahrscheinlich erhofft hatte. Denn es waren bereits zwei Jahre vergangen, seitdem er, der frühere Polizist, seinen Leidensgenossen derart viel Leid zugefügt hatte. Aber die Hoffnung von Viktor Aksenov ging nicht in Erfüllung, denn es erkannte ihn Vas'ka[54] Grišin. Und dann ging es los!
Wie das GERICHT im Stalag über die Polizisten des 41er-Jahres gehalten wurde, konnte ich nicht miterleben. Deswegen kann ich es auch nicht mit dem SELBSTGERICHT über Aksenov vergleichen. Aber der Spott und Hohn, mit dem er überschüttet wurde, hinterließ einen äußerst ekelhaften Eindruck in mir. Lediglich Vas'ka Grišin erkannte Askenov, aber insgesamt fünf Personen verhöhnten ihn. Und ich musste mich zu guter Letzt einmischen und mich – natürlich nicht physisch – ordentlich bemühen, um diesem widerlichen Unfug ein Ende zu bereiten.
Bei dieser Verhöhnung eines Menschen schauten beide Seiten widerlich aus: Sowohl derjenige, der verhöhnt wurde, als auch die, denen dies ein boshaftes Vergnügen bereitete. Ich konnte Vas'ka Grišin bis zu einer gewissen Grenze auch verstehen, denn früher hatte Askenov als Polizist ihn verhöhnt und nicht nur ihn allein. Aber die Grenze war dann erreicht, als Vas'ka Grišin Aksenov alles gesagt hatte, was sich ihn ihm aufgestaut hatte, und ihm obendrein mehrere schallende Ohrfeigen verpasst hatte, vor denen sich Aksenov nicht schützte und auch nicht schützen konnte: Vas'ka, der gut genährt war, schaute neben dem abgemagerten Aksenov,

---

[54] Vas'ka: Abkürzung von Vasilij.

der Vas'kas Ohrfeigen demütig entgegennahm, wie ein Recke aus. Aksenov wurde nicht einmal das Recht zugestanden, sich mündlich zu verteidigen, beziehungsweise dachte niemand daran, ihm dieses Recht einzuräumen.

Aber wenn Vas'ka seine Rechnung mit Aksenov nur mit Ohrfeigen beglichen hätte, wäre er meiner Meinung nach im Recht gewesen, und ich hätte niemals schlecht über ihn gedacht, denn im Herbst 1941 hatte ich die „Fähigkeiten" unserer damaligen Polizisten sehen können. Aber Vas'ka erschienen seine Ohrfeigen als zu geringe Bestrafung, und er rief alle auf, sich an der Bestrafung zu beteiligen:

„Haut diese Laus, Burschen!"

Und es fanden sich sofort welche, die ihre Fäuste gegen den abgemagerten Aksenov erheben wollten: Bis dahin hatten sie die Vorfälle lediglich mit Neugierde beobachtet, wobei sie Vas'ka und Vit'ka Aksenov[55] von allen Seiten umringten, aber nach Vas'kas „Einladung" beteiligten sie sich unmittelbar an der gemeinen Bestrafung dieses schwachen Menschen, obwohl sie ihn zum ersten Mal im Leben sahen.

Die Bestrafung Aksenovs begann damit, dass Vas'ka Vit'ka mit aller Kraft in eine Richtung stieß und ein anderer den Unglücklichen mit beiden Fäusten von sich stieß, wodurch er ihn in die Fäuste eines weiteren Kameraden stieß, der neben Vas'ka stand. Sie machten aus dem armen Aksenov eine lebende Strohpuppe, indem sie ihm gnadenlos und sogar genussvoll mit ganzer Kraft einen Schlag nach dem anderen versetzten.

Und Vit'ka dachte nicht daran, sich zu wehren, weder mit Worten noch mit Gewalt. Er begriff wahrscheinlich, dass so ein Versuch den Zorn derjenigen nur noch mehr angestachelt hätte, in deren Händen er sich nun befand. Er hatte Recht damit: So zornig Vas'ka auch war und so sehr sich seine Freunde an Vit'kas Bestrafung auch beteiligten, so ließen ihre Schläge in Vit'kas Rippen nach einiger Zeit nach, und ihr Zorn begann langsam zu verrauchen. Schließlich hielt einer der Teilnehmer an der Bestrafung es nicht mehr aus und sagte, während er auf seine Fäuste blies:

„Nun, jetzt reicht es aber, sonst reiben wir uns die Fingergelenke an seinem Skelett noch blutig ... Denken wir uns jetzt etwas anderes aus ..."

„Was soll man sich da ausdenken?", begann Vas'ka erneut. „Jeder von uns soll jetzt zumindest einmal auf ihn springen ... Los, los!" Und Vas'ka sprang als erstes auf Vit'ka, und dieser trug ihn ruhig auf seinem Buckel, wohin es ihm befohlen wurde. Dann folgten noch andere Vas'kas Beispiel.

Die Abrechnung mit Vit'ka dauerte bis tief in die Nacht. Und was sich Vas'ka und seine freiwilligen Helfer nicht alles ausdachten: Sie befahlen Vit'ka, sich splitternackt auszuziehen und die unanständigsten Posen einzunehmen, wie ein Hund zu bellen, wie ein Wolf zu heulen, wie eine Kuh zu muhen, zu gackern und zu krähen. Am Schluss befahlen sie ihm, sich hinzuknien, und Vas'ka und alle anderen, die im 41er-Jahr unter ihm zu leiden hatten, um Vergebung zu bitten, das Geschehene zu bereuen und zu schwören, nie mehr im Leben zu tun, was er sich aus seiner großen Dummheit und zur Rettung der eigenen Haut zwei Jahre zuvor erlaubt hatte.

---

[55] Vit'ka: Abkürzung von Viktor.

Einige Male an diesem Abend versuchte ich, mich in diese von Vas'ka angezettelte schmähliche und beschämende Handlung einzumischen sowie ihn und die anderen Teilnehmer von der wilden Bestrafung und Beschimpfung dieses wehr- und kraftlosen Menschen abzubringen. Aber meine Versuche blieben solange erfolglos, bis die Anführer dieses selbsternannten Gerichts vollständig ihren rasenden Hass gegenüber einem von denjenigen, unter dem sie in jenem denkwürdigen Jahr 1941 zu leiden hatten, befriedigt hatten.

50

Aber als Vas'ka und seine Freunde genug bekamen und sich beruhigten, konnte ich ihnen alles sagen, was ich mir dachte. Ich schlug ihnen vor, alles kameradschaftlich zu überdenken, was geschehen war und begann mit einer Frage an Vas'ka Grišin:
„Was denkst du, Vas'ka: Ist das, was du jetzt Aksenov angetan hast, gerecht?"
„Was soll da nicht gerecht daran sein?! Im Stalag gehen sie mit so einem wie ihm nicht so sanft um ..."
„Aber wie? Weißt du das?"
„Wie – wie? Sie werden, wie es sich gehört, verurteilt, und das gefällte Urteil wird sofort vollstreckt." Vas'ka sagte das so, als ob er persönlich sowohl beim Prozess als auch bei der Vollstreckung eines Urteils dabei gewesen wäre.
„Und wer urteilt und wie geurteilt wird, hast du davon wenigstens die geringste Ahnung? Warst du selbst wenigstens auf einem dieser Prozesse? Und vielleicht hast du wenigstens einen genauen Bericht gehört, wie im Stalag die Strafprozesse geführt werden?"
„Ich war ja bei keinem dieser Prozesse, das weißt du ja ... Wieso belästigst du mich?! Tut dir etwa diese Laus leid? Bitte, geh hin zu ihm ... Vielleicht warst du selber so einer und deswegen tut er dir jetzt leid?" Vas'ka begann erneut zornig zu werden.
„Ach, Vas'ka ... Mir ist nicht so wichtig, wen du jetzt als Laus bezeichnest. Aber du bist ja ein Mensch, einer der unsrigen, russisch, sowjetisch, und verhälst dich jetzt genau so, wie sich vor zwei Jahren dieser von dir, und nicht nur von dir allein, Geschlagene verhalten hat ... Du hast doch nicht das Sprichwort ‚Einen Liegenden schlägt man nicht' vergessen?"
„Ich kenn, nebenbei gesagt, andere Sprichwörter: Aug um Aug, Zahn um Zahn, Blut um Blut, Tod um Tod. An der Front mussten wir das beinahe jeden Tag lesen oder hören. Und ich kenn auch: Was du dir eingebrockt hast, das musst du auch selbst auslöffeln, wie man in den Wald ruft, so schallt es zurück ... Also, bei Sprichwörtern steh ich dir um nichts nach", knurrte Vas'ka, der mich kaum auf seine Fragen antworten ließ.
„Aber, Vasilij, jetzt geht es nicht darum, wie viele Sprichwörter man kennt, sondern um ihre tiefere Bedeutung ... Aber zuerst lass mich auf deine giftige und für mich äußerst beleidigende Frage antworten: Ein Schuft und Scheusal war ich niemals und werde es niemals sein. Und Mitleid für Menschen, egal wie tief sie gefal-

len sind, werde ich immer empfinden. Aber bedauern heißt nicht immer, dass man verzeiht. Einen Menschen bedauern bedeutet meiner Meinung nach auch, dass man ihn entsprechend seiner Schuld bestraft. Damit dieser Mensch die Strafe als etwas Notwendiges empfindet, dabei aber noch ein Mensch bleibt und sich nicht, wie du jetzt gesagt hast, als Laus fühlt ... Du musst doch verstehen, dass du mit deiner heutigen Tat diesem Polizisten, den du aus ganzem Herzen hasst, ähnlich wurdest? Ist das etwa menschlich, demjenigen ähnlich zu werden, den man verachtet und hasst?"
„Mytro[56] hat recht", mischte sich der kräftige und immer unerschütterliche Ivan Mel'ničuk in unser Gespräch. „Und du, Vasyl', hör zu, was sie dir sagen."
„Das heißt, dass ich vielleicht noch bei diesem widerlichen Polizisten, diesem gewissenslosen Balg um Verzeihung bitten muss?", fragte Vas'ka Ivan höhnisch.
„Du brauchst nicht um Verzeihung bitten, weil es bei so etwas keine Verzeihung geben kann: Du hältst ihn für einen Unmenschen und selber bist du genau so ein Unmensch. Du suchst nach Gerechtigkeit, aber was hast du selber gemacht?"
Ich weiß nicht, ob ich mit der Hilfe von Ivan Mel'ničuk irgendetwas bei Vas'ka Grišin erreichte, aber das letzte Wort in diesem Streit hatten Ivan und ich: Vas'ka winkte lediglich mit der Hand als Antwort auf meine letzten Worte, brummte, dass man mit diesem Gelehrten nicht streiten konnte und legte sich hin.
Auch Vit'ka Aksenov legte sich nach dem Ende seiner Züchtigung ins Bett, ringelte sich zusammen, aber wir hörten ihn weder schluchzen noch stöhnen. Ich dachte mir damals, als ich mich gleichfalls in meine „zweite Etage" zurückzog: Der Bursche hat Charakter, er ist kein Waschlappen. Wie er das durchgestanden hat, hat nicht einmal gemuckst ...
Wahrscheinlich bezeichnete ich, bevor ich die von Vas'ka Grišin initiierte Abrechnung mit dem ehemaligen Polizisten Aksenov beschrieben hatte, das Gericht über Vit'ka Aksenov unrichtigerweise als denjenigen Gerichten ähnlich, die unsere Richter im Stalag geheim abhielten. Tatsächlich ähnelte die Abrechnung mit Aksenov in keiner Weise dem, was im Stalag vor sich ging: Das dortige Gericht mit dieser unserer Bestrafung zu vergleichen ist, wie wenn man Beten mit Fluchen gleichstellt. Obwohl ich keinerlei Grund hatte, Vas'ka Grišins Aussage bezüglich Aksenovs Vergangenheit als Polizist nicht zu glauben, war es nicht richtig, Aksenov lediglich auf der Grundlage EINER Identifizierung durch eine einzige Person, die vielleicht irgendwann einmal unter ihm gelitten hatte, zu verurteilen. Für das Gericht, dessen wichtigste Aufgabe die Wahrheitsfindung darstellt, ist eine nicht beweisbare Anschuldigung durch eine Person nicht ausreichend. Aksenov wurde nicht einmal befragt, wie, wo, wann und warum er seine abscheulichen Taten vollbracht hatte oder ob er Reue verspürte. Mit einem Wort, sie ließen ihn nicht einmal den Mund aufmachen, um etwas zu erklären oder sich zu rechtfertigen, sondern warfen sich wie eine wilde Horde auf ihn, sodass dem armen Aksenov nichts anderes übrig blieb, als sich in die Hände Gottes zu begeben.

---

[56] Mytro: Kurzform von Dmitrij.

Bis heute scheint mir, dass in dieser Abrechnung mit Aksenov ein dunkler und von Zeit zu Zeit aufbrechender Wesenszug der – nicht unbedingt nur russischen – Seele zum Vorschein kam, der einen Menschen in ein wildes und böses ... nicht Tier, sondern in ein Wesen verwandelt, das noch fürchterlicher ist als eine Bestie. Denn der Grund, weshalb sie Aksenov an jenem Abend nicht zu Tode quälten, bestand darin, dass sie ihn BEWUSST quälten, wobei sie sich vollkommen im Klaren waren, welche Konsequenzen für sie sein Tod hätte. Sie verstanden, dass sie dann vor ein deutsches Gericht kommen könnten, das über jeden der am Mord Beteiligten eine angemessene Gefängnisstrafe verhängen würde. Was Vas'ka Grišin betraf, hätten sie ihn dafür zum Tod verurteilten können. All das mussten die Teilnehmer an diesem Selbstgericht wissen: Im Herbst 1941 war es in vielen der Stalags zu Fällen von Kannibalismus gekommen – auch zu so etwas hatten sich die Unglücklichen entschlossen, die der Hunger zur äußerster Verzweiflung getrieben hatte – und die Deutschen hatten diejenigen verurteilt, die sie des Kannibalismus überführen hatten können und hatten sie öffentlich gehängt.

51

Am meisten erschütterte mich nicht die Entrüstung als solche, sondern die vorsätzliche Aufregung beim Zustand von Wut, die das Bewusstsein kontrolliert. Die Wut aber, die vom Bewusstsein kontrolliert wird, ist durch ihr spontanes Aufflammen umso gefährlicher: Danach tritt nämlich gewöhnlich das Gefühl ein, die Qual des Gewissens begriffen zu haben, die Reue an der Tat. Aber die vom Bewusstsein kontrollierte Wut anerkennt nichts davon, denn im Grunde ist sie tief zynisch, verächtlich und dem Gewissen gegenüber hochnäsig. Da sie mir auf meine Erläuterung keine Antwort gaben, bleibe ich überzeugt davon, dass die Teilhaber an der Selbstjustiz an Aksenov der Unterentwicklung der Seele unterlegen sind. Dies betrifft auch den ehemaligen Polizisten Aksenov, den sie mit so einem Vergnügen folterten. Deshalb dachte ich dann bitter: Wenn einer von ihnen im 41er-Jahr die Möglichkeit bekommen hätte, selbst Polizist zu werden, hätte er wohl kaum so eine Möglichkeit ausgelassen.

Aber damit nicht der Eindruck entsteht, dass ich in der Fähigkeit zu niederträchtigen Verhalten und Taten fast all meine Kameraden im Gedersdorfer Arbeitskommando verdächtigte, muss ich betonen, dass an der Selbstjustiz an Aksenov nicht mehr als fünf Personen teilnahmen, unter Einschluss des eigentlichen Anstifters Vas'ka Grišin. Für zwanzig Personen aber war dieser Streich zutiefst widerwärtig und ekelhaft.

Wenn jedoch selbst der Akt der Selbstjustiz an Aksenov in mir ein Gefühl der mitleidigen Entrüstung auslöste – mir taten sowohl der Gefolterte als auch die Folterer fast im gleichen Maße leid –, so überraschten mich die Verhältnisse, die sich vor allem zwischen Aksenov und Vas'ka Grišin und seinen anderen Folterern innerhalb kürzester Zeit bilden sollten. Vas'ka Grišin und seine Freunde spielten mit Aksenov bis spät in die Nacht Karten, als ob sie ganz und gar diesen schrecklichen,

durch seine hässlichen Grausamkeiten gekennzeichneten Abend vergessen hätten, so als ob es ihn gar nicht gegeben hätte. Über Witze, die Aksenov erzählte, lachten sie bis zum Verrücktwerden und witzelten wie unter Freunden. Und nicht ein einziges Mal tadelte irgendwer Aksenov für seine Vergangenheit als Polizist: Hatten sie es etwa vergessen oder entschuldigt?
Für mich persönlich sollte dieses Verhältnis zwischen Grišin und Aksenov mein Leben lang ein Rätsel bleiben. Hier neige ich wieder in einem hohen Maße mehr zu Aksenov als zu Grišin: Wo doch das Streben Aksenovs, seine Polizei-Vergangenheit zu vergessen zur Gänze echt war und die Echtheit auch durch ein Sprichwort unterstrichen wird – jener hat es schwer, der sich an das Schlimme erinnert. Aber die Vergessenheit, in dessen Macht sich Grišin befand, war mir nicht verständlich: Wenn Aksenov in diesem grausamen Herbst des Jahres 1941 mich beleidigt oder gekränkt hätte, hätte ich es ihm nicht verzeihen können. Aber gerächt hätte ich mich wohl auch nicht. Eher hätte ich ihm wohl gesagt, was ich über ihn denke, ohne weiterhin eine freundschaftliche Beziehung mit ihm zu pflegen. Die Kluft, die uns im 41er-Jahr getrennt hätte, wäre eine Kluft für das ganze Leben geblieben ...
Aber wie kann man Vas'ka Grišin verstehen, als er sich gegenüber Aksenov so benahm, als ob zwischen ihnen niemals etwas Widersätzliches oder Grausames vorgefallen wäre? Auf diese Frage sind zwei Antworten möglich: Entweder kränkte oder beleidigte Aksenov als Polizist Vas'ka niemals persönlich, sondern fügte Beleidigungen und Kränkungen vor den Augen Vas'kas anderen zu. Nun aber war Vas'ka durch seine Rache gegenüber Aksenov zufriedengestellt und versuchte vielleicht sogar, jegliches Abbild von Scham für die offensichtlich unnötige Grausamkeit und DIESEN ABEND selbst zu vergessen. Oder Vas'ka hatte die Gewaltanwendungen des Polizisten Aksenov an seinen Kameraden überhaupt nicht gesehen, sondern wusste nur einfach, dass er Polizist gewesen war. Er hätte eventuell sehen müssen, welch grausame Abscheulichkeiten sich die ANDEREN Polizisten gegenüber den unglücklichen gefangenen Brüdern erlaubt hatten. So hätte er stellvertretend für die anderen übermäßig grausam mit Aksenov abgerechnet. Ich beschloss schließlich, gequält von Zweifeln (über das Gewissen von Vas'ka Grišin hüte ich mich zu sprechen), wenigstens meine Schuld Aksenov gegenüber durch meine freundschaftliche Beziehung zu ihm zu glätten.

52

Im Sommer des 1943 lernte ich Josefine Schneider kennen, die sich selbst als österreichische Sozialdemokratin bezeichnete und Hitler und seine ganze nationalsozialistische Clique abgrundtief hasste. Pepitante,[57] wie ich sie nannte, lebte in Krems. Zur heißen Sommerzeit, als jedes Paar arbeitsfähiger Hände dringend

---

[57] Čirov verwendet im Original das Wort „Pepetante" mit kyrillischen Buchstaben.

gebraucht wurde, fuhr sie zu Zinners, um beim Weinlesen mitzuhelfen.[58] Mit Familie Zinner pflegte sie bereits eine lange Bekanntschaft, sodass sie wie ein Familienmitglied aufgenommen wurde. In den Gesprächen mit Anna und Johann gab es keinerlei Verlegenheit, frei, von Ketten befreit, redeten sie und machten Witze – wahrlich, vor allem Johann machte Witze, er war überhaupt der geborene Humorist. Frau Anna aber unterschied sich mehr von ihrem Mann durch Seriosität und machte eher selten Witze, wobei sie ihren eigenen Humor hatte.

Pepitante, die für mich ein naher Herzensmensch werden sollte, war für ihr Alter – sie war schon über sechzig und lebte mit ihrer bescheidenen Pension einer ehemaligen Arbeiterin einer kleinen Tabakfabrik – noch eine recht ansehnliche Frau. Weder beim Gehen noch bei der Arbeit war sie mir unterlegen, und über Müdigkeit klagte sie nie. Groß und hager hatte sie wie durch ein Wunder auch ihre Figur und das energische Ungestüm ihrer Bewegung behalten, und in den Gesprächen über politische und alltägliche Themen war sie einfach unerschöpflich. Ich kann mich nicht an all ihre Erzählungen erinnern, aber ich habe noch gut ihre zornigen Entlarvungen Hitlers und seiner Mitläufer in Erinnerung.

„Weißt du, Dmitrij, was mir, als österreichischer Patriotin und Mitglied der sozialdemokratischen Partei, am meisten Leid tut?", fragte sie mich stark erregt und antwortete darauf: „Das, dass Hitler, dieser unbarmherzige Versklaver Österreichs, selbst gebürtiger Österreicher ist. Und er hieß gar nicht Hitler, sondern Schicklgruber. Warum bevorzugen die heutigen Tyrannen, sich von ihren väterlichen Familiennamen zu trennen: Hat sich doch auch euer Stalin von seinem Geburtsnamen verabschiedet, der auch für mich schwer auszusprechen ist. Nur du, bitte, versuch nicht, mich zu überzeugen, dass euer Stalin kein Tyrann oder Despot ist, versuch es nicht: Du verlierst nur unnütz Zeit, und mich wirst du nicht überzeugen ..."

„Ja, ich will Sie nicht überzeugen, Pepitante", versuchte ich die auf Grund der unerbittlichen Entlarvung der Tyrannei schon vollkommen aufgebrachte und zum Kampf bereite, furchtlose alte Frau schnell zu beruhigen.

„Gut, dass du es nicht versuchst ... Übrigens, wieso solltest du denn auch diesen Stalin verteidigen, wenn du doch selbst alle Grenzen seiner Herrschaft kennen gelernt hast: Sowohl deinen Vater haben sie irgendwohin gejagt und auch du hast alle Schrecken des Jahres 1933 kennen gelernt. Ich habe das auch gehört über diese Zeit, habe davon gelesen. Ja, ich habe es gelesen! Wir, die österreichischen Sozialdemokraten, haben versucht, irgendeine Hilfe euren Hungrigen zu bieten, wir haben uns an eure Botschaft gewandt, man hat uns aber vor den Toren abgewiesen: Nein, sagten sie, in Russland gibt es keinen Hunger und deshalb ist keine Hilfe notwendig. Deshalb habe ich seit diesem Zeitpunkt beide Tyrannen und Unterdrücker, Hitler und Stalin, in eine Reihe gestellt. Nur, mit Stalin werdet ihr selbst irgendwie fertig, aber an einem Gericht über Hitler teilzunehmen würde ich nicht absagen. Ich

---

[58] Die sogenannte Pepitante aus Krems arbeitete für Lebensmittel oder etwa Brennholz am Hof der Zinners in Gedersdorf mit. Sie wurde beinahe als Familienmitglied betrachtet. Vgl. Edith Kaufmann, Freundliche Auskunft. Gedersdorf 17.1.2003.

würde von ihm und von seinen nächsten Parasiten die Tränen und das Blut, das von Millionen von Menschen vergossen wurde, fordern! Obwohl ein Gericht zu erstellen – das ist wohl nicht in meinen Möglichkeiten, das Urteil an ihnen auszuführen, da würde meine Hand zittern. Mit diesen Händen würde ich die Schlingen um ihre ekelhaften Hälse legen und mit den Füßen die Hocker unter ihnen wegtreten. Oh, wie ich diese Ungeheuer, diese Kannibalen hasse!"
Im Übrigen war die Pepitante vom Charakter her eine gute Frau, die Mutter zweier erwachsener Töchter, mit denen es das Leben nicht gutgemeint hatte. Zuerst wurden ihre beiden Männer zur Wehrmacht einberufen, einer fiel in Polen, der andere in Frankreich. Dann wurden die Töchter selbst zum Militärdienst einberufen. Man überredete sie, Uniformen anzuziehen, und sie wurden als Krankenschwestern in Frontspitäler geschickt. Deshalb musste man mit der armen Josefine Schneider einfach Mitleid haben und sie bedauern, dass ihr das genommen wurde, was den Sinn ihres Lebens ausgemacht hatte. Um uns russische Kriegsgefangene kümmerte sie sich wie eine Mutter und half uns so gut sie konnte: Sie gab uns Rasierklingen, Nähnadeln, Faden, Zigaretten und Tabak. Wenn sie mir etwas gab, erinnerte sie mich stets: „Teile es mit den Freunden!" Aber als ich ihr zum ersten Mal, nachdem ich vom Bauern oder der Bäuerin den Wert ihrer Geschenke erfahren hatte, Geld geben wollte (es häufte sich bei uns ein klein wenig an, besonders bei den Burschen, die in der Fabrik arbeiteten, da ihnen ein bisschen mehr bezahlt wurde als uns), lehnte sie zunächst ab. Ich aber sagte ihr:
„Liebe Pepitante, meine Freunde und ich sind Ihnen unendlich dankbar für Ihre Güte, für Ihr ehrliches, mütterliches Mitleid und Ihre mütterliche Fürsorge. Aber ich bitte Sie, uns richtig zu verstehen: Weder können noch wollen wir Ihnen unnötig zur Last fallen, deshalb bitten wir, das Geld von uns anzunehmen, das Sie für uns ausgegeben haben: SOLCHES Geld haben wir, und für Sie wird es nicht überflüssig sein. Ansonsten bringen Sie uns in eine schwierige Lage: Wir wären gezwungen, das von Ihnen abzulehnen, mit dem Sie uns so erfreuen ..."
Solch eine Diplomatie setzten wir ein, damit wir die sich abmühende Pepitante überreden konnten, mit uns in ein normales Verhältnis zu treten, wo wir ihr, der Pensionistin, nicht zur Last fielen. Künftig wurde die Bezahlung der von ihr besorgten, unverzichtbaren Kleinigkeiten zu einer normalen Sache. Dabei stand jedoch nicht der Kauf und Verkauf oder der Tausch von selten gewordenen Waren für Geld im Vordergrund, sondern ihre menschliche Güte, auf die wir mit großer Dankbarkeit reagierten. Neben dem gewöhnlichen Dank bekundete ich der Pepitante auch unsere Wertschätzung und dankte ihr für ihre wahre mütterliche Sorge. Ich sagte ihr, dass wir fast jeden Tag an sie denken würden und ihr von ganzem Herzen beste Gesundheit und Wohlergehen wünschten. Man konnte sehen, wie sehr diese stolze alte, an Unabhängigkeit gewöhnte Frau mit Herz bei diesen Worten aufblühte und sich freute.
Und wie oft erinnerte ich mich in den Nachkriegsjahren an sie mit den tiefsten Gefühlen, wie oft bemühte ich mich krankhaft, ihr zu schreiben und für alles zu danken, da ich ich wusste, wie angenehm ihr diese Dankbarkeit aus dem für sie fer-

nen Russland gewesen wäre. Was heißt Dankbarkeit, es wäre einfach schön für sie gewesen zu erfahren, dass lebe und gesund bin. So oder so: Auch an ihre Adresse erinnerte ich mich und erinnere mich bis heute: Krems, Schillerstraße 2. Aber ihr zu schreiben, dazu konnte ich mich, dem instinktiven Selbstschutz gehorchend, nicht durchringen. Denn so ein Brief wäre eine Grundlage für eine Anklage gewesen. Sie hätten sich auf meinen Kopf gestürzt, längst hätten sie mich in Lagerstaub verwandelt. Die österreichische Sozialdemokratin Josefine Schneider stellte nicht umsonst Hitler und Stalin, beide Tyrannen und Despoten, in eine Reihe.

53

Mein Leben in der Gedersdorfer Periode meiner Gefangenschaft gestaltete sich derart, dass über sie zu klagen in höchster Stufe sündig wäre: Das Leben Millionen meiner Altersgenossen war durch den Krieg zerrissen, weitere Millionen wurden zu Krüppeln, und die, die am Leben blieben, sei es an der Front, im heimatlichen Hinterland oder in der feindlichen Gefangenschaft, empfanden bei weitem mehr Entbehrungen und Schwierigkeiten als meine Freunde und ich im Gedersdorfer Kommando. Aber dieses Leben zu loben oder ein Gefühl der Rührung bei der Erinnerung an dieses zu empfinden, wäre, leicht gesagt, beschämend und unrichtig, um es härter zu sagen, einfach niederträchtig.

Was soll man da loben und wofür Rührung empfinden? Dafür, Glück gehabt zu haben, an einen Platz gelangt zu sein, an dem es genug zu essen gab? Aber das war überhaupt nicht mein Verdienst: Ich hatte einfach Glück, aber ich hätte genauso gut auch keines haben können. Rührung empfinden für die Menschlichkeit meiner Bauern, vor ihrem Arbeitseinsatz für die Pflege ihrer Weingärten und Felder? Das ist dumm, dafür Rührung zu empfinden. Wenigstens deshalb dumm, weil sich nach meiner Befreiung aus der Gefangenschaft in mir nicht ein einziges Mal der Wunsch regte, zu meinen ehemaligen Bauern zurückzukehren. Sie zu sehen, zu sprechen, sich an die Vergangenheit zu erinnern und über die Gegenwart und Zukunft nachzudenken, solch einen Wunsch gab es und gibt es bis heute noch. Aber früher diesen Wunsch zu verwirklichen, war nicht möglich, und wird auch in Zukunft nicht möglich sein: In der Vergangenheit störte die Politik, die nicht von mir persönlich abhing. Heute aber ist es schon zu spät, meine ehemaligen Bauern werden kaum noch am Leben sein, wenn sie noch am Leben sind, dann wären sie in so einem fortgeschrittenen Alter, in dem dumpfe Schmerzen und auch zukünftige Krankheiten die Aufmerksamkeit des Menschen aufsaugen.[59]

Ich erlebte in Gedersdorf drei meiner Geburtstage: Drei Monate nach meiner Ankunft wurde ich 21 Jahre alt, dann 22 und 23 ... Bei einem normalen friedlichen Leben hätte ich mit meinen außergewöhnlichen Fähigkeiten und festem Gedächt-

---

[59] Im September 1994 konnte Čirov gemeinsam mit seiner Frau Valentina Österreich auf Einladung von Franz Gerstenmayer, dem Sohn seines ehemaligen Arbeitgebers, besuchen. Siehe dazu S. 42 in diesem Band.

nis bei guten Lehrern und Erziehern – wenigstens bei denen, die mich in den Lehrkursen 1938 unterrichtet hatten – so viel machen können und so weit in meiner intellektuellen Entwicklung gehen können. Aber nichts von dem konnte ich erreichen. Diese Jahre erwiesen sich als aus dem Leben gelöscht, obwohl sich das Leben selbst erhielt und fortschritt. Aber gut war schon, dass der Lebensinstinkt und die Jugend diese Frage bei Seite stellten. Nicht selten dachte ich daran. Aber wozu? Trotzdem hütete und beschützte ich sorgfältig das Leben, selbst in der grauen Hoffnungslosigkeit.

Und so kam es, dass ich mich ausgerechnet in Gedersdorf als Mann zu fühlen begann. Allerdings nicht als solch einer, der sich durch Umgang mit Frauen Freude verschaffte. Entweder gereichte es zu meinem Pech oder zu meinem Glück, aber ein Mann für vorübergehendes und gedankenloses Vergnügen konnte und wollte ich damals nicht sein. So einer wurde ich übrigens auch später nicht. Meiner Meinung nach wird ein einmaliges und vorübergehendes Vergnügen zu einem völlig unbedachten und einfach grausamen Preis gekauft, zu einem Preis der Heuchelei, der Lüge und des Zynismus, solch ein Preis ist jedoch nicht nur unmoralisch, sondern auch unmenschlich, denn er entstellt das wunderschöne Gefühl, das die Natur dem Menschen schenkt, die Liebe. Die Liebe aber beginnt nicht durch einen Beischlaf und endet auch nicht mit diesem. Die Liebe ist, wie es ein Poet sehr schön ausgedrückt hat, „von schönen Liedern gekommen, ein Lied aber ist schwer zu komponieren". Aber dafür will man, wenn ein Lied gut geworden ist, es singen und hören, noch und noch, und es wird einem nie zu viel, so wie für uns Russen „Kalinka" und andere russische Volkslieder. So eine Vorstellung über die Liebe hatte sich in meinem Innersten herausgebildet.

Aber wahrscheinlich erinnert die Liebe, die sich im menschlichen Herzen angesiedelt hat, irgendwie an ein Magnetfeld mit einem Nord- und einem Südpol. Wenn zum Beispiel eine Frau, die ich fähig bin von ganzem Herzen zu lieben, den Norden darstellt, so muss sie auch über eine Südseite verfügen. Indes liegt der ganze Jammer darin, dass beim Bekanntwerden und gegenseitigem Erkennen Mann und Frau mehr in Zehntelminuten und Zehntelsekunden denken als daran, was nach diesen Sekunden und Minuten folgen könnte, wenn sich das kochende Blut des von beiden Seiten gewünschten Beischlafes beruhigt und das Leben in seine alltägliche, gewöhnliche Bahn zurückkehrt. Aber die Kräfte des kurz aufflammenden Wunsches, auch wenn sie zur Gänze echt sind, sind selbst blind und taub und zuweilen gedankenlos.

Man sagt, dass die Liebe ein Geschenk Gottes und ein Talent ist, auf die das Schicksal keinen Einfluss besitzt. Ich glaube daran. Was die Fähigkeit zu lieben betrifft, so ist diese allerdings nicht jedem eingeimpft, und nicht umsonst gibt es zahllose Dramen und menschliche Tragödien, die in der Literatur, der Musik und in anderen Künsten verarbeitet werden. Ob die Menschheit jemals den Zeitpunkt erleben wird, an dem die Liebe jedem nur Freude und Glück bringen wird, ist schwer zu sagen, aber ich bin der Meinung, dass dieser Zeitpunkt der Glückseligkeit wohl nicht eintreten wird.

Nun in meinen Herbsttagen scheint dies nicht seltsam, aber in Gedersdorf in der Sklaverei fühlte ich mich als Mann, der für die Liebe bereit war. Mein Herz war frei geworden, es hatte sich noch im Sommer 1940 befreit, als mir Gennadij Petrovič Chochlačev mitteilte, das Ženja Abramenko den mir unbekannten Ivan Kradinov geheiratet hatte. Mir wurde damals beklommen ums Herz, aber was sollte ich machen? Es hätte jeder Grundlage entbehrt, auf einen Schritt von Ženja zu warten, hatte sie mir doch nie etwas versprochen. Aber dennoch – meinem Herz zu befehlen, es möge nicht trauern, das konnte und wollte ich nicht.

Aber mein Leben nahm solch eine Wendung, dass es zu keinem elegischen Schmerz in meinem Herzen kommen konnte. In Gedersdorf kam – obwohl ich ein Sklave war – in meinem Herzen ein Gefühl der Freiheit auf, und mit so einem Gefühl war es einem jungen Mann einfach nicht mehr möglich, ruhig zu leben.

54

Zum ersten Mal traf ich sie auf diesem Feld, wo ich ungefähr ein Jahr zuvor mit breitem Rechen den gerade erst abgemähten Klee von dem zurückgebliebenen kleinen Unrat reinigte. Sie sprach mich an, weil sie überzeugt war, dass ich Russe oder Ukrainer war: Ich trug mein Militärhemd und eine Schirmmütze. Auch ich war mir sicher, dass sie keine Österreicherin, sondern eines unserer Mädchen war, obwohl sie die gleiche Kleidung, ein dunkles Hemd und eine helle kurze Jacke, trug, wie sie auch die jungen österreichischen Bäuerinnen trugen. Ich stellte mich vor, woraufhin sie sagte, dass sie Vera hieß. Ihr Familienname war Konopljanenko, und sie stammte aus dem Gebiet Zaporož'e. Gemeinsam mit Hunderten Altersgenossen war sie im Frühling 1943 nach Österreich gebracht worden.

Wenn mich jemand fragen würde, worüber ich damals mit Vera Konopljanenko am Rande des Kleefeldes, zehn Schritte voneinander entfernt stehend, gesprochen habe, würde ich wohl so antworten: Kann man etwa die alltäglichen Wörter des Frühlingsgesangs der Vögel übersetzen, wenn ihr Gesang voller Gefühl ist, überhaupt nicht daran denkend, dass sie mit ihrem Gesang Erde und Sonne, den Himmel, die Blätter der Bäume und das grüne Gras, zwischen welchem sie sich befinden, preisen?

Abb. 46: Ein sowjetischer Kriegsgefangener aus dem Stalag XVII B mit einer ukrainischen „Ostarbeiterin" am Hof der Familie Hauser in Gedersdorf. Für die Fotografie durfte der Kriegsgefangene die Trachtenjacke des Hausherren anziehen.

So war auch unser Gespräch, im Laufe dessen ich mich näher zu ihr zu gehen entweder nicht getraute oder mich nicht erdreistete. Es war so schön für mich, das liebe Mädchen zu sehen, das mich zärtlich anlächelte und mir zur Gänze verständliche ukrainische oder russische Worte sagte, aus denen ich nicht nur ihren alltäglichen Lebenssinn wahrnahm, sondern in denen ich auch Musik verspürte. Ja, Musik in der Form heimatlicher, mir vertrauter Worte, die von einem völlig jungen Mädchen nur für mich ausgesprochen wurden, nur für mich allein, denn niemand war auf dem Felde in der Nähe. Auch ich sagte zu ihr irgendetwas, natürlich lächelte ich auch, und mein Lächeln – so glaube ich – war auch ihr angenehm, weil sie sich nicht beeilte von mir wegzugehen, obwohl sie dazu verpflichtet gewesen wäre.
Warum ich nicht näher zu ihr ging, die zehn Schritte nicht überwand, aus welcher Entfernung sie mich erblickte und, als ich aus dem hochgewachsenen Mais hervortrat, wo ich die niederen Blätter zur Fütterung des Viehs abschnitt, auf Russisch grüßte und mich mit ihr unterhielt – warum ich diese Entfernung nicht überwand, weiß ich nicht. Auf diese Frage kann ich einfach keine Antwort geben. Ich fühlte mich durchaus nicht als angenagelt und an meinem Platz verwurzelt, ich wusste, dass ich näher zu ihr hätte hingehen können, aber es gelang mir einfach nicht. Zu diesem Zeitpunkt hatte ich noch nie ein Mädchen geküsst, und ich wusste auch gar nicht, wie ich Küsse erwidern sollte. Damals stand ich knapp vor meinem 22. Geburtstag ... Das ist wohl die Erklärung meines seltsamen Zustandes, warum ich mich nicht vom Fleck rührte, als mir das Schicksal ein unverhofftes Treffen mit einem Mädchen bescherte, das für den Rest meines Lebens einen Platz in meinem Herzen haben sollte.
Wir sprachen wohl fünf oder zehn Minuten miteinander, nicht mehr, denn bei österreichischen Bauern ist es nicht üblich, sich in der Arbeitszeit zu längeren Gesprächen verleiten zu lassen. Zudem waren wir ja ihre Sklaven und mussten uns an ihre Bräuche halten. Wir standen einige gezählte Minuten beieinander, und schließlich ging Vera wieder an ihre Arbeit. Lange folgte ich ihr mit meinem Blick, ehe ich mich wieder dem Mais zuwandte ...
Ich weiß nicht mehr, wie ich den Mais schnitt, ob mit einer Sense oder Sichel, zu sehr war ich in Gedanken versunken. Welches Schicksal hatte dieses Mädchen noch vor sich, hielt es für sie noch etwas anderes bereit als unser gegenwärtiges Sklavendasein? Fragen dieser Art hatten Besitz von meinem Geiste und von meinem Herzen ergriffen, und tief im Innersten fühlte ich eine kleine Flamme der Hoffnung, die ich auf keinen Fall auszulöschen gedachte. Sie loderte weiter und erkannte die nüchterne Realität, die mir der Verstand vermitteln wollte, nicht an.
Wir beide hatten lediglich miteinander geredet, geplaudert, wir mochten uns, aber wir verabredeten nichts – nicht einmal die Möglichkeit eines weiteren Treffens. Wir hatten uns mit „Auf Wiedersehen" verabschiedet, aber wo dieses Wiedersehen stattfinden könnte, darüber konnte ich mir keine Vorstellung machen.
Ich erfuhr von Vera, dass sie nicht bei Bauern in Gedersdorf, sondern im angrenzenden Dorf Brunn im Felde arbeitete, das dicht an Gedersdorf grenzt. Allerdings hatten wir an Sonntagen kein Recht, uns frei zu bewegen, nicht einmal in Geders-

Abb. 47: In der österreichischen Landwirtschaft eingesetzte „Ostarbeiterinnen".

dorf. Davon, dass ich vielleicht in die Nähe des Hauses, wo Vera arbeitete, gehen konnte, davon konnte keine Rede sein. Sie hätte jedoch an Sonntagen zu unserem Lager kommen können, wenn sie den Wunsch gehabt hätte. Und unser Wiedersehen wäre zu einem erfreulichen und fröhlichen Ereignis für uns beide geworden.
An Sonntagen öffnete der Lagerkommandant die Pforte unseres öden Hofes und erlaubte uns, durch einen dekorativen Metallzaun über die Grenze des Hofes in den eingezäunten Vorgarten zu gehen. In diesem Vorgarten hatten wir ein Reck und einen Barren errichtet, und von Zeit zu Zeit betrieben wir dort an Sonntagen Gymnastik. Häufiger aber setzten wir uns auf Holzbänke und sangen russische und ukrainische Heimatlieder. Wir sangen sehr gerne, mit Herz, und ukrainische und polnische Mädchen kamen von ganz Gedersdorf und Brunn im Felde, um unseren Gesang zu hören. So auch Vera Konopljanenko.
So entschied ich mich, Vera, bewegt von leidenschaftlichem Wunsch, sie nicht mehr nur zufällig zu sehen, zu schreiben. Und ich schrieb. Was schrieb ich ihr in diesem Brief? Natürlich, was für ein Sturm an Gefühlen in mir nach unserem zufälligen Treffen aufgekommen war. Der Brief an Vera war der erste nach einem zweijährigen Schweigen: Es gab niemanden, dem ich schreiben hätte können. Nein, ich habe mich nicht richtig ausgedrückt: Es gab zwar jemanden, dem ich schreiben hätte können, aber ich konnte keinen Brief versenden. Ich bat die klein gewachsene Saša Babij, den Brief an Vera zu übergeben, da sie fast jeden Tag am Haus ihrer Bauern vorbeiging und ich sie fast jeden Tag sah.
Saša Babij übergab meinen Brief Vera. Am nächsten Sonntag kam Vera gemeinsam mit anderen Mädchen zu unserem Lager. Und wir sahen uns. Natürlich unter

anderen Umständen als beim ersten Mal: Uns trennte der gemusterte Metallzaun, den keiner von uns überschreiten durfte, und um uns herum waren viele Menschen. Das alles war nicht bloß ein Treffen, sondern vielmehr auch ein Wiedersehen, das wir zuvor verabredet hatten: Ich hatte sie eingeladen und sie war meiner Einladung gerne gefolgt. Einmal angenommen, das hieß, ich war ihr nicht gleichgültig und in ihrem Herzen rührten sich Gefühle für mich. Darüber erzählte sie mir in einem Brief, den mir Saša Babij aushändigte. Natürlich redete Vera nicht direkt über ihre Gefühle, wie ich es mit ganzer Offenheit meines von Einsamkeit geplagten Herzens in meinem Brief an sie getan hatte, aber der Ton ihres Briefes allein, den ich übrigens nicht von ihr erwartet hatte, sprach davon, dass ihr Herz durch unser zufälliges Treffen gleichfalls gerührt war.

Aber unsere Treffen hielten nicht lange an, ja, wir küssten uns nicht ein einziges Mal. Zirka drei Mal kam sie an Sonntagen zu unserem Lager, einmal trafen wir uns zufällig während der Arbeitszeit in Gedersdorf, als ich gerade den Mist auf die Kartoffelfelder führte und sie wegen irgendeiner Angelegenheit an mir vorbeiging. Und wieder standen wir einige Minuten, dieses Mal nebeneinander und unsere Hände berührten einander bei diesem Treffen. Bei der Verabschiedung fühlte ich die Wärme und Zärtlichkeit ihrer Hände, nicht nur, wie sie meinen leichten Händedruck erwiderte, sondern auch durch ein unbeschreibliches Zittern zusammenzuckte, das nur Frauen, die etwas für einen Mann empfinden, eigen ist. Worüber wir bei diesem letzten Treffen sprachen, weiß ich nicht mehr, weil die Worte, die wir miteinander wechselten, für uns selbst keine Bedeutung hatten. Der Sinn unseres Gespräches lag nicht in Worten, sondern darin, wie sie klangen. Im Klang spürte jeder von uns diese Musik der Liebe, die sowohl aus ihrem als auch aus meinem Herzen ertönte.

Das war unser letztes Treffen. Bald wurde Vera Konopljanenko aus mir unbekannten Gründen zum Arbeitseinsatz in eine Fabrik bei Wien gebracht. Auf irgendeinem Weg gelang es ihr, mir einen Brief von dort zu schreiben, in dem sie bitter unsere Trennung beklagte, die sie nun, so sagte sie, kaum überwinden konnte. Ich antwortete ihr auf diesen Brief, schrieb ihr offen über meine Gefühle und bat sie, nicht die Hoffnung auf ein Treffen in der Zukunft zu verlieren. Ob sie aber den Brief je bekommen hat, weiß ich nicht. Allerdings habe ich nie mehr von ihr gehört, das Leben hatte uns für alle Zeiten getrennt.

55

Ich überlebte diese Trennung nur schwer. Als erste wurde die mir eng verbundene Saša Babij darauf aufmerksam. Sie stammte aus dem Gebiet Kiew oder Poltava. Innerlich hatte Saša etwas, dass auf eine große Niedergeschlagenheit deutete. Sie war von kleiner Statur, aber es ging nicht um ihre Kleinwüchsigkeit, sondern vielmehr um den Eindruck, als ob Saša irgendetwas unmerklich ständig zur Erde zog. Sie konnte nur schwer gehen – während des Gehens schien sie ihre Beine förmlich von der Erde zu reißen. Aber selbst bemerkte sie diese Schwierigkeiten nicht, worin vielleicht ihr Glück lag. Sonst, wenn sie die Wahrheit über ihren Gang erfahren hätte, wäre sie wahrscheinlich traurig geworden.

Und so entschied sich Saša Babij nach dem Verschwinden Veras mich zu trösten, da sie meine schweren Zeiten sah: Was willst du, sagte sie, so niedergeschlagen bist du wegen dieser Vera, ich bin neben dir, lass uns Freunde sein, treffen wir uns abends ... Etwa so sprach sie zu mir, als wir uns einmal bei der Rückkehr vom Weingarten zufällig trafen und gemeinsam ins Dorf gingen.

In mir aber regten sich – außer gewöhnlichem Mitleid – keine Gefühle gegenüber Saša. Getrieben einzig von Mitleid – kränken wollte ich sie absolut nicht – erklärte ich mich zu abendlichen Treffen mit ihr einverstanden. So trafen wir uns einige Male neben der Kirche, nicht weit weg von dem Platz, wo wir uns abends sammeln mussten, um auf den Wachposten zu warten. Traurig ist allerdings, dass ich zugeben muss, meinen ersten Kuss Saša Babij gegeben zu haben. Weder Freude noch wallendes Blut empfand ich bei diesem Kuss, so wie auch Saša nichts Erfreuliches dabei empfand.

Wie viele abendliche Treffen es mit Saša Babij bei der Kirchentreppe mit Gesprächen über nichts, mit bedrückendem Schweigen und mit kalten, faden Küssen, die ich ihr aus Mitleid schenkte, gab, kann ich nicht mehr sagen. Aber ich kann mich gut erinnern, dass ich ein Gefühl der Erleichterung empfand, als Saša Babij so unerwartet wie auch Vera Konopljanenko an einen anderen Ort verbracht wurde. Ich habe nichts mehr von ihr gehört.

Saša Babij verschwand aus Gedersdorf zu Beginn des Herbstes 1943. Ich jedoch empfand nach ihrem Verschwinden kein Leid darüber, dass unsere Treffen bei der tauben Kirchentreppe aufgehört hatten: In mein Herz drang erneut Vera ein, aber von Vera gab es keine Nachricht und keine Hoffnung auf eine Möglichkeit, sie irgendwie zu finden. Auf Grund dieser Hoffnungslosigkeit war mein Herz von einer melancholischen Leere erfüllt. Seltsam und sinnlos war diese Last, diese Leere im Herzen. Wer sie nicht kennt, ist vielleicht der Einzige unter Tausenden vergleichbaren, glücklichen Menschen. Ich kann nicht mit gebührender Einschätzung beurteilen, wie sehr so eine Leere andere belastet, aber mir persönlich war sie sehr, sehr teuer: Vom Gefühl, das sich unerwartet entzündet hatte und ebenso unerwartet und gewaltsam enden musste, blieben in meinem menschlichen Herzen wahrscheinlich beinahe für das ganze Leben schwelende, verkohlte Holzscheite zurück. Die erwähnte Leere im Herzen ist eine der Seelenkrankheiten, gegen die die Medizin niemals Arzneien gefunden hat und auch niemals finden wird, denn so ein Mittel existiert in der Natur nicht. Die Tücke dieser Krankheit besteht darin, dass sie an einen Zustand erinnert, in dem das Herz eines Menschen frei ist: Wo doch auch im Zustand der Freiheit und im Zustand der Leere das Herz von niemandem und durch nichts erfüllt ist. Gleichzeitig ist der Unterschied zwischen dem Empfinden der Freiheit und der Leere kolossal: Das freie Herz lebt durch einen Traum über die Freude, die ihm DIESE oder DIESER, mit der beziehungsweise mit dem noch kein Treffen stattfand, bereiten wird. Die Tatsache, dass so ein Treffen bevorsteht, weil die Auswahl der möglichen Partner riesengroß ist – diese Tatsache entfacht

eine lodernde Flamme im Herzen. Ein leeres Herz jedoch glaubt an keinen Traum, und in einem solchen kann auch keine Flamme entfacht werden. Ein Mensch mit so einem Herzen wird von seinem Verstand beherrscht.
Der Verstand ist uns von der Natur gegeben, damit sich jedermann an die Spielregeln der Realität hält. Erleidet ein Mensch einen Verlust, dann versucht der Verstand dem Herzen zu helfen und die eingetretene Leere auszufüllen. Mein Verstand erwies sich mir, nachdem die Trennung von Vera über mein Herz hereingebrochen war, als durchaus hilfreich, da er mir zu verstehen zu geben versuchte, dass trotz des schmerzlichen Verlustes nicht alles verloren ist und man sich dennoch mit Würde halten müsse und nicht die Hoffnung verlieren dürfe. Mein Herz – noch ganz naiv und unerfahren – beugte sich diesen Argumenten des Verstandes, ordnete sich ihm unter.
Die Zeit nach der Trennung von Vera Konopljanenko, die sich als Trennung für immer herausstellen sollte, erinnerte mich irgendwie an die Zeit der vier von mir am pädagogischen Institut im Ural verbrachten Monate zu Winterbeginn des Jahres 1937. Damals hatte ich ja auch versucht, ähnlich wie meine Klassenkameraden, intime Beziehungen – einmal zu Katja Bulyčova, einmal zu Zoja Bojko – anzuknüpfen. Doch die zeitliche Distanz zwischen diesen beiden Ereignissen war dennoch deutlich bemerkbar. Dort im Ural war ich gerade zum Jugendlichen geworden, war hitzig und begann die ersten Versuche zu machen, das Spiel von Erwachsenen zu spielen. Trotzdem berührte mich meine damals letztendlich erlittene Niederlage nicht weiter und ließ in meinem Herzen keinerlei Spuren zurück.
Hier in Gedersdorf wurde das Zusammentreffen mit Vera Konopljanenko durch mein einsames Herz wie ein Geschenk des Himmels aufgenommen, das mir Hoffnung auf ein gemeinsames Glück für das restliche Leben nach Beendigung dieses schrecklichen Krieges gab. Ich sah in Vera eine für mich würdige Begleiterin auf meinem weiteren Lebensweg, mit der ich mein noch vor mir liegendes Leben teilen würde können. Deshalb bedeutete ihr Verschwinden einen so schweren Schlag für mein Herz. Ich begriff erst später, dass die sorglosen, gewöhnlich friedlichen Jahre der Jugend, die für mich und meine Altersgenossen so gar nicht friedlich waren, endgültig Vergangenheit waren. Vera Konopljanenko war, zu meinem Unglück, nur für kurze Zeit der wichtigste Mensch in meinem Leben.

56

Was mich dazu bewegte, mich einige Male mit Saša Babij zu treffen und sie sogar zu küssen, davon habe ich bereits erzählt. Wenn man etwas zum bereits Gesagten hinzufügen möchte, dann vielleicht einige Worte über die Beziehungen zu den ukrainischen und polnischen Mädchen, die vom Morgengrauen bis zum Sonnenuntergang auf den Bauernhöfen in Gedersdorf und in Brunn im Felde arbeiteten. Was dachten sie, die sie ja Augenzeugen meiner Beziehung zu Vera Konopljanenko geworden waren, über unsere Treffen? Was hielten sie von meinen abendlichen Zusammenkünften mit Saša Babij? Ich denke, auf diese Frage muss man nicht

Abb. 48: Eine junge „Ostarbeiterin".

unbedingt eine Antwort geben. Mit einem Wort, ich gab Anlass zu Spekulationen und kam zur Erkenntnis, dass man nicht wegen seiner Erlebnisse, sondern wegen seines Verhaltens beurteilt wird. Was mein Verhalten Saša Babij gegenüber betrifft, so habe ich mir in diesem Falle kein positives Urteil verdient. Die Mädchen erhielten einen Eindruck von meiner Flatterhaftigkeit, dennoch gab es einige, die mir nahe kommen wollten und mich als Verehrer begehrten. Dazu entschloss sich nach dem Verschwinden von Saša Babij die Polin Zośja Podoljanskaja.

Zu sagen, ob mir Zośja gefiel, fällt mir schwer. Wenn ich sie zum Beispiel in einer Menschenmenge am Stadtmarkt getroffen hätte, wäre sie mir kaum auf Grund übermäßiger Schönheit aufgefallen. Aber wichtig war, dass Zośja gut zu mir war. Sie hatte eine elegante Figur, einen leichten Gang und ein sonniges und heiteres Gemüt, wenn sie sich mit einem ihr sympathischen Menschen unterhielt. Sie war bereits zwei Jahre vor unserer Ankunft in Gedersdorf zu ihrem Bauern gekommen, dessen Haus am Kirchplatz stand. Genau gegenüber befand sich der Milchsammelplatz, wo mich meine Bäuerin fast jeden Abend mit der Milchkanne hinschickte. Um vom Haus der Zinners zu diesem Platz zu gelangen, musste man etwa hundert Schritte nach dem Torausgang nach rechts gehen, wo man in eine enge Gasse gelangte, in die man vom Hause Zośjas aus Einblick hatte. So konnte Zośja jeden sehen, der durch diese Gasse in Richtung des nahen Milchsammelplatzes ging.

Durch diese Gasse führte auch mein täglicher Weg zu den Weingärten, sodass ich Zośja beinahe täglich sah, manchmal sogar zwei-, dreimal am Tag – morgens, mittags und abends. Ja, wir sahen uns oft. Jedes Mal lächelte Zośja, erwiderte meinen Gruß und antwortete mit Scherzen auf meine Bemerkungen. Ihr Lächeln aber war, wie ich erst später verstand, ein Ausdruck von Selbstironie: Nun, sie sagte, wie schön sie sei und elegant, dass die vorbeigehenden russischen Burschen sich sogar allein in ihre Schönheit und Eleganz verliebten ...

Aber welche Eleganz kann ein Mädchen als Zwangsarbeiterin schon ausstrahlen? Eine ausgeblichene Jacke, ein zerknitterter Rock und Pantoffeln mit Holzsohlen – in diesem Aufzug erschien Zośja beim Tor des Bauernhauses, wo sie ihrer Arbeit mit den Kühen nachging.

Mehr als ein Jahr ging ich an diesem Tor vorbei, aus dem Zośja oft herausschaute und lächelnd mein Grüßen erwiderte, aber mir kam nie in den Sinn, mehr von ihr zu wollen, und auch Zośja gab mir nie nur den geringsten Anlass dafür, in mir meine männliche Neugierde zu wecken. So ging es auch die folgenden zwei Jahre weiter. Nachdem Saša Babij aus Gedersdorf verschwunden war, stand mir Zośja auf einer ganz anderen Ebene gegenüber. Sie war interessanter als Saša – über Vera möchte ich nicht sprechen, denn mir kam nie in den Sinn, sie mit irgendeiner anderen Frau zu vergleichen, sie blieb für mich die einzige –, und ich bemerkte, dass sich auch Zośja für mich interessierte. Ihrem zärtlichen Lächeln nach zu urteilen war sie bereit, sich mit mir in der uns auf dem Kirchplatz zur Verfügung stehenden Zeit innig zu unterhalten.

Abend für Abend wurden meine Gespräche mit Zośja länger. Schließlich fand

Abb. 49: Kirche in Gedersdorf.

sich auch ein ruhiger Platz dafür, nämlich zwischen der Kirchenmauer und dem Zaun, der sich zwischen dem Bauernhaus und der Kirche befand. Der Vorteil dieses Platzes bestand darin, dass es bis zum Sammelplatz nur 20 bis 30 Schritte waren und uns die abends Vorbeigehenden nicht sehen konnten.

Was kann ich über diese wenigen Treffen mit der lustigen Polin Zośja Podoljanskaja sagen? Sie waren viel angenehmer als jene mit Saša Babij, denn man konnte sich mit ihr besser unterhalten, und auf Küsse war sie äußerst erpicht. Bei ihr spürte ich zum ersten Mal in meinem Leben die Süße eines Kusses, die mit nichts verglichen werden kann. Gleichzeitig drangen weder Zośjas Küsse noch ihre herzlichen Liebkosungen bis in mein Herz vor, und deshalb vergaß ich sie fast augenblicklich, wenn ich zum Sammelpunkt gerufen wurde. Ich war nicht abgeneigt, mich mit Zośja zu vergnügen, aber bei diesen zärtlichen Spielen konnte und wollte ich einfach nicht vergessen, was Vera in meinem Herzen ausgelöst hatte, denn ich hatte die Hoffnung auf ein neues Treffen mit Vera nicht aufgegeben.

Meine Treffen mit Zośja endeten so beiläufig wie sie auch begonnen hatten. Wahrscheinlich fühlte Zośja selbst, dass es ihr nicht gelang, in mir Liebe zu wecken, sagte ich doch nie die Worte „ich liebe dich" zu ihr. Der Auslöser dafür, dass ich das Interesse an Zośja bald ganz verlor, war das Erscheinen der ukrainischen Zwangsarbeiterin Hanna Marusenko im Haus von Josef[60] Berger.

---

[60] Es muss sich um Ignaz Berger gehandelt haben.

Das Ganze geschah ungefähr Mitte November 1943. Zum ersten Mal hatte ich sie am erwähnten Milchsammelplatz getroffen, aber dass sie Halja hieß und dass sie ein Bauernmädchen war, hatte ich bereits vor diesem Treffen von Vas'ka Grišin erfahren. Er hatte sie schon früher als ich gesehen und mit ihr auch gesprochen. Vas'ka war besonders von Haljas körperlicher Würde angetan.
Ich kann nicht sagen, dass ich beim ersten Treffen mit Hanna Marusenko, die sich selbst Halja nannte, Entzücken so wie etwa Vas'ka Grišin und auch andere verspürt hätte. Halja war ziemlich groß und kräftig, wenn auch nicht übermäßig. Ihre Wangen waren stets leicht gerötet, ihre Haare blond, die blassblauen Augen hatten die Farbe eines kalten Herbsthimmels, ihre Oberlippe hing leicht über ihre Unterlippe herab. Der Klang ihrer Stimme war eher tief, sogar männlich, weshalb auch nur schwerlich über einen zärtlichen Klang ihrer Worte gesprochen werden kann. Ich erinnere mich gut an die Gespräche, die wir bei unserem ersten Treffen am Milchsammelplatz führten. Ihr Name war mir zu diesem Zeitpunkt bereits bekannt.
„Grüß dich, Halja", sagte ich, „wie geht es dir?"
„Sei gegrüßt", antwortete sie schmunzelnd, „ich lebe, nun ja ..."
Mir widerfuhr keine plötzlich aufkommende Freude, die vergleichbar mit jener gewesen wäre, als ich zum ersten Mal Vera Konopljanenko sah. In meinem Herzen regte sich kein Gefühl, und keine Flamme begann zu lodern. Wenn sich in mir in ihrer Anwesenheit etwas regte, dann war es die Hoffnung, mit ihrer Hilfe die irgendwohin verschwundene Vera Konopljanenko ausfindig zu machen: Es zeigte sich, dass Halja und Vera Landsleute waren. Beide stammten nicht nur aus dem selben Gebiet, Zaporož'e, sondern auch aus demselben Bezirk, Polohovsk.
Meine Überlegung war so: Mir würden die nächsten Wochen nach diesem Treffen die Kraft geben, meinen kalten Verstand einer unvoreingenommenen, genauen Analyse zu unterziehen. Meine beiden ersten Treffen – mit Vera und zwei Monate später mit Halja – würde ich miteinander vergleichen und ihre Bedeutung für mich bestimmen. Aber leider habe ich nichts davon gemacht, und gerade aus diesem Grund wurde ich vor mir selbst zum Schuldigen an meinem eigenen Schicksal, ja nicht nur an meinem eigenen.
Jedenfalls hinterließ das erste Treffen mit Halja in mir keinen Eindruck, und deshalb kann das, was ich beim ersten Treffen mit Vera verspürte, mit absolut nichts verglichen werden. Und was in den folgenden zwei Monaten mit mir geschah, wusste ich danach nicht, weil ich einfach nicht daran dachte und es bis heute nicht weiß. Den Grund zu erfahren, der mich dieses Feuer vergessen ließ, das in mir mit nur einem Erscheinen und einigen Dutzend Worten, die mir Vera sagte, entfacht worden war, ist unabdingbar. Nicht für mich natürlich unabdingbar, sondern für den, der diese Zeilen liest und über sie nachdenkt.
Der Grund lag vor allem darin, dass ich nicht glaubte, genauer gesagt, daran zweifelte, dass ich Vera noch ein weiteres Mal treffen würde. Ich zweifelte daran, weil ich ungefähr Folgendes dachte: Ich kenne Veras Aufenthaltsort nicht, und ich kann

keine Versuche unternehmen, zu erfahren, wo sie ist und mit ihr in Verbindung zu treten. Sie aber weiß, wo ich bin, mir aber teilte sie nichts von sich mit. Folglich bin ich für sie nicht interessant. Das konnte sein, natürlich. Es gab einen anderen, weit gewichtigeren Grund für Veras Schweigen nach ihrem Verschwinden: Diese Saša Babij hätte ihr schreiben können, dass ich, sobald sie weg war, sie sofort vergessen hätte, so tat, als ob nichts gewesen wäre und

Abb. 50: Dmitrij Čirov mit seiner ersten Frau, Halja Marusenko, und seiner ältesten Tochter Maša. Juli 1953.

begann, mich mit Saša zu treffen und sie zu küssen. Und hätte Vera, wenn sie so etwas von Saša erfahren hatte, mich nicht zu Recht vergessen?

So also riss der dünne Faden ab, der zwischen mir und Vera gesponnen worden war. Und er riss vor allem wegen meiner Schuld ab. Im übrigen auch nach dem Willen des Schicksals: Wenn Vera bis Kriegsende bei ihrem Bauern verblieben wäre, hätte es zwischen uns zu keinem Missverständnis kommen können, denn sie war mir schon seit dem ersten Treffen zu wertvoll. Unsere Treffen aber wären weitergegangen und ich hätte sie von meiner Treue überzeugen können.

Ich aber fühlte mich nach dem Verschwinden Veras so, als ob mich jemand auf einem Berggipfel stehend am Rücken gestoßen, mich von den Beinen gerissen hätte und ich einen ganzen Berghang hinuntergestürzt wäre. Und ich fiel mit irgendeinem fast begeisterten Gefühl. Nun, so einer war ich: Ich weiß, dass ich mich irgendwo festhalten und mich auf die Beine richten konnte, um mich umzusehen und zu entscheiden, was weiter zu machen wäre: Sich zurück auf den Berg zu begeben oder langsam talwärts zu gehen. Ich kann, aber ich will nicht, weil es mir angenehm ist, runter zu fallen, ich falle nicht auf spitze Steine runter, sondern auf eine weiche grüne Wiese, die den ganzen Berg bedeckte von ganz unten bis ganz zur Spitze ...

Einfach gesagt, ich gab der Schmeichelei nach und büßte dafür, kann man sagen, Gott sei Dank, nicht das ganze Leben lang. Ich wurde weder unglücklich noch ruhelos in meinem Leben, aber auch die Empfindung eines völligen Glücks, das nur eine gemeinsame Liebe einem jungen Menschen geben kann, verspürte ich in meiner Jugend nicht. Und schuld daran bin ich selbst. Schuld schon deswegen, weil ich mich von der kleinlichen Eitelkeit mitreißen ließ, in dem ich mich zunächst dem wahrhaftigen Gefühl, das Vera in mir weckte, ergab und ich danach der Einladung Sašas nachgab. Nach Saša zog mich die Neugierde zu Zośja hin, und ungefähr zwei Monate nach dem Erscheinen von Halja Marusenko in Gedersdorf erklärte ich ihr meine Gefühle, sagte ihr das sehnlichste Wort, auf das man, gelinde gesagt, verzichten und es für bessere Zeiten aufheben hätte können. Aber ich dachte nicht ein einziges Mal daran, darauf zu verzichten, weil ich befürchtete, mit der in mir herrschenden Eitelkeit unzufrieden zu bleiben: Halja Marusenko, die schönste unter dem halben Dutzend ukrainischer und polnischer Mädchen in Gedersdorf und Brunn im Felde, gab ausgerechnet mir den Vorzug. Ich, der ich mich seit frühester Kindheit nicht vollwertig fühlte, weil ich der ungeliebte Stiefsohn einer ungeliebten Stiefmutter und später ein angeblicher Kulakensohn war, ich brach bei dem Gedanken in Jubel aus, dass Halja ausgerechnet mich auswählte. Meine Kameraden anerkannten die von ihr getroffene Wahl und trübten ihre Beziehung zu mir in keiner Weise. In diesem Zustand der Begeisterung und des inneren Jubels wünschte ich so ausführlich wie möglich Halja für ihre Wahl zu danken und ließ ihr meine Liebe zuteil werden, obwohl ich im Innersten eigentlich keine empfand.

58

Der Hauptgrund meiner seelischen Verwirrung lag in der Unfreiheit, die mir Hände und Füße gefesselt hielt und mich stark einschränkte. Wären Vera und ich keine Zwangsarbeiter gewesen, hätte es auch geschehen können, dass wir uns in verschiedene Richtungen getrennt hätten, ohne am Ende alles ausgeredet zu haben. Hier aber ging es nicht um ein Ende, denn nicht einmal am Anfang kam es zu vernünftigen Erklärungen. Weder sie noch ich konnten in Worte fassen, was wir uns gegenseitig sagen wollten. Wären wir nicht in der Sklaverei gewesen, hätte es uns dann ähnlich ergehen können?
Aber in Bezug auf die Unfreiheit erklärte ich Halja mein Verhalten nach dem Verschwinden von Vera. Ich will mich nicht für meine leichtsinnige Eitelkeit rechtfertigen, die für gewisse Zeit meinen Stolz tröstete, ich sagte Halja, was für ein Mensch ich wäre, und schließlich wählte das schönste Mädchen in Gedersdorf keinen anderen aus. Ich war kein Schönling, mein Äußeres habe ich nie sonderlich geschätzt. Aber auf meine Güte war ich doch in gewissem Maße stolz, sagte ich doch Halja, dass ich sie nicht nur liebte, sondern auch bereit war, sie nach Kriegsende und Befreiung zu heiraten.
Aus heutiger Sicht auf diese über ein halbes Jahrhundert zurückliegenden Tage bin ich stets bereit, diese Worte zu bekräftigen. Dies vor allem deshalb, weil ich diese Worte nicht hätte sagen dürfen, wenn ich nicht selbst Gefühle zu Halja entwickelt und gleichzeitig auch ihre Gefühle verspürt hätte. Durch dieses Entstehen von Gefühlen gegenüber Halja setzte ich mich der Gefahr aus, sie in Gedanken neben Vera zu stellen. Wen ich bevorzugt hätte, wäre Vera neben Halja gestanden? Natürlich Vera.
Meine unangebrachte Eile gegenüber Halja, die sich nur damit erklären lässt, dass ich ihr Herz gewinnen und an die Wahrhaftigkeit meiner Worte und Absichten glauben wollte, führte dazu, dass unsere Gefühle in Feindschaft umschlugen, wodurch letztendlich auch unsere Ehe scheiterte. Die Saat für dieses Unglück, das unsere mehr als 15-jährige Ehe beendete, hatte ich bereits Anfang 1944 gesät, als ich Halja meine Liebe gestanden und ihr mein Versprechen, ihr Mann zu werden, gegeben hatte.

Hatte ich aber Gründe, mich von diesem so freigiebig gegebenen Versprechen noch in Gedersdorf loszusagen, wo doch unsere Treffen gerade ein halbes Jahr anhielten? Ja, wie ich jetzt weiß, es hätte solche Gründe gegeben, ziemlich gewichtige sogar. Ich sah – es nicht zu sehen, war einfach unmöglich – ihr sonderbares Verhalten, das mich hellhörig machte. Sie begann zunehmend an der Wahrhaftigkeit meiner Gefühle zu zweifeln.
Während unserer gelegentlichen abendlichen Treffen, die stets im strengen Rahmen der Keuschheit verliefen, konnte ich ihrerseits keine Kälte fühlen: Sie erlaubte mir, sie zu küssen und zu liebkosen, sie an mich zu drücken, sie zu umarmen. Sie jedoch küsste und umarmte mich aber nie, doch ließ mich das damals nicht richtig hellhörig werden, und ich dachte auch nie darüber nach. Worin also lag der Grund? Er lag zur Gänze in meiner damaligen Unkenntnis des weiblichen Geschlechts. Hätte ich neben mir einen erfahrenen Freund gehabt, mit dem ich ohne mich dabei schämen zu müssen meine Eindrücke hätte teilen können, wäre ich wohl hellhörig geworden und hätte begonnen nachzudenken. Zuletzt hätte er mich wahrscheinlich vor einem unüberlegten Schritt gewarnt, durch den ich mir Unzufriedenheit, später Bekümmerung und schließlich Enttäuschung erspart hätte.
Solch einen Freund gab es zu meinem größten Bedauern leider nicht. Von meinen Freunden, mit denen ich ein ausnehmend gutes Verhältnis hatte, wagte – warum auch immer – keiner mit mir über dieses äußerst delikate Thema zu reden.
Unser Tag bestand nur aus wenigen Freuden, und wenn es einmal Grund zur Freude in Form einer jungen Frau gab, so entsagte dieser Freude niemand. Nikola Čičkanev vergnügte sich fast jeden Abend an einem heimlichen Ort in den Armen der kleingewachsenen, aber prachtvollen Ol'zjana, die mit ihm beim selben Bauern arbeitete. Vas'ka Grišin erzählte detailliert über seine sexuellen Genüsse mit der wenig hübschen Nastja, die am Hof des Schmieds in Brunn im Felde arbeitete; Saška Ivanenko berichtete, dass Zośja ihn einmal in den Herbsttagen des Jahres 1943 geküsst hatte ...
Wenn sie, während wir wie üblich über derartige Geschichten lachten, mich baten, über intime Einzelheiten meiner Treffen mit Halja zu erzählen, scherzte ich entweder oder sagte ganz ernst, dass es zwischen uns so etwas nicht gäbe. Aber meine ernsten Erklärungen trafen auf schelmisches Lachen, und man forderte mich auf, doch die ganze Wahrheit zu erzählen.
Mit einem Wort, von meinen damaligen Freunden glaubte niemand im Ernst an eine rein platonische Beziehung zu Halja. Sie glaubten es vor allem deshalb nicht, weil Halja mit ihren halbvulgären Manieren, ihrer vulgären Sprache, mit ihrer eher männlichen als weiblichen Stimme alle glauben ließ, dass es zwischen uns durchaus nicht nur keusch und platonisch zugehen würde. Von ihrem vulgären Auftreten erfuhr ich nicht nur einmal, und warum auch immer, ich wollte nicht an diese Gerüchte glauben. Ich glaubte sie deshalb nicht, weil Halja weiter an mir fest hielt. Aber ich hätte glauben sollen, was die Freunde erzählten, und hätte darüber nachdenken sollen, was ich aber nicht tat.

Warum dachte ich nicht darüber nach? Vor allem wegen der Gefahr, von Halja abgewiesen zu werden, denn sie hätte ohne Scham sagen können: Wenn ich dir einmal nicht passe, nimm eine andere, und ich werde nicht zu weinen beginnen. Übrigens sagte sie so etwas Ähnliches, nur in einer anderen, humorvollen Form. Ich versuchte, die zwischen uns entstandenen Spannungen zu beseitigen und äußerte mich ebenfalls mit Humor, obwohl ich tief im Herzen gekränkt war. Es ging darum, dass mir Halja unverblümt mitteilte, dass ich nicht besser als die anderen wäre und dass sie mir meine Beziehungen zu anderen Mädchen in Gedersdorf vorhielt. „Nun, erinnere dich, seitdem du hier in Gedersdorf bist, wie vielen Mädchen hast du deine Gefühle gestanden", und sie fing an, an den Fingern abzuzählen: „Vera, Saša, Zośja und mir", sagte sie. Es kränkte mich natürlich, so etwas von ihr zu hören, weil ich einzig Vera gegenüber meine Gefühle gestanden hatte, nicht jedoch den anderen. Als ich diese ihre Aussagen hörte, waren mir natürlich die Hände gebunden, weil ich nicht Vergleichbares über sie wusste. Hätte ich Details aus ihrem Privatleben gewusst, hätte ich mir sowieso nicht dasselbe erlaubt und sie nicht wegen ihres Verhaltens zu kritisieren gewagt. Sie hielt jedoch zu mir, dabei hätte sie nur wollen müssen, und ein anderer wäre an ihrer Seite gewesen.

Was mich vor allem davon abhielt, Halja das zu sagen, was ich über ihre Äußerungen dachte, war die Gefahr, in Einsamkeit zu verbleiben. Halja war für mich – so schien es mir damals – nicht das Mädchen, das ich unendlich liebte, sondern sie füllte bloß eine Leere in mir, die sonst nur ein guter Freund hätte füllen können. Eigentlich sah ich in ihr auch bloß einen Freund, der mir meinen Seelenzustand erleichterte. Wir sprachen nicht nur über die Liebe, sondern über Themen, die uns zu diesem grausamen Zeitpunkt beide berührten. Natürlich redete meistens ich, und sie hörte mir aufmerksam zu und pflichtete mir bei, wobei sie meine Argumente meistens teilte und auch Mitleid mit mir hatte. Die Gefahr, meine Liebe zu verlieren, hatte sie fast schon am ersten Tage wahrgenommen, nachdem ich ihr gesagt hatte, dass ich sie liebte.

Um unsere Beziehung besser verstehen zu können, ist es wichtig, noch ein Detail zu erwähnen: Manchmal, wenn ich keine Zeit für ein Treffen mit Halja hatte, tauschten wir Zettel oder sogar Briefe aus, die ich stets mit den Worten „irgendjemand, der dich liebt" beendete. Sie bevorzugte die belanglose Formel „irgendeine deiner Bekannten". Der Grund dafür lag wohl darin, dass Halja, indem sie sich in ihren Briefen an mich nur als Bekannte bezeichnete, ihre gänzliche Unabhängigkeit von meinen Gefühlen betonen wollte und zudem auch versuchte, ihre dominierende Position mir gegenüber herauszustreichen: Sich eines Tages nicht mehr zu kennen ist ja einfacher, als sich nicht mehr zu lieben.

Mein ganzes Dilemma – wie sich später in unserem gemeinsamen Leben zeigen sollte – lag darin, dass sie ihre Überlegenheit in unserer Beziehung zu sehr verinnerlichte und ihre Ansprüche und Wünsche in die Höhe schraubte. Anscheinend dachte sie, dass unsere Beziehung nur auf solch einer Grundlage bestehen könnte. Ich war zu diesem Zeitpunkt unserer Sklaverei so naiv, dass ich davon überzeugt war, dass sich Halja mit der Eheschließung ändern würde, weil sich auch die Umstände nach Kriegsende und nach unserer Befreiung ändern und die alten, in der Sklaverei gepflogenen Gewohnheiten nicht den neuen Lebensbedingungen entsprechen würden. Für diese naive Selbstüberzeugung wurde ich hart bestraft, eine Strafe, die ich mir selbst zuzuschreiben hatte und deren Folgen mich bis an mein Lebensende begleiten sollten. Wenn ich heute auf die letzten drei, vier Monate unseres Aufenthaltes in Gedersdorf zurückblicke, wird mir das, was ich bewusst verdrängt hatte, weil ich mich verpflichtet fühlte, Halja zu lieben und bei der ersten Möglichkeit ihr Mann zu werden, schmerzlich bewusst.

Ich erinnere mich noch ganz genau daran, wie sie mich nach ihrer Rückkehr von einmonatigen Schanzarbeiten an der österreichisch-ungarischen Grenze Ende Dezember 1944 in Empfang nahm. Fast jeden Tag hatte ich ihr dorthin heiße Liebesbriefe geschrieben. Nachdem ich von ihrer Rückkehr erfahren hatte – sie kam nachts zurück –, bat ich Frau Zinner, eine halbe Stunde mit ihr verbringen zu dürfen. Ich ging hinein und fand sie im Bett liegend vor, sie schlief aber nicht. Ich lief zu ihr hin und küsste ihre Lippen. Sie aber rührte sich nicht und dachte auch nicht daran, mich zu umarmen. Ich sah den Grund natürlich darin, dass sie müde war, obwohl gleichzeitig mein Herz einen anderen Grund ahnte: Entweder war sie berechnend kalt im Verhältnis zu mir, oder kalt von Natur aus. Mein Herz befahl mir darüber nachdenken, aber das unterließ ich bewusst.

Noch ein Beispiel: Im Jänner oder vielleicht auch erst im März trafen sich bei ihr einmal ein paar Mädchen, die in der Umgebung von Gedersdorf arbeiteten. Ich kannte kein einziges dieser Mädchen, weil ich sie früher nie gesehen hatte. Von Halja darüber vorinformiert, bat ich meinen Bauern Johann Zinner, dass er mit dem Kommandanten sprach, ob er mich in der zweiten Tageshälfte des Sonntags bräuchte. Mit einem Wort, ich befand mich in der Gesellschaft von Mädchen und verglich Halja unfreiwillig mit den anderen Mädchen, wobei die Vergleiche selten zu ihrem Vorteil ausfielen. Wo ich mich doch an meine Eindrücke von den Treffen mit Vera erinnerte und ich deshalb meine Zweifel über die Richtigkeit meiner Wahl nicht schmälern konnte. Aber ich dachte, dass ich dazu kein Recht hatte. Was war das in mir, das so aggressiv bei mir ein Gefühl der Ordnung schuf? Vielleicht mich selbst betrog? Wo mich doch nichts außer mein Versprechen, an das Halja nicht so sehr glaubte, mit ihr verband.

60

Der Grund dafür, dass ich mich selbst dazu gezwungen habe, es für wahr zu halten, dass ich Halja liebte und sie auch meine Gefühle erwiderte, lag im Fehlen eines guten Freundes, mit dem ich über alles hätte reden können und der mir einen guten Rat hätte geben und mein künftiges Leid und Unglück hätte verhindern können. Die Ursache lag auch in der Sklaverei und in der Fremde, in die es uns auf Grund des Krieges verschlagen hatte. Eine Sklaverei, die für mich und meine Kameraden absolut perspektivenlos war. Niemand von uns konnte sagen, wann und wer uns aus der Gefangenschaft befreien würde und ob es überhaupt zu einer Befreiung kommen würde. Würde diese durch unsere oder amerikanische Truppen erfolgen, wäre sie überhaupt eine richtige Befreiung oder würde sie vielleicht doch nur durch eine andere Form von Sklaverei ersetzt, die sich vielleicht noch als viel grausamer herausstellen würde? Wir hatten nicht einmal die Gewissheit, ob uns die Faschisten angesichts ihrer Niederlage am Leben lassen würden.

Wir befanden uns in einem sehr angespannten seelischen Zustand, der von der Angst der Unsicherheit über den morgigen Tag bestimmt war, weil jeder Tag der letzte im Leben sein konnte. In so einem Zustand befanden wir uns nicht einen Tag oder zwei Tage, sondern Wochen und Monate, sodass ich auch nicht immer die Möglichkeit hatte, über das Misstrauen Haljas, ihre bewusste Zurückhaltung und über ihre feindliche Kälte bei unseren Zärtlichkeiten nachzudenken. Nun, nach einem halben Jahrhundert, ist es leicht, über diese Fragen zu sinnieren. Damals war es nicht leicht, sich zu einer Trennung von einem Mädchen durchzuringen, das dich nicht abgestoßen, aber dich auch nicht besonders angezogen hatte. Dazu kam damals meine feste Überzeugung, dass mir Halja nach Kriegsende, in unserem gemeinsamen Leben, für meine Liebe und Ehrlichkeit ganz bestimmt dankbar sein würde.

Wie stellte ich mir ihren Dank vor? Dass sie all ihre früheren Zweifel bezüglich meiner Gefühle zu ihr wegwerfen, in ganzer Fülle ihre Gefühle zu mir öffnen, in allem eine Gehilfin und ein guter Ratgeber werden, mich lieben, meiner Treue vertrauen, mir in allem trauen und bei Entscheidungen kleiner und schwieriger Fragen des Lebens offen zuhören würde.

Anders gesagt, ich hatte mir im Vorhinein ein Seelenportrait meiner künftigen Frau gezeichnet und hatte mich davon überzeugt, dass Halja, wenn das Schicksal nicht gegen unsere Ehe treten würde, gänzlich geeignet war, diesen hohen Anforderungen zu entsprechen. Aber, wie nicht nur einmal zu recht angemerkt, der Mensch denkt und Gott lenkt. Unsere gemeinsame Zukunft, und nicht irgend eine weit entfernte, sondern die nahe, die zu Jahresmitte 1946 eintrat, zeigte, welch einen grausamen Fehler ich damals begangen hatte, als ich glaubte, dass Halja nach unserer Hochzeit genau so werden würde, wie ich sie sehen wollte. Nun, warum ich diesen Fehler nicht ausbesserte, obwohl es weder zu spät noch zu schwer war, davon wird später noch die Rede sein[61].

61

Nun aber kehre ich zu der Zeit der letzten Monate des Jahres 1944 zurück, um über die Veränderungen zu erzählen, die im Leben meiner fast ständig im Stalag XVII B festgehaltenen Kameraden zu ihrem Unglück wegen verschiedener Ursachen geschahen.

---

[61] Čirov bezieht sich hier in Ausführungen im Teil 7 „Živu i pomnju" seiner Memoiren. Die Ehe mit Halja Marusenko dauerte von Jänner 1946 bis November 1961.

Abb. 51: Im amerikanischen Sektor des Stalag XVII B Krems-Gneixendorf.

Im September 1943 gelang es den Deutschen, eine ziemlich große amerikanische Flottenlandeeinheit in Italien zu zerschlagen. Dabei gerieten so viele Amerikaner in deutsche Gefangenschaft, dass sich die Frage nach ihrer Unterbringung in Kriegsgefangenenlagern stellte, die während des gesamten Krieges voll belegt waren. Die Deutschen befürchteten, dass die Freiheitsliebe der Amerikaner die antifaschistische und antideutsche Stimmung unter den Kriegsgefangenen aus den europäischen Ländern, darunter natürlich auch die der russischen, noch verstärken würde. Dank des Eintreffens der Amerikaner jedenfalls verbesserte sich die Lage der sowjetischen Kriegsgefangenen spürbar: Sie quartierten sie aus denjenigen Zonen aus, die keine inneren Durchgänge in die Sektoren des Lagers hatten, in denen die Franzosen, Engländer, Polen, Jugoslawen untergebracht waren, und brachten sie in einen der internationalen Sektoren. Dies bedeutete das Ende unserer Isolation, herbeigeführt durch die uns in der Seele und in der antideutschen Stimmung verwandten amerikanischen Waffenbrüder.

In den Zonen, wo wir bis September 1943 untergebracht worden waren, wurden fortan die gerade gefangen genommenen Amerikaner untergebracht. Für uns sowjetische Kriegsgefangene erschien dieses Ereignis im Stalag XVII B wie ein Geschenk des Himmels: Nachdem wir die Möglichkeit hatten, jeden Tag mit unseren europäischen Mitbrüdern zu kommunizieren, fanden wir ein ganz anderes Mitgefühl als früher vor. Zudem entstand die Überzeugung, dass wir nicht die einzigen in unserem Kampf etwa gegen diese Vlasov-Leute waren, die nicht aufhörten, uns gegen unsere Heimat aufzuhetzen.

Es ist wohl keine Übertreibung zu sagen, dass ausgerechnet auf Grund des genannten Ereignisses die sowjetischen Kriegsgefangenen aus dem Stalag XVII B sich nicht nur nicht von den Provokationen der Vlasov-Leute unterkriegen ließen, sondern es auch verstanden, gegen die Vlasov-Leute aufzustehen und gegen ihr so aktives, verräterisches, antipatriotisches und tief unmoralisches Gepolter der von der Hitler-Ideologie und Politikern ausgedachten beziehungsweise diktierten Frage über ein neues, von Bolschewiken freies Russland aufzutreten. Sie taten aber auch noch mehr: Wie sich später nach Ende des Krieges und nach unserer Befreiung herausstellen sollte, agierte im Stalag XVII B im tiefen Untergrund eine Gruppe unserer Spione. Nicht nur das Faktum selbst ist überraschend, sondern vor allem auch die Tatsache, dass einer dieser Gruppe jener Vasilij war, der mir bereits im Juli 1942 über seinen Dienst in der Leibgarde Stalins erzählt hatte. Von diesem Zeitpunkt an hielt er sich direkt im Stalag auf und wurde Schreiber in der Lagerkanzlei. Wenn ich für etwa zwei Stunden ins Stalag kam, traf ich mich jedes Mal mit Vasilij und teilte mit ihm das, was ich mitgebracht hatte. Meist bat ich ihn, mit mir amerikanische Zigaretten, Schuhe, Hosen, Feldblusen oder irgendeinen anderen Gegenstand zu tauschen.

Das Auftauchen der Amerikaner, wenngleich sie in einer isolierten Zone des Stalags untergebracht waren, ließ in uns allen eine Hoffnung auf ein baldiges, noch dazu auf ein für uns und für unsere Verbündeten der Anti-Hitler-Koalition gutes Ende des Krieges aufkeimen: Lagen doch Stalingrad und die Schlacht um Kursk schon hinter uns. Zudem bereiteten sich unsere Truppen darauf vor, die Deutschen

Abb. 52: US-amerikanische Kriegsgefangene beim Basketballspielen im Stalag XVII B.

Abb. 53: Rot-Kreuz Abteilung im Stalag XVII B Krems-Gneixendorf.

aus Kiew hinauszuwerfen und sie weiter nach Westen zu jagen – und nun erschienen die amerikanischen Kriegsgefangenen ... Lustige, unverzagte Burschen, die sich offensichtlich freuten, dass für sie der Krieg zu Ende war. Was die Härte der Gefangenschaft betrifft, so kann man ihre Situation kaum mit dem vergleichen, was wir in den Jahren 1941 und 1942 ertragen mussten. Sie befanden sich unter der Obhut des Internationalen Roten Kreuzes, zwei- bis dreimal im Monat bekamen sie aus ihren Ländern Pakete mit Fleischkonserven, Zwieback und Zigaretten, sodass sie nicht unter Kalorienmangel litten. Aber sie erhielten kaum frische Vitamine. Da sie die Deutschen aus dem Stalag nicht hinausließen und direkte Kommunikation mit den Gefangenen aus den europäischen Ländern nicht gestatteten, griffen die Amerikaner auf ihre angeborene Gabe eines ordentlichen Tauschhandels zurück.

Ab September 1943 wurde unsere ehemalige, nunmehr amerikanische Zone des Stalags von den übrigen Blocks und Sektoren durch zwei Reihen Stacheldraht abgeteilt, wobei zwischen den beiden Reihen fast drei Meter lagen. Davor gab es noch eine verbotene, ebenfalls mit einem Stacheldraht versetzte Zone, sodass die Entfernung zwischen zwei Gesprächspartnern insgesamt zwanzig Meter betrug. Aber ist dies etwa für jene, die aus Freundschaft oder wegen Tauschgeschäften miteinander sprechen möchten, eine Entfernung?

Schon bald nach dem Erscheinen der Amerikaner im Lager erfuhren sämtliche Bewohner des internationalen Teils des Lagers, dass ihre neuen Kameraden dringenden Bedarf an Zwiebeln, Knoblauch oder Karotten hatten und bereit waren, dafür mit Zigaretten, Zwieback und sogar Schweinefleischkonserven zu zahlen. Und die Nachfrage regelte das Angebot. Aber damit das Angebot nicht zu kärglich ausfiel, wurden die täglichen Besuche von drei, vier unserer Leute zu einem normalen Erscheinungsbild. Praktisch alle, die bei Bauern arbeiteten, bereiteten sich auf die der Reihe nach erfolgenden Besuche vor: Jeden Tag brachten wir Zwiebeln und Knoblauch mit. Wegen der Karotten mussten wir uns mit den Bauern absprechen. Als der Nahrungstausch mit den Amerikanern wohlgeordnet vonstatten ging – unsererseits beschäftigten sich mit seiner Durchführung im Stalag in solchen Dingen erfahrene Burschen –, ließen wir auch unsere Bauern, die Gefallen an den amerikanischen Zigaretten gefunden hatten, an diesem Tauschhandel teilhaben.

62

Aber man darf nicht denken, dass das Erscheinen der amerikanischen Gefangenen im Stalag XVII B das Leben generell zum Besseren verändert hätte. Es gab keine Änderungen in unserem kärglichen Dasein, sondern es tat sich nur ein kleines Fensterchen zu einer fast unbekannten Welt auf, zu der es uns gelang, eine Verbindung aufzubauen, die immerhin eine Abwechslung bedeutete und unser sowie ihr Sklavendasein erleichterte.

Und was besonders interessant ist, ist das, dass diese Verbindung sowohl uns als auch die Amerikaner mit einem Gefühl der Zufriedenheit und des gegenseitigen Interesses erfüllte. Denn es ging ja darum, dass bei diesem bereits erwähnten Tauschhandel wir und die Amerikaner Partner waren. Diese beiden ihren Geschäften nachgehenden Partner sprachen sich im vorhinein über die Preise ab, sodann bezahlte einer, und ein anderer gab ihm dafür Waren. Unser Tausch mit den Amerikanern basierte auf einer beispiellosen und sehr rührenden Grundlage, nämlich auf der gegenseitigen Großzügigkeit. Übrigens, ich sage unser, weil wir, die sowjetischen Kriegsgefangenen, die Hauptbeteiligten an diesem Tauschhandel waren. Franzosen, Engländer, Polen und Serben verstanden, dass wir durch keinerlei internationale Konventionen für Kriegsgefangene geschützt waren und traten uns daher freiwillig das nicht verbriefte Recht auf eine bevorzugte Rolle bei diesem Handel ab.

Dieser Handel lief, wie mir unsere Burschen, die ständig im Stalag waren, erzählten, so ab: Vor Sonnenaufgang versammelten sich von unserer und von der amerikanischen Seite ganz nah bei der verbotenen Zone diejenigen, die den Wunsch hatten, zum Handel in gegenseitigen Kontakt zu treten. Die Sache begann üblicherweise so, dass irgendjemand von uns auf die Seite der Amerikaner ein Päckchen mit zwei, drei Zwiebeln, Knoblauch oder Karotten warf und eine Minute später von der amerikanischen Seite zu uns ein Paket mit Zigaretten, Büchsenfleisch, Zwieback herflog. Manchmal warfen sie auch Schuhe, Jacken, Hemden und Hosen zu uns herüber

Wenn jemand von uns, nachdem er ein Paket von der amerikanischen Seite gefangen hatte, befand, dass ihm der Partner zu viel bezahlt hatte – in den meisten Fäl-

len war es so –, warf dieser dem Partner das „Wechselgeld" zu, mit welchem dieser sehr zufrieden war. Danach tauschten beide Seiten einen symbolischen Händedruck aus.
Die Deutschen unternahmen gegen diesen Handel nichts, weil sie selbst davon profitierten. Zum Zeitpunkt der Gemüseernte wurden aus dem Stalag kleine Gruppen unserer Gefangenen auf die Felder geführt, die rund um das Stalag lagen. Die Besitzer dieser Felder entlohnten die Arbeit mit Naturalien, sodass die Burschen mit prallen Hosentaschen voll mit Zwiebeln, Karotten, Knoblauch und Kartoffeln zurückkamen. Die Kartoffeln aßen sie selber, wogegen sie einen großen Teil der vitaminreichen Karotten zu den Amerikanern hinüber warfen. Um sodann die deutschen Bewacher gut zu stimmen, boten ihnen die Amerikaner ihre Zigaretten an. Und diese nahmen die Bewirtung gerne an.
Auf Grund des regen Handels mit den Amerikanern gelang es fast jedem, irgendetwas auf unserem Markt zu erstehen. Für die von uns zur Verfügung gestellten Lebensmittel, die wir in unseren Hosentaschen trugen – viele von uns zogen sich Zweithosen an –, tauchten bei unseren Burschen amerikanische Schuhe, französische Kniehosen, unsere sowjetischen Feldblusen und Schirmmützen sowie englische Jacken auf. Diese Kleidungsstücke waren für uns besonders wichtig, da unsere Bauern nicht verpflichtet waren, uns Kleidung und Schuhe zu geben. Dies oblag der Militärführung. Als wir die Möglichkeit erhielten, Kleidung zu erstehen und uns selbst einzukleiden, waren wir nicht unbedingt darauf erpicht, umgefärbte deutsche Uniformen zu tragen, weil wir auch äußerlich Sowjets oder unseren europäischen und amerikanischen Verbündeten ähnlich sehen wollten. Ich zum Beispiel wollte mir französische Kniehosen und eine Baskenmütze, amerikanische Schuhe, eine englische Jacke sowie eine russische Feldbluse und eine Schirmmütze zulegen. Das alles konnte am Markt des Stalags erstanden werden.

63

Ich würde gerne noch die letzte Periode unserer Gefangenschaft beschreiben, die etwa Ende September 1943 begann – die Zeit unserer inneren Festigung und der Wiedergeburt der Seele. Nachdem unsere ständig im Stalag festgehaltenen Burschen die Möglichkeit bekommen hatten, mit den Kriegsgefangenen der verbündeten Armeen mit all ihren unterschiedlichen Uniformen zu kommunizieren, fassten diese neuen Mut, was sich bei vielen sogar äußerlich zeigte: Unter ihnen gab es nicht wenige, die in unsere Militäruniform schlüpften und Sterne auf den Feldblusen und Feldmützen trugen. Woher sie diese bloß nahmen?
Allgemeine Aufmerksamkeit und Verehrung genoss einer unserer Hauptmänner, der nicht nur sowjetische Schulterklappen auf den Schultern trug, sondern auch den Orden des roten Kampfabzeichens sowie Abzeichen für zwei Verwundungen. Leider erinnere ich mich nicht mehr an den Namen dieses Hauptmannes, den ich persönlich bei meinen zwei letzten Besuchen im Stalag sah. Dies war auch ein Ausdruck für das Bestreben, die umgefärbten deutschen Fetzen von uns zu werfen, da

sie uns an die schwierigste Zeit unserer Gefangenschaft bis Ende 1942 erinnerten. Hinter diesem rein äußerlichen Streben versteckte sich jedoch auch der wahre Versuch, unsere Nationalität, unsere tiefe patriotische Ehre kundzutun.

Neben den Ereignissen an der sowjetisch-deutschen und dann an der westlichen Front des Krieges gegen den Faschismus ließen auch derartige Dinge neue Hoffnung auf eine Befreiung aus der Sklaverei in unseren Herzen keimen. Vor unseren Augen änderte sich das Verhältnis der Kriegsgefangenen der verbündeten Armeen uns gegenüber: Wenn sie uns noch gestern einfach wegen unserer Isolation und Abgeschnittenheit von der Heimat bemitleidet hatten, sprachen sie nun mit Hochachtung über unseren Mut, den verräterischen Vlasov-Leuten entgegenzutreten. Ich kann nicht genau beurteilen, wie dieser Usus entstanden war, aber ich bin tief davon überzeugt, dass unsere amerikanischen Partner darüber Bescheid wussten und uns nach Möglichkeit ihre Großzügigkeit erwiesen. Natürlich war es eine große Wohltat uns gegenüber, da wir uns in einer verwaisten und ärmlichen Lage befanden. Wir hatten gar nicht an einen Handel mit ihnen gedacht, daran, wie wir ihnen in ihrer Not helfen konnten. Der Hauptauslöser ihrer Herzlichkeit und Großzügigkeit war insbesondere ihr Mitleid mit unserer schwierigen Lage und der Versuch, diese irgendwie zu erleichtern.

Bis zum jetzigen Zeitpunkt wundere ich mich über die plötzlich aufgekommene gegenseitige Sympathie zwischen uns und den Amerikanern im Stalag XVII B. Aber es zeigte sich, dass weder ein zweifacher Stacheldrahtzaun noch die verbotene Zone zwischen uns diese lebendige und erstaunliche Entwicklung dieser Sympathie verhindern konnte. Niemandem von uns kamen Gedanken über eine eventuelle Notwendigkeit oder Zweckmäßigkeit unserer gegenseitigen Sympathie, niemand las Propagierungen über ihre Wohltaten, niemand dachte daran, irgendwelche Veranstaltungen zu planen, die einer Festigung unserer Freundschaft dienten, aber trotzdem beruhten unsere Sympathien auf Gegenseitigkeit.

Etwas vorauseilend erzähle ich, wie einmal eine zufällige Begebenheit die Großzügigkeit und Herzlichkeit im Verhältnis zwischen uns und den Amerikanern und Engländern steigerte. Drei Wochen vor Kriegsende, als unsere Truppen schon um Wien kämpften, evakuierten die Deutschen alle Kriegsgefangenen aus dem Stalag XVII B. Schlussendlich befanden wir uns alle im ländlichen Städtchen Gmünd an der österreichisch-tschechischen Grenze. Wir wurden in Ställen untergebracht, wo wir, formell noch unter der Bewachung der Deutschen, ein kärgliches Essen bekamen und die letzten Tage bis Kriegsende zählten. So geschah es, dass in der kurzen, etwa drei Tage andauernden Zeit, in der man nicht wusste, wer nun die Macht besaß, sich ausgerechnet die Amerikaner und Engländer in der ärmlichsten Lage befanden: Sie lebten von den letzten Rot-Kreuz-Paketen, mit denen sie gerade bis zum Beginn des Wirrwarrs in den letzten Kriegstagen auskamen. Unsere Burschen hingegen verstanden es, sich in diesem Wirrwarr zurecht zu finden und organisierten sich Lebensmittel, von denen wir zuvor in der Gefangenschaft nicht einmal geträumt hatten: Fleischkonserven, geräucherten Speck und Ähnliches mehr. Nun war keine Rede mehr von Zwieback oder gepresstem Ersatzbrot, das für viele

Abb. 54: Amerikanische Kriegsgefangene aus dem Stalag XVII B im Auffanglager Weilhartsforst in Oberösterreich. April 1945.

Wochen hielt. Ja, was es dort nicht alles zu essen gab, sogar ein Fass Alkohol schleppten sie an. Man muss bedenken, dass in der Woche vor der kurzen Periode des Wirrwarrs unsere Burschen von den Deutschen unter Bewachung zu verschiedenen Arbeiten in die Stadt und zum Bahnhof geführt worden waren, wo sie gezwungen waren, etwa in Militärdepots zu arbeiten, Kisten und Schachteln mit Lebensmitteln auf Waggons zu laden. Als nun das kurze Wirrwarr eintrat, nutzten unsere Burschen die Lage aus und nahmen soviel mit, wie sie tragen konnten. Das Fass mit dem Schnaps rollten sie geradezu auf der Asphaltstraße daher. Und wir veranstalteten eine große Feier, zu der wir auch unsere verbündeten Freunde einluden.

Wir wussten, dass sich neben den Franzosen und Serben auch einige Engländer beziehungsweise Amerikaner am Rande von Gmünd befanden. Aber um sie zu finden, brauchte man Zeit und Energie: Keiner von uns wusste, wo sie waren. Einen halben Tag lang mussten wir sie suchen, bevor wir sie fanden und sie zu uns brachten. Als wir sie fragten, wie es bei ihnen mit den Lebensmitteln und Rauchwaren stand, winkten sie hilflos ab. Sie sagten: „Wir würden euch gerne helfen, russische Freunde, aber wir hungern schon den dritten Tag." Wir brachten unseren Freunden verschiedene Sachen, auch etwas zum Rauchen. Wir schenkten ihnen Schnaps ein, nachdem wir sie gewarnt hatten, dass es kein Wodka war, sondern reiner Alkohol. Daneben stellten wir einen Kessel mit kaltem Brunnenwasser und zeigten ihnen, dass man den Alkohol entweder pur trinken oder ihn mit Wasser mischen konnte. Mit einem Wort, wir gaben sowohl zu essen als auch zu trinken und sangen zusammen mit ihnen „Katjuša". Und wie viele verschiedene Trinksprüche und Freundeserklärungen es gab! Wir verstanden alles, was wir uns gegenseitig sagen wollten. Somit dankten wir unseren Freunden aus Übersee mit einer so herzlichen inneren Überzeugung, dass kaum einer von ihnen unser Treffen vergessen haben wird, so wie auch ich es niemals vergessen habe und es bis zur letzten Stunde meines Lebens niemals vergessen werde.

64

Nicht ohne noch einmal an mein Verhältnis mit meinem Bauern Johann Zinner hinzuweisen, beende ich meine Erzählung über meinen schwersten Lebensabschnitt, in dem ich für meine Verwandten und Freunde als vermisst galt: Wenn ich die Zeit zusammenzähle, die ich bei meinem Bauern verbrachte, so ergeben sich aus den mit ihm verbrachten Stunden nicht nur Tage, sondern ganze Wochen. Bei der gemeinsamen Arbeit schwiegen wir ja nicht, sondern redeten über Gott und die Welt, keineswegs nur über das, was rund um den bäuerlichen Alltag geschah. Der Bauer stellte vor allem Fragen, auf die ich im Rahmen meiner Möglichkeiten antworten musste.
Wenn ich sage im Rahmen meiner Möglichkeiten, so meine ich das Niveau meiner Deutschkenntnisse. Natürlich besserten sich diese ständig mit Hilfe eines selbsterstellten Russisch-Deutschen Wörterbuches, in das ich jeden Tag alle neu erlernten Wörter und phraseologische Wendungen eintrug. Ich besaß auch ein gedrucktes Deutsch-Russisch-Wörterbuch, das mir die unvergessliche Tante Pepi geschenkt hatte.
Was interessierte meinen Bauern nun an unserem sowjetischen Leben? Natürlich die neue Organisation der Landwirtschaft, die unsere Herrscher im Vorkriegsjahrzehnt eingeführt hatten. Was Kolchosen sind, wie sie beschaffen sind und ob das Leben der russischen Bauern nach der Schaffung der Kolchosen besser wurde. Solche Fragen stellte mir Zinner, solange bis ich bemerkte, dass er das meiste von dem, was ich ihm erzählte, nicht verstand.
Nachdem ich ihm vom Schicksal unserer Familie zu Beginn der Dreißigerjahre erzählt hatte, lenkte sich sein Interesse auf das Problem unserer Kolchosen. Ich berichtete davon, wie sie bei uns das ganze Getreide herausscharrten und uns lediglich eine Erbse zurückließen. Diese gedieh zum Glück ganz gut, weswegen wir auch nicht verhungerten. Als sie unseren Bruder Vanja in die Kolchose wegbrachten, nahmen sie vom Hof außerdem zwei Pferde und zwei Kühe, alle Fuhrwägen, das Pferdegeschirr, die Rechen und die Kornschwingen mit. Nach all dem waren wir gezwungen, in die Stadt zu gehen und Haus und Hof seinem Schicksal zu überlassen. Als der Bevollmächtigte des Dorfsowjets aus unserem Dorf einmal zu uns in

die Wohnung, die unser Vater in einem Privathaus mietete, kam, schrieb er alles bewegliche Eigentum auf, den Tisch, die Stühle, zwei Koffer und ein Holzbett, alles im Wert von 36 Rubel. Ein Jahr später nach unserer übereilten Abreise, die eher einer Flucht ähnelte, wurde unser Vater verhaftet und nach Karaganda geschickt, wohin ich nach eigenem Willen zwei Jahre später aus dem Kinderheim zum Vater folgte.

Nachdem er meine Erzählung über das Schicksal unserer Familie gehört hatte, stellte mir Johann Zinner oft die Frage, ob mein Vater Steuerschulden hatte, und wenn er sie hatte, warum er vorher nicht vor der Beschlagnahme nicht nur des für die Familie lebensnotwendigen Getreides, sondern auch des Milchviehs und sogar der Geräte gewarnt worden war. Und dann erklärte ich ihm, dass mein Vater keine Schulden hatte, dass nicht nur unser Hof, sondern alle Höfe auf Anordnung der höheren Instanzen ruiniert worden waren. Johann fragte mich: „Aber warum klagten dein Vater und die anderen Bauern, deren Höfe ruiniert wurden, nicht die verantwortlichen Organe?"

Ich wusste daraufhin nicht, was ich sagen sollte: Wo ich doch nie gehört hatte, dass irgendjemand von unseren Leuten jemals mit der Regierung, ganz zu schweigen mit anderen Instanzen, sagen wir mit dem Vertreter des Dorfsowjets, einen Prozess geführt hätte. Diese Regierung, die uns seit frühester Kindheit beherrschte, diese Regierung, der sich die Menschen widerspruchslos unterzuordnen und alle ihre Vorschriften auszuführen hatten. Deshalb konnte ich auf diese Frage kaum antworten. Ich sagte einfach, dass es bei uns nicht üblich wäre, gegen die Regierung einen Prozess zu führen. „Das heißt, bei euch herrscht Gesetzlosigkeit?" „Nein, das nicht", antwortete ich ziemlich ruhig, „bei uns heißt das revolutionäre Gesetzgebung." „Ich aber möchte nicht unter den Bedingungen solch einer Gesetzgebung leben. Das, worüber du erzählt hast, ist bei uns einfach nicht möglich", sagte Johann Zinner, der mir genau zugehört hatte. „Auch bei uns herrschen schwierige Jahre, wenn irgendein Bauer am Rande des Ruins steht. Aber die Regierung unternimmt alles, um seinen Ruin abzuwenden: Sie gewährt Aufschub beim Bezahlen der Steuern und kann Darlehen zur Verfügung stellen. So, dass bei uns lediglich unverbesserbare Faulpelze oder Vollidioten sich ruinieren ... Bei euch aber haben sie, wie ich verstanden habe, die stärksten und arbeitsamsten Menschen zerstört. Das ist verwunderlich und beinahe unverständlich!"

Konnte ich einem österreichischen Erbbauer widersprechen – ich, der ich, in der Sprache der sozialen Terminologie des Endes der späten Zwanzigerjahre, ein Mittelstandsbauer gewesen bin?

65

Wie aber beurteilten unsere gefangenen Brüder das Leben der österreichischen Bauern, als sie dieses Leben gründlich kennen lernten, sozusagen von innen, indem sie in ihrer Haut steckten? Um kurz auf diese Frage zu antworten, ohne die gerings-

te Spur von Neid, möchte ich eine Beurteilung von Timofej Nikulin, einem Kolchosbauer aus der Gegend von Lipeck, erwähnen: „Wir müssen sie um ihr Leben, Brüder, nicht beneiden. Denkt selbst nach: Nun, was ist das für ein Leben, dass ein Bursche nicht die Zeit hat, in die Schule zu gehen? Davon, dass er draußen spielen kann, will ich erst gar nicht reden, weil ich keine Kinder draußen spielen sehe. Im Alter von fünf Jahren geben ihm die Eltern schon eine ihm passende Schürze, dazu auch noch eine Haue für die Weingärten. Ist denn das ein Leben? Hat man denn schon gesehen, dass ich in der Kolchose so arbeiten musste, wie hier mit meinem Bauern, in der allergrößten Hitze um zwei Uhr mittags? Hier muss der Alte in der Hitze das Gras mähen, und ich bin gezwungen mitzutun. Nein, so ein Leben ist nichts für mich, meine Brüder. Und Schmalz muss gekocht und der Wein angebaut werden und all das, um sich zu sättigen. Ich aber würde mich allein deswegen nicht so abschinden. Ich rede deshalb so, um zu sagen, dass ich sie um ihr Leben nicht beneide. Wir sind ja unfrei, sind in ihre Gefangenschaft geraten, die wir nun ertragen müssen. Deshalb ist das jetzige Leben für uns neu und alle von uns möchten, dass es in dieser Art bis zum Ende des Krieges anhält. Aber wenn ich nach dem Ende des Krieges gefragt werde: Möchtest du nicht hier irgendeine Witwe heiraten, um Bauer zu werden, wie alle anderen hier, so wird es für mich auf solch eine Frage nur eine Antwort geben: Nehmen Sie Ihre Witwe und Ihren Hof, ich aber kehre in mein Heimatdorf zurück, in meine Hütte und in meine nicht angenehme, aber doch vertraute Kolchose. Dort bringt mich keiner dazu, wie hier wie ein Teufel zu schuften."
Ja, Neid von unserer Seite gab es eigentlich keinen, weil wir mit dem Herzen verstanden: Es ist sündig, solch ein Leben zu beneiden, dessen Wohl nur mit sehr, sehr harter Arbeit erreicht werden kann.
Dachten wir darüber nach, ob bei aller Schwere und Selbstständigkeit ihre Arbeit freier als, sagen wir, die Arbeit unserer damaligen Kolchosbauern war? Nein, über diese Frage dachten wir nicht nach. Ansonsten hätte jeder so wie Timofej Nikulin geurteilt, der die Arbeit nicht aus der Sicht des Bauern, sondern des angestellten Arbeiters sah: Bei der Kolchosarbeit fühlte er sich ungebunden, weil sie von ihm keine Anstrengungen verlangte, wie sie sein österreichischer Bauer benötigte, um auf SEINEM Boden zu arbeiten.
Timofej war keineswegs ein erklärter Faulpelz und klagte niemals über Müdigkeit am Ende eines Arbeitstages, eher umgekehrt: Niemand war abends vor dem Einschlafen so guter Laune wie er. Für Timofej war es vor allem wichtig, dass bei der Arbeit ein regelmäßiger Rhythmus herrschte, dass die Arbeit nicht erschöpfend war, dass sie unbedingt mehr oder weniger lange Verschnaufpausen erlaubte und dass zum Beispiel die Mittagspause, auch während der Getreideernte, nicht weniger als drei Stunden dauerte. Was das endgültige Ergebnis der Arbeit betraf, so interessierte sich Timofej überhaupt nicht dafür. Darum, sagte er, soll sich die Leitung kümmern.
So urteilte allerdings nicht nur Timofej Nikulin, der das Leben der österreichischen Bauern nicht annehmen konnte: Denselben Standpunkt vertraten auch Petro

Zinčenko aus Rostov, ein ebenso unermüdlicher, humorvoller Mensch wie Timofej, Makar Kozačenko aus Kirovograd und Ivan Mel'nicuk aus Vinnica, ein phlegmatischer Schweiger, in der Regel nie streitsüchtig, aber einer, der seinen Standpunkt nie änderte.

„Ihre Sorgen sind mir egal", sagte gewöhnlich Petro, wenn über das österreichische Leben die Rede war. „Wenn sich das ganze Leben nur darum dreht? Wo doch nur ein Schritt auf die Seite zu gehen unmöglich ist, trete ich beiseite, bleibe ich hängen oder stolpere. In der Kolchose wusste ich eines: Sobald ich die Arbeitsnorm erfüllt hatte, war ich frei, das zu tun, was mein Herz wollte, und kein Brigadier oder Vorsteher konnte mir etwas befehlen. Natürlich, wenn er mich allzu sehr zu irgendetwas auffordert, dann tu ich natürlich, was er will, aber dafür weiß ich auch, dass er mir im Falle des Falles hilft, weil er sich Gedanken um seine ganze Brigade und um die ganze Kolchose macht, ich aber nur um mich selbst. Ist das denn schlecht?"

So urteilten unsere Kolchosarbeiter, die keine Erfahrungen einer persönlichen Hofführung hatten. Sie waren zu jung, um sich an die Zeit vor den Kolchosen erinnern zu können. Sie erinnerten sich nur an den Hunger des Jahres 1933, so wie man sich an allgemeine Armut erinnert, und konnten für diese Katastrophe keinen Schuldigen erkennen. Ihr Leben nach 1933 verglichen sie genau mit dem Jahr 1933, weshalb sie ihr Leben in der Kolchose als gänzlich erträglich erachteten – waren sie doch von den Sorgen und Lasten, die, wie sie dachten, die österreichischen Bauern auf sich nahmen, verschont geblieben.

„Ich muss mir nur Gedanken um meine Wildsau machen", sagte Makar Kozačenko, „und um meine Kuh, um meinen Garten, und alles andere ist nicht meine Sache. Meine Sache ist, dass die Arbeitstage nicht mehr als ein Minimum ausmachen. Und das Minimum ist nicht so groß, dass man das ganze Jahr über von früh morgens bis spät abends wie ein Schuft arbeiten muss, wie mein reicher Gedersdorfer Ortskaiser."

66

Ich verstand damals nicht, und konnte auch nicht verstehen, dass die Argumente zur Verteidigung des Kolchoselebens von Leuten vorgebracht wurden, deren Willen von Stalin und seinen Leuten durch eine sozial-psychologische Bearbeitung besiegt worden war: Sie waren keine Bauern mehr. Ihnen wurde das Gefühl eines Bauern entzogen und ersetzt durch das leichtsinnige Bewusstsein eines zu mietenden Arbeiters, dessen Angelegenheiten nicht bis zum Endresultat seiner Arbeit reichten, an der er wenigstens durch seine eigene Tätigkeit Anteil hat, aber an der er kein wahres Interesse hegt. Als Resultat entstanden wenig Geld verdienende Bauern, die überhaupt nicht darüber nachdachten, wie auf der Erde die reichste Ernte heranwachsen könnte, sondern nur darüber, sich nicht zu sehr zu überarbeiten, wo sie doch aus einer „Überarbeitung" keinen persönlichen Nutzen ziehen konnten.

Damit sich der ehemalige selbstständige Bauer, nachdem er die Enteignung der Kulaken[62] oder die einfacheren Formen und Arten der administrativen Abrechnung mit denen, die sagten, dass sie zwar nicht dagegen waren, aber lediglich gegen die gewaltsame Gründung der Kolchosen waren, unversehrt überlebt hatte, damit dieser gestrige Bauer, der nun ein Kolchosarbeiter war, sich mit seiner neuen Lage anfreundete und in ihr sogar irgendwelche Vorzüge erkannte, wurde ihm gewaltsam der Gedanke über die Verwischung der Grenzen zwischen der Stadt und dem Dorf eingeflößt, über die Gleichstellung des Kolchosarbeiters mit dem Stadtarbeiter. Um die Sünde geheim zu halten, hielten sich die Menschen an der Angel der Stalinschen Propaganda fest, dachten nicht darüber nach und konnten sich nicht vorstellen, zu welchen schwerwiegenden Folgen der widernatürliche Prozess der Enteignung unserer Bauern das Land führt.

Wir alle waren von der Idee der Verschmelzung der Grenzen zwischen Stadt und Land derartig beeinflusst, dass wir auf die persönliche, eigenständige Bewirtschaftung der österreichischen Bauern mit Nachsichtigkeit blickten. Natürlich hatte ich nicht die gleiche Einstellung wie Timofej Nikulin, Petro Zinčenko oder Makar Kozačenko. Aber auch bei mir kam nie der Wunsch auf, so ein Bauer zu sein wie, sagen wir, Johann Zinner. Aber im gegebenen Fall ist nicht von mir die Rede, wo ich doch die Gelegenheit gehabt hatte, auf einem anderen Wettkampfplatz zu üben. Timofej, Petro und Makar hatten hingegen bis zum Krieg als Kolchosbauern gearbeitet und wollten auch nach dem Krieg nicht ihre Lebenssituation ändern.

Diesen hochmütigen Spott über ihre Bauern verstehend (die Rede ist nämlich von Spott und nicht von Beleidigungen; schwerwiegende Beleidigungen hat keiner von uns je ausgesprochen, und kleine beachteten wir einfach nicht, denn wo gibt es diese nicht), meine ich, dass sich die Vorkriegskolchosen insbesondere in der zweiten Hälfte der Dreißigerjahre durchaus nicht durch nackten Zwang hielten, wie darüber heutige Publizisten schreiben, sondern dass auch der Enthusiasmus eines erheblichen Teils der Kolchosarbeiter, die an die reelle Verwirklichung der Ideen des Verwischens von Grenzen zwischen Stadt und Land glaubten, eine beachtliche Rolle spielte.

Wenn ich diesen gutherzigen, hochmütigen Spott über das Leben der österreichischen Bauern hörte, dachte ich damals, dass wahrscheinlich Timofej, Petr und Makar ihre eigenen Vorstellungen über ein Ideal eines bäuerlichen Lebens und ihren Glauben in der Verwirklichung dieses Ideales hatten. Aber ich konnte damals nicht so denken, wo ich doch täglich die wahre, beispielhafte Pflege der Höfe, Häuser, Straßen, Felder und Weingärten beobachtete. Ich konnte einfach nicht an das Verschwinden unserer russischen Dorfpflege denken, in deren Bedingungen ich

---

[62] Kulak: Bezeichnung für den russischen Mittel- und Großbauern, der nach den Stolypinschen Agrarreformen (1906/07) nicht mehr in den Mir (Dorfgemeinschaft) integriert war und sein Land mit familienfremden Arbeitskräften bewirtschaftete. Im Verlauf der Kollektivierungsmaßnahmen (1928 bis 1930) unter Stalin wurden die Kulaken als feindliche „Klasse" liquidiert (Konfiszierung des Vermögens, Deportationen, Erschießungen).

selbst aufgewachsen war und wo ich meinen inneren Seelenfrieden gefunden hatte. Unsere frühere ländliche Sorgsamkeit entsprach nicht der österreichischen, aber sie hatte mehr oder weniger existiert. Ich hatte auch diese Sehnsucht nach der Heimat, nicht nur nach der Heimat Russland, sondern auch nach meinem lieben, unvergesslichen Häuschen, in dem ich geboren worden war und wo ich bis zu meinem 9. Lebensjahr gelebt hatte, nach dieser Straße, wo ich umhergelaufen, ausgelassen gewesen war, Purzelbäume geschlagen und mit meinen Freunden gespielt hatte, nach den umliegenden Wiesen und der Steppe, mit denen meine stärksten Eindrücke von Schönheit und endlosem Facettenreichtum des Lebens verbunden sind. Diese meine Sehnsucht verspürte ich dann im Jahr 1944, schüttete sie in Gedichten aus und schrieb ein halbes Dutzend Vierzeiler, von denen ich lediglich drei in meinem Gedächtnis behielt:

Mazanki belënnye,	Die Lehmhütten schimmern weiß,
Zabory iz pletnja.	davor die Flechtenzäune.
Bachči svetlo-zelënye.	Die hellgrünen Melonenfelder,
To rodina moja.	das ist meine Heimat.
Igrajut s solncem vešnie razlivy,	Das Frühlingshochwasser spielt mit der Sonne,
kak morja,	wie ein Meer,
glaza i serdce radujut.	es freuen sich die Augen und das Herz,
To rodina moja.	das ist meine Heimat.
Polynnyj duch nad step'ju,	Der Geist der Wehmut liegt über der Steppe,
p'janit, k sebe manja,	und zieht jeden magisch an,
v prostory neob''jatnye.	in den endlosen Weiten,
To rodina moja.	das ist meine Heimat.

Wenn ich aber Sehnsucht nach der Heimat hatte, wusste ich, dass ich sie lange nicht wieder sehen würde. Nachdem ich die spöttischen, kritischen Urteile von Timofej, Petr und Makar über das ihrer Meinung nach eingeschränkte Dasein der österreichischen Bauern gehört hatte, konnte ich wegen meiner Erinnerungen an das in Friedenszeiten halb ruinierte und zerstörte Ščapovo ihren Spott nicht teilen.
Irgendwo in den Tiefen meines Unterbewusstseins regte sich so auch folgende nicht laut ausgesprochene Frage an Timofej, Petr und Makar: Wenn der Weg zu so einem Wohlstand, den sie dem schweren Leben des bäuerlichen Daseins ihrer österreichischen Bauern entgegenstellen, durch unsere durch die Kollektivierung halb ruinierten und zerstörten Dörfer führt, ist dann überhaupt das Eintreten eines solchen Wohlstandes möglich? Noch einmal, laut habe ich diese Frage nie ausgesprochen. Nicht deswegen, weil ich mich davor fürchtete, sie auszusprechen, sondern wohl eher deshalb, weil ich selbst die Frage nicht vollständig begriff. Sie regte sich bloß in mir, aber um sie in dieser Form auszugießen, wie

sie sich jetzt preisgibt, dazu brauchte es Jahre und Jahre. Ich rede im gegebenen Fall nur von mir: Selbst ich brauchte Jahre und Jahrzehnte, um die Folgen der bei uns gewaltsam durchgeführten Kollektivierung in ihrem wahren Licht zu sehen. Seit wie vielen Jahren versuchen wir schon, das Lebensmittelproblem zu lösen, es gänzlich zu lösen, und haben es bis heute nicht geschafft? Wir schaffen es deshalb nicht, weil von unserer Erde der arbeitsame Bauer verschwunden ist. Einen neuen Bauern zu schaffen, haben wir bis heute nicht vermocht. Vermögen wir es überhaupt?

67

1944 und in den Kriegsmonaten des Jahres 1945 begann mein Bauer Johann Zinner öfter und öfter mit mir Gespräche darüber, was Europa und natürlich die Sowjetunion in der ersten Zeit nach dem Krieg erwarten würde. Der am besten für solche Gespräche geeignete Platz war natürlich der Weinkeller. Bei den meisten Weinbauern von Gedersdorf lagen die Weinkeller in einem beträchtlichen Abstand vom Haus entfernt. Jeder Weinkeller hatte eine bogenförmige Nische, die ganz beim Fuß eines Bergabhanges ausgegraben und innen mit Pflastersteinen oder Ziegeln ausgelegt war. Bei meinem Bauern hingegen befand sich der Weinkeller in unmittelbarer Nähe des Hauses und an einem ebenen Platz. Zuerst hatte er aus einem nicht weniger als zwei Meter ausgehobenen Graben und einem Ziegelgerippe in der Form eines Halbkreises bestanden. Dann, als dieses Gerippe durchgeschlagen war, hatten wir es mit einer dicken Schicht Erde zugeschüttet, aber in ihr zwei Öffnungen für Ventilationsrohre offen gelassen. Danach hatten wir vor dem Abgang in den Keller einen Schuppen aus gebrannten Ziegelsteinen errichtet, im Schuppen eine Holzpresse zum Pressen der Weintrauben aufgestellt, bei der der Presse gegenüberliegenden Wand einen Platz für ein winziges Zimmer abgetrennt und es mit allem ausgestattet, was für angenehme Ruhepausen bei einem Glas Wein nötig war.
Ungefähr einmal in zwei Monaten, im Herbst und Winter öfter, warnte mich der Bauer gewöhnlich samstags vor, dass nach der Jause um fünf Uhr nachmittags die Arbeit im Keller zu verrichten wäre. Meine Arbeit bestand darin, die Weinfässer mit einer Bürste zu reinigen und danach mit einem trockenen Lappen den Schimmel zu entfernen. Von den Tausendliter-Eichenfässern standen im Keller fünf Stück, sodass meine Arbeit nicht weniger als eine Stunde dauerte. Der Bauer füllte in dieser Zeit den Wein von einem Fass ins andere. Anschließend wuschen wir das leere Fass aus und drehten es mit der oberen Öffnung nach unten, sodass es innen wenigstens ein bisschen austrocknete, bevor es wieder mit Wein gefüllt wurde. Solch ein regelmäßiges Umfüllen des Weins von einem Fass ins andere war, wie mir mein Bauer erklärte, unbedingt notwendig, um den Wein vollständig von Rückständen zu reinigen, die sich im unteren Teil des Fasses absetzen. Nach der Reinigung von Rückständen nahm der Wein den Geruch des Eichenholzes auf, was von Weinliebhabern äußerst geschätzt wird.

Nach Beendigung der Arbeit setzten wir uns an den Tisch im genannten Zimmerchen, der Bauer füllte Viertellitergläser bis zum Rand, trank einige Schluck davon, lud mich ein, seinem Beispiel zu folgen und nahm das beim letzten Mal unterbrochene Gespräch wieder auf.

„Was denkst du, Dmitrij", so begann er gewöhnlich mit der Frage, „womit endet dieser dreifach verfluchte Krieg und wieso dauert er noch immer?"

„Und wie denken Sie?", antwortete ich ausweichend auf die Frage mit einer Gegenfrage.

„Fürchte dich nicht, rede gerade heraus, das bleibt hier unter uns", forderte mich der Bauer mit Nachdruck zur Offenheit auf.

„Vor was und vor wem soll ich mich fürchten? Antideutsche Propaganda werde ich vor Ihnen hier nicht durchführen, weil Sie, denke ich, solch eine Propaganda nicht nötig haben und ich kein Recht dazu habe. Ich habe mich ja schon daran gewöhnt, nicht fürchten zu müssen, dass Sie Agent der Gestapo wären. Was den Krieg betrifft, so bin ich überzeugt, dass er erst nach dem Zusammenbruch der deutschen Wehrmacht enden wird."

„Hierbei bin ich völlig deiner Meinung", unterstrich Zinner deutlich sein Einverständnis mit mir, „aber mich beunruhigt die Frage darüber, wer sich als der tatsächliche Sieger erweist: Roosevelt oder Stalin?"

„Wen würden Sie bevorzugen?"

„Persönlich brauche ich weder den einen noch den anderen. Ich habe – ich denke wie jeder ehrliche Österreicher – lediglich einen Wunsch: Möge Österreich von Deutschland unabhängig werden und seine frühere staatliche Selbständigkeit erreichen. Aber du hast gefragt, wen ich bevorzugen würde, wenn kein dritter zur Verfügung steht. Natürlich keinesfalls Stalin mit seinen Kolchosen."

Und danach glitt Johann Zinner in lange Gespräche über den Aufbau eines Nachkriegseuropas ab und zeigte mir, dass das am wenigsten von allen kämpfende Amerika als wahrer Sieger dastehen würde: Wo doch die amerikanischen Menschenverluste im Krieg im Vergleich mit dem, was Russen und Deutsche verloren hatten, ganz gering wären, ganz zu schweigen vom materiellen Verlust. Über Amerika wäre weder ein japanischer noch ein deutscher Bomber geflogen, auf ihre Städte keine einzige Bombe abgeworfen worden, auf ihrer Erde keine einzige Granate detoniert. Er persönlich aber, der österreichische Bauer Johann Zinner, würde mit solch einem Ausgang des Krieges zufriedener sein als mit einem anderen. Für ihn nämlich waren die Tyrannenregime Hitlers und Stalins gleich. Amerika jedoch musste nach Europa seine Flugzeuge und Panzer schicken, um es von den Tyrannen Hitler und Mussolini zu befreien und die europäischen Staaten auf den Weg der Demokratie zurückzuführen.

„Aber Amerika ist doch auch unser Verbündeter", erinnerte ich meinen Gesprächspartner.

„Auch euer Verbündeter?" Johann Zinner dachte eine Minute nach, trank wiederholt einige Schlucke Wein aus seinem Glas, lachte ausgeklügelt und begann mir dabei zu erklären, auf welchen Grundlagen sich die Beziehungen zwischen Amerika und Russland befinden würden und wie lang sie halten könnten. „Diese Union wird sich so lange halten, solange der Krieg mit Deutschland andauert. Danach beginnt das, was einfach unvermeidlich sein wird: die Gegenüberstellung zweier Kräfte, möglicherweise ein neuer Krieg."

„Sie glauben, dass Amerika einen Krieg mit uns beginnt, mit seinem noch vor kurzem Verbündeten?"

„Ich denke, dass es wahrscheinlich keinen Krieg mit euch beginnt, denn die Amerikaner mögen nicht kämpfen. Aber auch die Freundschaft mit euch, welche es gezwungenermaßen während des Krieges gab, wird nicht fortgesetzt werden. Ja, und auch euer Stalin wird keine Freundschaft mit Amerika pflegen."

„Warum denken Sie so?"

„Weil es keine Freundschaft zwischen einer Demokratie und einer Tyrannei geben kann. Euer Stalin wird nach dem Sieg gegen Hitler nicht aufhören, ein Tyrann zu sein, und Roosevelt wird niemals, um nichts auf der Welt, von der Demokratie abschwören."

Ungefähr solche Gespräche wiederholten sich regelmäßig zwischen mir und meinem europäisch denkenden Chef, dem gescheiten und besonnenen österreichischen Bauern Johann Zinner. Seine Argumente bezüglich der möglichen Teilung Europas, die passieren musste und nach Kriegsende auch tatsächlich geschah, waren für mich so überzeugend, dass ich nicht ein bisschen das Gefühl hatte, mit ihm streiten zu müssen. Meine Beteiligung an diesen Gesprächen führte zu Fragestellungen, auf die ich seine Antworten wissen wollte. Entschieden gegen ihn auftreten, ihn beruhigen und überflüssige, dunkle Vorahnungen zerstreuen, das musste ich nur ein einziges Mal, nämlich bereits Anfang April 1945, einige Tage vor unserer Evakuierung aus Gedersdorf, als unsere Truppen schon die österreichische Grenze von Ungarn her überschritten hatten. Zinner zeigte mir eine Pistole und teilte mir seine Pläne betreffend ihrer Einsatzmöglichkeit mit.

„Wenn die Russen nach Gedersdorf kommen", antwortete er auf meine Frage, wofür er dieses „Spielzeug" bräuchte, „und einen Radau machen und uns zum Eintritt in Kolchosen zwingen, werde ich Anna und Erwin erschießen und dann mich selbst."

„Das musst du nicht, Herr Zinner", versuchte ich ihn zu beruhigen und widersprach ihm, sich auf solch eine Grausamkeit vorzubereiten. „Glauben Sie mir: Randale von Russen, über die in letzter Zeit gesprochen wird, sind nur die Früchte der Fantasie derjenigen, die während ihrer Zeit in Russland brandschatzten. Ich sage Ihnen nicht, dass sie absolut unmöglich sind, denn Krieg ist Krieg, aber dass sie zu solchen Größen anwachsen, wie es eure heutigen Propagandisten sagen, an das glaube ich nicht. Ihr könnt doch nun schon fast drei Jahre uns Russen in Gedersdorf beobachten. Sind wir denn auch nur ein bisschen jenem Bild ähnlich, die von euren zum Tode erschrockenen Dichtern des Wahnsinns und des Unsinns gezeichnet wird? Nun? Was die Kolchosen anlangt, dass müssen Sie selbst entscheiden. Also verstecken Sie lieber die Pistole irgendwo und versuchen Sie zu vergessen, wo Sie sie versteckt haben, denn der Krieg wird zu Ende gehen."

„Danke für die beruhigenden Worte, und mit Gottes Wille wird alles so, wie du es gesagt hast."
„Ich denke, dass es so sein wird."

68

Am Abend des 15. April 1945, am dritten Tag nach der Einnahme Wiens durch unsere Truppen, erhielt der Kommandant unseres Gedersdorfer Arbeitskommandos den Befehl, am nächsten Morgen alle Kriegsgefangenen gemäß einer im Befehl angegebenen Marschroute zu evakuieren. Wie üblich wurden wir abends zu den Bauern zum Abendessen geführt, wobei wir ihnen mitteilen sollten, dass wir nicht mehr zur Arbeit erscheinen würden.
Es wäre überflüssig und eine völlig unnötige Übertreibung, wenn ich aufgeschrieben hätte, wie berührend mein Abschied von den Gedersdorfer Bauern vor sich ging. Doch ganz ohne traurige Gefühle, sowohl von unserer als auch von ihrer Seite, ging es auch nicht, wo wir doch fast drei Jahre lang zusammen gelebt, gearbeitet, einander verstanden und füreinander Mitleid empfunden hatten. Missverständnisse? Wo gibt es die denn nicht? Kleine Beleidigungen? Kann man denn diesen selbst unter engsten Verwandten entgehen?
Es war eine traurige Verabschiedung. Von unserer Seite war sie auch deshalb traurig, weil wir nicht wussten, was uns am nächsten Tag erwarten würde. Kein einziger von uns hatte die Sicherheit, dass unser Leben ohne Gefahr sein würde: Wo sich doch auf allen Wegen Österreichs unter dem Druck unserer Truppen nicht nur Armeeregimenter und Unterabteilungen der Deutschen zurückzogen, sondern auch die erbarmungslosen, grausamen SS-ler, die so einfach ihren Zorn über ihre militärischen Misserfolge bei einem Zusammentreffen mit unseren Kolonnen oder bei der Jagd nach ihnen auslassen und mit Gewehrschüssen ihren Weg weiter markieren könnten.
Auch unsere Bauern waren traurig. Nicht nur deswegen, weil sie mit unserem Abgang gewisse Dinge und Sorgen von nun an auf ihren eigenen Schultern tragen mussten, sondern auch deshalb, weil sie sich in irgendeiner Weise an uns gewöhnt hatten. Diese Gewöhnung hatte sich in Sympathie verwandelt. Ein zweiter Grund ihrer Traurigkeit lag wie auch bei uns in der Unsicherheit über ihr weiteres Schicksal. Wären wir unserer wohlbehaltenen Rückkehr in die Heimat sicher gewesen, hätten wir sie so erheitern können, dass sie den Tag des Abschieds von uns wie einen der hellsten Tage ihres ganzen Lebens in Erinnerung behalten hätten. Wir hätten ihnen gezeigt, wie lustig Russen sein können, wenn ihre Seele vor Freude zu singen beginnt.
Mein Bauer Johann Zinner war, glaube ich, an diesem Abend besonders traurig: Seine Frau Anna stand kurz vor der Geburt ihrer Tochter, die sie – wie ich später von Halja erfahren sollte – am Tag nach unserem Weggang aus Gedersdorf auf die Welt brachte. Der 13-jährige Sohn Erwin war noch kein vollwertiger Arbeiter am Hof, sodass es einiges gab, worüber man sich den Kopf zerbrechen musste. Aber wir

gingen im Guten auseinander, auch mit Frau Anna. Sie gab mir Brot und Speck für zwei Wochen mit. Auch zum Abendessen schenkten sie mir guten Wein ein und gaben mir eine Flasche mit auf den Weg.

Als am nächsten Morgen unsere Kolonne an den Toren ihres Hauses vorbeizog, kamen Johann, Anna und Erwin selbst auf die Straße und verabschiedeten sich von mir. Johann bat mich sehr, ihm zu schreiben. Seiner Bitte, was mir bis heute leid tut, kam ich lediglich zum Teil nach: Nur ein einziges Mal konnte ich ihm eine Notiz aus dem Raume Gmünd zukommen lassen, wo wir auf das Kriegsende warteten. Unser blonder Bewacher, der sich wegen irgendeiner Angelegenheit auf den Weg nach Gedersdorf machte und von dort auch nicht mehr zurückkehrte, nachdem er sich als Arbeiter beim reichen Ortskaiser zur Verfügung gestellt hatte, erklärte sich nämlich einverstanden, eine Notiz zu übergeben. Daran zu denken, einen Briefverkehr mit Johann Zinner und Josefine Schneider nach meiner Befreiung aus der Gefangenschaft zu beginnen, war hinfällig: Dafür hätten mich unsere Staatssicherheitsorgane in so weit entfernte Gebiete schicken können, aus denen kaum jemand lebendig zurückkam. Deshalb war ich gezwungen, auf den gesunden Menschenverstand zu hören und mich nicht zu einem äußerst riskanten Vorhaben hinreißen zu lassen.

Die Nacht vom 15. auf den 16. April 1945 verbrachten wir zum ersten Mal nach vielen Monaten der Gefangenschaft nicht eingesperrt: Der Kommandant erlaubte uns, mit den ukrainischen und polnischen Mädchen zusammen zu sein, die Freundschaften mit unseren Burschen geknüpft hatten. Natürlich kam auch Halja. Jeder von uns hatte von seinem Bauern eine Flasche mitgebracht, einige auch zwei, sodass der Abschiedsabend unbemerkt in eine Abschiedsnacht überging.

Erinnere ich mich an irgendetwas Ungewöhnliches in dieser letzten Nacht in Gedersdorf? Diese Frage muss man stellen, weil mir eine Trennung von meiner Geliebten, mit der ich auch diese Nacht gemeinsam verbrachte, für eine ungewisse Zeit bevorstand. In welchem Sinne gemeinsam? Wir saßen nebeneinander am gemeinsamen Tisch und alle schauten auf uns wie auf Braut und Bräutigam, manche sogar wie auf Mann und Frau: Mir glaubten viele Burschen nicht, wenn ich ihnen die Wahrheit darüber erzählte, dass es zwischen uns nicht mehr als Küsse und Umarmungen gegeben hatte.

Ich verberge es nicht: Von meiner Seite unternahm ich in den letzten Tagen des Aufenthaltes in Gedersdorf hartnäckige Versuche, Halja zu einer ehelichen Verbindung mit mir zu überreden, stieß dabei bei ihr aber auf Ablehnung. Ich bin tief überzeugt, dass sowohl beim Mann als auch bei der Frau der Wunsch, sich zu binden, gleichermaßen vorhanden sein muss. Diesen Wunsch konnte ich bei ihr nicht bemerken und hatte ihn auch zuvor niemals bemerkt. Ich fügte mich diesem Wunsch auf Grund einer ganz einfachen Tatsache: Weil ich selbst noch unberührt war – ich hatte vor ihr noch keine Frau gehabt –, glaubte ich auch an ihre Keuschheit. Aber zu meinem Unglück erwies sich genau dieser Glaube daran als verfehlt. Darüber möchte ich später noch erzählen.

Wir marschierten etwa zwei Wochen, begleitet von älteren Männern, auf Feldwegen Niederösterreichs in Richtung tschechoslowakischer Grenze. Unsere Kolonne wuchs ständig durch französische Kriegsgefangene an, die in jedem Dorf, an dem wir vorbeikamen, dazustießen. Nach rund 15 Kilometern wurden wir für die Nacht auf Ställe aufgeteilt. Mit einem Wort, wir verspürten keine Eile bei unserer Evakuierung: Weder trieben uns unsere Konvoiführer an, noch wollten wir irgendwohin eilen. Zu unserem Glück trafen wir in den Tagen der Evakuierung auf keine einzige Militärkolonne der sich allerorts zurückziehenden Deutschen, weil uns unsere Marschroute eigentlich stets durch die abgelegensten Gegenden des ländlichen Österreichs führte.

In den Dörfern, in denen wir die Nächte verbrachten, bekundeten die Ortsbewohner zu uns Russen das größte Interesse: Franzosen konnten sie tagtäglich sehen, denn sie arbeiteten ja als Taglöhner in fast jedem österreichischen Dorf. Über uns aber hatten sie nur unsinnige und erfundene Geschichten gehört, wie etwa diese, dass jeder Russe Kalbshörner besäße und über dem Gesäß ein Affenschwanz baumle. Nachdem sie uns als menschliche Wesen sahen, brachten sie ihre freudige Verwunderung zum Ausdruck. Dies alles zu beobachten war traurig und witzig zugleich. Wohin doch die schamlose, billige nazistische Propaganda führte, nicht einmal die abscheulichste Lüge verabscheute sie!

Als ich die österreichischen Bauern aus den abgelegenen Dörfern traf und ihnen ihre Vorstellungen über unser angebliches affenähnliches Äußeres zerstreute, erinnerte ich mich daran, wie mein Bauer Johann Zinner beinahe drei Jahre zuvor aus Krems zurückgekehrt war, wo er eine unseren „Ogonëk"[63] ähnliche, bunte illustrierte Zeitschrift mit dem Titel „Untermensch" gekauft hatte. Auf der ganzen Umschlagseite prangte ein abgemagertes, vom Hunger ausgemergeltes und mit dickem, borstigem Haar zugewachsenes Gesicht eines Menschen kaukasischer Herkunft mit einer riesigen, krummen Nase und der Schwermut eines wilden Tieres in den vor Hunger glänzenden Augen. Was den Inhalt der anderen Fotos betrifft, die in der Zeitschrift abgebildet waren, so waren sie dem Prinzip des Gegensatzes nach angeordnet: Die einen stellten, wahrscheinlich eine Entlehnung aus unserem „Ogonëk", eine vorgetäuschte Fassade der sowjetischen Wirklichkeit dar – elegante Künstler, elegante Beamte vor dem Hintergrund unserer luxuriösen Hauptstadt. Die anderen waren in Lagern für sowjetische Kriegsgefangene im Sommer und Herbst 1941 gemacht worden, wurden jedoch als Abbild unserer angeblichen sowjetischen Alltagswirklichkeit präsentiert. Und was für Fotos das waren: Lebende menschliche Skelette, die in ungewaschenen Fetzen, bei denen doch die Reste von Uniformen der Roten Armee zu erkennen waren, in Reihen um eine Wassersuppe anstanden. Daneben Totengräber in neuen Rotarmisten-Uniformen

---

[63] Ogonëk (dt. „Flämmchen"): beliebte, großformatige sowjetische Zeitschrift mit zahlreichen Illustrationen.

und in weißen Mänteln, mit Mützen und Auszeichnungen, die in einen frisch ausgehobenen Graben die Leiber eben erst an Hunger Verstorbener oder Erschossener von einem Planwagen warfen.

Abb. 55: Deckblatt der vom Reichsführer SS 1942 in Berlin herausgegebenen Propagandabroschüre „Der Untermensch".

Und jedes dieser vielfach gefälschten Fotos sollte leichtgläubige Deutsche von der unmenschlichen Grausamkeit nicht nur unseres Regimes, sondern auch von unserer rassischen Minderwertigkeit überzeugen.

„Was sagst du dazu, Dmitrij?", fragte mich der Bauer sofort, nachdem ich das niederträchtige Werk der nazistischen Propagandaküche durchblättert hatte.

„Das ist eine Gemeinheit, zu der nur jene fähig sind, die selbst ihre menschliche Seele verloren haben. Und ich sage außerdem, dass die Erzeuger dieser Gemeinheit auch die Deutschen selbst nicht ehren, da sie sich bereits einmal auf solch einen dreckigen Betrug eingelassen haben."

„Warum hältst du dies für Betrug?", fragte mich Zinner interessiert.

„Ja deshalb, weil die sowjetischen Kriegsgefangenen in EUREN Lagern fotografiert wurden. Euch aber wollen sie weismachen, dass die Fotos aus sowjetischen Lagern stammen", antwortete ich auf die Frage des Bauern. Weiters erklärte ich ihm: „Nein, Stalin ist nicht so ein Idiot, dass er irgendwelche Fotografen in sowjetische Lager ließe. Bei uns sind solche Fotos einfach unmöglich, denn sein Leben riskiert kein Fotograf."

Und gegen Ende des Gesprächs sagte ich zum Bauern: „Werfen Sie diesen Mist in den Müll, oder noch besser: Verbrennen Sie ihn in einer Jauchengrube."

„Und warum nicht im Ofen?", fragte Zinner verblüfft.

„Damit es in der Küche nicht stinkt."

Was blieb uns zu tun, nachdem ich die über uns von den niederträchtigen Dienern aus Goebbels' Propagandaabteilung so hilflos erfundenen Geschichten gehört hatte? Zur Antwort nur lachen, sich nicht über naive Bewohner der abgelegenen österreichischen Dörfer ärgern, durch welche unser Weg an das uns unbekannte Ziel führte. Und wir lachten so herzerfrischend und mitreißend, dass auch die Ortsbewohner, die uns sahen, davon angesteckt wurden. Als dann das Lachen leiser wurde, wandte sich irgendjemand von uns an die uns umgebenden österreichischen Landwirte und sagte:

„Wir werden euch nun, verehrte Herren, zwei, drei russische Lieder singen und uns dann an Sie mit einer für uns sehr wichtigen Bitte wenden. Wenn ihr dann unsere Bitte erfüllen könnt, möchten wir euch noch ein paar russische und ukrainische Tänze zeigen."

Sie setzten sich in einen Kreis, woraufhin wir ein altes Soldatenlied noch aus Suvorov-Zeiten[64] sangen: „Soldatuški, bravo, rebjatuški!", „Soldaten, bravo, Burschen!" und danach „Po Donu guljaet kazak molodoj", „Am Don schreitet ein junger Kosak einher" und zum Schluss das heitere Lied „Oj, na gori da j žnyci žnut'", „Oben auf den Hügeln schneiden die Schnitterinnen." Nachdem die Lieder verhallt waren, warteten wir, ob sich einer unserer Zuhörer an unsere Bitte erinnern würde, deren Inhalt sie nicht wussten, wohl aber erraten konnten. Es verging eine weitere Minute, bis uns einer nach unserem Wunsch fragte.

---

[64] Aleksandr Vasil'evič Suvorov (1729–1800): russischer Feldherr.

„Wir bräuchten Kartoffeln und Zwiebeln", erhob sich in seiner ganzen Größe Ivan Mel'ničuk und wandte sich an die Bauern. „Wir wollen eine Suppe kochen, Zwiebeln anbraten, Speck haben wir auch keinen. Ja, wenn Sie uns ein bisschen Speck bringen könnten, werden wir für euch tanzen." Plötzlich fasste mich Ivan an der Schulter, auf seinem Gesicht spiegelte sich Verwirrung: „Sie verstehen eh nichts. Also, treib sie auseinander, obwohl ... warte ein bisschen, ich probiere es zuerst selbst und dann du."

Danach zeigte Ivan auf alle und sagte: „Abendessen". Er erklärte, dass wir nämlich zur Vorbereitung des Abendessens Kartoffeln, Zwiebeln und etwas Speck benötigten. Ivan zeigte auf der Handfläche seiner linken Hand, dass er nur ein ganz kleines Stück Speck bräuchte.

Obwohl ich sah, dass unsere Gesprächspartner Ivan Mel'ničuks Bitte sehr gut verstanden, wandte ich mich, Ivans Rat folgend und die gebührende Umgangsform beachtend, an die Dorfbewohner und nannte sie ehrfurchtsvoll „verehrte Damen und Herren". Besonders nachdrücklich verwies ich darauf, dass wir nur ganz wenig Speck oder ein anderes Fett bräuchten, um darin, wie in der russischen und ukrainischen Küche üblich, die Zwiebeln anzubraten. Meine mehr oder weniger richtige deutsche Rede, mit einem Einschlag des österreichischen Dialektes, beeindruckte die Anwesenden. Sie luden uns zu sich auf ihre Höfe ein, und rund 15, 20 Minuten später brannte schon ein Feuer an einem von einem Bauern zur Verfügung gestellten Platz. So konnten wir ein gemeinsames Abendessen kochen.

Nach dem Abendessen, bevor wir in die für die Nachtruhe zur Verfügung gestellte Scheune gebracht wurden, erfüllten wir unser den Bauern gegebenes Versprechen: Unsere Tänzer tanzten in Begleitung einer Balalajka und machten solchen Jux, dass die bisher nichts über uns wissenden Österreicher vollkommen erstaunt waren.

Als wir am nächsten Morgen zu dritt in der Kolonne aufgestellt wurden, verabschiedeten sich die vor ihren Toren stehenden Bauern von uns und wünschten uns ein baldiges Ende des Krieges sowie eine gute Rückkehr in die Heimat. Einer von ihnen, der von unserer Offenheit und lustigen Gutmütigkeit besonders gerührt war, gab uns ein Säckchen mit Brot und ein kleines Stück Speck.

70

Wenn uns unser Wachkommandant bei der Ankunft im nächsten Dorf mitteilte, dass wir hier einen ganzen Tag ausruhen würden, so setzte sich unsere abendliche Bekanntschaft mit den Dorfbewohnern am nächsten Morgen fort, wobei sie dann einen geschäftlichen Charakter annahm. Abends noch vereinbarten wir üblicherweise mit dem Bürgermeister die Durchführung verschiedener Arbeiten auf den Bauernhöfen oder sogar auf dem Feld, wofür wir nicht mit Geld, sondern mit Naturalien bezahlt wurden: mit Brot, Speck, Kartoffeln, Zwiebeln. Meistens wurden wir zur „angenehmsten" Arbeit gebeten, da man hinterlistig annahm, dass wir mit dieser Arbeit nicht einverstanden sein würden, nämlich die Jauchengrube zu entleeren oder den Mist auf einen festen viereckigen Haufen zu führen.

Aber wir dachten nicht einmal daran abzulehnen, sondern feilschten mit jedem Arbeitgeber um ein zusätzliches Stück Brot oder etwas Speck. Die Grube musste zu zweit oder sogar zu viert geleert werden, wobei wir bei der Arbeit Witze und Späße machten. Jede Stunde legten wir Rauchpausen ein. Nachdem wir die Grube gereinigt und den Misthaufen festgetreten hatten, erklärten wir dem Bauern, dass bei Russen bei solch einer Arbeit nicht nur die vereinbarte Bezahlung, sondern auch eine Bewirtung üblich ist.

Der durch die Arbeit zufriedengestellte, aber geizige Österreicher wollte uns weder überbezahlen noch seine lustigen Arbeiter beleidigen. So erklärte er sich zuletzt einverstanden, uns unter der Bedingung zu bewirten, dass wir Russen nach dem Essen noch das Kartoffelfeld im Garten zu jäten hätten.

„Einverstanden, Bauer!", antwortete einer von uns und reichte ihm die Hand.

Der Österreicher sah aller Wahrscheinlichkeit nach zum ersten Mal, dass Russen, die miteinander eine Abmachung getroffen haben, zuerst auf die Handfläche der gegebenen Hand des anderen schlagen und sich danach fest die Hand geben. Als der Bauer seine Hand reichte, fühlte er sich fast gekränkt, dass der Russe zuerst seine rechte Handfläche mit seiner linken nach unten drückte, gleichzeitig seine rechte hob, mit ihr auf seine Handflächen schlug und sie danach fest und freundlich drückte.

Die menschliche Erfahrung hatte uns schon lange davon überzeugt, dass zerstören bedeutend schneller und einfacher ist als aufzubauen. Aber der menschlichen Erfahrung ist auch lange bekannt, dass sich solche Zerstörungen wie von selbst durchführen, ohne dass dafür gewaltige Kräfte vonnöten wären. Genauso zerstören sich die Lüge, Misstrauen und gegenseitige Verdächtigungen. Sie zerstören sich vor allem nicht so sehr mit der Zeit, als vielmehr durch sich verändernde Umstände, wenn man unter den letzteren das Heim der Lüge, des mit ihr eng verbundenen Misstrauens und der gegenseitigen Verdächtigungen unter Menschen versteht.

So brach mit Kriegsende das riesige und widerwärtige Bauwerk der gewissenlosesten Lüge über unser Volk zusammen, der Lüge, die jahrelang von der nazistischen, von Goebbels angeführten Propaganda genährt worden war. Bis heute erinnere ich mit Vergnügen daran, welche Freude wir und auch die zum ersten Mal mit uns sprechenden österreichischen Bauern hatten, als ihnen dank des Gesprächs diese wilde und unsinnige Lüge aus dem Kopf geschlagen wurde.

Aber, wie ein russisches Sprichwort besagt, aus einem Lied kann man kein Wort streichen. Deshalb finde ich mich nicht im Recht darüber zu schweigen, wie einzelne Übergriffe unserer Soldaten, die Österreich und andere Länder Osteuropas vom Nationalsozialismus befreiten, den österreichischen Bauern durchaus Anlass gaben, über uns nicht so zu denken, wie wir es gerne gehabt hätten, und sich nicht gänzlich an uns in jenem Licht zu erinnern, in welchem uns unsere Heimat beziehungsweise die sowjetische Propaganda gemalt hatte.

Ich erzähle all das der Reihe nach. Unser erstes Treffen mit unseren Befreiern ging am Abend des 6. Mai vor sich: Zwei unserer ganz jungen Leutnants, die in einem offenen PKW zum Zusammentreffen mit den amerikanischen Verbündeten, deren Vortrupps sich 20 Kilometer westlich von Gmünd befanden, wegfuhren (wir, die Kriegsgefangenen der Sowjetunion, Frankreichs, Englands, der USA, Polens und Jugoslawiens warteten auf die Entscheidungen unseres Schicksals in einem südlichen Vorort dieser Stadt), wurden von einer vor Freude jubelnden Menge unserer internationalen Brüder aufgehalten. Mehr als eine halbe Stunde hörten sie die berührendsten Worte unserer Dankbarkeit, danach antworteten sie auf unsere Fragen.

Am Morgen des 7. Mai erschienen bei uns noch tollkühnere sowjetische Soldaten und Unteroffiziere. Nachdem sie gesehen hatten, welch erbärmliche Fetzen einige von uns trugen, entschieden sie – sie waren in nicht ganz nüchternem Zustand – ihre Großherzigkeit uns gegenüber zu beweisen und gemeinsam vor uns auch ihre kämpferischen Fähigkeiten zu demonstrieren. So wurden einige unserer russischen Brüder am 7. Mai zu Mittag neu eingekleidet, fast geschniegelt und gebügelt in europäischen Anzügen und frischen Hemden.

„Woher ist das alles?", fragten einige Burschen ohne Verstand den distinguierten „Gentleman".

Und dieser antwortete, verloren lächelnd:

„Ja ein Soldat führte mich in ein Haus und befahl einem Bauern, mir einen Anzug zu geben, so einfach ..."

„Nun, und wie siehst du das? Verstehst du nicht, dass das Diebstahl ist? Und was sagst du, wenn du in der Sonderabteilung gefragt wirst, woher du das hast?"

Mit einem Wort, eine ganze Reihe von Fragen wurden dem „Gentleman" gestellt, und nur die letzte brachte ihn in Verlegenheit.

„Ja, werden sie denn das fragen?", antwortete er mit einer Gegenfrage.

„Nein, werden sie wohl nicht", wehrte jemand empört und boshaft seine Befragung ab. „Sie schauen dich an und sind verwirrt von deinem gentlemanhaften Äußeren."

„Nun, was soll ich nun machen?", fragte uns der „Gentleman" und schaute seinen Gesprächspartnern angespannt in die Gesichter, nachdem er nun endlich verstanden hatte, in welch unsinnige Lage er geraten war.

„Geh dorthin", schrie einer von uns, „wo du das alles angezogen hast und zieh wieder deine Sachen an und das war es. Und dir wird es leichter werden ums Herz."

Und fast alle waren erpicht auf fremdes Gut, aber trotzdem gingen ziemlich viele von uns ebenso vor und gaben das den Bauern gestohlene Gut zurück. Nachdem sie zurückgekehrt waren, wollten sie sich mehrmals vor ihren Kameraden rechtfertigen: „Ah, der unreine Trieb spielte böse mit mir!"

Zur Ehre der Burschen war keiner aus dem Gedersdorfer Arbeitskommando auf leichte Beute erpicht. Sie wussten nämlich nur allzu gut, mit welchem Preis ein österreichischer Mann sein Feiertagsgewand erwirbt und wie selten er es anlegt. Übrigens, diese Burschen haben sich am wenigsten an diesen Randaleakten beteiligt, die sich unsere vollbetrunkenen Befreier erlaubten. Solche Vorfälle gab es

nicht massenhaft, sie dauerten insgesamt nur einen halben Tag an. Am Abend des 7. Mai erschien eine Kommandantenpatrouille aus Gmünd, wonach unseren Teufelskerlen ein scharfer Wind entgegen wehte.
Was jedoch eigenartig ist: Das Marodieren wurde durch unsere Kommandantur verboten und geahndet. Pakete mit Sachen in die Heimat zu schicken war jedoch einmal pro Monat erlaubt. Darüber zu sprechen ist nicht einfach, wo doch die Deutschen in unserem Land buchstäblich eine Wüste hinterlassen hatten und die Verelendung unseres Volkes in den Kriegsjahren schlimmste Ausmaße erreicht hatte. Wo unsere Soldaten und Offiziere, die doch über alles Bescheid wussten und alles auf sich genommen hatten, Kräfte sammeln mussten, um nicht von ihren Prinzipien abzukehren. Also, von einem unbegründeten Urteil halte ich mich zurück: Es gibt solche Momente in der Geschichte von Völkern, wo das Prinzip „Aug um Aug, Zahn um Zahn" stärker als Rechts- und Moralnormen der menschlichen Allgemeinheit gilt. Genau so war es in den ersten Nachkriegsstunden des für alle, die überlebt hatten, Freiheit verkündenden 5. Mai 1945.

71

Spät am Abend des 5. Mai erfuhren unsere französischen Freunde über Radio von einem Aufruf der Kommandanturen der westlichen Verbündeten, der an die Kriegsgefangenen aller Nationen gerichtet war, die noch in Lagern darbten, aber jeden Tag auf ihre Befreiung warteten. In diesem Aufruf, der eher einem Befehl ähnelte, wurden die Kriegsgefangenen aufgefordert, die deutschen Wachorgane unverzüglich zu entwaffnen und nach der Gründung von Selbstverwaltungskomitees Disziplin und Ordnung zu bewahren, keine Plünderungen der Nahrungsmittelvorräte seitens der ehemaligen Kriegsgefangenen zuzulassen und alles zu unternehmen, um mit einem Truppenteil oder einer Garnison der Alliierten in Kontakt zu treten.
Mit dieser freudigen Nachricht kamen drei Franzosen unter dem Kommando des Hauptmannes Marselle in unsere Unterkunft, oder besser gesagt, in unseren Stall, wo unsere Gedersdorfer Brüder bereits das Nachtlager bereiteten. Als wir sie kommen hörten, brach unter uns eine derart große Begeisterung aus, dass unsere „Hurra-Rufe" und der allgemeine freudige Lärm die Kameraden aus den Nachbarställen heranlockten, die sich unserer Feier anschlossen. Unsere französischen Freunde, die uns die lang erwartete Nachricht überbrachten, wurden von uns kräftig umarmt und schließlich, dem alten russischen Brauch folgend, unter Hochrufen in die Luft geworfen.
Zur weithin hörbaren Versammlung stieß auch Leutnant Šajmerden Džanybekov, der etwa einen Monat zuvor – wie er sagte – durch absurde Umstände in Gefangenschaft geraten war. Wie sich später herausstellte, befand er sich im Auftrag unserer Gegenspionage hier, wobei seine Aufgabe darin bestand, die Stimmung unter unseren Kriegsgefangenen zu erkunden und sie durch Zureden davon abzuhalten, sich auf amerikanisch besetztes Territorium zu begeben.

Abb. 56: Im Auftrag der sowjetischen Repatriierungsverwaltung hergestelltes Plakat „Befreite sowjetische Menschen! Ihr seid vom Joch der faschistischen Sklaverei befreit – Kommt schneller in die Heimat zurück!" von Viktor Ivanov. Moskau 1944.

Aber es gelang Šajmerden nicht im Geringsten, auf uns Einfluss auszuüben, weil wir ihn selbst von früh bis spät über die Vorkommnisse in unserer Heimat ausfragten, von der wir über drei Jahre lang abgeschnitten gewesen waren. Unsere Fragen überzeugten ihn davon, dass überhaupt keine Notwendigkeit bestand, uns zur Rückkehr in die Heimat zu überreden. Wir drängten nämlich alle nachhause, obwohl niemand von uns wusste, was uns nach der Befreiung erwarten würde. Šajmerden gab uns über unsere nähere Zukunft keinerlei konkrete Auskunft, obwohl er auf die Frage, welche Überprüfung uns durch die Sonderabteilung erwarten würde, zur Antwort gab, dass sich jeder einer individuellen Überprüfung zu unterziehen haben würde, außer denjenigen, die bereits 1941 in Gefangenschaft geraten waren – diese würden in Ruhe gelassen. Als wir aus seinem Munde Dinge dieser Art vernahmen, hielt es jeder von uns für seine Pflicht, ihm Aufmerksamkeit und Achtung zuteil werden zu lassen.

Nun, als sich die ersten Freudens- und Begeisterungsausbrüche langsam legten, machte ich Šajmerden mit Hauptmann Marselle bekannt und erklärte ihm, dass dieser uns die freudige Nachricht überbracht hatte. Wir begannen mit den französischen Freunden, die Frage über die am nächsten Tag bevorstehende Entwaffnung der uns nur noch formal bewachenden deutschen Soldaten zu erörtern. Da wir mit den Franzosen einer Meinung waren, schlug ich Šajmerden vor, Ivan Vojtenko für unsere Sache heranzuziehen – einen klugen, besonnenen Burschen, mit dem ich im Stalag bereits seit etwa 1943 bekannt war und der die Achtung und das Vertrauen vieler Kameraden genoss. Meine Rolle innerhalb unserer Gruppe war bereits von vornherein klar definiert: Indem ich in der Rolle des Übersetzers auftrat, vertrat ich nach all meinen Möglichkeiten und Fähigkeiten die Interessen unserer Burschen, wobei ich für alle sprach und bei den Deutschen keinerlei Privilegien besaß. Das konnten alle sehen, und sie wussten es zu schätzen.

Wir sprachen uns mit Hauptmann Marselle und seinen Kollegen darüber ab, dass er in seinen Kreis einen Amerikaner und einen Engländer aufnehmen solle. Wir hingegen versprachen ihm, uns unverzüglich mit den Polen und Jugoslawen in Verbindung zu setzen und ihnen vorzuschlagen, ihre Vertreter für unsere internationale Kommission zur Entwaffnung der deutschen Wache zu wählen oder zu ernennen. Wir setzten Ort und Zeit der Zusammenkunft der Kommission mit halb acht Uhr früh im Hause des Kommandanten der deutschen Militärwache fest.

Die ganze Nacht konnten wir kein Auge zutun, von Schlaf war schon gar keine Rede – alle fühlten, dass ein Ereignis bevorstand, das wir nur einmal im Leben erleben würden und das uns bis zum letzten Herzschlag in Erinnerung bleiben sollte: Wir wähnten uns unmittelbar vor der Befreiung aus einer verhassten und erniedrigenden Sklaverei. Wir suchten zuerst die Polen und die Jugoslawen auf, teilten mit ihnen unsere allgemeine Freude. Als wir zu unserem Stall zurückkehrten, schienen bereits die ersten Strahlen der eben hinter dem nahen Wald aufgegangenen Sonne auf unsere Rücken – diesmal waren es Strahlen des Friedens und der Hoffnung.

Plötzlich schien uns die ganze Sache vollkommen ungefährlich zu sein, wir verschwendeten überhaupt keinen Gedanken an Sicherheitsmaßnahmen, obwohl es angebracht gewesen wäre: Wir machten uns unbewaffnet auf den Weg, um den Bewaffneten unsere Bedingungen zu diktieren. Doch so ist es wohl im Leben, wenn nach einem verhassten Krieg der Frieden Einzug hält, bringt er seine unverrückbaren Gesetze mit sich, und diese verändern in bestimmten Augenblicken das Bewusstsein der Menschen, die gestern noch unerbittlich aufeinander geschossen haben, in Richtung Frieden, wobei keine übergroßen Anstrengungen vonnöten sind. Krieg bedeutet eine Umkehr des Ganzen. So stellte sich auch unser Bewusstsein in Windeseile auf die Rufe des Friedens ein und wollte die noch immer in den Tiefen des Unterbewusstseins präsenten Warnungen und Vorbehalte nicht wahrnehmen. Sollten die Deutschen plötzlich gegen uns, Unbewaffnete, mit ihren Waffen vorgehen? Der Grund, weswegen die Warnungen von uns ignoriert wurden und wir ihnen keine Bedeutung beimaßen, war folgender: Die Deutschen – in Wahrheit handelte es sich in der Mehrzahl um österreichische „Deutsche" – begannen sich uns gegenüber freundschaftlicher zu verhalten als in vergangenen Zeiten und waren nicht mehr bemüht, ihre Abneigung, uns bewachen zu müssen, zu verbergen.

Während unseres letzten Marsches in einen Vorort von Gmünd gab es allerdings einen Vorfall, der sich als letztes Hindernis auf dem Weg zu unserer Befreiung und als eine Zäsur zwischen dem gestrigen und dem heutigen Tag darstellte: Ein junger Begleitsoldat begnügte sich nicht bloß damit, einen unserer Gefangenen, der aus uns unbekannten Gründen von der Gruppe weggegangen war, mit Schlägen zu traktieren, sondern drosch auch noch mit dem Gewehrkolben auf ihn ein. Seine Kameraden, die Zeugen dieses widerwärtigen Aktes wurden, unterstützten ihn durch Zurufe. Sie veranstalteten einen derartigen Lärm und stießen solche Drohungen aus, dass ein älterer Begleitsoldat gezwungen war, die Kolonne anzuhalten und mich zum Ort des Geschehens zu zitieren, um die Angelegenheit in Ruhe zu bereinigen und den plötzlich entstandenen Zwischenfall nicht noch weiter kulminieren zu lassen.

Nachdem ich von dem Zwischenfall in Kenntnis gesetzt worden war, wandte ich mich an den Verursacher der Situation: „Warum haben Sie das gemacht? Und wenn wir morgen, nachdem wir die Plätze getauscht haben, mit Ihnen auch so verfahren würden, würde Ihnen das gefallen?" Als Antwort erhielt ich kein einziges Wort, doch die schadenfrohe Fassungslosigkeit in seinen Augen, gemischt mit Angst, sagte mir und allen anderen mehr als die schönsten Worte.

Dies alles erinnerte mich an jenen ganz anderen Zwischenfall an einem stillen Septemberabend des Jahres 1941 in der Bahnstation von Sluck, als vor unser aller Augen ein ähnlich blondhaariger, geradnasiger und himmelblauäugiger Bursche zu unserem Entsetzen aus nächster Nähe einen Kameraden erschoss, der seine Notdurft zwischen den hohen offenen Waggons verrichtete. Auch dieser Vorfall ereignete sich abends, und jener Abend war ebenso still wie dieser, mit dem einzigen Unterschied, dass damals noch der September 1941 die Welt in Atem hielt, wir aber nun im April 1945 lebten, wofür das schönste Indiz die bösartige Angst in den Augen des noch ganz jungen deutschen Begleitsoldaten war.

72

Die Entwaffnung der deutschen Wache verlief ruhig, friedlich und sogar mit einem Anflug schwerfälliger deutscher Anständigkeit: Ein deutscher Hauptmann, der den Eindruck eines intelligenten Menschen machte, zeigte, nachdem er den Sinn unseres morgendlichen Besuches erfahren hatte, keinerlei Anzeichen von Empörung, sondern schien durchaus erfreut zu sein, dass die ganze Sache so eine Wendung genommen hatte. Er erklärte uns, dass unser Vorschlag ihm und seinen Untergebenen ihren GEMÜTSZUSTAND wesentlich erleichtern würde, wohl weil in ihrer Situation das Kriegsende unbewaffnet entscheidend leichter hinzunehmen wäre als mit Waffen in den Händen. Doch er erwies sich, wie es für das deutsche Wesen üblich ist, als pedantisch und bat uns, nicht nur die Prozedur der Waffen- und Munitionsübergabe mitzudokumentieren, sondern auch über die Übergabe des Lebensmittellagers ein Protokoll anzufertigen, das in zwei, wenn nicht gar in drei Sprachen aufzusetzen wäre. Wir waren darob etwas verlegen und beschlossen, das Protokoll in fünf Sprachen zu verfassen: deutsch, russisch, englisch, französisch und polnisch. Das polnische Protokoll wurde vom polnischen Hauptmann Stanisław Gubski verfasst, der der Meinung war, dass ein polnisches Protokoll unerlässlich sei.

Daraufhin erhob sich die Frage der Einteilung einer Wache für das Waffen- und Lebensmittellager und auch der Bewachung der deutschen Soldaten, die von nun an zu Kriegsgefangenen erklärt wurden und die der Übergabe an einen Truppenteil der Roten Armee oder an eine Einheit einer anderen Armee eines alliierten Staates unterlagen, je nachdem, wer zuerst in Gmünd und seinen Vorstädten einmarschieren würde. Ohne jegliche Meinungsverschiedenheiten beschlossen wir, die Wache aus unseren Kameraden zusammenzustellen. Da Šajmerden Džanybekov sich nicht zum Wachkommandanten ernennen lassen wollte, schlug ich für diese Funktion Ivan Makarskij vor. Anfang April nämlich, nicht lange vor unserer Evakuierung aus Gedersdorf, hatte er mir anvertraut, dass er in unserer Armee Oberleutnant und Kompaniekommandant gewesen war, es nach seiner Gefangennahme jedoch vorgezogen hatte, den Status eines gewöhnlichen Soldaten einzunehmen. Mein Vorschlag wurde angenommen, und bald erschien ein froher und verwirrter Ivan Makarskij vor dem provisorischen Unionskomitee, das ihm die Funktion eines zeitweiligen Wachkommandanten verlieh und ihm den Auftrag erteilte, unverzüglich – innerhalb von zwei Stunden – eine eigene Wachmannschaft zusammenzustellen.

Nun begann die Prozedur der Erstellung eines mehrsprachigen Protokolls. Darin galt es, alle Arten der übergebenen und empfangenen Waffen, die von Ivan Makarskij und seinen beiden von ihm ausgewählten Helfern gezählt wurden, festzuhalten und auch die Lebensmittel – Mehl, Grieß, Konserven, Zucker, Brot – zu registrieren sowie ihre Menge in Kilogramm beziehungsweise Stückzahl festzuhalten.

Das Verfassen des Protokolls dauerte zwei Stunden. Dann wurde eine einstündige Pause eingelegt, um Ivan Makarskij und seinen Helfern eine Überprüfung der im Protokoll eingetragenen Zahlen zu ermöglichen. Erst danach fand der feierliche Akt der Unterzeichnung des Protokolls statt, nach welchem der Hauptmann der französischen Armee, der Franzose Marselle, um das Wort bat. Er teilte uns mit, dass ein solches Ereignis mit einem Gedenkakt begangen werden müsse, dessen Organisation er – sollten es die Kameraden aus den verbündeten Armeen erlauben – gerne übernehmen würde.

Es versteht sich von selbst, dass wir die Initiative des Franzosen Marselle mit Freude begrüßten, ihm dankten und mit ihm verabredeten, dass der Akt fünfzig Stunden nach der Unterzeichnung des für uns so wichtigen Protokolls stattfinden sollte. Da sich unser Šajmerden Džanybekov nicht sonderlich widersetzte, konnte er von mir und von Ivan Vojtenko überredet werden, die Vorbereitung und die Regie des Gedenkaktes zu übernehmen. Mir kam dabei die Rolle eines Übersetzers des Gespräches zwischen Hauptmann Marselle und Šajmerden zu, die sich über den geplanten Gedenkakt berieten.

73

Nachdem wir in unsere provisorische Unterkunft zurückgekehrt waren, überlegten wir, woher wir ein mindestens eineinhalb Meter langes rotes Stoffstück beschaffen könnten: An einem feierlichen internationalen Akt teilzunehmen, dabei aber über keine Flagge unseres Heimatstaates zu verfügen, erschien uns nicht nur erniedri-

gend, sondern sogar schon fahrlässig. Aber woher sollte man ihn bekommen, den roten Stoff? Ich ging zu meinem Hausherrn, in dessen Stall wir untergebracht waren. Dieser führte mich sofort zu seinen Gästen, die eben erst aus Gmünd eingetroffen waren. Die Gäste, eine Frau um die dreißig, hager, mit wenig anziehendem Äußeren, freute sich in der Tat darüber, dass ich ihr unser Problem schilderte, und versprach zu helfen, wenn ich mich einverstanden erklären würde, zu ihr nachhause zu kommen. Ob es weit zu gehen wäre? Nein, nicht mehr als drei Kilometer.
So marschierten wir über die menschenleere asphaltierte Straße in Richtung Stadt. Die Frau, die dankbar dafür war, dass ich mich bereit erklärt hatte, sie zu begleiten, sprach die ganze Zeit mit mir – unter anderem darüber, dass sie es ohne Begleitung niemals gewagt hätte, sich auf den Weg nachhause zu machen: Die Zeit sei so gefährlich, die örtlichen Organe hätten auf ihre eigentlichen Aufgaben vollkommen vergessen, ihre Exponenten ließen sich nie auf der Straße blicken, und dieser Zustand bereite ihr große Angst. Jederzeit könnte irgendjemand auftauchen, einen ergreifen und mit einem machen, was er wolle ...
Als wir uns bereits ihrem Haus näherten, fragte sie, wozu ich das rote Ding wohl brauchen würde. Nachdem sie meine Erklärung angehört hatte, war sie etwas verlegen, wodurch sie mich in einen Zustand der Erregung und des Zweifels versetzte: Mir schoss der Gedanke durch den Kopf, dass sie mir vielleicht eine Falle gestellt hatte, aus der sie sich nun selbst zu befreien versuchte. Aber es gelang mir nicht, sie auf ihre Falle hin anzusprechen, denn sie bemühte sich, mir zu erklären, dass sie tatsächlich über einen roten Stoff verfügte, der zudem von hoher Qualität wäre und den sie auch hergeben würde. Das Problem lag bloß darin, dass es sich dabei um eine völlig neue Hakenkreuzfahne handelte, die sie niemals verwendet hatte. Sie war also rot, aber in ihrer Mitte prangte ein schwarzes Hakenkreuz auf weißem Grund.
„Aufgenäht oder aufgezeichnet?", fragte ich sie.
„Aufgenäht, aufgenäht", erwiderte die Frau blitzartig. „Man kann es leicht heraustrennen, ohne dass Spuren zurückbleiben ..."
„Sind Sie in der Lage, das zu machen, das herauszutrennen?"
„Natürlich, natürlich ... Ich werde das mit meiner Mutter sehr schnell machen. Und dann werden wir diesen Fleck befeuchten und mit einem heißen Bügeleisen glatt bügeln."
Wir gingen in eine Straße aus eintönigen, einstöckigen Ziegelhäusern, die über einen gemeinsamen Eingang von der jeweils gegenüberliegenden Seite verfügten. Es handelte sich offensichtlich um Häuser mit zwei Zimmern, und die Wohnungen dürften, nach der Größe des Hauses zu urteilen, durchaus geräumig gewesen sein. Ich betrat das Haus hinter meiner Weggefährtin und gelangte in die Wohnung ihrer Eltern: Sie war hell und geräumig, mit nicht weniger als acht Quadratmetern zwischen der Garderobe und dem Schuhabstellplatz bei den Türen. In der Mitte stand ein kleiner Tisch, der mit einem weißen Tischtuch gedeckt war, und um ihn herum standen Stühle. Ich hatte den Eindruck, dass alles in diesem Zimmer von täglicher

und äußerst penibler Pflege glänzte und strahlte. Aber ich war auch nicht übermäßig überrascht, denn eine vergleichbare Sauberkeit und denselben Glanz kannte ich bereits aus der Wohnküche meiner Bauern in Gedersdorf.
Die Hausfrau, entweder die Mutter oder die Schwiegermutter meiner Weggefährtin, wollte mit mir irgendein Gespräch anknüpfen, war aber durch meine Anwesenheit sichtlich verstört. Denn so, wie ich gekleidet war – eine englische Jacke über einer russischen Feldbluse, breite französische Reiterhosen und russische Stiefel mit breiten Schäften –, zieht man sich nicht an, wenn man ein Fest begehen will, und ein Gast, den man gerne empfängt, sieht so auch nicht aus. Sie konnte ihrer Verwirrung nicht Herr werden und stellte mir eine unsinnige Frage, die ihr anscheinend zuallererst in den Sinn gekommen war:
„Gibt es bei Ihnen in Russland auch solche Wohnungen wie hier bei uns?"
Ich bemerkte ihre Verlegenheit und war bemüht, sie aus dieser unangenehmen Lage und ihrer inneren Verwirrtheit gegenüber einem unerwarteten und völlig unerwünschten Gast, als der ich mich fühlte, zu befreien und antwortete mit einem schelmischen Lächeln:
„Verzeihen Sie, aber ich habe Ihre Wohnung noch nicht gesehen, denn das, was hier ist", ich machte eine entsprechende Geste, indem ich auf die Räumlichkeiten deutete, „ist hoffentlich nicht Ihre ganze Wohnung?"
„Nein, ich muss mich bei Ihnen für meine Frage entschuldigen ... Bitte seien Sie ob meiner Taktlosigkeit nicht beleidigt, ich bin gerne bereit, Ihnen unsere ganze Wohnung zu zeigen, wenn Sie es wünschen ... Kommen Sie, bitte, folgen Sie mir ... Übrigens, Emma, es wäre wohl besser, wenn du diese Aufgabe übernehmen würdest", wandte sie sich an die Tochter. (Emma erwies sich als die Tochter, nicht als Schwiegertochter, da das Gespräch bald auf den Schwiegersohn der Hausleute, auf Emmas Gemahl, kam.)
Emma entsprach gerne der Bitte ihrer Mutter und zeigte mir drei geräumige Zimmer, in welchen Sauberkeit, Glanz und Bequemlichkeit herrschten.
Als wir in den Vorraum zurückkehrten, wurde die Frage nach den russischen Wohnungen wiederum gestellt, und mir blieb nichts Anderes übrig, als auf sie eine Antwort zu geben. Aber was und wie sollte ich antworten? Sollte ich ihnen erzählen, wie meine Schwestern und ihre Ehemänner in einem baufälligen Häuschen von zwölf Quadratmetern hausten, das Platz für acht Personen – vier Erwachsene und vier Kinder – bieten musste? Warum sollte ich ihnen davon erzählen? Konnte ich ihnen alle Gründe für unsere erbärmliche Armut erklären? Ich entschloss mich, kurz, dafür aber – wie mir damals schien – vollkommen zutreffend zu antworten:
„Nein, wir sind noch nicht so reich, um solche Wohnungen zu haben. Aber schon bald sollten wir auch im Besitz solcher sein, denn der Krieg hat derartige Zerstörungen mit sich gebracht, die Sie sich, die Sie an einem ruhigen Ort leben, nur schwer vorstellen können ..."
„Ja, ja, der Krieg, möge er verflucht sein, er hat viele heimatlos gemacht", schaltete sich Emmas Vater, ein großer, hagerer Mann mit eingefallenen Wangen und einem grauen Schnauzbart, ins Gespräch ein. „Er hat auch uns den Sohn genom-

men, er ist in Afrika umgekommen ... Vom Schwiegersohn, von Emmas Mann, haben wir bereits über zwei Monate keine Nachricht mehr erhalten."
Mir wurden Fotografien des Sohnes und des Schwiegersohnes gezeigt. Der Schwiegersohn mit einer eleganten, hochaufragenden Mütze und in der Uniform eines SS-Offiziers. „Aha", dachte ich, als ich den selbstzufrieden-verwegenen Blick von Emmas Mann auf der Fotografie sah, „daher kommt also die Angst vor dem, was rundum begonnen hat: Sie fürchtet sich vor einer Vergeltung für die SS-Vergangenheit ihres Angetrauten ..."
Ich hielt die Fotografie ohne besonderes Interesse in den Händen und betrachtete sie bloß aus Höflichkeit, als ich mich an Emma wandte und sie an den eigentlichen Grund meines Besuches erinnerte.
„Ach ja", erwiderte Emma unruhig, „ich werde gleich alles erledigen ... Nur, falls es Ihnen keine Umstände macht, wäre es mir angenehm, wenn Sie mich bis zu meiner Wohnung begleiten würden. Sie befindet sich gleich nebenan, wir müssen nur die Straße überqueren. Die Sache ist die, dass das Versprochene dort ist ..."
Mir blieb nichts Anderes übrig, als mich einverstanden zu erklären, obwohl sich in meiner Seele ein unguter Verdacht regte: Irgendetwas ist hier nicht in Ordnung, meine Weggefährtin verschweigt etwas, aber was und warum? Übrigens war mein Verdacht nicht von Angst begleitet, ich fürchtete mich vor nichts, zumal ich bei mir eine Pistole mit zehn Schuss hatte: Nach der Entwaffnung der deutschen Wache beschloss jeder der Beteiligten, für alle Fälle eine Pistole zu tragen.
Als wir uns in die Wohnung Emmas, die der ihrer Eltern glich, begaben, klärte sich alles, bis auf eine Schamlosigkeit, auf: Nachdem sie gefunden hatte, was sie suchte – ein großes seidenes Fahnentuch von purpurner Farbe mit einem aufgenähtem schwarzen Kreuz, das von einem weißen Kreis eingefasst war, versuchte Emma mich zum Bleiben über Nacht zu überreden, weil ich sie vor einem eventuellen Eindringen russischer Soldaten beschützen sollte. Dieses Gespräch begann sie im Schlafzimmer, in dessen Mitte zwei, mit blitzend weißer Bettwäsche überzogene Betten aneinander standen, über denen ein großes Fotoporträt ihres Mannes in voller SS-Uniform hing. Als ich diese Sätze hörte, warf ich einen heimlichen Blick auf dieses Porträt, doch sie erfasste sofort die Bewegung meiner Augen, und ich bekam nicht einmal mit, wie das Porträt abgenommen wurde und im großen Kleiderschrank verschwand.
Um ehrlich zu sein – wäre Emma anziehender und nicht ein einziges Gerippe gewesen, hätte ich mich wahrscheinlich beim Anblick des breiten Bettes, neben dem sie stand, um mich zum Bleiben zu überreden, verführen lassen und wäre über Nacht bei ihr geblieben. Aber ich konnte an Emma nichts Anziehendes ausmachen, zudem verkörperte sie ihren SS-Gatten, und in diesem Augenblick ergriff mich ob ihrer Versuche ein bis zur Übelkeit reichender Widerwille. Doch gleichzeitig schien mir die Erteilung einer kategorischen Zurückweisung unmöglich, sodass ich ausweichend antwortete:
„Wenn sich so eine Möglichkeit bieten würde, käme ich Ihrer Bitte nach Möglichkeit nach."

Nachdem sie meine Worte gehört hatte, wurde ihr klar, dass ihr Manöver gescheitert war und sie mich mit ihren Reizen nicht verführen würde können. Doch zugleich war ihre Hoffnung noch nicht ganz geschwunden, weil sie während des ganzen Weges zurück zu ihren Eltern auf mich einredete. Ohne Unterlass sprach sie über ihre Angst, die ihr eine furchtbare, schlaflose Nacht bescheren würde.
Wenn ich diese Episode erwähne, möchte ich keinesfalls ein Urteil über diese Frau fällen, aber auch mich selbst nicht mit einem Heiligenschein versehen, denn – ich muss mich wiederholen – wäre Emma etwas anziehender gewesen, wäre ich möglicherweise ihren Verführungsversuchen erlegen. Aber weil dies nicht geschah und in der damaligen Situation auch nicht geschehen konnte, kreisten meine Gedanken in diesem Moment weder um den weiblichen Leichtsinn noch um die von mir vertane Chance, erstmals in meinem Leben die Süße der Segnungen des Bettes durch diese Frau zu erfahren. Meine Gedanken waren indes ganz woanders: Wenn in einem Menschen die Macht der Angst vor der Gefahr auf den Selbsterhaltungsinstinkt trifft, wenn diese beiden Kräfte die Seele eines Menschen zum Zerreißen spannen, entsteht ein innerer Konflikt, in dem das verminderte menschliche Urteilsvermögen, zusätzlich beeinträchtigt durch höchste Moralvorstellungen, nicht immer den besten Ausweg weist. Genau diesen – bei weitem nicht besten – Ausweg wählte Emma unter dem Eindruck einer sie verzehrenden Angst. Ich bin überzeugt, dass sie in mir weniger einen Mann sah, der ihre sinnliche Lust mehr oder weniger befriedigen würde können, sondern dass sie vielmehr daran dachte, jemanden zu finden, der sie vor ihren nächtlichen Albträumen schützen könnte, die sie auf Grund der in der SS begangenen Sünden ihres Mannes verfolgten. Und ich entsprach in einer gewissen Weise diesem von ihr vorgefertigten Bild des Beschützers. Auch daher regte sich in mir nicht das geringste Verlangen, ihren Überredungsversuchen nachzukommen.
Ich schildere diese kleine Episode aus meinem Leben vor allem deshalb, weil ich in diesen ersten Wochen nach Kriegsende unzählige Male in die Situation kam, mir Erzählungen über flüchtige Bettgeschichten mit deutschen Frauen anhören zu müssen, welche angeblich auch selbst nicht allzu viel auf diese Freuden gaben, sie aber großzügig „entlohnten". Obwohl ich diesen Geschichten keinen Glauben schenkte, verstand ich doch ihren tieferen Sinn. Dadurch, dass diese Erzählungen in die Realität projiziert wurden, konnte man gegen die verzehrende Sehnsucht nach weiblicher Zärtlichkeit ankämpfen und der nach Liebe dürstenden Seele Erleichterung verschaffen.

74

Als ich mich mit Emma daraufhin im Hause ihrer Eltern wiederfand, ging sie wie versprochen daran, unter Dampf das Hakenkreuz und den weißen Kreis herum von der nationalsozialistischen Flagge zu entfernen. Ihre Mutter half ihr dabei. Dann zogen sich die Frauen in ein Hinterzimmer zurück, um aus dem gewaltigen quadratischen Stoff das anzufertigen, was wir für unseren Zweck benötigten: Ein Stück eines entsprechend gesäumten Stoffes von sechzig Zentimetern Breite und einem halben Meter Länge – in diesen Dimensionen stellte ich mir unsere Staatsflagge vor. Dabei bat ich sie, dass die Stelle, an der sich das Hakenkreuz befunden hatte, wenn möglich nur zu einem kleinen Teil auf unserem Stoff sein sollte.

Emmas Vater, der mit mir alleine zurückgeblieben war, wartete auf einen passenden Moment, der ihm nun gekommen zu sein schien, um das loszuwerden, was ihm wie ein Stein auf der Seele lastete. Er arbeite als Schlosser in der örtlichen Remise, seinem Alter nach zu schließen stand er bereits kurz vor der Pensionierung, und er genoss Respekt seitens seiner Arbeitskollegen. Allem Anschein nach hatte er sich nichts im Leben vorzuwerfen, aber die von Emma getroffene Wahl lag ihm schwer auf dem Gemüt: Herbert, sein Schwiegersohn, steckte bereits vor dem verfluchten „Anschluss" mit der örtlichen nationalsozialistischen Jugend zusammen und stieg nach Vollzug desselben an Ansehen und Dienstgraden steil empor – er erreichte die Funktion irgendeines Führers einer SS-Einheit. Und ungeachtet der gewaltigen Anstrengungen, die der Alte aufgebracht hatte, um Emma von Herbert fern zu halten, wurde die Beziehung der beiden mit der Eheschließung vollendet. Sie heirateten im Sommer des Jahres 1939, etwa zwei Monate vor Kriegsbeginn. Herbert wurde in seiner Funktion als örtliches Parteimitglied eine Wohnung zugeteilt, aus der zuvor ein österreichischer Kommunist ausziehen hatte müssen, der sich wenig später in einem Konzentrationslager wiederfand. Als der Krieg begann, wurde Herbert alsbald in eine privilegierte Einheit Hitlers eingezogen. Er kam nur während seines jährlichen Urlaubs nachhause, doch weder bei Emma selbst noch bei ihren Eltern riefen seine Besuche besondere Freude hervor. Der Urlauber gab sich ohne Unterlass dem Trunk hin und fügte Emma Beleidigungen der schlimmsten Art zu.

„Ich und meine Frau litten furchtbar angesichts des unglücklichen Daseins unserer Tochter", schloss der Mann die ob seiner Hilflosigkeit verbitterte Beichte. Mit nichts konnte er seiner Tochter zu Hilfe kommen ... Es blieb jedoch ein einziger Trost: „Der Krieg ging zu Ende, und vielleicht würde der nichtsnutzige Schwiegersohn ja, so wie der Sohn Karl, irgendwo umkommen und Emma dadurch das Haus, das sie so viele Jahre zu betreuen hatte, aufgeben und zu uns zurückkehren, wo wir dann gemeinsam Gott um Vergebung für ihre begangenen Sünden bitten würden ..."

Nun war klar, wo Emmas große Angst vor den heraufdräuenden Änderungen in ihrem Leben herrührte! Sie fürchtete sich wohl weniger vor dem Eintreffen der Russen, als vielmehr vor einer unerwarteten und unerwünschten Rückkehr ihres Angetrauten. In ihrem Schicksal spiegelte sich die Ungewissheit angesichts des zu Ende gehenden Krieges wider, doch bei weitem schwerwiegender war für sie die Frage der Heimkehr ihres SS-Mannes. Würde er nicht zurückkehren, könnte Emma mit der Unterstützung ihrer Eltern ihre seelischen Wunden ausheilen.

Auf dem Weg zurück zu meinen Kameraden wählte ich nicht den asphaltierten Weg, sondern Feldpfade, die meinen Fußmarsch nicht gerade einfacher gestalteten. Unter dem Gürtel hatte ich die rote Flagge, auf der auch das prüfendste Auge keinerlei Reste des Hakenkreuzes hätte ausmachen können, fast zur Gänze versteckt: Die Frauen hatten sich außergewöhnliche Mühe bei der Entfernung gegeben, sodass diese Stoffreste in der länglichen Tasche verschwunden waren, durch die wir nun die Fahnenstange zu ziehen hatten.

Meine Gedanken kehrten zu Emma und ihrem Vater zurück, und ich dachte ohne Unterlass an die widerwärtigen Irrwege des Lebens, die nicht immer so offenkundig sein müssen wie bei uns sowjetischen Kriegsgefangenen, die wir alles außer unserem Leben verloren hatten. Eine rein oberflächliche Beurteilung des Schicksals dieser Emma entspricht den Tatsachen in keiner Weise: Gemächer, die zehn und mehr Personen Platz bieten, eine Wohnung, die keinem Armen und auch keinem Bescheidenen gehören kann, und Halt gebende Eltern, die in absoluter Nähe zuhause sind und jeden Moment zu Hilfe eilen könnten ... Aber sie fühlte sich als völlig unglücklicher Mensch, der sich nicht einmal die Mühe machte, dies zu verbergen. Nein, an Glück erinnerte in ihrer Umgebung in der Tat nichts.

Doch es kommt auch vor, dass Menschen ihr Unglück mit größter Fassung und Würde zu ertragen bereit sind. Emma zählte nicht zu diesen, denn ihr Unglück fußte auf einer unreinen und unehrenhaften Grundlage. Und obwohl sie am schmutzigen Grund ihres Unglücks FAST keine Schuld traf, so hatte sie doch zwei Sünden begangen. Das erste Mal, als sie gegen den Rat ihrer Eltern eine Ehe mit dem eleganten und anmaßenden Nationalsozialisten Herbert einging, und das zweite Mal, als sie aus Angst vor einer möglichen Abrechnung der Schandtaten ihres Mannes einen wenig ehrenhaften Weg zu ihrer Rettung beschritt. In der Erfüllung meiner Bitte nach dem Stoff und der Einladung zu sich sah sie eine Möglichkeit, ihr Ziel zu erreichen. Vielleicht hätte ich ihr eine kategorische Zurückweisung erteilen und mich verhalten sollen, als stünde vor mir ein Mann und nicht eine von Angst erfüllte bittende Frau. Meine Überzeugung, ihrem Wunsch nicht nachzukommen, verstärkte sich noch nach den Schilderungen ihres Vaters, und ich hätte ihr mit anderen Worten geantwortet als zuvor in ihrem Schlafzimmer.

Die Ereignisse nahmen in der Folge eine derart schnelle Entwicklung, dass ich jedes Mal, wenn ich mir wünschte, die Nacht auf weichen Daunen in den heißen Umarmungen Emmas zu verbringen, diese Möglichkeit sofort aus meinen Gedanken verbannen musste.

Vor Sonnenuntergang gab es ein Treffen mit zwei unserer Leutnants und danach ein Ereignis, das ich bereits erwähnt habe: Unsere verrückten Kerle rollten aus Gmünd ein Fass hochprozentigen Alkohols heran und brachten dazu etwas zu essen mit. Sich einer solchen Einladung zu entziehen, an so einem Fest nicht teilzunehmen – obwohl es natürlich ein Gelage war, das ohne Tische, die es bei uns klarerweise nicht gab, über die Bühne gehen musste –, war ein Ding der Unmöglichkeit. Hätte ich Emma fest versprochen, ihrer Einladung unbedingt Folge zu leisten, hätte ich mich dies nicht getraut. Aber es gab kein diesbezügliches Versprechen, und daher feierte ich mit den Kameraden in Erwartung des Kriegsendes leichten Herzens ein Gelage. Dies umso intensiver, als einer von uns, der sich als Künstler erwies, mit Zahnpasta, die wir mit Leim vermischten, Hammer, Sichel und Stern auf die Flagge malte. Ein Tischler fertigte eine Fahnenstange an, und wir hängten unsere Flagge auf das Dach der Strafanstalt, in deren Hof sich unser selbst ernannter Einsatzstab befand. Wir beschlossen, unsere Flagge durch einen stündlich wechselnden bewaffneten Wachposten beaufsichtigen zu lassen.

75

Etwa eine halbe Stunde, nachdem unsere Feier anlässlich des Treffens mit den ersten Gesandten unserer Befreier – zwei jungen Leutnanten der Sowjetischen Armee in einem offenen, leichten Militärfahrzeug, das für die Kontaktaufnahme mit einer amerikanischen Einheit rund 25 Kilometer südwestlich von Gmünd bestimmt war – etwas abgeklungen war, verabschiedete ich mich für immer von einem meiner liebsten Gedersdorfer Kameraden, Ignat Wojciechowski. Er war von Nationalität Pole und lebte seit seiner Geburt bis zu seiner Einberufung in Sambor – in jenem Sambor, in dem sich im Winter des Jahres 1940 für zwei Monate unsere Regimentsschule befunden hatte, in jenem Sambor, wo ich mich zufällig ein erstes Mal mit der flauschigen Rotarmisten-Kappe und den abscheulichen Wickelgamaschen fotografieren hatte lassen. Diese Fotografie sollte mein Schwesterchen Njura bis zu meiner Rückkehr aus meinem Halbdasein aufbewahren. Ignat wurde im Spätherbst 1940 in die Armee einberufen und sollte seinen Dienst auf dem Territorium Litauens versehen, wo ihn schließlich der Krieg einholte. Er geriet bereits Ende Juni 1941 in Gefangenschaft, nachdem er nur etwa eine Woche gekämpft hatte.

Abb. 57: Dmitrij Čirov als Soldat der Roten Armee.

In Gedersdorf arbeitete Ignat als Koch – er bereitete ein einfaches Frühstück, Mittagessen und Abendessen für seine zehn Kameraden zu, die zu dem Teil des Arbeitskommandos gehörten, das im Sägewerk des Herrn Frank arbeitete. Außerdem zählte das Aufräumen des Zimmers der Wachmannschaft und der Geschäftsräume der Fabrik zu seinem Aufgabenbereich. Mit einem Wort – Ignat konnte nicht über Arbeitsmangel klagen, zumal er auch an Sonn- und Feiertagen zu arbeiten hatte. Aber er, der einzige Pole sowjetischer Staatsangehörigkeit, der unter uns war, konnte sich mit den Kameraden aus der Fabrik soweit arrangieren, dass an Feiertagen zur Entlastung des Kochs ein freiwilliger Schichtbetrieb in der Küche eingerichtet wurde.

Nicht ein einziges Mal vernahm ich von den Kameraden ein Wort des Tadels über Ignat. Er richtete sich seine Arbeit so ein, dass er nie das Austeilen der Rationen vornehmen musste, sondern stellte die von ihm zubereiteten Speisen auf unseren gemeinsamen Tisch, wo wir selbst die zehn Portionen aufteilten. Dann setzte sich Ignat zu uns und erhielt die gleiche Menge wie alle anderen. Um eventuelle Unstimmigkeiten gar nicht erst aufkommen zu lassen, bestand er darauf, dass ihm einer von uns in der Küche bei der Zubereitung zur Seite stand und alles beobachten konnte, damit sich niemand über Quantität und Qualität des Zubereiteten beklagen konnte.

Äußerlich war Ignat eine sonderbare Mischung aus ausnehmender Männlichkeit, die sich in seinen sparsamen, langsamen Bewegungen, seiner Wortkargheit und der Fähigkeit, seine Gefühle auch dann zurückzuhalten, wenn dies äußerst schwer fällt, äußerte, und weiblich-keuscher Weichheit. Ich kann mich nicht erinnern, dass er jemals die Stimme gegen irgendwen erhoben oder jemanden mit einem unflätigen Wort belegt hätte. Sowohl das eine als auch das andere stellte bei uns eine Ausnahme dar, denn – um der Wahrheit willen – manchmal schrieen wir miteinander oder warfen uns Flüche, die aber niemals böse gemeint waren, an den Kopf. Diese häuften sich im Laufe der Zeit auf Grund unseres allgemeinen Elends, erreichten eine sehr hohe Verbreitungsrate und fanden in den Alltagsgebrauch Eingang.

Schon bald nach meiner Ankunft in Gedersdorf pickte mich Ignat aus der allgemeinen Masse heraus, und in unserer kargen Freizeit, meist in den Abendstunden, trafen wir uns, wobei er auf meine Fragen gerne Antwort gab und überhaupt für uns diese Gespräche ein beiderseitiges Vergnügen darstellten. Übrigens hörte ich von ihm niemals eine scharfe Verurteilung unserer politischen Führung, die sich damals bereits zwei Jahre in den westlichen Gebieten der Ukraine und Weißrusslands gehalten hatte, so als ob er nie etwas Schlechtes über unsere Burschen gehört hätte. Dies kann man natürlich mit seinem zurückhaltenden Charakter und dem angeborenen Edelmut seines Naturells erklären.

Ich verberge nicht: Von diesem Edelmut hätte ich lernen können, wofür wahrscheinlich ein ganzes Leben nicht gereicht hätte, und immer, wenn ich mich wieder bei einer Unzulänglichkeit ertappte, musste ich unwillkürlich an Ignat Wojciechowski denken. Was den angeborenen Edelmut betrifft, so glaube ich, dass man diesen nicht erwerben kann. Allerdings muss man ihn einfach schätzen, und das hinterlässt unausweichlich einen tiefen Eindruck in der Seele.

Ab Herbst 1943 bis zum letzten Tag unserer Zeit in Gedersdorf ließ sich Ignat von mir Russischunterricht erteilen. Ich wehrte mich lange Zeit dagegen, auch weil ich nicht einmal ein Lehrbuch für Schüler zur Hand hatte, aber er verstand es, mich folgendermaßen zu überreden: „Warum bitte brauchst du ein Lehrbuch, wenn du selbst mehr als ein Jahr als Lehrer der russischen Literatur tätig warst, von der ich überhaupt keine Ahnung habe?" Und da ich die Schulgrammatik der russischen Sprache beinahe noch auswendig kannte, lief diese Sache wesentlich besser, als ich es erwartet hatte: Ignat erwies sich als dermaßen strebsamer Schüler, dass mich sein Einsatz nicht nur antrieb, sondern mich sogar begeisterte. Unsere Unterrichtsstunden wurden durch Bücher aufgelockert, die wir aus dem Stalag mitgebracht hatten. Dort hatte sich irgendjemand die Mühe gemacht, eine Bibliothek mit russischen Büchern zusammenstellen, die größtenteils Werke von emigrierten Autoren, doch daneben auch Bände von Puškin, Tjutčev und Leo Tolstoj[65] umfasste. Lesen war nicht immer möglich, aber was dabei erstaunlich war: In den Erzählungen und Romanen unserer Weißemigranten[66] – ich kann mich weder an die Namen der Bücher noch an die der Autoren erinnern – stieß ich auf rein gar nichts, was man als konterrevolutionär oder als antisowjetische Propaganda bezeichnen hätte können. Doch es war etwas im Überfluss vorhanden, was auch mich schmerzlich traf: die unablässige, brennende Sehnsucht nach der für immer verlorenen Heimat, die Benennung von etwas, was ich später, als ich bereits in die Heimat zurückgekehrt war, selbst erfuhr – der Nostalgie. Aus diesen Büchern, die die Seele so sehr mit Nostalgie erfüllten, wählte ich nicht bloß Beispiele für Diktate, die Ignat übrigens sehr eifrig schrieb, sondern auch für Nacherzählungen, mit denen er trotz größter Bemühungen einfach nicht zu Rande kam. Dies aus einem einfachen Grund, wie ich später erfuhr: Ihm war das Gefühl der klassischen russischen Nostalgie fremd, wohl auch vor allem deshalb, weil er sich von seinem Naturell her nach der westlichen Welt sehnte.

Erst im Moment der Trennung konnte ich mich davon überzeugen, wie verschlossen Ignat in Gesprächen mit uns gewesen war: Nicht einmal andeutungsweise hatte er sein wahres Gesicht offenbart, zum Beispiel auch nicht damals, als sie uns zu Vlasov-Leuten machen wollten. Auf die Frage, welche Meinung er dazu hätte, dass uns Vlasovs Speichellecker Babakal einen Vortrag hielt, antwortete er mit seiner

---

[65] Aleksandr Sergeevič Puškin, russischer Dichter, 1799 Moskau – 1837 St. Petersburg; Fedor Ivanovič Tjutčev, russischer Dichter, 1803 Gut Ovstug – 1873 Carskoe Selo; Lev Nikolaevič Tolstoj, russischer Dichter, 1818 Jasnaja Poljana – 1910 Astapovo.

[66] Weißemigranten: Emigrierte Weißgardisten (Weiße), Angehörige der russischen „weißen Armee" während des Bürgerkrieges in Sowjetrussland (1918–21); rekrutierten sich v.a. aus zaristischen Offizieren, Monarchisten, bürgerlichen Kräften, Sozialrevolutionären und Kosaken zum Kampf gegen die Rote Armee (Rotgardisten). Nach ihrer endgültigen Niederlage um die Jahreswende 1921/22 flüchteten die Reste der Weißgardisten ins Ausland und bildeten zum Teil Emigrantenorganisationen.

üblichen Phrase: „Nun, das alles, Burschen, ist bloß eine einzige nackte Propaganda". Den Sinn dieser Phrase konnte man interpretieren, indem man ihr eine konkrete Erklärung beifügte: „Nun, das ist so, das alles steht nicht dafür, dass man es sich zu sehr zu Herzen nimmt."
Bei unserer Trennung offenbarte er mir buchstäblich sein Innerstes und erklärte mir, warum er seine Zukunft bei den Amerikanern sah:
„Verzeih mir, mein Freund, dass ich mit dir nicht schon früher das geteilt habe, was mir am Herzen lag, doch ich konnte das einfach nicht, da ich erwartete, dass du es nicht verstehen würdest ... Aber jetzt erkläre ich dir, warum ich nicht nachhause nach L'vov[67] zurückkehren möchte: Meine Familie und ich, wir haben in den zwei Vorkriegsjahren, als Polen von den Deutschen und den Sowjets verwüstet wurde, soviel Angst erduldet müssen, dass ich nicht zu hoffen wage, dass es heute anders sein wird. Ich will einfach nicht, weil ich überzeugt bin, dass es noch schlimmer kommen wird ... Ich höre oft Radio London in polnischer Sprache, und den Polen in London glaube ich mehr als irgendjemand anderem: Sie sind etwas völlig Anderes als eure Vlasov-Leute, und sie unterstützen durch das Rote Kreuz alle obdachlosen Polen ... Ich habe daher beschlossen, kein obdachloser Pole zu werden, denn wenn du dich dort etwas umsiehst, wird dir klar, was als nächstes zu tun ist ... Bitte verzeih mir noch einmal, mein Freund und Bruder, und behalte mich nicht als Bösen in Erinnerung, ich werde dich bis zum Ende meiner Tage nicht vergessen ..."
Ignat umarmte mich und küsste mich dreimal, so wie es unter Brüdern üblich ist. Seine Gefühlslage übertrug sich auch auf mich, und auch ich gab ihm zum Abschied etwas mit:
„Ich verurteile dich nicht, Ignat, ich habe nicht vor, dich von deiner Entscheidung abzubringen: Du handelst so, wie es dir dein Herz rät, möge sich dein Schicksal zum Besseren wenden. Und dafür, dass du mich als deinen Bruder bezeichnet hast, möchte ich dir von ganzem Herzen danken und mich vor dir, so wie es ein russischer Brauch ist, tief verneigen. Auch ich werde dich nicht nur als guten Kameraden und Freund in Erinnerung behalten, sondern auch als Bruder, und meine Brudergefühle dir gegenüber werden erst dann enden, wenn es auch mit mir zu Ende geht ... Lebe wohl, mein Bruder, möge Gott deinen Stern beschützen ..."
Auch ich umarmte ihn dreimal und küsste ihn brüderlich, woraufhin er sich auf den Weg in jene Himmelsrichtung begab, wo eben die Sonne untergegangen war. Ich blickte ihm lange nach, und als er sich noch einmal umdrehte, winkten wir uns zum Abschied noch einmal zu.
So begannen sich bereits am ersten Tag nach Kriegsende die zwischenmenschlichen Bande aufzulösen, die bei anderen, völlig natürlichen Umständen menschlicher Beziehungen wohl zu einer tiefen Freundschaft geführt hätten, die dank ihrer Wärme und ihrer Kraft mein seelisches und geistiges Leben in andere Bahnen gelenkt hätten. Etwa nur meines? War etwa nur ich gezwungen, als einziger all

---

[67] Deutscher Name: Lemberg; heutiger ukrainischer Name: L'viv.

meine Bande aufzulösen, die mich mit Leuten in den schwersten Jahren meines Lebens verbanden? Nun, wenn ich gefragt werde, wohin sich mein Bruder polnischer Nationalität, Ignat Wojciechowski, verlor, kann ich nur hilflos mit den Schultern zucken und voll Trauer einen Seufzer ausstoßen, da ich ihn völlig aus den Augen verloren habe ...

76

Der 7. Mai des Jahres 1945 verlief mit den üblichen Alltagssorgen, die gewöhnlich mir, Ivan Vojtenko und Šejmerden Džanybekov übertragen wurden. Sorgen darüber, wie man eine mehr oder wenige normale Verpflegung unserer Gemeinschaft organisieren könnte. Am früher Morgen marschierten wir drei zum örtlichen Bürgermeister und führten mit ihm ein Gespräch darüber, wo und wie wir frisches Rindfleisch auftreiben könnten. Wir verfügten über eine bestimmte Summe deutschen Geldes, das wir aus der Kasse des Wachstabes bei seiner Entwaffnung genommen und es entsprechend der Anzahl der Personen der verschiedenen Nationalitäten – Franzosen, Jugoslawen, Polen, Engländer und Amerikaner – aufgeteilt hatten. Nun hatten wir also Geld und fühlten uns dabei nicht als Enteigner, sondern als vollkommen rechtmäßige Ankäufer: Die deutschen Gelder waren ja noch nicht gewechselt worden und befanden sich im Umlauf. Da der Bürgermeister bereits wusste, dass hierher nicht die Amerikaner, sondern sowjetische Einheiten kommen würden, empfing er uns äußerst zuvorkommend und begegnete unserem Wunsch mit Verständnis. Gemeinsam suchten wir das Haus eines der wohlhabendsten Bürger auf, mit dem unser Geschäft dann auch zustande kam. Wir gaben unsere gesamte Barschaft aus und stellten zudem auch noch eine Quittung darüber aus, dass wir, Russen, Sowjets, den Herrn so und so überredet hatten, uns, nachdem der Krieg zu Ende war, für eine bestimmte Summe drei Hälften wohlgenährter Ochsen zu verkaufen.

Gegen neun Uhr morgens war der Ochse geschlachtet und sein Fleisch in einen Kessel gelegt, in dem gewöhnlich ukrainischer Boršč[68] gekocht wurde. Einen Teil des Fleisches teilten wir brüderlich mit den Franzosen, Jugoslawen und Polen, wobei wir die Franzosen baten, nicht auf die Engländer und Amerikaner zu vergessen, derer es insgesamt nur etwa fünf beziehungsweise sieben gab. Die übrige Zeit beschäftigten wir uns mit der Vorbereitung für die am nächsten Tag stattfindende feierliche Zeremonie, indem wir uns mit dem französischen Hauptmann Marselle, dem die gesamte Leitung der Zeremonie übertragen worden war, über Details seiner Durchführung absprachen. Mit der Inventarisierung des Waffen- und Lebensmittellagers, die an Vertreter der sowjetischen Kommandantur zu übergeben waren – im Zuge der Übergabe mussten natürlich auch entsprechende Verzeichnisse über die sich im Lager befindlichen Wertsachen erstellt werden –, befass-

---

[68] Boršč: Rote Rüben-Suppe.

te sich der sparsame Ivan Vojtenko, ein ehemaliger Hauptfeldwebel. Wir beschlossen gegen Abend, dass sich eine Delegation, bestehend aus Vertretern von Gefangenen aller Nationen, die sich in einem Vorort von Gmünd befanden, am Morgen des 8. Mai auf den Weg in die Stadt machen sollte, um mit der sowjetischen Militärkommandantur Kontakt aufzunehmen, von der unser weiteres Schicksal abhängen würde. Bereits einen Tag zuvor hatten wir uns mit dem Bürgermeister über die Bereitstellung von zwei Zweiergespannen für unsere Fahrt nach Gmünd geeinigt. Während wir uns mit unseren alltäglichen Dingen beschäftigten, uns gleichzeitig seelisch auf gewaltige Änderungen in unserem Schicksal vorbereiteten, die im Übrigen nicht von unserem Willen und nicht von unseren Wünschen abhingen, kamen bei uns einer, zwei oder drei unserer Soldaten vorbei. Sie trugen Maschinenpistolen des uns bekannten Modells aus dem Jahre 1941, abgetragene Feldblusen mit zerdrückten Schulterklappen und aufrechten, nicht so wie bei uns niedergedrückten Krägen. Sie hatten keine Wickelgamaschen, sondern Stiefel.

Früher einmal gab es Kragenspiegel, heute Schulterklappen, so wie zu Zeiten des Zaren. Wozu diese Schulterklappen eingeführt worden waren, das war uns unverständlich und brachte uns auf nicht gerade freudige Gedanken: Die Schulterklappen, die einst am Beginn der Oktoberrevolution mit Flüchen und Spötteleien abgeschafft worden waren, waren zurückgekehrt. Aber warum? Wohl nicht etwa, um Stalin zu einem neuen Imperator zu ernennen? Hatte nicht bereits der Vlasov-Mann Babakal gesagt, dass die Vlasov-Leute mit so einer Entwicklung der Dinge in Russland vollkommen zufrieden wären? Hatte Babakal diesen Gedanken eher zufällig oder im Zusammenhang mit der Auflösung der Dritten Internationale geäußert? Angeblich hatte Stalin diesen Schritt nur deshalb unternommen, um sich den Weg auf den ins Museum gestellten Thron der russischen Herrscher frei zu räumen.

Aber die Soldaten, die bei uns erschienen, benahmen sich völlig anständig, und von herablassendem Spott oder Hochmut war im Umgang mit uns nichts zu bemerken. Ganz im Gegenteil: Sie erfassten alle ihre Landsleute und schickten sie zur bereits erwähnten Umkleidung. Wenn sich jemand an sie mit der schmerzlichsten aller Fragen wandte, was denn wohl aus uns werden würde, wie die Sonderabteilung mit uns verfahren würde, dann antworteten sie darauf sorglos und wie selbstverständlich: „Auch den Herren wird nichts passieren, vor allem nicht denen, die bereits im Jahre 1941 in Gefangenschaft geraten sind."

Dies war natürlich ein gewisser Trost, gab uns Hoffnung auf einen glimpflichen Ausgang, auf eine Rückkehr in das so sehr unerreichbar erscheinende, weit entfernt liegende Leben in der Heimat. Aber dieser Trost war nicht unbegrenzt, denn bald wuchs in uns die Angst, die seinerzeit durch Stalins Befehl 270 entstanden war. Man dachte unweigerlich: „Den Herren wird nichts passieren", dies wohl allerdings nur dann, wenn der Befehl 270 aufgehoben worden oder in Vergessenheit geraten war. Aber vergessen konnte ihn Stalin wohl kaum, vielmehr konnte er ihn nach der siegreichen Beendigung des Krieges aufheben, vor allem dann, wenn sich jemand finden würde, der ihn dazu bringen könnte. Doch diese Gedanken konnten uns nicht im Geringsten von den üblichen Beschäftigungen abbringen, mit denen der 7. Mai ausgefüllt war – ganz im Gegenteil: Angesichts der Fülle an Dingen und der Last, die auf uns ruhte, trat die Besorgnis in den Hintergrund.

77

Am Morgen des 8. Mai 1945 machten wir uns mit den beiden Zweiergespannen auf den Weg zur sowjetischen Militärkommandantur nach Gmünd. Wir – zwei Russen, Ivan Vojtenko und ich, zwei Franzosen, zwei Jugoslawen, zwei Polen, ein Amerikaner und ein Engländer, insgesamt also zehn Personen – bildeten die Delegation. Bei der Einfahrt in die Stadt erblickten wir etwas abseits des Weges einen unserer Soldaten. Wir riefen ihm zu, dass er zu unseren Gespannen kommen möge. Er stimmte gerne zu und kam zu uns. Nachdem er unsere Gruppe gemustert hatte, fragte er: „Sind unter Ihnen Amerikaner?" „Ja", antworteten wir. „Willy", rief der Engländer, „der Russe interessiert sich für dich!"
Nachdem unser Soldat erfahren hatte, wer von uns der Amerikaner war, ging er auf diesen zu, drückte ihn an sich und sagte: „Amerikaner! Freund! Verflucht, was für ein Glück, dass ich dich leibhaftig sehe! Ich höre immer nur die Amerikaner, ja die Amerikaner, aber mir gelang es noch nie, einen zu sehen. Und jetzt, wo der Krieg aus ist, kommt es dazu. Alles Gute, Bruder! Bist du auch in Gefangenschaft gewesen?! Aber egal, nun ist der Krieg ja zu Ende, und du wirst schon bald in dein Amerika zurückkehren. Was soll ich dir bloß anbieten? Willst du alten Tabak? Nimm, greif hinein in den Beutel!"
Nachdem unser Soldat – er war noch sehr jung, kaum älter als 19 – mit dem Amerikaner fertig war, begrüßte er die anderen und drückte dabei jedem seine freundschaftlichen Gefühle aus. Willy, der nichts schuldig bleiben wollte, holte aus seiner Hosentasche sein metallenes Zigarettenetui hervor und, verärgert darüber, dass keine einzige Zigarette mehr darin war, gab er es seinem russischen Kameraden. Als ich über unseren französischen Übersetzer, der englisch und deutsch beherrschte, dem Russen Willys Bedauern mitteilte, dass er ein leeres Zigarettenetui verschenken müsse, umarmte ihn der Russe abermals und forderte ihn auf, in dieser – möglicherweise – einzigen gemeinsamen Minute nicht an solche Kleinigkeiten zu denken: „Was sind schon Zigaretten? Man raucht sie und fort sind sie. Aber dass wir uns, amerikanischer Freund, getroffen und uns brüderlich umarmt haben, das bleibt fürs ganze Leben."
Ergriffen von seinen Worten antwortete ihm Willy: „Danke Freund, von ganzem Herzen, danke! Auch ich werde dich nicht vergessen, und deinen Tabak werde ich aufbewahren als mein teuerstes russisches Souvenir. Aber wir sind noch jung, und vielleicht werden wir uns wiedersehen."
Daraufhin unser Soldat mit erkennbarer Traurigkeit: „Nun, gebe es Gott, vielleicht ist es möglich."
Dann folgte die Erklärung, wie wir in der Stadt das Gebäude finden würden, in dem sich die sowjetische Militärkommandantur befand.

Wir fanden den Sitz des sowjetischen Kommandanten sodann ohne nennenswerte Probleme. Er befand sich im Rathaus auf dem Hauptplatz der Stadt, und die örtlichen Beamten waren bereits verschwunden. Übrigens war es nicht sehr schwer, diese wegzubringen, denn die meisten hielten sich versteckt oder waren geflohen. Neben der Kommandantur stand eine Vielzahl unserer Militärfahrzeuge. Darunter waren nicht nur leichte „Willies"[69], sondern auch Lastwagen amerikanischer Produktion. Überall waren Soldaten und Offiziere, es ging zu wie auf einem Jahrmarkt. Viele Offiziere hatten keine gefechtsmäßigen dunklen, sondern goldene Schulterklappen, die nach Kriegsende neu vergoldet worden waren.

Alles befand sich in hektischer Betriebsamkeit und uns wurde überhaupt keine Aufmerksamkeit geschenkt. Ich und Ivan Vojtenko fühlten uns inmitten dieser beschäftigten und fröhlich plaudernden Menschen, die unsere grüne Rote Armee-Uniform trugen, etwas an den Rand gedrängt und irgendwie verloren, weil wir einerseits zwar zu ihnen gehörten, andererseits aber auch nicht: Jeder von ihnen fühlte sich auf SEINEM Platz, jeder erfüllte mit Würde die ihm zugedachte Rolle und fühlte sich mit Recht als Sieger über diejenigen, die uns im Sommer 1941 mit all ihrem technologischen Potenzial in die Zange genommen, uns eingekesselt und Dutzende, Hunderte in Gefangenschaft genommen hatten, wo unsere nationale und persönliche Würde nach Belieben erniedrigt und uns eine baldige, völlige Niederlage prophezeit worden war.

Und Leute wie Ivan Vojtenko und ich, die wir die Erniedrigung und die Qualen der Gefangenschaft überlebt hatten und wie durch ein Wunder am Leben geblieben waren – was waren wir nun? Wir, die wir von der Vlasov'schen Propaganda in die Irre geführt worden waren, wir wussten nun nicht einmal, wie wir uns an einen sowjetischen Offizier mit goldenen Schulterklappen zu wenden hatten: „Genosse", wie es üblich war, als diese Klappen eingeführt wurden oder einfach „Herr"? Wir hatten vor unserer Abfahrt hierher nicht daran gedacht, Šajmerden Džanybekov zu fragen, eine dumme Nachlässigkeit, die wir nun sehr bedauerten.

Ivan, der, obwohl Hauptfeldwebel, noch verwirrter war als ich, stockte beim Anblick der nunmehrigen Unteroffiziere mit den Schulterklappen und den breiten goldenen Tressen in Form des Buchstabens T, mit Medaillen auf der ganzen Brust, mit üppigen Schnurrbärten à la Budennov[70] beinahe das Herz: Auf seiner Feldbluse waren keine solchen Klappen zu sehen und auf seiner Brust auch kein Klang von Medaillen vernehmbar. Aber vielleicht erschien der von Natur aus bescheidene und schüchterne Ivan Vojtenko aus einem ganz anderen Grund so verschreckt. Auch ich drängte mich nicht vor, als es galt, einen der Offiziere ansprechen. Er jedoch sträubte sich derart hartnäckig dagegen, dass es mir nicht gelang, ihn umzu-

---

[69] „Willies": Jeep mit Vierradantrieb, der ab 1941 von der amerikanischen Firma Willys-Overland erzeugt wurde. Bis Ende 1945 waren bereits mehr als 650.000 Stück hergestellt worden, viele davon für das „Lend-Lease programme". Im Rahmen dieses Programmes wurden „Willies" auch an die UdSSR geliefert.

[70] Semën Michajlovič Budennov (1883–1973): russischer Feldherr, sowjetischer Marschall.

stimmen, weshalb letztendlich doch ich einen Ausweg aus diesem klebrigen Spinnennetz der Unsicherheiten finden musste.
Ich kam mir vor, als hätte ich von einem steilen Ufer in einen mir unbekannten Fluss einzutauchen. Schließlich hielt ich einen Offizier mit vier Sternen auf den Schulterklappen an, weil ich mich erinnern konnte, dass ein mitgefangener Rotarmist das gleiche Rangabzeichen getragen hatte und von uns Hauptmann genannt worden war. Daher musste auch dieser ein Hauptmann sein.
„Verzeihen Sie bitte, aber ich weiß nicht wie ich mich an Sie wenden soll: mit ‚Herr' oder ‚Genosse'?" Bevor er eine Antwort gab, musterte er mich von Kopf bis Fuß und war sichtlich unerfreut: Nur die Feldbluse unter der englischen Jacke und die Stiefel mit den breiten Schäften waren an mir russisch, alles Übrige kam von weiß Gott woher. Aber ich schaute ihm direkt in die Augen, denn ich durfte vor ihm, vor seinen goldenen Schulterklappen keinesfalls verzagen. Im Gespräch mit ihm ging es nicht nur um mich, sondern um Hunderte Schicksalsgenossen, ja sogar die Vertreter unserer internationalen Gemeinschaft waren auf mich angewiesen. Ja, ich schaute ihm geradewegs in die Augen, was ihm offensichtlich gefiel, weshalb er auch auf meine Frage scherzhaft bemerkte:
„Was? Hat man Ihnen den Verstand geraubt oder ist er beim Anblick meiner goldenen Klappen erstarrt?" Dabei lächelt er auf eine eigentümliche Weise und fügte in ernstem Ton hinzu: „Nenne mich wie gewohnt, so wie du es gelernt hast. Und jetzt sag mir, in welcher Angelegenheit du dich an mich gewandt hast: Ich bin der Adjutant des Militärkommandanten, Hauptmann Timofeev."
Ich sprach mich mit Hauptmann Timofeev buchstäblich in wenigen Sekunden über alles ab: Nachdem er erfahren hatte, wie viele und wo wir waren, versprach er, am 9. Mai um zwei Uhr morgens in unsere Unterkunft zu kommen und an Ort und Stelle zu entscheiden, was weiter zu tun sei. Er trug meinen Namen in sein Notizbuch ein und fügte eine Zeichnung hinzu, wie er unsere Unterkunft in einem südlichen Vorort von Gmünd finden könne.
Den Heimweg bestritten wir in weitaus besserer Laune. Das Gespräch mit Hauptmann Timofeev ermutigte Ivan und mich, und die gehobene Stimmung übertrug sich auch auf unsere französischen, polnischen und anderen Freunde.

78

Um sechs Uhr abends fand auf der kleinen Wiese vor dem Haus, wo unser provisorischer internationaler Stab tagte, eine Feier anlässlich des siegreichen Ausgangs des Krieges und zu Ehren der Bruderschaft der alliierten Soldaten statt, die mit Glück die während der schweren und grausamen Jahre in der Gefangenschaft erlittenen Qualen überlebt hatten. Fünf Minuten vor Beginn der Feier betraten diejenigen von uns die Wiese, die zwei Tage zuvor im Namen aller Kameraden das Protokoll über die Entwaffnung des deutschen Wachzuges und über die Übernahme der Munitionsvorräte, der Ausrüstung und des Lebensmittellagers unterzeichnet

hatten. Danach kamen wie vereinbart der Reihe nach größere und kleinere Kolonnen eben erst aus der Gefangenschaft befreiter Soldaten der alliierten Armeen.
Zuerst traf unsere, die zahlenmäßig größte Kolonne ein. Mit verschiedenen Kleidungsstücken und Schuhen ähnelten unsere Burschen nur wenig Soldaten einer siegreichen Armee, aber die Tatsache, dass jeder bis zu diesen feierlichen Stunden am Leben geblieben war, ließ sie ihr Äußeres vergessen und erinnerte sie an ihren wahren Status: Den Status, der in dieser Minute als der eines Soldaten, der für die Heimat gekämpft hatte, empfunden wurde. Möge dieser Kampf nicht sehr glücklich gewesen sein, aber man fühlte sich als Soldat, der den bitteren Geschmack von Niederlagen und damit verbundene körperliche Qualen und moralische Misshandlungen, die nun alle überstanden waren, kennen gelernt hatte. Nun freute man sich nach all den Jahren der Unfreiheit auf die bevorstehende Befreiung und die Rückkehr in die Heimat. Ist es nicht klar, dass dieser Soldat nun seine feierliche Stimmung durch ein klingendes Lied ausdrücken möchte, zu dem man so gut und leicht mit Gleichfühlenden einherschreiten kann und in der Seele die Kraft dieses Schreitens verspürt, das aus der allgemeinen Aufbruchstimmung nach den langen Jahren wieder Freude und Hoffnung mit sich brachte?
Die Kolonne marschierte: Unsere Burschen gleich hinter dem Künstler, der in seinen Händen die hoch über sein Haupt aufragende rote Flagge mit Stern, Hammer und Sichel trug. Der Künstler hatte es sich vorbehalten, an der Spitze der Kolonne zu marschieren, vor allem, um sein Werk entsprechend präsentieren zu können.
„Alles, was es zu tun gibt, das mache ich", sagte der Künstler, als ich ihm den roten Stoff, den ich von Emma mitgebracht hatte, in die Hand drückte, „aber schlagt mir die Bitte nicht ab, mit dieser Flagge vor unseren Burschen durch die hiesige Straße zu ziehen".
Nun schritt er stolz an der Spitze seiner Landsleute, er schritt im Takt des Liedes, das dazu auserkoren war, bereits vor Kriegsbeginn eines der populärsten überhaupt zu sein und nun die ganze Welt eroberte – im Takt von „Katjuša", die ihren Liebsten unverdrossen erwartet, indem sie die alten Briefe liest und die Hoffnung nicht aufgibt, dass ihr Liebster von irgendwo in der Ferne wieder nachhause zurückkehren möge.
Schon lange hatten wir nicht mit solcher Begeisterung das Lied über die kleine Katjuša gesungen, doch diesmal schwebte bei diesem Lied besondere Begeisterung mit. Das auch deshalb, weil unsere Burschen auf dem Weg zum Ort der Feierlichkeit mitbekamen, wie entlang des Weges die Reihen der Franzosen, Serben, Polen freundschaftlich lächelten und ein beipflichtendes „Bravo Russen!" riefen. Ihre Offiziere erwiesen unserer Flagge, unserer Paradegruppe und unserem Lied über die allen bekannte, wunderbare russische Unbekannte namens Katjuša die entsprechende Ehre.
Zuerst nahm unsere Kolonne die rechte Flanke auf der Ostseite der Wiese ein, die linke Flanke befand sich auf der Westseite. Šajmerden Džanybekov stoppte die Kolonne und gab den Befehl „Links um!", woraufhin wir uns mit dem Gesicht Richtung Norden wandten. Uns gegenüber, etwa zehn Meter entfernt, hielt der franzö-

sische Hauptmann Marselle die Kolonne der Franzosen an, die zahlenmäßig ungefähr unserer entsprach, und wies sie an, sich nach rechts zu kehren, sodass wir Auge in Auge mit unseren verbündeten französischen Kameraden zu stehen kamen. Links, mit einem gewissen Abstand zwischen uns und den Franzosen, kamen die Jugoslawen und Polen mit Blickrichtung Osten zu stehen, rechts davon, ein Viereck gegen Osten bildend, standen in einer Reihe die Amerikaner und Engländer. Die Feier begann mit dem allgemeinen Befehl „Ruhe!", der von Hauptmann Marselle erteilt wurde, woraufhin drei französische Bläser in die Mitte traten, ein Viereck bildeten und die feierlich-traurige Melodie „Ehre den Gefallenen auf dem Schlachtfeld" anstimmten. Dabei senkten wir alle die Köpfe im Gedenken an diejenigen, die im eben zu Ende gegangenen Krieg gefallen waren. Der zweite Hauptteil der Feierlichkeit bestand darin, dass wir einen gemeinsamen Trinkspruch zu Ehren der siegreichen alliierten Armeen aussprachen. Und da unsere Armee als direkter Befreier aller hier Versammelten auftrat, ging die Mehrzahl der Trinksprüche zu ihren Ehren. Dies alles ging folgendermaßen vor sich: Zuerst riefen die Franzosen ein „Vivat!" zu Ehren unserer Armee, dann erwiderten wir diesen Gruß ebenso mit einem „Vivat!" zu Ehren der siegreichen Armee der französischen Republik, dann folgten die Trinksprüche der Engländer, Amerikaner, Polen und Jugoslawen.

Wir verließen die Wiese nach Beendigung der Feierlichkeiten in der Aufstellung, die wir zu Beginn eingenommen hatten, das heißt, dass wir voranmarschierten, dann die Franzosen und auf sie die Übrigen folgten. Wir kehrten in unsere Unterkunft zurück, wobei wir ein anderes Lied anstimmten, nämlich Suvorovs „Soldatuški, bravo, rebjatuški!", „Soldaten, bravo, Burschen", ebenso ein Lied aus alten russischen Zeiten. Es erinnerte uns daran, wie weit unsere Heimat noch immer von uns entfernt war – falls irgendjemand von uns noch eine hatte –, wie fern die Familie war – falls sie überlebt hatte –, wie weit weg unsere Felder und Wiesen unter dem seit Kindestagen gewohnten Himmel waren. All dies war so fern, dass man es sich allein schon auf Grund der Entfernung, die uns von den vertrauten Gefilden der Heimat, nach der wir uns so verzehrten, trennte, nur schwer vorstellen konnte.

Als misstrauischste und neidischste Zuschauer unserer Feierlichkeit erwiesen sich unsere ehemaligen deutschen Wachen, die ihren Dienst noch bis gestern versehen hatten. Als ich eine halbe Stunde nach Ende der Feier beim Waffenlager auftauchte, das sich im Hof des Stabes der ehemaligen deutschen Bewacher befand, um nachzuschauen, ob unsere Wachmannschaften wohl auf ihrem Posten waren, kam der intelligent aussehende deutsche Hauptmann, der uns zwei Tage zuvor die Vollmacht unterzeichnet hatte, auf mich zu und begann von der eben zu Ende gegangenen Feier zu reden:

„Das haben Sie sich sehr schön ausgedacht. Obwohl sehr bescheiden, war es doch äußerst bewegend. Wir haben alles vom Anfang bis zum Ende beobachtet, und glauben Sie mir, wir hätten an Ihrer kleinen, aber äußerst bedeutsamen Feier auch gerne teilgenommen, obwohl sie, soviel wir verstanden haben, dem Ende des Krieges gewidmet war, was auch uns ausgesprochen froh macht. Ja, wir wären sehr gerne bei Ihnen gewesen, um uns ehrlich vor Ihnen zu verneigen und unsere Herzen von unserer schweren Schuld etwas zu erleichtern."

In seiner Stimme klang die Bitte um offizielle verspätete Vergebung mit. Aber er forderte von mir nichts, nein, er verschaffte seinem Innersten einfach etwas Luft, um seine Reue, die bereits lange Zeit in ihm gereift war, auszudrücken.

Und ich verstand, dass es ihm Mitgefühl auszudrücken galt, jedoch nicht in dieser Weise, dass es als vorzeitige Vergebung für die riesengroße Sünde verstanden werden konnte, an der im Prinzip alle Mitschuld hatten, die für das große Deutschland und seinen „Führer" in den Jahren des großen Blutvergießens während des sinnlosen Krieges gedient hatten.

„Verstehen Sie uns richtig, Herr Hauptmann, aber wir konnten Sie, unsere gestrigen Bewacher, zu unserer Feier einfach nicht einladen, wir hatten auch nicht das Recht dazu. Das hätten wir nicht gegenüber all jenen verantworten können, die in diesem Krieg durch Ihre Waffen gefallen sind. Mehr kann ich Ihnen leider nicht sagen."

So antwortete ich ihm auf seinen durchaus intelligenten Vorwurf, der unserem, wenn man ihn richtig interpretierte, Egoismus galt.

„Ich danke Ihnen für Ihre diplomatische Erklärung", sagte mir der Hauptmann zum Abschied, „und ich bitte Sie, verzeihen Sie mir meine Worte, die ich, wenn ich Sie richtig verstehe, besser nicht gesagt hätte".

79

Ach, wie lange zog sich dieser Tag des 8. Mai 1945 hin! So viele Eindrücke wie an diesem Tag gibt es sonst in einem ganzen Jahr nicht. Der größte davon war sicherlich die Überzeugung, dass wir uns aus der Gefangenschaft befreit hatten und uns ein völlig anderes Leben bevorstand. Es stimmt schon, dass dieses für uns noch in vollkommener von Schleiern umwobener Ungewissheit lag, niemand konnte etwas sagen, und wir machten uns im Übrigen auch keine sonderlichen Gedanken darüber. Wir genossen einfach den Zustand einer gewissen Freiheit und die Erwartung von Veränderungen zum Besseren hin. Und dass diese Erwartungshaltung nicht unbegründet war, bestätigte uns der wohlwollende Empfang, der uns vom stellvertretenden Militärkommandanten von Gmünd, Hauptmann Timofeev, bereitet wurde.

Eigentlich gab es gar keinen richtigen Empfang, sondern nur ein kurzes dienstliches Gespräch über unser weiteres Schicksal, aber der Hauptmann Timofeev sprach mit uns wie mit dringend benötigten Leuten, für die man Sorge tragen müsste. Um das ging es uns. Die wenigen Worte, die er an uns richtete, hatten für uns etwas Menschliches an sich und zeugten nicht bloß von rein dienstlichem Interesse.

Wahrscheinlich störte es Hauptmann Timofeev nicht einmal, dass wir vor seinen Augen nicht nur in unserem Namen, sondern im Namen einer ganzen internationalen Delegation auftraten, die von uns Russen repräsentiert wurde. Indem er mich und Ivan Vojtenko betrachtete, konnte Hauptmann Timofeev wohl unsere ganze

Delegation ausmachen, obwohl sie etwas weiter entfernt stand, und wusste dabei unsere Vermittlerrolle höchstwahrscheinlich ehrlich zu schätzen. Wir vernahmen dies in seinen Augen, durch die Intonation der kurzen Sätze, die er uns gegenüber äußerte und durch den aufrichtigen Händedruck, den er den Mitgliedern unserer Delegation entgegenbrachte. Mich und Ivan störte es nicht im Geringsten, dass uns Hauptmann Timofeev nicht die Hand reichte, obwohl er Hauptmann François Marselle und die anderen ausländischen Mitglieder unserer Delegation mit einem Händedruck begrüßte. Wir waren für ihn seine Landsleute, mit denen er noch zu besprechen haben würde, wie wir in deutsche Gefangenschaft geraten waren, sodass ein Händedruck völlig überflüssig gewesen wäre. Die Sache mit den Vertretern der alliierten Armeen verhielt sich da völlig anders.

Die Stimmung, mit der wir von dieser Reise zurückkehrten, übertrug sich auf alle unsere Burschen ebenso wie auf die europäischen und amerikanischen Kameraden. Sie begleitete uns während des Festaktes anlässlich des Kriegsendes. Aber mit diesem Fest war der Tag noch nicht zu Ende: Hauptmann Marselle stellte sich bei mir und Ivan Vojtenko mit einer Überraschung ein. Diese Überraschung war eine unerwartete Einladung zum Abendessen, das unsere französischen Freunde zu organisieren beschlossen.

Ich war gerade erst nach der Inspektion der Wachposten beim Waffen- und Lebensmittellager zu meiner Schlafstätte zurückgekehrt und bereitete mich auf die Nachtruhe vor, als plötzlich zwei Franzosen im Namen ihres Hauptmannes mich und meinen Freund Ivan Vojtenko baten, mit ihnen mitzukommen und an einem Abschlussabend teilzunehmen. Wie sich später herausstellte, war Hauptmann Marselle mit einer Schwierigkeit konfrontiert, denn trotz größter Anstrengung war es seinen Untergebenen nicht gelungen, Wein aufzutreiben. Und ein Abendessen mit Ehrengästen – die wir ja immerhin waren – ohne Wein kann nicht als richtiges Abendessen bezeichnet werden und schon gar nicht als freundschaftliche abendliche Tischrunde.

Ich erwähne dieses vertrauliche Beisammensein mit den französischen Freunden und andere Ereignisse dieses denkwürdigen 8. Mai 1945 etwas ausführlicher, weil ich mir Folgendes dabei denke: Wir hatten damals keine Ahnung von Volksdiplomatie, über die man heutzutage so viel und oft spricht, doch wir agierten entsprechend unseres Verständnisses und unserer Möglichkeiten genau in ihrem Sinne. Wie sollte man unseren damaligen Verkehr mit den Franzosen, Amerikanern, Engländern, Polen und natürlich mit den Deutschen denn sonst bezeichnen? Dabei handelte es sich wohl um Volksdiplomatie, mit deren Hilfe wir uns unterhielten, voneinander erfuhren, aufeinander Einfluss nahmen und uns gegenseitig bei der Bewältigung unserer keinesfalls einfachen Lage halfen. Dabei beobachteten wir auch den Einfluss, der von uns ausging, denn wir mussten etwas über uns, unser Volk und unser Land erzählen.

Das Abendessen bei den französischen Freunden, zu dem sie uns an diesem Abend aus einem Gefühl der Achtung gegenüber unserem Volk heraus eingeladen hatten, vorwiegend jedoch deswegen, um ihre Neugier zu stillen und aus erster Hand zu erfahren, was für Leute wir wären, welche Zustände in unserem Land herrschten, was der an der Spitze unseres Landes stehende Stalin für ein Mensch war und was man von ihm und Russland für Europa in der nächsten Zukunft erwarten könne, kurz, dieses Abendessen wird mir mein ganzes Leben wegen der für mich ungewöhnlichen Rolle in Erinnerung bleiben, die ich im Stegreif vor freundschaftlich gesinnten, jedoch in vielem völlig unbekannten und in einer mir unverständlichen Sprache sprechenden Gesprächspartner zu spielen gezwungen war. Die Unverständlichkeit bezog sich allerdings nicht nur auf die sprachlichen Barrieren – immerhin gelang es uns ja, uns auf deutsch zu verständigen, wobei das Niveau weder auf französischer noch auf unserer Seite sonderlich hoch war und wir unseren Gedanken einen Weg bahnen mussten, der das Gegenüber sprachlich entsprechend zu erreichen hatte.

Ich fühlte eine gewisse Ohnmacht, als es auf ziemlich heikle Fragen über unsere jüngste Vergangenheit und über Prognosen für die Zukunft zu antworten galt. Ich sage es gerade heraus: Wenn neben mir Ivan Vojtenko gesessen wäre und vielleicht auch Šajmerden Džanybekov – obwohl ich weder ihre wirkliche Einstellung noch ihre wahren Gedanken in Erfahrung bringen konnte, da unsere Bekanntschaft zu kurz war –, kurz und gut, wenn Šajmerden neben mir gesessen wäre, hätte seine Anwesenheit meine Gedanken sicher noch mehr gefesselt und ich hätte, wäre er zugegen gewesen, bei einigen delikaten Fragen über unsere Vergangenheit aufgepasst und keine zu große Offenheit walten lassen.

Ich glaube, die Neugier der französischen Freunde am besten mit der Beantwortung der Frage über die totale Kollektivierung unserer Landwirtschaft zufrieden gestellt zu haben. Ich erzählte ihnen über das Schicksal meines Vaters und unserer ganzen Familie, darüber, was aus unserem Haus, unserer Straße und aus unserem ganzen Šćapovo sowie seinen Nachbardörfern geworden war. Ich erzählte ihnen – selbstverständlich – auch über Karaganda, wie es begonnen hatte und was es Ende der Dreißigerjahre geworden war. Bei Beendigung meiner Erzählungen sagte ich ihnen: „Über das andere entscheiden Sie selbst: Wir haben den Krieg mit den Deutschen durchgestanden, wir sind nicht zerbrochen."

Bei der Beantwortung der Frage, was für ein Mensch Stalin wäre und was man von ihm in naher Zukunft erwarten könne, konnte ich einfach nicht anders, als mich in diplomatische Worthülsen flüchten, wobei ich dies instinktiv, aus einem Selbsterhaltungstrieb heraus, tat. Ich gab wortwörtlich folgendes von mir: „Stalin ist ein bereits reichlich betagter Herr, und der Krieg muss zwangsläufig Folgen für seine Gesundheit gehabt haben. Ich glaube, dass Sie gut verstehen, was ich Ihnen sagen möchte."

Damals und auch heute bin ich davon überzeugt, vollkommen richtig gehandelt zu haben, indem ich es bei einem lakonischen Urteil über einen Menschen bewenden ließ, dem gegenüber ich noch nie Sympathien gehegt habe, doch bei dem mir klar war, dass jedes laut ausgesprochene Wort der Kritik ähnlich wie die Berührung eines nackten elektrischen Leiters absolute Lebensgefahr bedeutete. Ich zog es vor, mich dieser Gefahr nie auszusetzen.

Haben meine französischen Freunde durch meine lakonische Antwort verstanden, dass sie mich schon mit der Frage über Stalin in eine gefährliche Lage gebracht hatten? Natürlich verstanden sie es. Sie selbst wussten über Stalin wahrscheinlich besser Bescheid als unsere Leute, denn es waren IHRE Zeitungen, die über diese Person aus allen Blickwinkeln berichteten, ohne etwas zu verheimlichen. Die Franzosen hatten im Unterschied zu uns die Möglichkeit, Zeitungen der verschiedensten politischen Strömungen zu lesen und sich daraus eine eigene Meinung sowie eine Vorstellung von dem einen oder anderen aktuellen Akteur auf der politischen Weltbühne zu bilden. Sie haben also nicht nur meine innere Vorsicht verstanden, sondern auch ihrerseits betreten gewirkt, weil mir eine so direkte Frage gestellt wurde.

Aber ich hatte an diesem Abend nicht nur auf Fragen meiner gastfreundlichen und in hohem Maße höflichen Gastgeber zu antworten, sondern mir oblag es, auch ihnen Fragen zu stellen. Ich sage MIR und nicht UNS, nicht etwa, weil ich meinen Freund Ivan Vojtenko, der neben mir saß und sich auch manchmal ins Gespräch einbrachte, vergessen habe. Jedes Mal bat er mich, seine Worte den französischen Freunden zu übersetzen, da er selbst nicht die richtigen deutschen Worte für eine Konversation mit dem zwischen uns sitzenden französischen Übersetzer fand. Diese Notwendigkeit einer „dreifachen" Erklärung, wenn sich Ivan ins Gespräch einschaltete, verlangsamte jedes Mal den Lauf der Konversation, was ihn zwangsweise beschämen oder ihm unangenehm sein musste, weshalb er sich auch meist damit zufrieden gab, was er von mir vernahm. Ich übersetzte für ihn sowohl seine Fragen an die Franzosen, als auch ihre Fragen an uns, und erst dann folgte die notwendige Übersetzung der Antworten, sodass es Ivan klar sein musste, welche nicht geringe Last er mir aufbürdete, und er trachtete, diese Last möglichst gering zu halten. Mich und Ivan interessierten vor allem die Gründe der französischen Niederlage im Sommer 1941 und die Rolle der von Marschall Pétain[71] angeführten französischen Regierung. Was uns bei der Antwort des Hauptmannes Marselle am meisten verwunderte, war das vollkommene Fehlen von Hassgefühlen gegenüber dem kollaborierenden Marschall.

„Wir Franzosen", sagte Hauptmann Marselle, „wir hatten in dieser schwierigen Situation, in der wir uns damals befanden, keine vernünftigere Möglichkeit, als Paris den Deutschen zu überlassen, um es dann nicht in Trümmern wiederzuerlangen. Wir verneigen uns natürlich vor den Verteidigern Leningrads und vor allem Stalingrads, aber unseren Städten wollten wir ein solches Schicksal ersparen. Das, was mit den Bewohnern Ihres Leningrad geschah und das, wozu Stalingrad verwandelt wurde, das konnten wir nicht verstehen, denn es befindet sich jenseits des gesunden Menschenverstandes."

---

[71] Henri Pétain (1856–1951): französischer Marschall und Politiker. Ministerpräsident der deutschfreundlichen Vichy-Regierung. 1945 zum Tode verurteilt, aber aus Altersgründen zu Festungshaft begnadigt.

Dieses Urteil des französischen Offiziers erschütterte mich als Gefangenen durch seine Eindeutigkeit und Objektivität und zeugte vom Vorhandensein rationeller Beweggründe, die auch in einem solchen Wahnsinn wie dem Krieg zugegen sein müssen.

„Warum hat sich in diesem Fall", fragte ich Hauptmann Marselle, „General de Gaulle[72] nicht der Entscheidung der Regierung Pétain gebeugt?"

„Weil er ein echter französischer Patriot ist und weil in seinen Händen gewisse Möglichkeiten lagen, sich den frechen Deutschen entgegenzustellen. Diese Chancen lagen in unseren Überseegebieten, in der Bevölkerung, die auf die Seite de Gaulles und nicht Pétains tendierte, und in unseren Verbündeten in Gestalt Großbritanniens, der USA und natürlich auch Ihres heldenmutigen Landes."

„War Pétain demnach kein französischer Patriot?"

„Sie haben soeben eine sehr interessante Frage gestellt", sagte Hauptmann Marselle nach einer kurzen Pause. „Sie erwarten jetzt wohl, dass ich mich mit diesem Pathos einverstanden erkläre und sage: Natürlich, er war kein Patriot. Aber das kann ich nicht sagen, obwohl ich eher auf der Seite de Gaulles als Pétains stehe. Auch Pétain war ein französischer Patriot, wenn auch nicht vom gleichen Schlag wie de Gaulle. Die Sache verhält sich so, dass Pétain, indem er vor den Deutschen kapitulierte, unsere Städte vor der Zerstörung bewahrte und uns Hunderttausende sinnlos getöteter Zivilisten in französischen Städten und auf dem Land ersparen konnte. Er wusste, dass ihm dies keinen Ruhm einbringen würde, vielmehr war ihm klar, dass sein Name in Zukunft mit dem Makel des Verrates behaftet sein würde, dennoch hat er seine Aufgabe mehr oder weniger zu Ende geführt. Was de Gaulle betrifft, so rettete er die Ehre Frankreichs als Staat, er bewahrte seine Größe, seinen Ruhm und erlangte dadurch auch Ansehen und Achtung sowie die Liebe von Abermillionen von Menschen, darunter nicht nur Franzosen."

„Entschuldigen Sie mich, Monsieur Hauptmann", entgegnete ich vorsichtig, um den Franzosen Marselle ja nicht zu kränken, „aber mir scheint, Sie sprechen von Ihrem Pétain so, wie auch ich über unseren General Vlasov zu denken begonnen habe: Hat nicht auch Vlasov gedacht, die sowjetischen Kriegsgefangenen vor einem sinnlosen Sterben in deutschen Lagern bewahren zu können, indem er sie in die Reihen seiner Verräter-Armee aufnahm?"

Bevor er auf meine Frage eine Antwort gab, brach Hauptmann Marselle in ein Lachen aus, allerdings in kein fröhliches, sondern in ein trauriges mit bitterem Lächeln, das die Enttäuschung darüber zum Ausdruck kommen ließ, dass ich ihn falsch verstanden hatte.

„Nein, was glauben Sie denn!", entgegnete der Franzose Marselle schroff. „Über Vlasov kann man auf keinen Fall wie über Pétain sprechen: Vlasov ist ein Verräter, ein Kollaborateur, ein verfluchter Verbrecher. Er hat den Eid verraten, den er auf sein Volk und seinen Staat abgelegt hatte. Er hat Waffen aus den Händen des

---

[72] Charles de Gaulle (1890–1970): französischer General und Politiker. Ab Juni 1943 Chef der französischen Exilregierung. 1945/46 Ministerpräsident. 1958–1969 Staatspräsident.

Feindes erhalten und sie gegen die Armee, in der er gedient und hohe Ränge und Auszeichnungen erhalten hatte, zum Einsatz gebracht. Eine Rettung der Kriegsgefangenen, das ist offensichtlich eine gewissenlose Lüge, die nicht einmal dementiert werden muss. Ich bitte Sie, vergleichen Sie Vlasov nicht mit Pétain. Pétain hat bloß vor den Deutschen kapituliert, aber er hat ihnen nicht gedient und dachte auch nicht im Entferntesten daran. Pétain – das ist unsere Schande, vielleicht sogar unsere Schmach, aber auf keinen Fall Verrat."

So etwa unterhielten wir uns, verbrachten die letzten Stunden des bereits friedlichen 8. Mai und erwarteten die ersten Stunden des großen Tages des Sieges, zu dem der 9. Mai 1945 werden sollte.[73] Während des Gesprächs tischten zwei französische Köche Teller voller Köstlichkeiten auf, in deren Genuss wir weder zuvor gekommen waren noch jemals wieder kommen sollten. Als dieses mehr als dreistündige Abendessen zu Ende ging, überreichten unsere französischen Freunde mir und Ivan schön gezeichnete Ansichtskarten mit dem genauen Datum unseres Treffens, herzlichen Glückwünschen und dem Menü, das heißt die volle Speisefolge jener Gerichte, die im Laufe des Abendessens serviert wurden. Diese Liste beinhaltete 15 Gerichte. Zu jedem Gericht gab es nur einige kurze Bemerkungen, da es ja nicht zwei oder drei, sondern 15 gewesen waren.

Der Magen konnte mit diesen Delikatessen nicht über Gebühr gefüllt werden und fühlte sich daher auch besonders gut an. Vom gemächlichen Verzehr des Abendessens zeugte das angenehme Gefühl der Zufriedenheit: Wir hatten uns in der Tat freundschaftlich unterhalten, wobei auch der unaufdringliche Charme der uns völlig unbekannten Köstlichkeiten der französischen Küche zurückblieb.

81

Ich wollte nicht vorausgreifen, um die streng chronologische Abfolge meiner Aufzeichnungen nicht durcheinander zu bringen, aber in diesem Fall ist es einfach unerlässlich, die plötzlich zu Ende gehende Freundschaft mit dem französischen Hauptmann Marselle zu schildern, die tief im Innersten ihre Spuren hinterließ. Wir tauschten in der Nacht vom 8. auf den 9. Mai 1945 unsere Adressen aus, und ein Jahr später, im Sommer 1946, als ich bereits ein halbes Jahr als außerordentlicher Hörer das Pädagogische Institut Ural besuchte und voller Eifer meine Vorlesungen und Seminare in meinem zweiten Semester absolvierte – da traf ein unerwarteter Brief aus der französischen Stadt Lyon ein.

Der Brief steckte in einem hellblauen Kuvert, das mit französischen Briefmarken versehen war. Meine Adresse war in Russisch geschrieben, die des Absenders auf Französisch. Ich öffnete den Briefumschlag, und zum Vorschein kamen zwei Briefe – einer französisch, der andere russisch – und zwei Visitenkarten, was ich nur aus der vorrevolutionären Zeit und aus ausländischen Romanen kannte. Eine war aus

---

[73] In der ehemaligen Sowjetunion galt der 9. Mai als „Tag des Sieges". Dieser Feiertag wird bis heute noch in den Nachfolgerepubliken als solcher begangen.

Frankreich und ihr Besitzer der französische Hauptmann Marselle. Die andere Visitenkarte war auf Russisch, und sie gehörte dem Advokaten Leonid Zvoncov, dem Mitinhaber einer Notariatskanzlei.

Weil ich die französische Sprache nicht verstand, ging ich daran, die Übersetzung des Briefes des Franzosen Marselles zu lesen, der an mich gerichtet war. Ich kann mich gut erinnern, dass er mit diesen Worten begann: „Mein lieber Freund, ein Jahr ist seit jenem denkwürdigen Abend anlässlich des Eintreffens des lange erwarteten Friedens vergangen, und ich habe beschlossen, mich Ihnen in Erinnerung zu rufen, in der Hoffnung, von Ihnen eine Mitteilung zu erhalten, und ich würde sehr gerne glauben, dass diese Nachricht ihren Empfänger erreicht ..."

Weiters schilderte der Franzose Marselle ausführlich, wie er über unser Odessa heimgekehrt war, beschrieb die Wiedersehensfreude mit seiner Familie, von der alle am Leben und gesund waren, und das Treffen mit alten Freunden. Einige Worte widmete er auch der Erinnerung an die unvergesslichen Tage unseres kurzen, dafür jedoch umso intensiveren Treffens. Im zweiten Teil seines Briefes verschärfte er merkbar seine Intonation und teilte mir mit, dass für ihn die Tage eines friedlichen Lebens noch nicht eingetreten waren, da ihn die Umstände zwängen, weiter seinen Militärdienst zu verrichten, er jedoch hoffe, schon bald seine Offiziersuniform gegen Zivilkleidung tauschen zu dürfen.

Der Franzose Marselle beendete seinen Brief mit dem Ausdruck der Hoffnung, von mir nicht bloß eine Antwort zu erhalten, sondern mich auch eines Tages als geschätzten Gast in seinem Haus begrüßen zu dürfen. Auch der Übersetzer Leonid Zvoncov lud mich seinerseits ein, „zu einem mir passenden Zeitpunkt" bei ihm als Gast zu erscheinen.

Und wie es mich drängte, auf diesen Brief zu ANTWORTEN! Es gab ja in der Tat etwas Erfreuliches zu berichten: Auch ich hatte meine Verwandten mit Ausnahme meines Schwagers Griša wohlbehalten angetroffen und war bereits ein halbes Jahr früher als erwartet aus dem Militärdienst entlassen worden. Ich hatte meine Ausbildung als außerordentlicher Hörer an einer Technischen Hochschule aufgenommen, mich dabei außerordentlich gut zurechtgefunden und zu guter Letzt endlich eine Familie gegründet. Kurz und gut, mein Brief hätte als überzeugende Widerlegung der wiederaufkommenden antisowjetischen Propaganda dienen können, obwohl es in unserer Nachkriegsrealität mehr als genügend traurige Faktoren gab, die diese Propaganda gerechtfertigt hätten.

Ja, ich wollte auf den Brief des Franzosen Marselle unbedingt antworten. Doch als ich daran dachte, wie teuer mir dieser Brief zu stehen kommen könnte, verließ mich der Mut.

„Teuer zu stehen kommen?", könnte mich mit Recht ein in den Fünfzigerjahren oder danach geborener Landsmann fragen.

Der Preis, ich sage es gerade heraus, hätte ein äußerst hoher sein können: Allein die Tatsache, einen Brief ins Ausland zu versenden, zudem noch an einen Militärdienstleistenden einer fremden Armee, hätte ein mehr als ausreichender Grund für unsere allgegenwärtigen Organe der Staatssicherheit sein können, mich zehn oder

25 Jahre in eines von Stalins Lager zu stecken. Wenn ich dann daran gegangen wäre, mit allen möglichen Mitteln meine Unschuld zu beweisen, hätten sie mich wegen allzu großer Hartnäckigkeit durchaus an die Wand stellen können. Nun, ich ging alle eventuellen Folgen einer Versendung eines Briefes an meinen französischen Freund durch, wobei mir jedwedes Verlangen, ihm zu schreiben, abhanden kam.
Natürlich, man hätte sich auch im Voraus absichern und dann den Antwortbrief an den Franzosen Marselle schreiben können: Man hätte zum Beispiel bei einem Sekretär des Stadt- oder Gebietskomitees der Partei vorsprechen, ihm den erhaltenen Brief samt meines Antwortschreibens zeigen und fragen können, ob man ihn nun schicken dürfe oder nicht. Aber ich spreche gar nicht davon, wie erniedrigend diese Prozedur einer Bitte um Erlaubnis gewesen wäre, zudem hätte es letztendlich auch keinerlei Garantie gegeben, dass in einem Monat oder in zwei Monaten oder in einem halben Jahr mein abgesegnetes Antwortschreiben an den französischen Freund nicht vom Sekretär des Parteikomitees irgendwohin weitergeleitet oder dieser seines Amtes enthoben worden wäre. Möglicherweise wäre man dann an jene gewissen Orte gekommen, die weder ich noch irgendjemand sonst kennen zu lernen wünschte.
Auf jeden Fall ist es eine Schande, bitter und schmerzlich, dass der wirklich freundschaftliche Brief des Franzosen Marselle unbeantwortet blieb. Schändlich für unser damaliges System und schmerzlich wegen der sinnlos verpassten Möglichkeit, einen wahren Freund in einem so weit entfernten und mir so sympathischen Land wie Frankreich zu haben. Aber man konnte nichts machen. Es bleibt nur eines zu tun: den Franzosen Marselle, falls er noch am Leben ist, um Verzeihung zu bitten. Verzeihung für mich, für meinen damaligen mir von oben aufgezwungenen Kleinmut und für unsere damaligen grausamen Gepflogenheiten in einem unmenschlichen Regime.

82

Am 9. Mai 1945 traf, wie am Vorabend versprochen, der stellvertretende Militärkommandant der Stadt Gmünd, Hauptmann Timofeev, in unserer Unterkunft ein. In einem erbeuteten schwarzen Mercedes. Irgendwie verhielt er sich völlig anders als tags zuvor, als er sich mit mir und Ivan Vojtenko höflich und freundschaftlich gesinnt neben der Kommandantur unterhalten hatte. Möglicherweise, weil tags zuvor Franzosen, Engländer, Serben, Polen und sogar ein Amerikaner zugegen gewesen waren und er nicht das Recht gehabt hätte, in einem anderen Ton mit uns zu verkehren? Am nächsten Tag bemerkte ich außerdem nicht, wie der Mercedes mit Hauptmann Timofeev von der Straße zu unserer Baracke, die für den Chauffeur überaus leicht auszumachen war, abbog. Er fand sie deshalb sofort, weil wir auf einem Telegrafenmast unsere Flagge gehisst hatten und daneben unser Wachposten mit einer erbeuteten Pistole im Halfter stand.
Hauptmann Timofeev wartete etwa drei Minuten, bis schließlich einer von uns auf seine Frage „Wer ist hier der Vorgesetzte?" zu mir in den nahen Stall lief. Viel-

leicht verdarben diese drei Minuten dem Hauptmann Timofeev seine Laune gänzlich. Daraufhin trat ich vorsichtig vor ihn hin, weil ich nicht wusste, wie ich mich ihm gegenüber verhalten sollte. Sollte ich vor ihm militärisch salutieren oder einfach ohne jede Art von Rapport vor ihn, der noch im Auto neben seinem Fahrer saß, hintreten und in aller Ruhe auf seine Fragen warten? Ich entschloss mich, die zweite Variante zu wählen: Ich eilte auf ihn zu, stellte mich neben sein Auto und sagte „Guten Tag".

Aber Hauptmann Timofeev gab auf mein „Guten Tag" hin kein Wort von sich, so als ob er mich nicht kennen würde und unser gestriges Gespräch nicht stattgefunden hätte. Statt dessen wandte er sich an unsere Burschen, die sein Auto umlagerten, und sagte mit reichlich sarkastischem Unterton in der Stimme: „Was meint ihr? Soll ich mit IHM sprechen oder nicht?"

Vereinzelte Stimmen riefen verstohlen: „Er ist einer von uns, er ist unser Mann!" Mein Status als provisorischer Vorgesetzter der großen Zahl unserer Landsleute, die einer Entscheidung über ihr zukünftiges Schicksal harrten, wurde dadurch auf völlig demokratische Weise vor den Augen des Bevollmächtigten der sowjetischen Militärverwaltung, der in unsere Unterkunft gekommen war, um uns weitere Anordnungen unsere Zukunft betreffend zu geben, legitimiert.

Konnte dieser Empfang, der mir von Hauptmann Timofeev erwiesen wurde, in irgendeiner Form beleidigend auf mich wirken? Selbstverständlich nein, denn Hauptmann Timofeev ging vorausschauend vor, war er doch durch seine Funktion verpflichtet, genau zu klären, mit wem er es zu tun hatte. Was mich betrifft, so muss ich sagen, dass ich bei der an unsere Burschen gerichteten Frage und der unverzüglich erteilten Antwort ihrerseits bereits erste Hindernisse auf meinem Weg in die Heimat auf mich zukommen sah. Für mich persönlich sah ich vor allem ein Hindernis: Überwinde ich es nicht, erhalte ich nicht den Segen, der in den Stimmen meiner Leidensgenossen mitschwang, die meine unbefleckte Ehre bezeugen konnten, dann würde es schwer, vor allem mir aber auch jenen gegenüber, für die ich dreimal Rechenschaft für meine in Gefangenschaft verbrachten Jahre abzulegen haben würde. Der Segen meiner Kameraden, der von ihnen auf die bestmögliche Form zum Ausdruck gebracht wurde, gab mir das Recht, vor jene, die mich später mehr als nur einmal verhören würden, hinzutreten und zu sagen, dass mein Gewissen der Heimat gegenüber rein sei.

Hauptmann Timofeev, der mich zuvor nicht einmal begrüßt hatte, ließ mich nach der Antwort auf seine Frage schließlich zu seinem Wagen bitten und sagte: „Gut, jetzt mache mich mit allen Einzelheiten eurer Lage bekannt. Womit beginnen wir?"
„Ich schlage vor", breitete ich vor ihm meinen in diesem Moment entworfenen Plan aus, „dass wir mit dem Abtransport unserer Verbündeten beginnen: der Franzosen, Serben, Polen, Engländer und der Amerikaner. Dann können wir die von uns kontrollierten Waffen- und Lebensmittellager inspizieren, und zum Schluss wäre noch die Frage zu klären, wie viele Fahrzeuge wir für unsere morgige Überstellung an den Sammel- und Übergabepunkt, von dem sie gestern gesprochen haben, und für den Besuch beim örtlichen Bürgermeister benötigen."

Hauptmann Timofeev erklärte sich mit meinem Plan einverstanden, und wir begannen mit der letzten Begehung unserer ehemaligen Sklavenunterkunft. Wir schauten zuerst bei den Franzosen vorbei. Hauptmann Marselle bat beim Anblick der offiziellen Vertreter der sowjetischen Militärverwaltung, seine aufrichtige Wertschätzung im Namen aller ehemaligen französischen Kriegsgefangenen an die Adresse von Hauptmann Timofeev richten zu dürfen. Er drückte ihm seinen Dank für die erbrachte Aufmerksamkeit und für die Sorge um die bevorstehende Rückkehr in die Heimat, nach Frankreich, aus. Sie rechneten aus, wie viele Fahrzeuge für die Franzosen benötigt werden würden, was Hauptmann Timofeev in sein Notizbüchlein eintrug.
Nachdem wir diesen dienstlichen Rundgang, der sich zugleich auch als Rundgang der Ehrenbezeugungen bei unseren anderen Verbündeten darstellte, unternommen hatten, fuhren wir zu jenem Haus, in dessen Hof sich das Waffen- und Lebensmittellager befand. In einem der Zimmer hielt sich unsere Wache mit Ivan Makarskij an der Spitze auf.
Der arme Ivan war beim Anblick des heranfahrenden schwarzen Mercedes, aus dem der jugendliche sowjetische Hauptmann mit der neuen, ordenbehangenen Uniformjacke und den goldenen Schulterklappen ausstieg, dermaßen verwirrt, dass er anscheinend auf seinen alten Leutnantsrang vollkommen vergaß. Es vergingen etwa dreißig Sekunden, die mir und natürlich auch ihm wie eine Ewigkeit erschienen, bis er die ersten Worte hervorstammelte, so, dass Hauptmann Timofeev ihn mit einem kleinen Scherz die Angst zu nehmen versuchte. „Huste dich aus und bringe die verschluckte Zunge wieder zurück an ihren Platz", woraufhin Ivan nach einem kurzen Lächeln seine Meldung zu Ende brachte. Beim Anblick von Ivans Verwirrtheit konnte ich sehr wohl nachfühlen, wie peinlich ihm dies sein müsse, wobei ich mir dachte: Gut, dass ich keine Offiziersuniform trage, denn vielleicht wäre ich in so einer Situation genauso verwirrt wie Ivan Makarskij. Ich erinnerte mich an meine mir im Jahre 1941 unterstellten Soldaten, mit denen ich gemeinsam in Gefangenschaft geraten war und von denen ich mich dann entfernt hatte, wobei ich befürchtete, dass jemand von ihnen den Deutschen zutragen könnte, dass sich Ivan Makarskij fälschlicherweise als einfacher Soldat ausgab. Ich erinnerte mich an all das genau in diesem Moment, als ich das erste Mal nach jahrelanger Unterbrechung wieder eine vorschriftsmäßige Meldung an einen Offizier machen musste.
Ivan Makarskijs Verwirrung dauerte insgesamt einige Sekunden, bis die Dinge wieder ins Lot kamen: Hauptmann Timofeev inspizierte zuerst das Waffen- und Munitionslager und überprüfte die Ordnung darin, deretwegen sich Ivan Sorgen machte, doch der Hauptmann zeigte sich zufrieden. Dann schritt er an die Inspizierung des Lebensmittellagers, wo seine Aufmerksamkeit zwei Säcken Feinzucker galt. „Das ist es, was wir brauchen, mit Zucker sieht es bei uns traurig aus." Die übrigen Lebensmittel befahl er, noch am selben Tag an die eben befreiten Gefangenen auszugeben, wobei alles ganz gerecht ablaufen sollte, damit die zwei Amerikaner keinen Grund zur Klage hätten. Das Treffen mit ihnen hinterließ bei Hauptmann Timofeev einen nicht weniger nachhaltigen Eindruck als bei jenem Soldaten, den

wir tags zuvor auf dem Weg nach Gmünd getroffen hatten. Hauptmann Timofeev befragte die Amerikaner, wie sie in Gefangenschaft geraten waren und welchen Zivilberuf sie hätten. Als er von Willy erfuhr, dass er Farmer war, begannen die Befragungen darüber, wie seine Farm, die nun seit mittlerweile drei Jahren von seinem 53jährigen Vater und seinem 16jährigen Bruder bewirtschaftet wurde, beschaffen wäre.

Als er erfuhr, dass Willys Farm über mehr als hundert Hektar Weideland, etwa zwanzig Stück Melkkühe und rund gleichviel Hausvieh verfügte und zur Zeit einzig von Willys Vater, seinem Bruder und der Mutter bewirtschaftet wurde, seufzte Hauptmann Timofeev: „Ja, wie kann denn das sein? In unseren Kolchosen gibt es etwas mehr Weideland als auf Ihrer Farm und dort arbeiten zumindest dreißig Personen?", „Was glaubst du", wandte sich Hauptmann Timofeev an mich, „lügt er nicht etwa?"

Ich bat den englischen Übersetzer, Willy die von Hauptmann Timofeev geäußerten Zweifel bezüglich der Bewirtschaftung so einer Farm durch lediglich drei Personen zu übersetzen. Willy erwies sich als schlagfertig und durchschaute sofort, worauf der russische Offizier abzielte.

„Leiharbeiter, allerdings nicht mehr als zwei Personen, nehmen wir nur zur Zeit der Ernteeinbringung auf, das heißt für zwei Monate. Für einen längeren Zeitraum reicht unser Geld nicht aus."

„Wie ist das möglich?", fragte Hauptmann Timofeev eher beiläufig, als wir uns in den Wagen setzten, „es sieht ganz so aus, als würden sie zu fünft mehr als eine unserer Kolchosen leisten. Sonderbar."

Als er diese Worte eher nur so für sich dahersagte und dabei an etwas Anderes dachte, hielt ich es für angebracht zu schweigen, um seine Zweifel nicht noch weiter zu verstärken. Beseitigen konnte ich sie sowieso nicht, da ich von der Kolchoswirtschaft nichts verstand und die Art der Einzelbauernwirtschaft, die ich knappe drei Jahre lang während meiner erzwungenen Knechtschaft bei Johann Zinner kennen gelernt hatte, in keiner Weise mit dem vergleichen konnte, was ich zufällig vom amerikanischen Farmer Willy erfahren hatte: Mir und Hauptmann Timofeev erschien diese Art der Bewirtschaftung völlig unbegreiflich, weil sie aus einer uns unbekannten Welt stammte.

Nach der Besichtigung der Lager sagte Hauptmann Timofeev: „Heute gegen Abend werde ich einen Lastwagen schicken, und du kümmere dich um die Verladung aller Waffen und der gesamten Munition und vergiss auch nicht auf die zwei Säcke Zucker." „Und welche Anweisung wird hinsichtlich der ehemaligen deutschen Wachposten erteilt, die wir vor zwei Tagen entwaffnet haben?" „Wo sind sie?" „Im Nachbarhaus." „Dann lass ihren ranghöchsten Offizier hierher bringen."

Das Gespräch mit dem intelligent aussehenden deutschen Hauptmann war militärisch kurz: Hauptmann Timofeev riss ein Blatt aus seinem Notizblock heraus, schrieb einige Worte darauf – schwungvoll, jedoch durchaus leserlich – und gab das Blatt dem nunmehr ruhigen Deutschen. Er befahl ihm, sofort seine Untergebenen antreten zu lassen und im Fußmarsch Richtung Gmünd aufzubrechen, wo

er sich bei der sowjetischen Kommandantur melden und dem Diensthabenden, der schon wisse, was weiter zu tun wäre, dieses Papier aushändigen solle.
Ich begleite Hauptmann Timofeev nicht weniger als zwei Stunden, wobei ich die Funktion eines Übersetzers vom Russischen ins Deutsche und vom Deutschen ins Russische ausübte. Am Ende seines Inspektionsrundganges durch die wichtigsten Stationen unseres internationalen Lagers nunmehr ehemaliger Kriegsgefangener fuhren wir zum örtlichen Bürgermeister. Als er den sowjetischen Offizier mit den goldenen Schulterklappen und den fünf Sternen darauf sah, verließ den armen, etwa sechzig Jahre alten, großgewachsenen, hageren Bürgermeister mit eingefallenen Wangen und grauen Augenbrauen anfangs der Mut, da er meinte, dass wir gekommen wären, um ihn zu verhaften. Nachdem er jedoch vom Grund unseres Besuches erfahren hatte, riss er sich augenblicklich zusammen und begann das Gespräch mit der einem Mann seines Alters und seiner Position gebührenden Würde – höflich und sachlich. Als er hörte, dass es am nächsten Tag in der Früh um diese und jene Zeit zwei Mannschaftstransporte mit Gepäck in der Form von vierzig zweispännigen Pferdefuhrwerken nach Zwettl zusammenzustellen galt, überlegte und grübelte er anfangs lange, bis er schließlich fragte: „Kann ich, Herr sowjetischer Offizier, in Ihrem Namen den Bauern, die für die Ausführung Ihrer Anordnung mobilisiert werden, versichern, dass sie heil nachhause zurückkehren werden?" Hauptmann Timofeev antwortete ihm darauf: „Das können Sie in jedem Fall. Und sagen Sie noch jedem Einzelnen, dass die sowjetische Militärkommandantur der Stadt Gmünd jedem Pferde- und Gespannbesitzer morgen einen Passierschein ausstellen wird, damit sie zur genannten Kommandantur fahren können und ihnen auf dem Rückweg von Zwettl niemand irgendwelche Unannehmlichkeiten bereiten wird."
„In diesem Fall, Herr sowjetischer Offizier, erlauben Sie mir zu versichern", fuhr der Bürgermeister angesichts dieser für ihn wichtigen Aussage selbstsicher fort, „dass morgen vierzig zweispännige Pferdefuhrwerke zu einer von Ihnen festgelegten Zeit und an einem von Ihnen festgelegten Ort bereitstehen werden."
Hauptmann Timofeev verabschiedete sich höflich vom Bürgermeister, so als ob er ihm bereits im Vorhinein für die Loyalität gegenüber der sowjetischen Militärverwaltung danken wollte, indem er die Handfläche seiner rechten Hand zum Schirm seiner neuen Gardemütze erhob, wodurch er dem alten Mann seine Achtung bezeugte, auf die dieser nicht zu hoffen gewagt hatte. Seine Augen blitzten vor jener momentan aufflackernden Freude, die einen Menschen völlig unerwartet in Besitz zu nehmen im Stande ist. Wie viele verschiedene Erzählungen über Gräueltaten der russischen Bolschewiken werden dem armen Bürgermeister wohl vor diesem Treffen mit dem sowjetischen Offizier zu Ohren gekommen sein! In dem Moment, als er sich überzeugen konnte, dass alles früher Gehörte keinen Heller wert war, hatte er nicht nur Grund, sich persönlich zu freuen, sondern diese Freude galt vor allem dem zukünftigen Los seiner Bürger.
Mit dem Besuch beim Bürgermeister war die Arbeit von Hauptmann Timofeev im Zusammenhang mit der Vorbereitung unseres bevorstehenden Transportes an den

Sammel- und Übergabepunkt in einem Vorort von Zwettl beendet. Bevor es zu unserer Verabschiedung von ihm kam, nahm ich meinen ganzen Mut zusammen und fragte ihn: „Was wird mit uns weiter geschehen, Genosse Hauptmann, nachdem wir am Sammel- und Übergabepunkt angekommen sind?" „Die Frage hast du mir nicht frei von der Leber weg gestellt, und ich kann dir keine exakte Antwort auf sie geben. Aber ich kann eine Vermutung anstellen. Wann bist du in Gefangenschaft geraten?" „Am 9. September 1941 in Černigov." „Ich glaube, dass den ‚Einundvierzigern' – so werdet ihr von uns genannt – nichts geschehen wird. Das ist so klar wie das Einmaleins. Die Leute von der Sonderabteilung werden euch nur pro forma verhören." „Unter uns sind zur überwiegenden Mehrheit ‚Einundvierziger'." „In diesem Fall könnt ihr beruhigt sein. Ihr werdet alles gut überstehen. Ich wünsche dir und deinen Kameraden Glück und mach alles so wie vereinbart."

Nachdem ich mich von Hauptmann Timofeev verabschiedet hatte, kehrte ich zu meinen Leuten zurück, die mich umringten und mich auszufragen begannen, welches Schicksal uns der Vertreter unserer Militärverwaltung vorausgesagt hatte. Ich beeilte mich, sie zu beruhigen und sie mit der Aussage zu erfreuen, dass für uns angeblich alles gut ausgehen müsse, morgen, nach der Ankunft am Sammel- und Übergabepunkt, würden wir es tatsächlich erfahren.

Abb. 58: Eingang zu einem Sammellager für sowjetische Kriegsgefangene in Leoben. 1945.

Den Rest dieses Tages, mit dem für uns das neue, friedliche Leben begann – es war dies der 9. Mai 1945 –, verbrachte ich im geschäftigen Durcheinander: Wir teilten die verbliebenen Lebensmittel außer dem Zucker so im Lager auf, dass alle, die Franzosen, die Serben, die Polen, die Engländer und die Amerikaner und wir, die sowjetischen Brüder, entsprechend ihrer Zahl einen gewissen Anteil erhielten, sodass sich niemand übervorteilt fühlen konnte. Mit der Aufteilung befasste sich Ivan Vojtenko persönlich, ihm zur Seite standen einige freiwillige Helfer. Ich trat in der Funktion eines Vermittlers auf, um eine eventuell auftretende Meinungsverschiedenheit unverzüglich aus der Welt zu schaffen. Aber zum Glück wurde dies nicht notwendig. Alle waren in Aufbruchs- und Feiertagsstimmung und bemühten sich, Nachgiebigkeit, aber auch Großmut an den Tag zu legen. Diese kam sogar gegenüber den Deutschen, unseren ehemaligen Bewachern, zum Tragen. Als nämlich einer von ihnen im Auftrag seines Hauptmannes mit der Frage zu uns ins Lager kam, ob entsprechend dem Befehl von Hauptmann Timofeev auch ihnen Lebensmittel vor dem Abmarsch nach Gmünd zustehen würden, gaben wir den Deutschen die ihnen zustehende Menge an Vorräten. Diese entsprach der Ration der ehemaligen Kriegsgefangenen, die sie zehn Tage zuvor in einen Vorort der an der Grenze zur Tschechoslowakei gelegenen Stadt Gmünd eskortiert hatten.

Vor Sonnenuntergang rollte ein amerikanischer zweiachsiger Lastwagen der Marke Chevrolet heran, den Hauptmann Timofeev geschickt hatte. Schnell luden wir zuerst die deutschen Gewehre und Maschinengewehre samt Patronenkästen auf die Ladefläche, dann die von ihnen begehrten zwei Zuckersäcke. Während der Beladung unterhielten sich unsere Burschen mit dem schlagfertigen Unteroffizier, der unsere Fuhre an den Bestimmungsort liefern musste. Wir vermieden in diesem Gespräch natürlich auch nicht die für uns alle entscheidendste aller Fragen: „Was wird nun mit uns geschehen?"

„Nichts wird sein, Jungs, es wird kein Herumtreiben geben. Ich verrate euch etwas im Geheimen, doch davon darf keine Silbe nach außen dringen. Unsere Armee ist in den letzten Monaten stark geschrumpft, sodass sich ein Zug nur mehr aus etwa zehn Personen zusammensetzt und eine Kompanie nur mehr aus dreißig Mann besteht. So bereitet euch also vor, Brüder, den militärischen Gürtel enger zu schnallen, vor allem jene, die noch nicht über dreißig sind." „Was den Gürtel betrifft", antworteten die Kameraden, „so sind wir bereit, er flößt uns keine Furcht ein, wir haben ja auch das hier überlebt. Was uns Angst macht, das ist etwas Anderes, nämlich, dass wir nicht einen anderen Gurt angelegt bekommen, etwa so einen, wie wir ihn hier tragen mussten. Die Vlasov-Männer haben uns damit in große Angst versetzt, als sie uns in deutsche Uniformen zu stecken versuchten."

„Ich habe euch schon gesagt", antwortete der schlagfertige Sergeant mit dem Brustton der Überzeugung, „nichts wird euch geschehen, außer jenen, die sich als Handlanger der Deutschen erwiesen haben. Die Vlasov-Männer werden dem nicht entrinnen, umso mehr, als sie euch eingeschüchtert haben."

Der Inhalt des Gespräches mit dem schlagfertigen Unteroffizier war innerhalb weniger Minuten allen unseren Brüdern bekannt, sodass das Gefühl der Ungewissheit und der Unruhe in unserem Innersten etwas gemildert wurde und in jedem von uns einen Schimmer von Hoffnung aufkommen ließ. „Vielleicht entwickelt sich mein Leben mit dem morgigen Tag in eine völlig andere Richtung, an die ich all die Jahre gedacht, von der ich all die Jahre geträumt habe. Vielleicht ist das erste, was sie uns morgen sagen: ‚Schreiben Sie einen Brief an Ihre Verwandten und Freunde und teilen Sie ihnen mit, dass Sie am Leben und wohlauf sind und auf ein baldiges Wiedersehen mit ihnen hoffen'". So etwa dachte jeder am Vorabend jenes Tages, an dem unser Leben eine scharfe Wendung in Richtung des langerwarteten Friedens nahm.

Am Abend, als es bereits dunkel wurde, lud der Besitzer jenes Hauses, in dessen Stall wir untergebracht waren, mich und Ivan Vojtenko in seine Wohnung ein, wo bei einem Abendessen über dieses und jenes gesprochen wurde. Wir erwähnten auch die spindeldürre Emma, die uns das riesengroße, ungebrauchte Stoffstück mit Hakenkreuzfahne überlassen und aus dieser auf meine Bitte hin unsere Flagge angefertigt hatte. Der Hausherr schien auf die Erwähnung von Emmas Namen nur gewartet zu haben, denn er erzählte sogleich, dass sie heute bei ihnen gewesen wäre. Wie ich mich dabei fühlte? Auf jeden Fall wesentlich ruhiger, als damals, an jenem 6. Mai, erwiesen sich doch die Ängste, unter denen die Österreicher litten, als reines Hirngespinst der Nazis. Emma interessierte sich auch für mich und lobte mein Verhalten an jenem Tage, als ich sie nachhause begleitet hatte und bei ihrer Familie zu Gast gewesen war, während die Flagge zurechtgeschnitten und an drei Seiten abgeendelt wurde, in den höchsten Tönen. Mit großer Genugtuung berichtete Emma über dieses Erlebnis, wobei sie sich brüstete, dass sie Russen bei einer derart wichtigen Angelegenheit behilflich sein konnte. Aus der Art, in der sie über mich sprach, und aus ihrer Frage, ob ich nicht am Hof des Hausherren erscheinen könne, ging klar hervor, dass Emma mich unbedingt noch einmal sehen, mir zum Abschied etwas sagen und sich sogar für irgendetwas bedanken wollte. Bevor sie an diesem Tage fortgegangen war, bat sie den Hausherrn und seine Frau, mir, im Falle, dass sie mich treffen würden, Grüße zu bestellen und auszurichten, dass ihre Eltern und sie bei jedem Gespräch über Russen und Russland immer an unsere gemeinsame Unterhaltung denken würden, die am 6. Mai 1945 in ihrem Haus stattgefunden und die bei ihnen nur die allerbesten Eindrücke hinterlassen hatte.

Nachdem ich den Hausherren zugehört hatte, dachte ich mir: Wie gut, dass mit Emma alles so ausgegangen ist und dass sie sich nur an das Gute unseres Treffens erinnert. So sollte es ja auch sein, und daher hatte ich mir absolut nichts vorzuwerfen.

Als ich mit Ivan aufbrechen wollte, fragte uns der Hausherr, ob wir nicht Radio hören wollten, weil man nun auch Radio Moskau empfangen könne. Wir dankten dem Hausherrn von ganzem Herzen und vernahmen nach ein, zwei Minuten ein ununterbrochenes Gewirr feierlich klingender Stimmen. Moskau übertrug eine Reportage vom Roten Platz, auf dem sich Abertausende Personen versammelt hat-

ten, die voller Freude über den endlich errungen Sieg waren. In diesem Stimmengewirr konnte man kein einziges Wort verstehen, nur gelegentlich, wenn der Reporter das Mikrofon einem neuen, zuvor vorbereiteten und exakt instruierten Teilnehmer hinhielt, schwirrten die während der Jahre Sklaverei fast vergessenen russischen Worte „Es lebe …", „Ruhm unserer heldenhaften Armee" oder „Unermesslich stolz über unseren Sieg" für alle Welt vernehmbar durch den Äther. Am Ende jedes Auftrittes, die nur etwa ein oder zwei Minuten dauerten, ertönte unablässig „Danke Stalin", „Eine tiefe Verbeugung vor Stalin", „Ruhm unserem Stalin", „Möge der Name Stalin auf Jahrhunderte gepriesen sein", wobei nach jeder Lobpreisung Stalins ein beispielloses Getöse „Hurra" schreiender Stimmen aus dem Radiogerät ertönte. Aber da diese Jubelschreie nicht unisono den Kehlen entwichen, vernahmen ich und Ivan ein nur kurzes „U" und ein umso längeres „A", und diesem kontrahierten „A-A-A" konnten wir nichts Fröhlich-Feierliches entnehmen, sondern ganz im Gegenteil: Wahrscheinlich waren die zu dieser Zeit auf dem Roten Platz anwesenden Menschen nicht nur zugegen, um der ganzen Welt ihre Freude kund zu tun, sondern auch um ihre Trauer zu demonstrieren. Wie viele von ihnen hatten einen Vater, einen Bruder, einen Bräutigam oder auch eine Schwester verloren, wie viele waren für den Rest ihres Lebens zu Krüppeln geworden? Sollten diese Leute in dieses zweifellos festliche „Hurra" nicht auch ihre ganze Trauer hineinlegen?! Diese Trauer erfüllte sie mit schmerzhafter und untröstlicher Sehnsucht, doch bedingt durch die Situation mussten sie arrangierte Begeisterung und untertänige Freude an den Tag legen. Daher klang auch dieses Geschrei aus Tausenden Kehlen wie eine Mischung aus einer offiziellen, paradeähnlichen Feier und dem Weinen eines am Grabe stehenden Menschen, wobei die anklagenden und trauernden Klänge die Oberhand über jene offiziell-feierlichen Charakters behielten. Dies vor allem in Momenten, in denen der Reporter sein Mikrofon einem Redner reichte, der eine Lobpreisung zu Ehren des größten Heerführers aller Zeiten und Völker, unseres geliebten Genossen Stalin, zu erbringen hatte. Und wenn dieser Name mit untertänigem Zittern in der Stimme über die Lippen kam, wurde er sofort von einer neuen Welle begeisterten Gebrülls begleitet, ein Krach, der weinende und trauernde Stimmen gnadenlos übertönte.
Es ist schwierig, mein genaues Empfinden wiederzugeben, das mich während der Übertragung dieser historischen Reportage vom Roten Platz ergriff. Ich sage nur soviel, dass sich bei mir keine Freude, sehr wohl hingegen ein Gefühl von Trauer regte. In der Tat war es nicht möglich, dass sich in der Seele eines Menschen, der über alle Maßen Furchtbares an der Front, in der Etappe oder in feindlicher Gefangenschaft erleben musste, Liebe oder Dankbarkeit Stalin gegenüber bemerkbar machen würden. All diesen Millionen war es bei aller Freude über das Ende des Krieges nicht nach von oben verordneter Feststimmung zumute. Mit einem Wort, sie sehnten sich in ihrer Trauer und in ihrer Not nach einem gewissen Mitgefühl und Mitleid und nicht nach verordneten Begeisterungsstürmen auf einen finsteren Herrscher, der durch seine ihm nahestehendsten Speichellecker zum Retter der Heimat hochstilisiert wurde.

Genau dieser Gedanke, dass wir alle mit unserem Leben und unserem Dasein nicht uns selbst, sondern dem großen Stalin verpflichtet waren – genau dieser Gedanke drang mit unverhüllter Offenheit an diesem Abend aus dem Moskauer Radio und bestimmte zumindest für das folgende Jahrzehnt meinen besorgniserregenden Seelenzustand. Von diesem Zustand konnte ich mich erst in letzter Zeit, in den Herbsttagen meines Lebens, befreien, in einer Zeit, in der es erlaubt ist, das zu sagen, was man denkt und nicht bloß das, was von der Führung erlaubt wird. Mögen wir bloß nie wieder in die alten Zeiten zurückfallen.

84

In der letzten Nacht konnten wir in unseren Ställen fast kein Auge zutun, uns war einfach nicht nach Schlafen. Wir erlebten die Freude über die Befreiung aus der gestrigen Sklaverei, niemand war wirklich von einem völlig reibungslosen Ablauf in den künftigen Tagen überzeugt, und die vor den anderen streng geheim gehaltene Besorgtheit regte nicht wirklich zum Schlafen an. In der Nacht vom 9. auf den 10. Mai legten wir uns erst kurz vor der Morgendämmerung schlafen und erhoben uns gemeinsam mit der aufgehenden Sonne. Ich wünschte, ich könnte sagen, dass wir mit einem freudigen Gefühl anlässlich eines neuen Lebens, das dieser Tag für uns symbolisierte, aufgestanden wären, aber dies hätte nicht unserem damaligen wahren Empfinden entsprochen. Niemand konnte reine Freude empfinden, doch jeder wünschte sich und seinen Kameraden eine solche nach der eben erst überstandenen dunklen Periode des Unglücks.
Die Fuhrwerke waren um acht Uhr morgens bereitgestellt, so wie wir es am Vorabend mit dem Bürgermeister vereinbart hatten. Zu dieser Zeit trafen aus Gmünd zwei unserer Unteroffiziere mit Maschinenpistolen ein – nein, nicht um uns zu eskortieren, sondern um unseren Konvoi zuerst auf die Kommandantur und dann zum Sammel- und Übergabepunkt zu begleiten, der sich in der Nähe von Zwettl befand. Die Unteroffiziere verhielten sich uns gegenüber wohlgesinnt, kameradschaftlich, was vielen von uns half, die drückende Trauer über die im Unterbewusstsein schlummernde Sorge zu mildern. Übrigens trug dazu auch das Wetter seinen Teil bei. Es war ein sonniger Tag, jedoch nicht heiß, mit einem angenehmen, erfrischenden, von Osten kommenden Lüftchen, das auf uns zärtlich und beruhigend wirkte. Dieser Frühlingswind ließ mich erstmals seit mehreren Jahren nicht bloß an meine lieben Schwestern Marusja und Njura denken, sondern mir auch ein baldiges Wiedersehen mit diesen möglich erscheinen. Die beiden Armen hatten in den letzten Jahren wohl aufgehört, auf meine Rückkehr zu warten. Ist es ein Wunder? Beinahe vier Jahre hatte es von mir kein Lebenszeichen gegeben, und es wäre ein Glück, wenn sie noch keinen Trauergottesdienst für mich abgehalten hätten, weil dies angeblich eine große Sünde bedeuten würde, solange die tot geglaubte Person noch am Leben ist. Im Übrigen konnten meine Schwestern, die beide Soldatinnen geworden waren, ja auch gar nicht so oft mit den Gedanken bei mir sein, da sie für die Ernährung ihrer Kinder Sorge zu tragen hatten. Ich hatte aus einem Brief, den

ich im August 1941 an der Front erhalten hatte, erfahren, dass Griša mobilisiert worden war und dass auch Fedor dem Militärdienst wohl nicht entrinnen werde können. Darüber gab es keine Zweifel.

Die Gedanken an die Schwestern und die Verwandten ergriffen mich so sehr, dass ich gar nicht bemerkte, als wir an unserem Bestimmungsort angekommen waren. Er lag auf einer großen Anhöhe, war von allen Seiten mit Fichtenwald umgeben, und auf dem höchsten Punkt befand sich ein schönes einstöckiges Gebäude mit weißen Säulen.[74] Anscheinend war es die Villa eines wohlhabenden Einheimischen, bei der sich der Sammel- und Übergabepunkt für sowjetische und anderen Nationen angehörige Repatrianten – so wurden wir in den Tagen nach der Befreiung bezeichnet – befand. Auf dem Areal dieses Punktes hielten wir uns zwei, drei Tage auf.

Wir hatten gerade abgeladen, uns für immer von den österreichischen Fuhrmännern verabschiedet und ihnen Gesundheit und Glück für das neue Leben in Frieden gewünscht, als ein plötzlich auftauchendes Gerücht Begeisterung unter uns hervorrief: „Brüder, man kann Briefe nachhause schreiben!" „Wie – man kann? Wer hat das gestattet?" „Sie haben es nicht nur erlaubt, sie haben es sogar befohlen. Der Leiter des Sammel- und Übergabepunktes selbst hat heute angeordnet, dass alle Briefe an ihre engsten Angehörigen zu schreiben und zu verschicken hätten." „Wie lautet unser Absender?" „Den Absender teilt vorläufig noch nicht mit. Schreibt, dass ihr am Leben und gesund seid, ihr euch vorübergehend an einem bestimmten Ort aufhält und die Adresse in einigen Tagen erhalten werdet."

Die Antworten auf unsere Fragen wurden von den umherlaufenden und bestimmte Landsleute suchenden Unteroffizieren, Feldwebeln und Offizieren verschiedener Dienstgrade – vom Unterleutnant bis zum Hauptmann – erteilt. Etwa zehn, fünfzehn Minuten nach dieser Verlautbarung, besser gesagt diesem Befehl, trat eine derartige Stille ein, als ob einer nach dem anderen eingeschlafen wäre – diesen Eindruck hätte zumindest eine zufällig anwesende Person bekommen. Aber wir waren ganz und gar nicht eingeschlafen, sondern versuchten, von den herumlaufenden Unteroffizieren und Offizieren Bleistift und Papier zu ergattern, mit denen wir uns in eine Ecke der weiten Fläche zurückzogen und uns an eine Arbeit machten, die wir in den Jahren der Sklaverei fast verlernt hätten. Jeder beugte sich über seinen Brief in die ferne, jedoch zugleich so nahe und so sehr geliebte Heimat.

Wem sollte ich den ersten Brief schreiben? Diese Frage stellte ich mir nicht, denn wenn ich das Recht hätte, nur eine einzige Nachricht an einen meiner Angehörigen zu schreiben, würde ich sie an meine Schwestern schicken. Es gab niemand, der mir näher stand und mir lieber war.

„Und der Vater? Ach ja, der Vater!" Dieser fluchende Ausruf an die Adresse des plötzlich verstorbenen Vanja, meines einzigen Bruders, löschte meine ohnehin kaum noch vorhandene Ergebenheit des Sohnes dem Vater gegenüber aus. Zudem wusste ich nicht, ob er noch am Leben war. Und Halja, der ich meine Liebe gestan-

---

[74] Eine Lokalisierung des Ortes war bisher nicht möglich. Eventuell hat es sich um den Dürnhof bei Zwettl gehandelt.

Abb. 59: *Versammlung von ehemaligen sowjetischen Kriegsgefangenen und „Ostarbeitern" in einem Repatriierungslager.*

den und der ich versprochen hatte, sie nach dem Krieg zu heiraten? Nein, auch Halja konnte die Schwestern nicht auf den zweiten Platz verweisen. Etwas Stärkeres als das Gefühl eines Bräutigams gegenüber einer zufällig gewählten Braut befahl mir, die erste Nachricht meinen Schwestern zukommen zu lassen. Den ersten Brief nach beinahe vierjährigem Schweigen schrieb ich den Schwestern, und den zweiten, den ich sogleich nach dem ersten verfasste, meiner Taufpatin und meinem Onkel Fila. Ich beschloss, Halja vorerst nicht zu schreiben. Es war äußerst unwahrscheinlich, dass sie zwei, drei Tage nach ihrer Befreiung bereits nachhause zurückgekehrt war, zudem konnte ich auch nicht die Adresse des Absenders angeben. Auch dem Vater beschloss ich vorerst noch nicht zu schreiben.

Am zweiten Tag, das war der 11. Mai, wurden wir alle einzeln in die Sonderabteilung geführt. Diese älteste von all unseren Abteilungen befand sich in einem Seitengebäude hinter dem prachtvollen eingeschossigen Gebäude mit den Säulen, die uns tags zuvor bei unserer Ankunft auf dem breiten, grünen Hügel in den Augen geblendet hatten.

Bereits am Abend wurde begonnen, uns in Kompanien und Züge aufzuteilen. Am Morgen darauf marschierte unser Zug, der von einem Unteroffizier mit roten Schulterklappen kommandiert wurde, die von seiner Zugehörigkeit zu den inneren Streitkräften als Teil der Staatssicherheit zeugten, als erster in Richtung dieses Seitengebäudes.

Wir wurden einzeln in das Gebäude gerufen, wo man uns nicht lange aufhielt. Die Herauskommenden atmeten erleichtert auf und ließen sogar ein Lächeln erkennen. „Mir scheint, Brüder, wir haben wohl Glück, wir können auf bessere Zeiten hoffen".
„Was fragen sie denn?" – mit dieser entscheidensten aller Fragen stürzten wir uns auf jene, die VON DORT bereits herausgekommen waren.
„Na ja, nichts Besonderes, in welcher Einheit man gedient hat, wann und wo man in Gefangenschaft geraten ist, das ist alles", wurden die Kameraden von denjenigen beruhigt, die eben erst selbst erleichtert durchgeatmet hatten.
Langsam, aber sicher, wurde die Warteschlange kürzer, bis ich an die Reihe kam. Ich schloss die Eingangstür hinter mir und gelangte in einen für das kleine Seitengebäude verhältnismäßig großen Saal mit drei Türen, die in verschiedene Zimmer führten. Eine Tür stand halboffen, und mir war klar, dass ich durch diese schreiten müsste. Ich trat in das Zimmer und sah bereits an der Schwelle einen mit dem Rücken zu mir stehenden, groß gewachsenen, dunkelhaarigen Hauptmann. Ich erhielt ein Glas Wodka und wartete auf die Fragen. Der Hauptmann unterhielt sich leise mit einem am Tisch sitzenden, intelligent aussehenden Feldwebel, höchstwahrscheinlich seinem Sekretär. In den Händen hielt er einen Füllhalter, sein Tisch war voll von Stößen abgestempelter Formulare. In Erwartung des Gesprächs mit dem Feldwebel wandte sich plötzlich der Hauptmann zu mir um, während der Feldwebel ein leeres Formular zur Hand nahm. Nun folgten die Fragen. Es waren ganz allgemeine, wie etwa nach Familien-, Vor- und Vatersnamen, Jahr und Ort der Geburt, Nummer der Einheit, in der ich gedient hatte, Zeit an der Front, wann und wo in Gefangenschaft geraten. Nachdem alle meine Antworten niedergeschrieben waren, musterte mich der Hauptmann und fragte mich unvermittelt, wohl um mich aus der Fassung zu bringen: „Worüber wurden Sie bislang noch nicht befragt?"
Ich dachte kurz nach, während sich in mir alles zusammenzog und ich überlegte, ob sie vielleicht mein sozialer Status interessieren würde, und antwortete schließlich: „Über meinen Dienstgrad und meine Funktion haben Sie mich nicht befragt, Genosse Hauptmann." „Gut, welchen Rang und welche Funktion besaßen Sie?" „Ich war Unteroffizier und kommandierte die 120 Millimeter-Minenwerfer-Einheit." „Welche Ausbildung haben Sie?"
„Ich bin außerordentlicher Hörer im ersten Jahr am pädagogischen Institut des Ural." Aus irgendeinem Grund, ich weiß selbst nicht warum, fügte ich hinzu: „Vor meiner Einberufung in die Armee arbeitete ich mehr als ein Jahr als Lehrer der russischen Sprache und Literatur. „Feldwebel, legen Sie seine Karte hierher", befahl der Hauptmann, wobei er mit dem Finger auf eine leere Ecke des Tisches zeigte und sich zu mir umwandte. „Sie sind frei."
So wurde ich bereits beim ersten Verhör in der Sonderabteilung gesondert vermerkt. Gut war zumindest, dass sie mich nicht über meine soziale Herkunft befragt hatten, so wie etwa während der Sitzung der so genannten Mandats-Kommission in Novograd-Volynsk. Damals, ich hatte gerade die Uniform der Roten Armee erhalten, versetzten sie mich bereits mit dem ersten Satz in Angst und Schrecken: „Ah,

da ist der Sohn des Kulaken, herzlich willkommen!" Mir wurde schwarz vor Augen angesichts dieser Beleidigung. Denn erstens war mein Vater kein Kulake, zweitens wurde er von niemandem als solcher bezeichnet. Doch dank irgendeines komsomolzischen Speichelleckers nannten sie mich nun Sohn eines Kulaken.

Aber nach dem siegreichen Ausgang des Großen Vaterländischen Krieges war es offensichtlich, dass die Hüter der Reinheit unserer Ideologie Änderungen vorgenommen hatten, auf Grund derer auch ehemalige Kriegsgefangene nicht mehr über ihre soziale Herkunft befragt wurden, obwohl in unseren Fragebögen, die ich übrigens nie auszufüllen hatte, unsere allgegenwärtigen Kader die Frage über die soziale Herkunft an die sechste Stelle gesetzt hatten. Sie folgte gleich auf die Frage nach der Nationalität und kam noch vor der Frage nach der Parteizugehörigkeit und der Ausbildung, sodass ihr Sinn möglicherweise nicht der gleiche war wie in den Vorrevolutionsjahren. Vielmehr ging es darum, die Manie des allgegenwärtigen Spitzelwesens, welches uns unsere Partei- und Staatsführung seit Jahrzehnten einimpfte, auch weiterhin hartnäckig zu demonstrieren: Angefangen vom Vorsitzenden in einem Parteikomitee und seinen Untergebenen auf einer beliebigen Ebene bis hin zum Kaderpersonal, das nicht irgendwie, sondern von den Vorsitzenden der Personalabteilung ernannt wird, sogar wenn es sich um Kader irgendeiner heruntergekommenen Behörde handelt.

Damals, in den Morgenstunden des 11. Mai 1945, verließ ich den Raum, wo mein erstes Verhör bei der Sonderabteilung stattgefunden hatte, völlig beruhigt, allerdings nicht auf die gleiche Art wie diejenigen, die vor mir verhört worden waren. Ihre Formulare waren auf den großen Stapel gelegt worden, meines hingegen auf die Seite, was bedeuten musste, dass die Leute der Sonderabteilung Interesse an meiner Person hatten und ich folglich, ob ich das nun wollte oder nicht, ihr Interesse zufrieden stellen musste – und das nicht nur ein- oder zweimal. Aber wenigstens, versuchte ich mich selbst zu trösten, interessierte sie meine soziale Herkunft nicht. So schaffte ich es, ruhig und ohne jede Heuchelei Ivan Vojtenko und die mich umgebenden Burschen ermutigend anzulächeln, so als wollte ich sagen – Brüder, es ist alles in Ordnung, das Leben geht vorerst einmal weiter.

85

Davon, dass das Leben weiterging und sogar einige Freudens- und Glücksausbrüche bevorstanden, davon konnten wir uns in den Tagen überzeugen, die auf das Gespräch mit dem dunkelhaarigen Hauptmann der Sonderabteilung folgten. Wir wurden an einen ruhigen und abgelegenen Ort in einem Fichtenwald unweit einer weiten Wiese verlegt, auf der eine Herde von mindestens fünfzig Schafen weidete. Man sagte uns, dass uns ein zweiwöchiger Urlaub gewährt worden sei, in dem wir uns von Bau- und anderen Tätigkeiten erholen könnten. Was die Verpflegung betrifft, hätten wir nicht nur Brot, Hühner und Zucker, sondern auch die Schafe zu unserer freien Verfügung. Weiters wurde uns mitgeteilt, dass wir dem 235. Reserve-Regiment zugeteilt worden seien und im Verlauf der folgenden zwei Wochen unsere Uniformen und Handfeuerwaffen ausfassen würden, um uns langsam an unser neues, oder besser gesagt, halbvergessenes, aber gut bekanntes und weit zurückliegendes Leben als Soldaten gewöhnen zu können.

Da im Gebäude des Regimentskommandos keine Zelte auszumachen waren, erlaubten sie uns, aus Rundstangen Hütten für fünf Personen herzustellen, was wir mit Vergnügen machten. Wir deckten unsere Hütten mit Heu, legten Heu ins Innere und errichteten weiche, duftende Betten, auf denen ich ebenso gut schlief wie seinerzeit während der angenehmen Zeit der Heuernte in der weit zurückliegenden Zeit meiner Kindheit, als es noch keine Kolchosen gab. Wir lebten gut in diesen Hütten. Wir aßen uns an, schliefen uns aus, erfreuten uns am Gesang der Waldvögel und an der frischen Luft, die vom kräftigenden und würzigen Duft der Nadelbäume erfüllt war. Auch schrieben wir zum zweiten Mal Briefe – nicht nur an die Angehörigen, sondern auch an Bekannte. Wir konnten nun den Absender angeben und auf den Erhalt einer Antwort hoffen. Nein, nicht nach ein oder zwei Wochen, sondern erst nach einem oder eineinhalb Monaten konnte man mit einer Antwort VON DORT, aus der Heimat, rechnen. Aber was sind schon eineinhalb Monate nach fast vierjährigem bitterem Schweigen, das uns auf Grund des Willens des Schicksals aufgezwungen war? Diese Jahre vergingen, nicht ohne Spuren hinterlassen zu haben, aber sie vergingen. Aber darüber etwas später.

Mein Gefühl wäre etwas besser gewesen, wenn es nicht zu besagtem Vorfall bei meinem ersten Verhör in der Sonderabteilung des Sammel- und Übergabepunktes Zwettl gekommen wäre. „Nicht ohne Grund, das werden sie nicht ohne Grund gemacht haben", erfasste mich ein beunruhigender Gedanke, als ich sah, dass mein Formular nicht bei den anderen abgelegt wurde. Dieser Gedanke ließ mich lange nicht mehr los, vielleicht sogar zehn Jahre oder mehr.

Dieser Gedanke erinnerte mich ständig daran, dass ich mich unter unablässiger Beobachtung irgendeines alles sehenden Auges und irgendeines alles hörenden Ohres befand und ich mich dieser unsichtbaren, aber in allen Fasern meines Körpers spürbaren Beschattung nicht entziehen würde können und dies zudem auch nutzlos gewesen wäre. Versteckst du dich etwa vor dir selbst? Ist diese Angst, die sich deiner bemächtigt hat, nicht etwa ein im eigenen Körper entstandenes Produkt? Da sich meine Befürchtungen letztendlich nicht bestätigten, hätte meine Angst zumindest eine Woche nach dem ersten Verhör nur mehr als wenig bedeutende Episode in meinem Gedächtnis hängen bleiben können.

In das 235. Reserve-Regiment wurden einige von uns etwa fünf Tage nach Ende unseres zweiwöchigen Urlaubs eingegliedert. Ich gelangte zu dieser ERKENNTNIS am Ende der ersten Woche. Eine Gruppe von fünf eben erst in Uniform gesteckten Soldaten und ein uns unbekannter Unteroffizier, der sich den ganzen Weg lang über uns lustig machte, geleitete uns. „Man sagt, ihr wurdet in gebührender Weise weggeführt, ihr gingt in fremden Lumpen, Gott weiß in wessen, und nun ist es interessant, euch anzusehen, euch, unsere russischen, sowjetischen Soldaten." Die Scherze des älteren Unteroffiziers waren nicht beleidigend, und wir antworteten auf sie mit Scherzen unsererseits, woraufhin er uns wegen unserer Schlagfertigkeit

bewunderte, solange bis einer von uns unbedacht von sich gab: „Wir haben in der Gefangenschaft so einiges gelernt, wir haben sogar, als es notwendig war, aus einer deutschen Flagge eine sowjetische angefertigt." Nachdem er das gehört hatte, wurde der ältere Unteroffizier plötzlich sehr ernst, hielt unseren Zug an und sagte in einem völlig veränderten Tonfall: „Es ist besser, Burschen, wenn ihr an dem Ort, zu dem ich euch führe, besser kein Wort darüber verliert. Dort könnte man dies etwas anders auffassen, was sich nicht zu eurem Vorteil auswirken würde. Überhaupt möchte ich euch folgendes raten", setzte er seine Belehrung fort, „erzählt dort nicht mehr, als unbedingt notwendig ist, vor allem nichts über eure Freundschaft mit so manchen Engländern, Amerikanern oder Franzosen. Und wenn ihr gefragt werdet, welche Armee euch befreit hat, dann sagt, dass es unsere war, das wird besser für euch sein. Marschieren wir nun weiter, in etwa einem halben Kilometer sind wir da."
Der Pfad, den wir entlang marschierten, verlief entlang eines Waldrandes zu einem offenen Feld. Nach der kurzen Rast, bei der uns der ältere Unteroffizier seine gut gemeinte Warnung erteilte, bog der Pfad nach rund 200 Metern in den Wald und führte unvermittelt zum Forsthaus, in dem sich, wie sich herausstellte, die Sonderabteilung befand. Dieser ruhige Ort erwies sich für die Männer der Sonderabteilung als äußerst vorteilhaft, weil man tun und lassen konnte, was man wollte und niemand je davon erfahren würde. Der Ort war umgeben von Schluchten, aus denen wohl niemand irgendwelche Schreie hören würde, und undurchdringlichem Gebüsch. Nicht umsonst verstummten wir traurig bei der Ankunft bei diesem Haus und dankten im Stillen dem älteren Unteroffizier für seine Vorwarnung.
Als wir den geräumigen, lichtdurchfluteten Flur dieses Gebäudes betraten, verschwanden augenblicklich meine dunklen Gedanken, die beim Betreten des Unheil verheißenden Waldes von mir Besitz ergriffen hatten, gerade so, als hätte es sie nie gegeben. Ich erblickte Vasilij Burmistrov, den ich im Juli 1941 im Stalag kennen gelernt hatte, kurz bevor ich wegen unseres Hungerstreiks zum Verhör ins Arbeitskommando Persenbeug zu einem langbeinigen, semmelblonden Sonderführer beordert worden war. Dieser Vasilij – seinen Familiennamen erfuhr ich erst jetzt, als ich bereits zum zweiten Mal nach der Befreiung aus der Gefangenschaft den Männern der Sonderabteilung BEICHTEN musste – hatte mir erzählt, dass er an der Front Angehöriger einer Sperrabteilung gewesen war und zuvor kurze Zeit in der persönlichen Wache Stalins seinen Dienst versehen hatte. Von seinem Äußeren her – großgewachsen und gutaussehend mit dunkelblondem Haar – erinnerte er mich an meinen Regimentskameraden Sergej Pavlenko, den der Heldentod in der denkwürdigen Julischlacht im Jahre 1941 ereilt hatte. Diesen Vasilij, mit dem ich mich mehrmals im Stalag getroffen hatte, bevor er dann angeblich in die Sanitätsabteilung versetzt wurde – es gab dort eigene Ärzte und Feldscher; Visiten bei Kriegsgefangenen verliefen in entsprechender Weise, sodass wir bemüht waren, uns nur kurz bei ihnen aufzuhalten –, versuchte ich damals im Rahmen meiner Möglichkeiten kameradschaftlich durchzufüttern. Wie auch immer, er war der einzige

Mensch, mit dem mich das Schicksal in dieser härtesten aller Zeiten zusammengeführt hatte, denn das Jahr 1941 verhieß uns nichts Gutes.
Später, als sich in unserer Sklaverei vereinzelt Lichter der Hoffnung zeigten, trafen wir einander nie mehr. Nun stand dieser Vasilij mit strahlendem Lächeln vor mir, und ihm war anzusehen, dass er nicht einer derjenigen war, die für kurze Zeit hierher beordert werden, sondern zu denen zählte, die ständig in dieser furchtbaren Abteilung waren und irgendwelchen ihnen auferlegten Aufgaben nachzukommen hatten. „Nun, das ist ja ein Zusammentreffen!", rief ich aus, als ich auf Vasilij zuging und ihm die Hand reichte. „Wie lange waren wir zwei zusammen, drei Monate?" „Ja, so ungefähr. Ich kann mich erinnern, dass du im Februar das letzte Mal im Stalag aufgetaucht bist." „Ja, das war im Februar. Du hast ein phantastisches Gedächtnis. Welche Funktion übst du hier aus?"
Als Antwort führte Vasilij seinen Zeigefinger der rechten Hand an seine Lippen und flüsterte mir zu: „Das wirst du wohl erraten."
Ich wollte noch irgendetwas sagen, doch in diesem Moment öffnete sich die Tür, und ein ins Zimmer blickender Unteroffizier rief meinen Nachnamen. Vasilij zwinkerte mir freundlich zu, so als ob er mir vor der BEICHTE, deren Charakter wohl weithin bekannt war, Mut zusprechen wollte. Ich konnte in seinem Zuzwinkern eine gewisse Warnung herauslesen, die wie folgt lauten sollte: Sei tapfer, stark, verlier nicht deine Würde und verfalle nicht in Panik.

86

Das Zimmer, in das ich sozusagen gebeten wurde, erwies sich eigentlich gar nicht als richtiges Zimmer, sondern bestenfalls als Kammer: Links ein Fenster, darunter, der Wand entlang, ein mit Uniformen bedecktes Bett mit überzogenem Kopfpolster, und direkt gegenüber der Tür, etwa eineinhalb Meter von ihr entfernt, ein bäuerlicher Tisch mit vier Beinen, der mit Zeitungsblättern abgedeckt war, darauf – was mir zuerst ins Auge stach – zwei Stapel mit den gleichen Formularen, die ich bereits gewissenhaft bei meiner ersten BEICHTE vor dem dunkelhaarigen, großgewachsenen Hauptmann ausgefüllt hatte.
Am Tisch mit Blickrichtung zur Tür, mit dem Rücken beinahe an die Wand gelehnt, saß in entspannter Haltung ein semmelblonder älterer Leutnant mit wasserblauen Augen, und rechts von ihm, mit dem Gesicht zum Fenster gewandt, ein Unteroffizier mit Füllhalter in der Hand. Was ich sofort bestürzt feststellte, war die, wenn auch entfernte, Ähnlichkeit des Semmelblonden mit jenem älteren Leutnant der Sonderabteilung, der im Zelt des Regimentskommissars Čičkov gesessen war, als sich dieser mit mir an einem der Sommertage im Jahr 1940 unterhalten hatte. Die Gründe des Konfliktes, der sich zwischen uns und dem Gehilfen des Vorsitzenden der Verkaufsabteilung des Regiments, einem Feldwebel, zugetragen hatte, der es sich erlaubt hatte, uns zwei Abende hintereinander warme Nahrung und sogar Tee vorzuenthalten, wollte mir Kommissar Čičkov eingehend erläutern. Wie lange das alles her war!

Als ich mich an diesen semmelblonden und beinahe augenbrauenlosen Alten erinnerte, der mich wohl, hätte es keine Intervention des Regimentskommissars gegeben, dahin verfrachtet hätte, woher es selten eine Wiederkehr gibt, rutschte mir das Herz in die Hose. Ich dachte mir, dass ich von diesem nichts Gutes zu erwarten hätte, vor ihm auf der Hut sein müsste und ihm nicht den geringsten Anlass geben dürfte, bei einem Fehler von mir einzuhaken, weshalb ich die reine Wahrheit erzählen müsste, worin meine einzige Rettung liegen könnte.
Und was für ein Angriff auf mich – es brauchte nur irgendeine ernsthafte Unannehmlichkeit passieren, dann wird auf jeden Fall auf meinem weiteren Wege der Semmelblonde mit seinen unguten Absichten erscheinen. War ja auch der Sonderführer, der mich im Juli 1941 ebenfalls nicht aus rein sportlichem Interesse verhört hatte, ebenso semmelblond und beinahe augenbrauenlos. Dieses Mal beschwor mein gefälliges Gedächtnis mir die Erinnerung an den Zwilling aus dem Jahre 1941 des nun vor mir in selbstgefälliger, legerer Pose sitzenden semmelblonden Alten herauf – der Wahrheit willen muss gesagt werden, dass jener aus dem Jahre 1941 jünger und schlanker war und keine Schulterklappen mit drei silbernen Sternchen, sondern Kragenspiegel mit drei Quadraten aus Perlmutt trug –, und einige Zeit nach Beginn des Verhörs rief mein Gedächtnis auch die Erinnerung an den hinten sitzenden langbeinigen Sonderführer wach. Ich dachte mir: „Behalte sie so im Gedächtnis, wie es ihnen entspricht und gewöhn dich an ihre Anwesenheit in deinem Leben, um keine Angst vor ihnen zu haben, sonst werden sie dich wie in einem Spinnennetz einspinnen, aus dem es kein Entrinnen mehr gibt", so etwa brachte mein mir dienendes Gedächtnis die drei Semmelblonden auf einen Nenner. Ich war anfangs empört und traurig zugleich, denn ich hatte ja auch Grund dazu: Zuerst waren sie einzeln auf mich losgegangen und nun sogar zu dritt. Aber langsam machten die Empörung und die Traurigkeit meiner stärksten Charaktereigenschaft, der Dickköpfigkeit, Platz, und wenn ich dieser freien Lauf ließ, konnte mich niemand mehr von meinem eingeschlagenen Weg abbringen. Diesmal riet mir meine Hartnäckigkeit, auf jeden Fall bei der Wahrheit zu bleiben und mich keinesfalls in heimtückischem oder verlogenem Argwohn zu verstricken.
„Nun, erzähl", sagte zu mir der Augenbrauenlose-Semmelblonde im Ton eines Untersuchungsrichters, der im Vorhinein von der Schuld des Verhörten überzeugt ist, wobei er sich dazu an seinem Tisch hin und her bewegte. „Worüber soll ich erzählen?", fragte ich. „Über alles." „Von der frühesten Kindheit angefangen?" „Mach mich nicht wahnsinnig. Wozu über die Kindheit? Wann, wo und wie du in Gefangenschaft geraten bist, was weiter war, alles der Reihe nach." „Ich danke Ihnen für die Erklärung, jetzt ist mir die Frage verständlich."
Ich begann meine Erzählung damit, was mit uns an jenem Abend des 7. September 1941 in Černigov geschehen war, und dann schilderte ich meinem Verhörenden unseren erniedrigenden und leidvollen Weg von Černigov nach Persenbeug und Melk. Er hörte mir ruhig und gleichgültig zu, weil ich wahrscheinlich nicht der erste war, der ihm die Tragödie des Jahres 1941 schilderte, die Hunderttausende Menschen am eigenen Leib erleben mussten. Ich war bis zum Juli 1941 und meiner

Eskortierung in das Stalag und zum anschließenden Verhör durch den Bevollmächtigten der Gestapo gekommen, als mich mein Verhörender unerwartet unterbrach und mich mit offen provokanten Fragen festzunageln begann. „Du behauptest also, dass der Gestapo-Mann dich nur über das Geschehene befragt hat. Wo war das?" „Im Arbeitskommando Persenbeug." „Ja, Persenbeug. Der Gestapo-Mann hat dich befragt und dich dann in Ruhe gelassen?" „Es war genauso, wie ich es Ihnen erzählt habe." „Danach bist du nie mehr zu einem Verhör geholt worden?" „Nein, man hat mich nicht mehr geholt." „Vielleicht willst du auch behaupten, dass er dir überhaupt keine Aufgabe erteilt hat." „Ja, das sage ich, weil er mir überhaupt keine Aufgabe erteilt hat. Ich sage es besser: Wenn er mir eine Aufgabe erteilt hätte, ähnlich einer, an die Sie denken, so hätte ich sie nicht ausgeführt." „Du hättest sie nicht ausgeführt? Da sieh mal einer an, als wie anständig und prinzipientreu du dich erwiesen hättest. Warum hast du dann die Hände vor dem ‚Fritz' in die Höhe gestreckt?!" „Ich habe Ihnen in den kleinsten Einzelheiten erzählt, wie das war. Ich bin mir der Tragweite meines damaligen Verhaltens bewusst." „Du bist dir bewusst, das heißt also ... pflichtbewusst und sogar mutig, wenn du dir der Tragweite deines Verhaltens vor vier Jahren bewusst bist. Zu gestehen hast du, welche Aufgabe du vom Gestapo-Mann erhalten hast, aber dein Mut reicht dazu wohl nicht aus. Aber bitte, gestehen wirst du auf jeden Fall müssen."

Den letzten Satz sprach der semmelblonde „Diener Seiner Hoheit des Staatlichen wachsamen Auges" mit solch metallischem Klang in der Stimme aus, dass ich Angst bekam, und ich begriff, dass NICHTS, auch nicht mein gesungenes Liedchen mich vor der Bezichtigung an der Kollaboration retten würde, die uns von den Vlasov-Männern damals so aufdringlich ans Herz gelegt worden war. Dieser Zustand dauerte zwei, drei Sekunden, nicht länger. Ich geriet dermaßen in Wut, die sich nicht nur gegen den Semmelblonden, sondern auch gegen mich richtete – warum sollte ich etwas gestehen, was nicht war und auch gar nicht sein konnte?! Der Zustand der Erregung dauerte ebenfalls einige Sekunden an, woraufhin ich mich sammelte und ruhig auf die offen ausgesprochene Drohung antwortete: „Ich habe nichts zu gestehen, weil ich nichts getan habe, was meine Ehre in Misskredit hätte bringen können." „Ehre sagst du?", antwortete der Semmelblonde mit höhnischem Grinsen. „Gerade du sprichst von Ehre? Du, der du 1941 vor dem deutschen Pack zu Kreuze gekrochen bist. Gut, geh jetzt, Hüter der Ehre, später werden wir beschließen, was mit dir geschehen wird."

Ein Gefühl der Erleichterung wollte sich bei mir nach Verlassen aus diesem Kämmerchen nicht einstellen. Wie ein schwerer Stein lastete der höhnische Tonfall, in dem das eben zu Ende gegangene Verhör stattgefunden hatte, auf meiner Seele. Das Einzige, womit ich mich zu trösten vermochte, war die Tatsache, dass ich ihm nicht von den letzten Fragen des Sonderführers an mich erzählt hatte. Dieser hatte gefragt, ob ich Komsomolze wäre und warum man mich nicht zum Komsomol-Organisator gewählt hatte. Wenn mein jetziger Verhörender erfahren hätte, dass in meinem vor Kriegsbeginn ausgefülltem Formular stand, dass ich vom sozialen Status her Sohn eines Kulaken wäre, wäre es mir wahrscheinlich sehr, sehr schlecht ergangen. Darüber zu erzählen – damit hätte ich mir wohl selbst die Schlinge für meine Hinrichtung geknüpft. Ich hatte gut daran getan, das über meinem Kopf schwebende Damoklesschwert zu verschweigen. Hatte es mir einmal, so wie ich glaube, das Leben gerettet, so würde es mich nun bestimmt in den Abgrund reißen.

87

Was fühlte ich, was durchlebte ich in den ersten Stunden nach diesem unheilvollen Verhör? Wahrscheinlich das Gleiche wie ein treuer Hund, der von seinem tobenden Herrn unerwartet und aufs Ärgste geschlagen wird. So wie der arme Hund nicht weiß, warum er gnadenlos ausgepeitscht wird, er aber Schmerzen leidet und sich gekränkt fühlt, doch diese Kränkung niemandem klagen kann, weil sein Heim nun einmal im Hof des Herrn liegt, genauso wusste ich nicht, warum mir diese derart grobe Kränkung widerfahren war, die nicht von irgendwem, sondern von einer offiziellen Person kam, die mit einer Macht ausgestattet war, vor der ich nur ein kleine Maus war.
Glaubte der Semmelblonde an das Bestehen eines Grundes seiner gegen mich gerichteten Verachtung oder tat er dies alles nur aus Spaß, um sich an meiner quälenden Fassungslosigkeit zu erfreuen? Ich denke, dass er nicht daran glaubte, sonst hätte er mich nicht wieder hinausgeschickt. Das unerwartete Zusammentreffen mit Vasilij Burmistrov knapp vor dem Verhör gab mir, als ich mich nach dem Verhör beruhigte und wieder zu mir kam, triftige Gründe, dass alles, was den Dienst des „Staatlichen wachsamen Auges" interessierte, diesem Mann der Sonderabteilung bekannt gewesen sein musste und er sich an mir nur aus Langeweile ausgelassen hatte. Somit gab er mir auch zu verstehen, dass er mich und andere, die ein ähnliches Schicksal aufzuweisen hatten, jederzeit an einen Ort verbringen könne, an dem uns das in der Gefangenschaft Erlebte paradiesisch erscheinen würde. Ja, paradiesisch: Denn es ist etwas völlig Anderes, ob man von Soldaten einer feindlichen Armee oder von eigenen eskortiert wird, die einen als gefährlichen Staatsverbrecher betrachten und für die es keine Rolle spielt, ob man wirklich ein Verbrechen verübt hatte. Sie hatten den Befehl, dich wie einen Verbrecher zu bewachen und kamen diesem Befehl nach, so wie es ihnen der militärische Kodex auferlegte.
Ich stellte mir vor, was mich erwarten würde, wenn der semmelblonde Mann der Sonderabteilung seinen gegen mich vorhandenen Verdacht vom Gesichtspunkt der bewiesenen Wahrheit aus betrachten würde, und dabei zog es mir das Herz zusammen. Meine Seele wurde von so großem Kummer ergriffen, dass mir jede Lebensfreude abhanden kam. Ich hätte mir wohl das Leben genommen, wenn der Semmelblonde einzig aus Spaß mich zusammen mit anderen unter Eskorte einer Strafe zugeführt hätte.
Mit einem Wort – schlimm – schlimm stand es um mein Wohlbefinden, als wir auf das Kommando des älteren Unteroffiziers hin in unsere Hütten zurückkehrten. Die Burschen, mit denen ich einher marschierte, fühlten sich unwohl angesichts dessen, was mit mir beim Verhör geschehen war. Sie erkundigten sich nicht und spürten,

dass dies eine Angelegenheit war, die man besser nicht an die große Glocke hängen sollte. Sie verstanden es, weil es einfach verstanden werden musste: Bei mir dauerte das Verhör länger als bei allen anderen. Ich kam vom Verhör niedergeschlagen und völlig aufgelöst zurück, jeder andere hingegen hatte ein Lächeln der Erleichterung auf seinen Lippen und war zu Späßen und Scherzen aufgelegt. Doch als sie mich sahen, verkniffen sie sich ihre gute Laune und nahmen einen ernsten Gesichtsausdruck an – wer konnte sich schon neben einem Menschen vergnügen, der zuvor verletzt worden war?
Einzig Saška Omel'čenko, dem es in den letzten Tagen durch Beharrlichkeit gelungen war, meine Laune etwas aufzuheitern, versuchte, mir die schwere Last irgendwie von den Schultern zu nehmen.
„Pfeif' auf das alles", begann er auf mich einzureden, als wir uns von diesem Forsthaus entfernten und langsam hinter den anderen zurückblieben. „Weil all das, obwohl es auch grausam ist, ist Unsinn, ich habe mich selbst davon überzeugt, als dieser Kerl der Sonderabteilung auf mich loszugehen begann: Wie konntest du als ranghoher Unteroffizier denn in einer Angriffschlacht in Gefangenschaft geraten?!"
Saška war, nachdem er irgendwo bei Korsun'-Ševčenkovskij im Spätherbst 1941 verschüttet worden war, in Gefangenschaft geraten.
„Als ich ihm sagte, dass ich am Rande eines Bombentrichters halb von Erde verschüttet wurde, mir durch die Explosion das Gehör kurzzeitig abhanden kam und mich deutsche Totengräber zufällig entdeckten, jedoch Mitleid mit mir hatten und mich nicht erschossen, wie ich dabei zu stottern begann, wie es mir im Übrigen immer passiert, wenn ich daran denke, da hat er sich auf die Zunge gebissen und mich gehen lassen. Er hat mich weggelassen, das heißt also – alles in Ordnung."
Der arme Saška konnte auch ein Jahr, nachdem er verschüttet worden war, überhaupt nicht sprechen, aber als er ins Stalag bei Krems kam, zeigte das Schicksal Erbarmen mit ihm. Unter dem Sanitätspersonal gab es einen erfahrenen Neurologieprofessor, der Saška nach halbjähriger Behandlung wieder herstellen konnte. Die teilnahmsvolle Güte dieses Professors übertrug sich auf irgendeine Weise auch auf Saška: Beim Anblick eines niedergeschlagenen Menschen begann er mit diesem sofort ein Gespräch und versuchte, dessen dunkle Gedanken zu vertreiben. Wenn ihm dies sodann gelungen war, was eigentlich ständig der Fall war, zeigte er sich äußerst zufrieden.
„Wenn ich lebend nachhause zurückkehre", sprach Saška oft zu mir, „werde ich auf jeden Fall ein Studium an einem medizinischen Institut beginnen, und nach der Beendigung werde ich auf Turnus zu meinem Retter gehen. Ich habe seine Adresse in Moskau."
Ich weiß nicht, ob sich Saškas Traum erfüllte. Etwa Mitte Juli wurde er zusammen mit anderen in den Fernen Osten gebracht, wo auch wir ab Anfang August wegen des Krieges hinkamen. Auf meinen Brief, den ich ihm im Jahre 1946 an seine Heimatadresse in Volčansk Char'kovskoj schickte, antwortete er nicht.
An jenem Tag war mir Saška jedenfalls äußerst behilflich, indem er mir mit seinen beruhigenden Gesprächen die Angst nahm. Darüber hinaus erklärte er sich gerne

bereit, mir das Abendessen in die Hütte zu bringen. Als alle zum Abendessen marschierten, ich jedoch alleine in meiner Hütte zurückbleiben musste, geschah mit mir das, was mir weder vorher noch nachher in kummervollen Minuten passierte: Ich brach in Hysterie aus und ließ meinen Tränen freien Lauf. Ich weinte viel länger als fünf Jahre zuvor in Anwesenheit von Kommissar Čičkov und des semmelblonden Mannes der Sonderabteilung, aber ich brauchte mich, da ich allein war, vor niemandem zu schämen. Ich weinte, und in meinen Tränen lag das gesamte Unglück des vergangenen Tages und all diese ungerechtfertigten Beleidigungen, die sich auf mein über zwanzig Jahre dauerndes Leben bezogen. Mein Weinen überschritt im Grunde jede vernünftige Norm, falls so eine Norm definiert werden kann. Ich weinte so, als ob ich mich von allen mir Nahestehenden und meiner Familie für immer verabschieden und sie bitten müsste, nicht im Groll an mich zurückzudenken.

Je länger ich weinte, desto befreiter fühlte ich mich. Es war, als ob die dunkle, unsichtbare Schwere weichen würde und an ihre Stelle helle Boten einer Hoffnung aus den Tiefen meines Herzens treten würden.

Als Saška mit zwei Schüsseln zurückkam – in einer Buchweizengrütze mit frischem Lammfleisch und in der anderen frischgekochter, duftender Tee –, traf er mich in bereits vollkommen entspanntem Zustand an. Aber es war unmöglich, Saška etwas vorzumachen. Er blickte mich an, wobei ihm sofort alles klar wurde, und sagte zu mir: „Es ist gut, dass ich mich nicht allzu sehr beeilt habe. Ich dachte, dass es besser sein würde, dich etwas allein zu lassen. Aber jetzt lass uns essen, bevor es kalt wird, damit du dich dann besser fühlst."

Auch drei Tage später hatte mich das Gefühl der Niedergeschlagenheit noch nicht verlassen, aber dennoch fühlte ich, dass das Schlimmste bereits überstanden war, obwohl ich das Gefühl der Angst bis zum Schluss nicht völlig aus mir verdrängen konnte. Aber in solch einem Zustand ist es immerhin möglich zu leben, wenn man dem Gefühl der aufrichtigen Anteilnahme, die einem ehemaligen Gefangenen von einem guten Menschen entgegengebracht wird, Platz einräumt. Als solch guter Mensch erwies sich ein mit mir zufällig bekannt gewordener Mitarbeiter der militärischen Politabteilung, ein älterer Oberst. Irgendwie erinnerte er mich – nicht vom Äußerlichen her, aber durch seine Umgangsformen – an Kommissar Čičkov. Er stellte sich bei uns als Lektor vor, las jedoch keine Lektionen, sondern unterhielt sich schlicht und einfach mit uns. Wir unterhielten uns mit aller statthaften Offenheit, wobei er unsere Lage und unsere seelische Verfassung äußerst gut zu verstehen und mögliche einschneidende Wendungen unseres Schicksals vorauszusehen wusste. Er beruhigte uns damit, dass er uns versicherte, dass wir – ehemalige Kriegsgefangene – im Besitz aller Rechte eines Staatsbürgers der Sowjetunion und eines Angehörigen der sowjetischen Streitkräfte wären. Am Ende unseres Gespräches sagte er:

„Ich möchte euch zum Abschied, sofern es mir mein Alter und meine Lebenserfahrung gebieten, einen väterlichen Ratschlag mit auf den Weg geben: Darüber, wo ihr gewesen seid und was ihr getan habt, mit wem ihr euch getroffen habt, darüber sprecht nur mit jemandem, der ein Vertreter der Staatsmacht ist und euch dazu befragt. Schreibt auch in die Formulare nur das Notwendigste hinein. Über andere Vorkommnisse in eurer Gefangenschaft versucht Stillschweigen zu bewahren. Glaubt mir, es wird für euch besser sein."

Diesen Rat des betagten Obersten, mit dem wir durch einen Wink des Schicksals bekannt wurden, behielt ich für immer fest im Gedächtnis. Ich habe ihn im Verlauf von vierzig Jahren immer beherzigt. Erst in den Jahren der politischen Veränderungen kam ich zur Überzeugung, dass dieser gute Rat, dem eine rettende Rolle zukam, glücklicherweise nunmehr keine Aktualität mehr besitzt.

ANHANG

ABKÜRZUNGSVERZEICHNIS

Abb.	Abbildung
Arb. Eins.	Arbeitseinsatz
B	Belgien
BA-MA	Bundesarchiv-Militärarchiv Freiburg im Breisgau
BGMIVOV	Belorusskij gosudarstvennyj muzej istorii Velikoj Otečestvennoj vojny (= Weißrussisches Staatsarchiv für die Geschichte des Großen Vaterländischen Krieges, Minsk)
CAMO	Central'nyj Archiv Ministerstva Oborony Rossijskoj Federacii (= Zentralarchiv des Verteidigungsministeriums der Russischen Föderation, Podol'sk)
d.	delo (= Akt)
Dulag	Durchgangslager
Ebd.	Ebenda
F	Frankreich
F.	Fond (= Bestand)
GARF	Gosudarstvennyj Archiv Rossijskoj Federacii (= Staatsarchiv der Russischen Föderation, Moskau)
GB	Großbritannien
GULAG	Glavnoe upravlenie lagerej (= Hauptverwaltung für Lager)
Hg.	Herausgeber
I	Italien
KPdSU	Kommunistische Partei der Sowjetunion
KZ	Konzentrationslager
l.	list (= Seite)
NKVD	Narodnyj kommissariat vnutrennych del (= Volkskommissariat für Innere Angelegenheiten)
o. J.	ohne Jahr
op.	opis' (= Verzeichnis)
ÖStA/KA	Österreichisches Staatsarchiv/Kriegsarchiv, Wien
PL	Polen
R	Rumänen
RGVA	Rossijskij gosudarstvennyj voennyj archiv (= Russisches staatliches Militärarchiv, Moskau)
R.Sp	Rotspanier
ROA	Rossijskaja Osvoboditel'naja Armija (= Russische Befreiungsarmee)
S	Slowaken
SMERŠ	Smert' špionam (= wörtlich: Tod den Spionen; Spionageabwehr)
SOG	Südostgefangene außer Briten
Stalag	Kriegsgefangenen-Mannschaftsstammlager
StLA	Steiermärkisches Landesarchiv
SU	Sowjetunion
Vers. Nat.	Verschiedene Nationalitäten
YU	Jugoslawien

QUELLENVERZEICHNIS

Archive

BA-MA (= Bundesarchiv-Militärarchiv Freiburg im Breisgau)
RH 53-17/37, Befehl Wehrkreiskommando XVII, v. 22.9.1939
RW 6/v. 270. Sammelmitteilungen und Befehlssammlung OKW Nr. 10.

CAMO (= Zentralarchiv des Verteidigungsministeriums der Russischen Föderation, Podol'sk)
Personalkarte I von Semen Avilov, Oleksej Bata, Orlan Batirov, Fedor Deminov, Iosif Lopatin und Stepan Michailov.

ÖStA/KA (= Österreichisches Staatsarchiv/Kriegsarchiv, Wien)
314 Zs-120, Totenbuch Stalag XVII B. 2.8.1943–26.4.1945 (= ÖSTA/KA, Totenbuch).

StLA (= Steiermärkisches Landesarchiv, Graz)
Politisch amtliche Plakate, 1940/2.

Gedruckte Quellen

Luther Victory (Hg.), A Chronicle of Stalag XVII B Krems/Gneisendorf [sic!], Austria. Compiled and Published by Luther Victory from Records Obtained from the National Archives by Les Jackson, Archivist, Harris County 1991.

Zeitungen

Russischer Zwangsarbeiter kam als Gast. Kremser Hauer fand ehemaligen Kriegsgefangenen nach 50 Jahren in Kasachstan, in: Kurier, 29.9.1994.

Stalag 17 und Gedersdorf lassen Dimitrij nicht los, in: Neue NÖN. Kremser Zeitung, 3.10.1994.

1.600 Russen werden in Krems exhumiert. Opfer des Gefangenenlagers Gneisendorf [sic!] werden auf den Friedhof überführt, in: Die Presse, 15.9.1960.

Korrespondenz

Dmitrij Čirov, Brief an den Chefredakteur der Tageszeitung der Kommunistischen Partei Österreichs „Volksstimme". Karaganda 9.3.1990 (= Čirov, Brief an den Chefredakteur).

Dmitrij Čirov, Brief an Franz Gerstenmayer. Karaganda 12.1.1992 (= Čirov, Brief an Gerstenmayer).

Dmitrij Čirov, Brief an Barbara Marx. 26.3.1996 (= Čirov, Brief, 26.3.1996).

Dmitrij Čirov, Brief an einen potentiellen Käufer des Manuskripts. Karaganda 26.3.1996.

Dmitrij Čirov, Brief an Barbara Marx. Karaganda 8.6.1996.

Dmitrij Čirov, Brief an Barbara Stelz-Marxl. Karaganda 7.8.1996.

Dmitrij Čirov, Brief an Barbara Stelzl-Marx. Karaganda 15.11.1996.

Dmitrij Čirov, Brief an Barbara Stelzl-Marx. Karaganda 17.10.2002.

Dmitrij Čirov, Brief an Barbara Stelzl-Marx. Karaganda 16.1.2003.

Franz Gerstenmayer, Brief an Dmitrij Čirov. Gedersdorf 17.12.1991.

Kenneth J. Kurtenbach, Brief an Andrew Hasselbring. Waterloo 28.8.1987.

Mündliche Quellen

Franz Gerstenmayer, Interview mit Barbara Marx. Gedersdorf 15.3.1996 (= Gerstenmayer, Interview).

Edith Kaufmann, freundliche Auskunft, Gedersdorf 17.1.2003.

Herwig Rabl, freundliche Auskunft, Graz 15.12.1995.

Viktorija Zlobina, Interview mit Barbara Stelzl. Moskau 8.4.1997.

Viktorija Zlobina, freundliche Auskunft, Moskau 2.4.1997.

LITERATURVERZEICHNIS

Aleksandr Arutjunjan, Čužoj (Vospominanija o vojne). St. Petersburg 1995.

American Ex-Prisoners of War (Hg.), Military Intelligence Service War Department, American Prisoners of War in Germany: Stalag 17B (15.7.1944). Arlington o. J.

Donald Bevan/Edmund Trzcinski, Stalag 17. Acting Edition. Comedy Melodrama in Three Acts. New York 1948, Nachdruck 1979.

Vladimir Bondarec, Voennoplennye. Zapiski kapitana. Moskva 1960.

Bernd Bonwetsch, Ein Sieg mit Schattenseiten. Die Sowjetunion im Zweiten Weltkrieg, in: Haus der Geschichte der Bundesrepublik Deutschland (Hg.), Kriegsgefangene – Voennoplennye. Sowjetische Kriegsgefangene in Deutschland. Deutsche Kriegsgefangene in der Sowjetunion. Düsseldorf 1995 (= Bonwetsch, Ein Sieg mit Schattenseiten), S. 135–140.

Werner Borgsen/Klaus Volland, Stalag X B Sandbostel. Zur Geschichte eines Kriegsgefangenen- und KZ-Auffanglagers in Norddeutschland 1939–1945. Bremen 1991 (= Borgsen/Volland, Sandbostel).

Gerhard Botz, Wien vom „Anschluß" zum Krieg. Nationalsozialistische Machtübernahme und politisch-soziale Umgestaltung am Beispiel der Stadt Wien 1938/39. Wien/München 1978.

F. Ja. Čeron, Nemeckij plen i sovetskoe osvoboždenie. Serija naše nedavnee Bd. 6. Paris 1987, S. 9–158.

William Chapin, Milk Run. Prisoner of war, 1944: An American Flier in Stalag 17-B. Sausalito 1992.

Dmitrij Čirov, A ljudi – vsegda i vsjudu ljudi. Unveröffentlichtes Manuskript. Karaganda 1990.

Dmitrij Čirov, Ot avtora. Unveröffentlichtes Manuskript. Karaganda 1996.

Dmitrij Čirov, Pod oblomkami kommunističeskoj tiranii. Epilog des unveröffentlichten Manuskripts Vsego odna žizn'. Zapiski dolgožitelja XX veka. Karaganda 1997 (= Čirov, Pod oblomkami kommunističeskoj tiranii).

Dmitrij Čirov, Sred' bez vesti propavšich. Teil 6 des unveröffentlichten Manuskripts Vsego odna žizn'. Zapiski dolgožitelja XX veka. Karaganda 1991.

Dmitrij Čirov, „Unter den Verschollenen". Aus den Erinnerungen eines ehemaligen sowjetischen Kriegsgefangenen im Stalag XVII B Krems-Gneixendorf 1941–1945. Bearbeitet, eingeleitet und übersetzt von Barbara Stelzl. Unveröffentlichtes Manuskript. Graz 1999.

Naum Daševskij, Vospominanija bez vesti propavšego. Moskau 1990.

N. Dauli, Meždu žizn'ju i smert'ju. Kazan' 1960.

Robert C. Doyle, The Captivity Narrative and the Vietnam War, in: Mandragora 1/1, 1990, S. 30–40.

Yves Durand, La Captivité. Histoire des prisonniers de guerre françáis 1939–1945. Paris 1982 (= Durand, Captivité).

Fedor Egorov, Ne skloniv golovy. Dokumental'naja povest'. Alma-Ata 1958.

Helga Roswitha Gatterbaucr, Arbeitseinsatz und Behandlung der Kriegsgefangenen in der Ostmark während des Zweiten Weltkrieges. Phil. Diss. Unveröffentlichtes Manuskript. Salzburg 1975.

Michail Geller, Koncentracionnyj mir i sovetskaja literatura. Paris 1996.

Ulrike Goeken-Haidl, Repatriierung in den Terror? Die Rückkehr der sowjetischen Zwangsarbeiter und Kriegsgefangenen in ihre Heimat 1944–1956, in: Dachauer Hefte. Studien und Dokumente zur Geschichte der nationalsozialistischen Konzentrationslager. Zwangsarbeit. 16/2000, S. 190–209.

Vassilij Grossman, Vse tečet. Frankfurt 1970.

Ulrike Haß, Mahnmaltexte 1945 bis 1988. Annäherung an eine schwierige Textsorte, in: Erinnern oder Verweigern. Dachauer Hefte. Studien und Dokumente zur Geschichte der nationalsozialistischen Konzentrationslager. Zwangsarbeit. 6/1990, S. 135–161.

Greg Hatton, Stories My Father Never Told Me. The Journal of the San Antone Rose. New York 1993 (= Hatton, Stories).

Gabriela Hauch, Zwangsabtreibungen an Ostarbeiterinnen. Frauenspezifische Diskriminierung im System der NS-Zwangsarbeit, in: Gedenkdienst 4/2000, S. 3.

Haus der Geschichte der Bundesrepublik Deutschland (Hg.), Kriegsgefangene – Voennoplennye. Sowjetische Kriegsgefangene in Deutschland. Deutsche Kriegsgefangene in der Sowjetunion. Düsseldorf 1995.

Howard Hobbs, Reflections. o. O., o. J.

Richard H. Hoffman, Stalag 17. Prisoner of War. o.O. 1988.

Joachim Hoffmann, Die Geschichte der Wlassow-Armee. Einzelschriften zur militärischen Geschichte des Zweiten Weltkrieges. Bd. 27. Freiburg 1984. 2. Aufl. 1986 (= Hoffmann, Wlassow-Armee).

Johannes Holthusen, Russische Literatur im 20. Jahrhundert. 2. Aufl. Tübingen 1992 (= Holthusen, Russische Literatur).

„Ich habe den Eid nicht gebrochen". Protokoll eines ehemaligen sowjetischen Kriegsgefangenen, in: Haus der Geschichte der Bundesrepublik Deutschland (Hg.), Kriegsgefangene – Voennoplennye. Sowjetische Kriegsgefangene in Deutschland. Deutsche Kriegsgefangene in der Sowjetunion. Düsseldorf 1995 (= Ich habe den Eid nicht gebrochen), S. 192–193.

S. A. Iljenkow, W. W. Muchin, P. M. Poljan, Deutsche Beutekarteien über sowjetische Kriegsgefangene. Unveröffentlichtes Manuskript. Moskau 1998.

Wolfgang Kasack, Lexikon der russischen Literatur des 20. Jahrhunderts. Vom Beginn des Jahrhunderts bis zum Ende der Sowjetära. 2. neu bearbeitete und wesentlich erweiterte Auflage München 1992.

Rolf Keller/Reinhard Otto, Das Massensterben der sowjetischen Kriegsgefangenen und die Wehrmachtbürokratie. Unterlagen zur Registrierung der sowjetischen Kriegsgefangenen 1941–1945 in deutschen und russischen Institutionen, in: Militärgeschichtliches Forschungsamt (Hg.), Militärgeschichtliche Mitteilungen, Nr. 57, S. 149–180.

Harald Knoll, Peter Pirnath, Peter Ruggenthaler, NS-rechtliche Grundlagen des Arbeitseinsatzes von Zwangsarbeitern, in: Zwangsarbeit in der Land- und Forstwirtschaft auf dem Gebiet Österreichs 1939–1945. Endbericht des Ludwig Boltzmann-Instituts für Kriegsfolgen-Forschung. Unveröffentlichrtes Manuskript. Graz 2002, S. 38–82.

Albrecht Lehmann, Erzählstruktur und Lebenslauf. Autobiographische Untersuchungen. Frankfurt am Main/New York 1983.

Tony le Renne, Stalag XVII B. Bruxelles o.J.

Richard H. Lewis, Hell Above and Hell Below. The Real Life Story of an American Airman by Richard H. Lewis as Told to William R. Larson. Wilmington 1985.

I. A. Lugin, Polglotka svobody. Serija naše nedavnee Bd. 6. Paris 1987, S. 159–294.

Jurij Malzew, Freie Russische Literatur 1955–1980. Frankfurt/Berlin/Wien 1980 (= Malzew, Russische Literatur).

Barbara Marx, Amerikanische ‚Kriegies' im Stalag XVII B Krems-Gneixendorf. Literarische Verarbeitungsformen der Kriegsgefangenschaft. Phil. Diplomarbeit. Graz 1995.

Barbara Marx, Stimmen aus dem Stalag XVII B. Das ‚Wartime Log' als Bewältigungsversuch einer Extremsituation, in: Krieg und Literatur/War and Literature. Vol. 1/1995. Osnabrück 1995 (= Marx, Stimmen aus dem Stalag XVII B), S. 41–60.

Barbara Marx, „American POWs in World War II: Stalag 17 B on Stage and Screen", in: W. Görtschacher/Holger H. Klein (Hg.), Modern War on Stage and Screen / Der moderne Krieg auf der Bühne. Lewiston/Queenston/Lampeter 1997, S. 333–354.

Reinhard Matz, Die unsichtbaren Lager. Das Verschwinden der Vergangenheit im Gedenken. Reinbek 1993.

Donald K. McClure, World War II Memoirs 1943–1945. Traverse City 1995.

Gerald E. McDowell, A Tail Gunner's Tale. New York 1991.

E. D. McKenzie, Boys at War, Men at Peace. Former Enemy Air Combatants Meet to Remember and Reconcile. New York 1998.

Gabriele Mittag, „Es gibt Verdammte nur in Gurs". Literatur, Kultur und Alltag in einem südfranzösischen Internierungslager. 1940–1942. Tübingen 1996.

Herman E. Molen, Memoirs of World War II. Prisoners of War. Mabank o. J.

Jean-Louis Moret-Bailly, Le Stalag XVII B. Le camp de base. Les kommandos. Paris o. J. (= Moret-Bailly, Stalag XVII B).

Kenneth Munson, Die Weltkrieg II-Flugzeuge. Alle Flugzeuge der kriegsführenden Mächte. Stuttgart 1986.

Armin Nassehi, Die Form der Biographie. Theoretische Überlegungen zur Biographieforschung in methodologischer Absicht, in: BIOS. Zeitschrift für Biographieforschung und Oral History. I/1994 (= Nassehi, Biographie), S. 46–63.

Orlo G. Natvig, Memories of World War II. Charles City o.J.

Hans Werner Neulen, An deutscher Seite. Internationale Freiwillige von Wehrmacht und Waffen-SS. München 1985. 2. Aufl. 1992 (= Neulen, An deutscher Seite).

Ernst Nolte, Der Faschismus in seiner Epoche. Die Action Française. Der italienische Faschismus. Der Nationalsozialismus. München 1963.

Edmund Nowak, Ocalone dla pamiźci w 50 rocznicź wyzwolenia obozów jenieckich w Lamsdorf (Łambinowicach). Opole 1995.

Christine Oertel, Das Donaukraftwerk Ybbs-Persenbeug, in: Oliver Rathkolb/Florian Freund, NS-Zwangsarbeit in der Elektrizitätswirtschaft der „Ostmark", 1938–1948. Ennskraftwerke, Kaprun, Draukraftwerke, Ybbs-Persenbeug, Ernsthofen. Wien – Köln – Weimar 2002, S. 253–272.

Jörg Osterloh, Sowjetische Kriegsgefangene 1941–1945 im Spiegel nationaler und internationaler Untersuchungen. Forschungsüberblick und Bibliographie. Berichte und Studien des Hannah-Arendt-Instituts für Totalitarismusforschung. Bd. 3. Dresden 1996. 2. Aufl.

Jörg Osterloh, Ein ganz normales Lager. Das Kriegsgefangenen-Mannschaftsstammlager 304 (IV H) Zeithain bei Riesa/Sa. 1941–1945. Schriftenreihe der Stiftung Sächsische Gedenkstätten zur Erinnerung an die Opfer politischer Gewaltherrschaft Bd. 2. Leipzig 1997. 2. Aufl.

Reinhard Otto, Wehrmacht, Gestapo und sowjetische Kriegsgefangene im deutschen Reichsgebiet 1941/42. Schriftenreihe der Vierteljahrshefte für Zeitgeschichte. Bd. 77. München 1998.

P. N. Palij, V nemeckom plenu. Serija naše nedavnee Bd. 7. Paris 1987.

Ben H. Phelper, Kriegie Memories. Illinois 1946.

Ben H. Phelper, Shot Down. A Thrilling Wartime Log. Illustrations by the Author. Hollywood 1947.

Pavel Polian, Deportiert nach Hause. Sowjetische Kriegsgefangene im „Dritten Reich" und ihre Repatriierung. Kriegsfolgenforschung. Bd. 2. München/Wien 2001.

Pavel Poljan, Žertvy dvuch diktatur. Ostarbajtery i voennoplennye v tret'em reiche i ich repatriacija. Moskau 1996.

Michael Pollak, Lebensgeschichten von KZ-Überlebenden als Augenzeugenberichte und als Identitätsarbeit. Aus dem Französischen von Hella Beister. Ludwig-Boltzmann-Institut für Historische Sozialwissenschaft Bd. 12. Frankfurt am Main/New York 1988.

Stefan Popiołek, Museum des Martyriums der Kriegsgefangenen in Łambinowice. Katowice o. J. (= Popiołek, Museum des Martyriums).

Kurt Preiß, Von der Befreiung zur Freiheit. Krems 1945–1955 mit einem Beitrag von HR Wilhelm Ziskovsky über Bürgermeister Karl Suppanz. Krems 1997 (= Preiß, Von der Befreiung zur Freiheit).

Herwig Rabl, Geschichte erlebt und erlitten. Unveröffentlichtes Manuskript. Krems 1994.

Valentin G. Rasputin, Živi i pomni, in: Naš sovremennik (10/11). Moskau 1975.

Valentin G. Rasputin, Leb und vergiß nicht. Berlin 1977.

Violetta Rezler-Wasielewska, Gedenkstätte in Łambinowice. Denkmäler. Opole 2000.

Wilhelm Romeder, Das Jahr 1945 in Weitra und Umgebung. Ereignisse, Erlebnisse, Schicksale. Schriftenreihe des Waldviertler Heimatbundes. Bd. 39. Horn – Waidhofen/Thaya 1996.

Varlam Šalamov, Kolymskie rasskasy. 2 Bde. Moskau 1992.

Michail Šolochov, Sud'ba čeloveka, in: Pravda 31.12.1956, 1.1.1957.

Erwin Schmidl, März 38. Der deutsche Einmarsch in Österreich. Wien 1987. 3. Aufl.

Gisela Schwarze, Kinder, die nicht zählten. Ostarbeiterinnen und ihre Kinder im Zweiten Weltkrieg. Essen 1997.

Garegin Sevunc, Plenniki. Roman. Erevan 1960.

Aleksandr Solženicyn, Odin den' Ivana Denisoviča. Moskau 1962.

Aleksandr Solženicyn, Archipelag GULAG. 1918–1956. Opyt chudožestvennogo issledovanija. Bde. I–II. Paris 1973.

Hubert Speckner, Kriegsgefangenenlager in der „Ostmark" 1939–1945. Zur Geschichte der Mannschaftsstammlager und Offizierslager in den Wehrkreisen XVII und XVIII. Phil. Diss. Unveröffentlichtes Manuskript. Wien 1999 (= Speckner, Kriegsgefangenenlager in der „Ostmark").

Hubert Speckner, In der Gewalt des Feindes. Kriegsgefangenenlager in der „Ostmark" 1939 bis 1945. Kriegsfolgen-Forschung Bd. 3. Wien/München 2003.

Franz Karl Stanzel, War and Literature, in: Franz Karl Stanzel/Martin Löschnigg (Hg.), Intimate Enemies. English and German Literary Reactions to the Great War 1914–1918. Heidelberg 1993, S. 13–24.

Peter Steinbach, Zur Sozialgeschichte der deutschen Kriegsgefangenschaft in der Sowjetunion im Zweiten Weltkrieg und in der Frühgeschichte der Bundesrepublik Deutschland: Ein Beitrag zum Problem historischer Kontinuität, in: Zeitgeschichte 1/1989 (= Steinbach, Sozialgeschichte), S. 1–18.

Barbara Stelzl, Kriegsgefangene als Opfer der NS-Rassenideologie, in: Gertraud Diendorfer/Gerhard Jagschitz/Oliver Rathkolb (Hg.), Zeitgeschichte im Wandel. 3. Österreichischer Zeitgeschichtetag 1997. Innsbruck-Wien 1998 (= Stelzl, Kriegsgefangene als Opfer der NS-Rassenideologie), S. 376–384.

Barbara Stelzl, Sinnstiftung. Erlebnisberichte ehemaliger amerikanischer Kriegsgefangener aus dem Stalag XVII B, in: Thomas Schneider (Hg.), Kriegserlebnis und Legendenbildung. Das Bild des „modernen" Krieges in Literatur, Theater, Photographie und Film. Osnabrück 1999, S. 579–602.

Barbara Stelzl, Lager in Graz. Zur Unterbringung ausländischer Zivilarbeiter, Kriegsgefangener und KL-Häftlinge 1938–1945, in: Stefan Karner (Hg.), Graz in der NS-Zeit 1938–1945. Graz 1998, S. 353–369.

Barbara Stelzl-Marx, Der Krieg der Bilder: Plakate der sowjetischen Regierungsverwaltung 1944–45, in: Harald Knoll, Peter Ruggenthaler, Barbara Stelzl-Marx (Hg.), Konflikte und Kriege im 20. Jahrhundert. Aspekte ihrer Folgen. Veröffentlichungen des Ludwig Boltzmann-Instituts für Kriegsfolgen-Forschung. Sonderband 3. Graz – Wien – Klagenfurt 2002, S. 317–334.

Barbara Stelzl-Marx, Die Sprache des Verrats. Sowjetische Propaganda für Heimkehrer nach dem 2. Weltkrieg, in: Ulrich Theißen (Hg.), Junge Slawistik in Österreich. Beiträge zum 2. Arbeitstreffen des Interdisziplinären Forums Österreichischer SlawistInnen. Frankfurt am Main 2001, S. 63–74.

Barbara Stelzl-Marx (Hg.), Stalag XVII B 1945–2000. Eine Zeichensetzung. Unveröffentlichtes Manuskript. Krems 2000.

Barbara Stelzl-Marx, Zwischen Fiktion und Zeitzeugenschaft. Amerikanische und sowjetische Kriegsgefangene im Stalag XVII B Krems-Gneixendorf. Tübingen 2000 (= Stelzl-Marx, Zwischen Fiktion und Zeitzeugenschaft).

Günther Stökl, Russische Geschichte. Von den Anfängen bis zur Gegenwart. Stuttgart 1990. 5. erweiterte Aufl. (= Stökl, Russische Geschichte).

Robert Streibel, Die Stadt Krems im Dritten Reich. Alltagschronik 1938–1945. Wien 1993.

Alfred Streim, Die Behandlung sowjetischer Kriegsgefangener im Fall „Barbarossa". Eine Dokumentation. Heidelberg 1981.

Christian Streit, Keine Kameraden. Die Wehrmacht und die sowjetischen Kriegsgefangenen 1941–1945, erw. Neuausgabe. Bonn 1991.

Christian Streit, Zum Schicksal der sowjetischen Kriegsgefangenen in deutscher Hand, in: Hans-Adolf Jacobsen u. a. (Hg.), Deutsch-russische Zeitenwende. Krieg und Frieden 1941–1945. Baden-Baden 1995, S. 437–454.

Rusty Swarmer, The Nine Lives of 27436. A World War II Prisoner of War Story as Remembered by Sgt. Rusty Swarmer. Stalags VIII-B, VII-A, XVII-B. Melbourne 1989.

Othmar Tuider, Die Wehrkreise XVII und XVIII 1938–1945. Wien 1971.

Heidemarie Uhl, Erinnerung als Versöhnung. Zur Denkmalkultur und Geschichtspolitik der Zweiten Republik, in: Zeitgeschichte 5/6/1996, S. 146–160.

N. V. Vaššenko, Iz žizni voennoplennogo. Serija naše nedavnee Bd. 7. Paris 1987.

Aleksandr Vasil'ev, My ne sdalis'! Penza 1960.

Aleksandr Vasil'ev, Memorial. Moskau 1986.

Regina Wegner, Analyse und Erzählung. Soziologische, historische und literarische Versuche zum Verstehen des Holocaust, in: Berliner Gesellschaft für Faschismus- und Weltkriegsforschung e.V. Bulletin Nr. 5. Thema: Erzählen oder Analysieren. Die NS-Vernichtungspolitik als Gegenstand unterschiedlicher Disziplinen. 1995 (= Wegner, Analyse), S. 18–32.

Walter F. Williams, For You the War Is Over. New York 1991.

Walter F. Williams, For You, the War Is Over. Stalag 17B. The True Story of a POW. Fuquay-Varina 1995.

James E. Young, Beschreiben des Holocaust. Darstellung und Folgen der Interpretation. Frankfurt 1992.

V. N. Zemskov, K voprosu o repatriacii sovetskich graždan 1944–1951 gody, in: Istorija SSSR, 1990/4, S. 26–43.

Stepan Pavlovič Zlobin, Propavščie bez vesti. 2 Bde. Moskva 1962.

Filmographie

Billy Wilder (Reg.), Stalag 17. Paramount Pictures 1952. 121 Min. schwarz/weiß.

ABBILDUNGSVERZEICHNIS

1. Archiwum Centralnego Muzeum Jeńców Wojennych, Fototeka, syng. 1285.
2. Archiwum Centralnego Muzeum Jeńców Wojennych, Fototeka, syng. 2224.
3. Sammlung René Brosset, Antibes.
4. Sammlung Bernhard Göritzer, Wien.
5. Sammlung René Brosset, Antibes.
6. CAMO, Personalkarte I.
7. Sammlung Franz Gerstenmayer, Gedersdorf. Foto Gilbert Weisbier.
8. Sammlung Christian Gmeiner, Krems.
9. Zentrales Museum der Streitkräfte, Moskau, Plakatsammlung, Nr. 512.
10. Foto Barbara Stelzl-Marx, Graz.
11. Sammlung Franz Gerstenmayer, Gedersdorf. Foto Gilbert Weisbier.
12. Die Vorlage für die Karte wurde entnommen: ARBÖ Atlas. Österreich 1:200.000. Wien 1971. Grafik der Karte: Harald Knoll, BIK Graz.
13. Sammlung Dmitrij Čirov, Karaganda.
14. Sammlung Dmitrij Čirov, Karaganda.
15. RGVA, F. 1699k, op. 2, d. 6, papka 1, l. 2.
16. BGMIVOV, n/v 4766.
17. BGMIVOV, n/v 23907.
18. Die Vorlage für die Karte wurde entnommen: Hans Boog et. al. (Hg.), Das Deutsche Reich und der Zweite Weltkrieg. Der Angriff auf die Sowjetunion. Beiheft. Stuttgart 1983. Grafik der Karte: Harald Knoll, BIK Graz.
19. BGMIVOV, n/v 24273.
20. Die Vorlage für die Karte wurde entnommen: Kurt W. Böhme, Die deutschen Kriegsgefangenen in sowjetischer Hand. Eine Bilanz. Bd. VII von Erich Maschke (Hg.), Zur Geschichte der deutschen Kriegsgefangenen des Zweiten Weltkrieges. München 1966. Grafik der Karte: Harald Knoll, BIK Graz.
21. Archiwum Centralnego Muzeum Jeńców Wojennych, Fototeka, syng. 1282.
22. BGMIVOV, n/v 24273.
23. Dmitrij Čirov, Sred' bez vesti propavšich, S. 46.
24. Sammlung Friedrich Hammerschmidt, Innermanzing.
25. Sammlung Klara Dobner, Krems.
26. Sammlung Herwig Schöber, Krems.
27. Sammlung Friedrich Sochurek, St. Pölten.
28. Sammlung Herwig Schöber, Krems.
29. Sammlung Victor Lhuissier, Paris.
30. Sammlung Herwig Schöber, Krems.
31. Sammlung Victor Lhuissier, Paris.
32. Sammlung Herwig Schöber, Krems.
33. Sammlung Franz Gerstenmayer, Gedersdorf.
34. Sammlung Edith Kaufmann, Gedersdorf.
35. Sammlung Franz Gerstenmayer, Gedersdorf.
36. Sammlung Edith Kaufmann, Gedersdorf.
37. Sammlung Franz Gerstenmayer, Gedersdorf.
38. Sammlung Franz Gerstenmayer, Gedersdorf.
39. Sammlung Franz Gerstenmayer, Gedersdorf.

40. Sammlung Barbara Stelzl-Marx, Graz.
41. Sammlung Barbara Stelzl-Marx, Graz.
42. Sammlung Elisabeth und Karl Jell, Krems.
43. RGVA, F. 1699k, op. 2, d. 3, papka 19, l. 47.
44. Sammlung Victor Lhuissier, Paris.
45. Sammlung Herwig Schöber, Krems.
46. Sammlung Leopoldine Hauser, Gedersdorf.
47. Archiv des Ludwig Boltzmann-Instituts für Kriegsfolgen-Forschung, Graz – Wien – Klagenfurt, ST-MUR 8.
48. Archiv des Ludwig Boltzmann-Instituts für Kriegsfolgen-Forschung, Graz – Wien – Klagenfurt, ST-MUR 3.
49. Sammlung Franz Gerstenmayer, Gedersdorf.
50. Sammlung Dmitrij Čirov, Karaganda.
51. Sammlung Ed Allen, N. Olmsted, OH.
52. Sammlung Martin Parisot, Molin, IL.
53. Sammlung Herwig Schöber, Krems.
54. National Archives, Washington D.C.
55. Reichsführer SS, Der Untermensch. Berlin 1942.
56. Zentrales Museum der Streitkräfte, Moskau, Plakatsammlung, Nr. 515.
57. Sammlung Dmitrij Čirov, Karaganda.
58. GARF, F. 9526, op. 4, d. 48, l. 5, foto 7.
59. GARF, F. 9526, op. 4, d. 48, l. 11, foto 42.

TABELLENVERZEICHNIS

1. Bestand an Kriegsgefangenen im Stalag XVII B Krems-Gneixendorf 1940–1945
2. Struktur der mehrbändigen Autobiographie des ehemaligen sowjetischen Kriegsgefangenen Dmitrij Čirov „Vsego odna žizn'. Zapiski dolgožitelja XX veka", „Alles in allem ein Leben. Aufzeichnungen eines Langlebigen".

ORTSREGISTER

Balschach: 11
Baranoviči: 44, 68, 69, 71, 74, 76, 83
Berlin: 70
Bobrujsk: 44, 58-62, 65, 81
Breslau (Wrocław): 143
Brunn im Felde: 25, 127, 135, 167, 168, 171, 176, 177
Budapest: 44
Char'kov: 108, 110, 111, 126
Cherson: 107
Černigov: 52, 53, 56-58, 64, 239, 251
Dresden: 70
Gedersdorf: 11, 25, 39, 42, 44, 117-119, 121, 125, 127, 128, 130, 131, 133, 134, 138-140, 147, 152, 156, 162, 164-173, 175-179, 191, 194, 196-198, 205, 211, 216-218
Gneixendorf: 14-18, 21, 22, 24, 27-29, 34, 44, 83-85, 87, 153, 154, 181, 183
Gmünd: 27, 44, 186, 187, 198, 204, 205, 207, 209, 210, 215, 216, 221, 222, 224, 227, 234, 237, 240, 243
Gomel': 44, 58, 62, 63
Guščino: 44, 52, 53, 62
Karaganda: 38, 43, 44, 88, 189
Kattowitz (Katowice): 69
Kiew: 169, 183
Kirovograd: 191
Klucznik: 16
Korsun'-Ševčenkovskij: 254
Krems: 11, 16, 21, 24, 27, 34, 34, 41, 42, 44, 83-85, 87, 88, 118, 127, 136, 153, 154, 161, 162, 164, 181, 183, 199, 254
Kuban: 143
Kursk: 148, 182
Lamsdorf (Łambinowice): 15, 16, 44, 69-71, 73, 83
Lbiščenska: 97
Leipzig: 70
Lemberg (L'vov; L'viv): 219
Leningrad: 96, 230
Linz: 84, 88
Lyon: 232
Markersdorf: 44, 88, 89, 110
Melk: 104, 110-112, 116, 251
Minsk: 63, 74

Moršansk: 81
Moskau: 71, 96, 150, 241, 243
Novograd-Volynsk: 246
Odessa: 44, 233
Oppeln (Opole): 15
Omsk: 156
Persenbeug: 44, 98, 110, 112, 113, 251, 252
Polokovsk: 174
Pskov: 98
Prag: 149
Rogačev: 59, 61
Rostov: 96, 191
Sambor: 216
St. Pölten: 44, 88, 89
Ščapovo: 43, 57, 137, 193
Sevastopol': 108
Sluck: 66, 208
Stalingrad: 108, 138-140, 182, 230
Tambov: 58
Taganrog: 107
Uralsk: 43
Vinnica: 191
Volčansk Char'kovskoj: 254
Wien: 44, 88, 118, 169, 197
Ybbs: 98
Weilhartsforst bei Braunau (OÖ): 27, 187
Zaporož'e: 166, 174
Zwettl: 44, 238, 239, 243, 244, 248
Žlobin: 59-61

DIE AUTOREN

Dmitrij Trofimovič Čirov

Univ.-Doz. Dr., geboren am 29.9.1921 in Ščapovo, West-Kasachstan
Eltern: Vater – Trofim Malofeevič Čirov, Mutter – Orina Ivanovna Čirova, geb. Teunova
Ausbildung: Studium am Pädagogischen Institut in Karaganda, Kasachstan, Dr. der pädagogischen Wissenschaften
Beruf: Lehrer für russische Sprache und Literatur; Dozent am Institut für russische Sprache und Literatur in Karaganda.
Militärdienst: Einberufen zur Armee am 23.11.1939. Demobilisiert am 30.12.1945.
Gefangenschaft: 9.9.1941 bis 7.5.1945
Befreiung am 7.5.1945 in Gmünd, Österreich, durch Soldaten der Roten Armee
Rückkehr nach Hause: 10.1.1946
Heirat: Verheiratet mit Halja Marusenko von Jänner 1946 bis November 1961. Seit März 1979 mit Valentina Semenovna Čirova verheiratet.
Kinder: Oleg, Ivan, Maria, Anna; acht Enkelinnen und zwei Enkel; drei Urenkel
Pensionierung seit März 1986
Wohnhaft in Karaganda, Kasachstan

Herwig A. Rabl

Dipl. Ing., geb. 1922 in Klagenfurt, eingerückt zur Luftwaffe 1941, sowjetische Kriegsgefangenschaft 1945–1947, Studium der Elektrotechnik an der Technischen Universität Graz, Werksdirektor i. R., 1. Vorsitzender der Österreichischen Kulturvereinigung-Volkshochschule Krems 1970–2000.

Barbara Stelzl-Marx

Mag. et Dr. phil., geb. am 10.4.1971 in Graz, Studium von Anglistik/Amerikanistik, Slawistik und Geschichte in Graz, Oxford, Volgograd und an der Stanford Universtiy, CA. Stv. Leiterin des Ludwig Boltzmann-Instituts für Kriegsfolgen-Forschung in Graz-Wien-Klagenfurt. Doktorandenstipendiatin der Österreichischen Akademie der Wissenschaften, Erwin Schrödinger Post-Doc Stipendiatin des Fonds zur Förderung der wissenschaftlichen Forschung in Moskau. Mitglied des Forschungsprogrammes der European Science Foundation „Occupation in Europe: The Impact of National Socialist and Fascist Rule, 1938-1950".
Forschungsschwerpunkte: Kriegsgefangenschaft und Zwangsarbeit im „Dritten Reich" und in der Sowjetunion, Besatzungszeit in Österreich 1945-55, Repatriierung und Reintegration ehemaliger Kriegsgefangener und Zwangsarbeiter; sowjetische Propaganda, Lagerkunst und -kultur.
Über 30 Publikationen, darunter: Zwischen Fiktion und Zeitzeugenschaft. Amerikanische und sowjetische Kriegsgefangene im Stalag XVII B Krems-Gneixendorf. Tübingen 2000; Kriege und Konflikte im 20. Jahrhundert. Aspekte ihrer Folgen. Graz 2002 (Hg. gemeinsam mit Harald Knoll und Peter Ruggenthaler).

Das Waldviertel www.daswaldviertel.at
Zeitschrift für Heimat- und Regionalkunde

Jedes Heft enthält Aufsätze über das Waldviertel oder Aspekte einzelner Teilräume, Kulturberichte aus allen Waldviertler Bezirken und Buchbesprechungen. Umfang pro Heft 80 bis 120 Seiten.
Redaktion: Dr. Erich Rabl (Leitung), Dr. Anton Pontesegger (stellv. Leiter), Mag. Johann Fenz, Mag. Günter Milly, Dr. Friedrich Polleroß, Mag. Franz Pötscher, Mag. Jochen Pulker, ao. Univ.-Prof. Dr. Thomas Winkelbauer und Mag. Regina Zotlöterer.

*Jahresabonnement für vier Hefte 25,50 (Studenten € 12,75) Einzelheft € 7,-
Auf Wunsch senden wir auch ein kostenloses Probeheft und Prospekte zu.*

Waldviertel-Bücher

Herausgeber der Schriftenreihe des WHB: Dr. Harald Hitz, Waidhofen an der Thaya
Bücher über Heimatforschung, Horn und Waidhofen 1945, Textilindustrie, Räuberhauptmann Johann Georg Grasel, Böhmen-Österreich, Erdgeschichte des Waldviertels, Weinwirtschaft der Waldviertler Klöster und Waldviertler Biographien
Gesamtübersicht bitte anfordern!

Bestelladresse: WHB / Das Waldviertel, A-3580 Horn, Postfach 1
Präsident: Dr. Erich Rabl,
Vizepräsidenten: Dr. Thomas Winkelbauer und Dir. Burghard Gaspar
Tel. 02982/3991 (Dr. Rabl ab 15 Uhr)
E-Mail: e.rabl@aon.at   WHB (Waldviertler Heimatbund): www.daswaldviertel.at

Das Waldviertel www.daswaldviertel.at
Zeitschrift für Heimat- und Regionalkunde des Waldviertels und der Wachau

Heft 1/2003 – Schwerpunktheft: Stift Altenburg

Albert Groiß / Werner Telesko: **Rundgang durch die Ausstellung des Stiftes Altenburg „Bibliothek – die begehbare Bibel" - Konzept und Katalog**
Albert Groiß: **Die Altenburger Stiftsbibliothek – eine begehbare Bibel**
Werner Telesko: **Beiträge zur barocken Bibliotheks- und Wissenschaftsgeschichte des Stiftes Altenburg**
Markus Holzweber: **Alltag und Rollenverständnis des Waldviertler Landklerus im Ersten Weltkrieg**
Albert Groiß: **Abt Bernhard Naber OSB - 25 Jahre Abt im Stift Altenburg**
Harald Hitz: **Kommerzialrat Walter Biedermann †**

Waldviertel-Bücher
Schriftenreihe des WHB

www.daswaldviertel.at (Lieferbare Bände)

Band 31: **Maria Mayr**, Das Jahr 1945 im Bezirk Horn (1994) 176 Seiten, Sonderpreis € 3,63

Band 32: **Andrea Komlosy (Hg.)**, Spinnen – Spulen – Weben. Leben und Arbeiten im Waldviertel und anderen ländlichen Regionen (1991) 152 Seiten, € 9,81

Band 34: **Harald Hitz (Hg.)**, Johann Georg Grasel – Räuber ohne Grenzen (3., erweiterte Auflage 1999) 160 Seiten, € 14,17

Band 35: **Christoph Schadauer**, Das Jahr 1945 im politischen Bezirk Waidhofen an der Thaya (2. Auflage 1994) 320 Seiten, Sonderpreis € 3,63

Band 36: **Thomas Winkelbauer (Hg.)**, Kontakte und Konflikte. Böhmen, Mähren und Österreich: Aspekte eines Jahrtausends gemeinsamer Geschichte (1993) 560 Seiten, € 26,16

Band 38: **Fritz F. Steininger (Hg.)**, Erdgeschichte des Waldviertels (2., erweiterte Auflage 1999) 208 Seiten, € 25,44

Band 40: **Thomas Winkelbauer (Hg.)**, Vom Lebenslauf zur Biographie. Geschichte, Quellen und Probleme der historischen Biographik und Autobiographik (2000) 208 Seiten, € 16,71

Band 41: **Rudolf Malli**, Der Schatz im Keller. Zur Weinwirtschaft der Waldviertler Klöster (2001) 304 Seiten, € 21,50

Band 42: **Harald Hitz/Franz Pötscher/Erich Rabl/Thomas Winkelbauer (Hg.)**, Waldviertler Biographien. Band 1 (2001) 368 Seiten, € 26,-

Band 43: **Barbara Stelzl-Marx (Hg.)**, Unter den Verschollenen. Erinnerungen von Dmitrij Čirov an das Kriegsgefangenenlager Krems-Gneixendorf 1941 bis 1945 (2003) 272 Seiten, € 22,-

Bestellungen richten Sie bitte an den Waldviertler Heimatbund (Dr. Erich Rabl), A-3580 Horn, Postfach 1 oder Telefon 02982/3991 (ab 15 Uhr)

Weitere Informationen finden Sie auf unserer Homepage:
www.daswaldviertel.at